倉石武四郎講義

本邦における支那学の発達

昭和廿一年度

扉題字：倉石武四郎（「倉石武四郎講義」は山田準あて書翰〈二松学舎大学図書館山田文庫所蔵〉より、
「本邦における支那学の発達　昭和廿一年度」は自筆原稿表紙より採取）

(又は十三年とあるは[illegible])
三宅氏 史學雜誌 三十七號
明治廿五年十二月 漢委奴
國王印考、考古學會誌
第二ノ五 明治三十一年九月
漢委奴國王金印僞作說の
批評

卧雲書室仿至正翠巖精舍栞本玉篇版式

本邦における支那學の發達

わが國は支那と極めて近く、ことに海上往來の便もあつたので、わが國民が始めて支那を知つたのはいつであるかといふやうな問題は、しかと今から解すべくもない。ことに朝鮮半島を通しても間接にも支那と接觸したとすれば更に古いことと想像されるが、わが國の史料としてこれを證すべきものは殆どない。さすがに支那は記錄に富む國であるから、魏書三國志の倭人傳や後漢書の倭國傳などに見える日本についての詳細な記事があつて彼我の關係が極めて古かつたことを思はしめる。尤もこれらの倭人倭國の記事は極めて難解であつて特にその中に見える卑彌呼といふ女王は何人を指すかといふことに就て古來紛々たる異說が出、ことに內藤湖南先生が〔讀史叢錄所載〕明治四十三年五月より七月にわたり藝文第一年二三號に連載された卑彌呼考が動機となつて白鳥庫吉、橋本增吉の如き東洋史家、高橋健自、三宅米吉の如き考古學者が競つて硏究を發表し或は九州の豪族にあて或は近畿の大和朝廷にあててその何れが正しいかは容易に定めることはできないが、つゞいて明治四十四年六月の藝文第二年第六號に內藤先生の倭面土

臥雲書室仿至正翠巖精舎栞本玉篇版式

清代の考拠学に近づいたと言はれる。これよりさき水戸学へさきだって京都に宇野
明霞の学がおこった。これは古書を熟読してその力により諸子を解釈しようとするもので
やはり漢唐の古学に帰し程朱にもあらず仁斎徂徠にもあらず折衷にもあらず独立だた
考拠ともつかずただ古書にもとづいて経書の文を解くことを主としたが其の学は天命
心性に入らずして多く訓詁にわたった。この派に属するものは此学の二戸崎淡園、江戸の
片山兼山、大坂の中井履軒、京都の皆川淇園、尾張の冢田大峯、[illegible]
[illegible]水、江戸の吉島蘭園等であるが大事は甚しく異なってあたが彦の仁井田
好古もおくれてこれに属するを以てすきである。宇野明霞は向井滄洲の門人であったが後に
徂徠を慕い[illegible]つけて見たが自分は自分で一派をひらこうとして刻苦し
た人物である(論語考)。片山兼山世璠は服部南郭・鵜殿士寧の門に入ったが師
と異にして従義をおさめ[illegible]山に継って[illegible]の後は江戸にかへって[illegible]
による宇佐美灊水に入る之道に多の義と子となったが又徂徠の説を疑って漢宋をも[illegible]につく
至ったその訓述を山子点と称び五経文選などの別に論語徴廃疾あって徂徠の説を

[illegible]

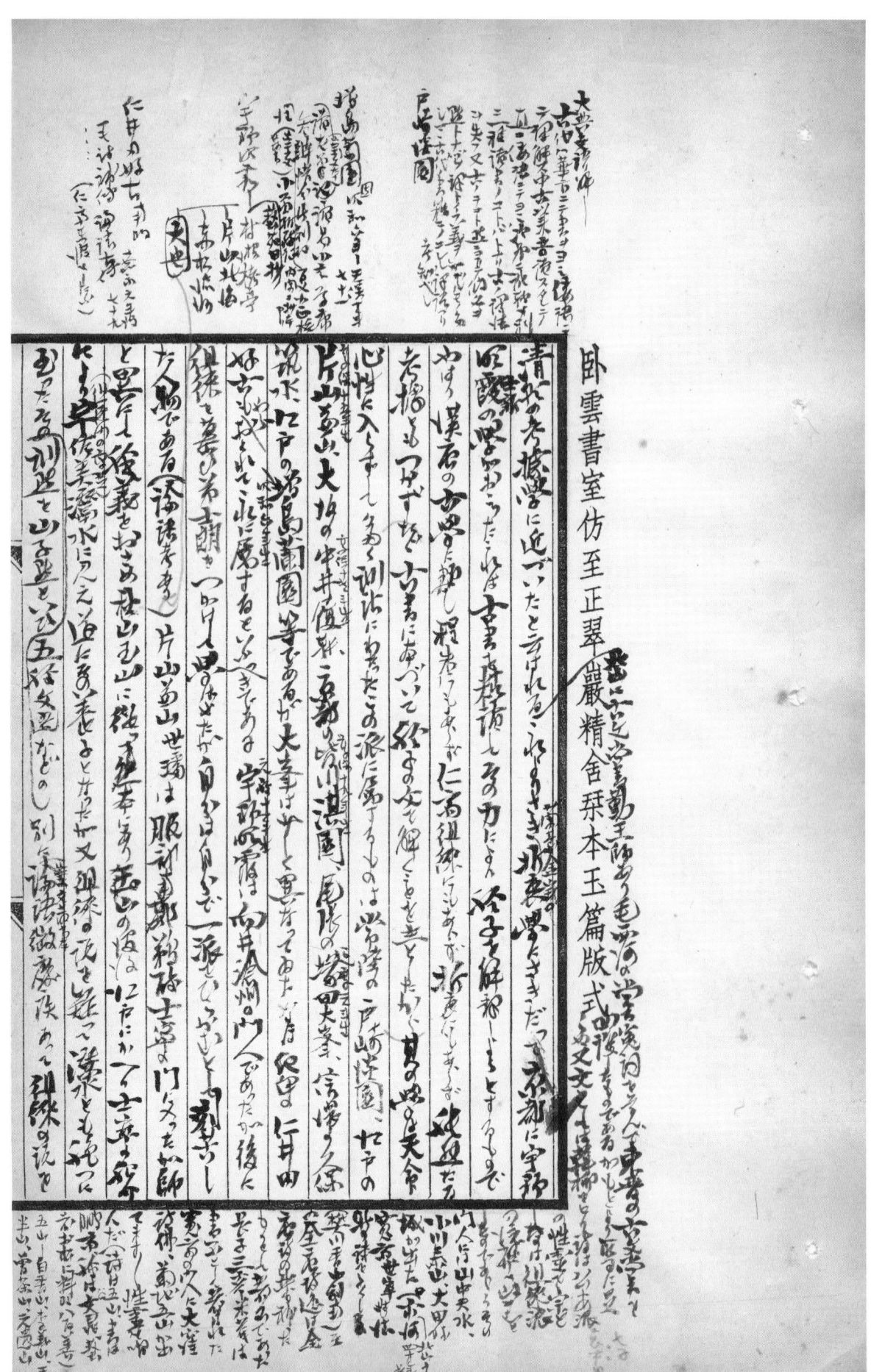

68葉表一第九章

朝川善菴 號 山本北山の門人 [illegible]

訓蒙助語辞詳解（[illegible]）助字の説は「以」「盧允武の助語辞（[illegible]）」[illegible] 小にかかはる事も利用 [illegible] 蘇[illegible] 穆[illegible] そとに伊藤東涯の助字考[illegible] 助字考[illegible] 続[illegible] 文[illegible] 訓訳示蒙、つぎに [illegible] 人[illegible] 文字[illegible] 大典の訓語解 文法解は [illegible] 字[illegible] 新（語[illegible]）の [illegible] 訳[illegible]

[illegible]した門人に久保筑水（[illegible]）（荀子考注あり）[illegible]の子は朝川善菴である

中井積徳（履軒）（兄を竹山といふ）は兄とともに五井蘭洲（持軒の子）に学んだ。蘭洲は伊

非物篇を著して徂徠を攻め[illegible]朱子学者であったが積徳はひとりすぐれた考えで一家

の説をたてた（七経雕題略）、七経逢原などはその訓詁研究の精細であったが別に履軒

古義の作がある。古義を読み[illegible]ざ[illegible]の言も見るべしと云

皆川淇園（愿）はその弟富士谷成章とともに有名であって、淇園は儒を以て弟は国学を以て

動かしたる。淇園はもっぱら文字の学すなわち実字解、虚字解、助字解、史記助字

法などを著し、又名疇を著し、詩書易[illegible]、弁名のひそみに倣ったことに同[illegible]学者

には易、書、詩、記、楽、春秋、孝経、論語などの釈[illegible]があつめてある。深い学識がなけ

ればできない著述である。冢田大峯（虎）はその父旭嶺とともにその学をおさめ詩は新井白石

にまなび、音韻は[illegible]に[illegible]といふ。大峯は尾張侯につかへ明倫[illegible]督学となっ

た。師はなく独学であった。（安井息軒云 [illegible]）春秋の[illegible]があるがその説く所徂徠に近く春秋の左[illegible]

と論語を推して居る所がある。[illegible]に服したと思はれる。またその論語[illegible]、又論語古義

大峯の[illegible]川談を[illegible]んで [illegible]を多く[illegible]といふ [illegible] 大峯は[illegible]なるも[illegible] [illegible] はすっかり[illegible]った（近世 一二一三）

支那
支那学の〔?〕と
支那について
支那人の支那学者
下回
鈴木虎雄

方面でも元史及び西北地理は小川琢治教授が[illegible]東方文化
研究所でもその方面から元曲の研究があれば、近世支那語の研究が著しく進んだ。倉
石教授一派の支那語の翻訳にまた小学に関する論著と併せて大いに法学
研究所を建設し東方文化研究所法研究室をはじめ支那語に関する研究が進ん
でゐるやうに、従来聖書の学問と通常の学問、大学の学問と外部の学問とが全
然なかつた如くであつたものがこゝで融合されて新しい支那学の領域が作られつゝある
ら生れたのであることはたからした背景のもとにひろく支那を見とほし文化の全支期
を論破することにおいて新進の学者の活動はいちじるしく必ずや近き将来に実を結ぶ
くのは老さる人は支那学の基礎建設の[illegible]つくすことは困難であらう

目次

目次 i
はじめに　戸川芳郎 iii
倉石武四郎「日本漢文学史の諸問題」 xiii
凡例 xxii
本邦における支那学の発達　倉石武四郎講義
一　大陸文化の受容 1
二　平安期の中国学藝の受容 8
三　博士家の学問と訓法の発達 16
四　遣唐使廃止後・鎌倉と日宋交流 24
五　宋学新注と五山文学、書物の印刷 31
六　惺窩新注学、羅山点と闇斎点 38
七　仁斎と徂徠 45
八　七経孟子攷文・蘐園学派、唐話学と長崎通事 52
九　江戸期学藝のひろがり、白話小説・戯曲 59
十　幕末明治の漢詩文と学藝 71
十一　漢学・東洋史学 80
十二　京都支那学 85
十三　諸帝大の支那学・東洋史学・支那語学 93
補注 101
解説　大島晃 149
索引

はじめに

戸川　芳郎

いま、本書『本邦における支那學の發達』が、ここに出版されるに至った経緯を説明したい。

「本邦における支那學の發達」は、倉石武四郎教授が昭和二十一（一九四六）年度の支那哲学支那文学科「特殊講義」として、東京帝国大学文学部において講述したその講義題目である。本書は、倉石教授がこの講義のために準備した自筆ノートを翻字して、「凡例」（xxii〜xxiiiページ）に挙げたとおりの整理をほどこし、版行におよんだものである。

倉石武四郎氏については、すでになじみ薄く、ことに漢文学の方面には歧視の観なきにあらず、とならば、あらためて紹介しなければなるまい。

『東洋學の系譜』［第2集］（江上波夫編、一九九四・九　大修館書店）所収の「倉石武四郎」（戸川芳郎）を、ここに転載する。

「倉石武四郎博士伝略」（頼　惟勤・戸川芳郎、七九・九・二二稿（『中國語學』二二六、一九七九・一一、中國語學會））に沿って、経歴を紹介しよう。

　倉石武四郎博士は、新潟県高田町（現、上越市）において明治三十年（一八九七）九月二十一日に誕生した。倉石氏は高田の名家で、和漢の学に精しい人物を出し、たとえば侗窩(とうか)先生（諱、典太）は安積艮齋(あさかごんさい)に学び、高田藩校の教授を勤めた。父昌吉氏は慶應義塾で福沢諭吉の教えを受け、のち郷里で商業を営み、昭和五年に死去し、母みか刀自は国文学を嗜み和歌を作ったが、昭和三十年になくなった。兄弟すべて十三人（四人は早逝）のうち第七子で、四男にあたる。

長兄太郎は、東芝タンガロイ会長、すぐ上の兄文三郎は、高田市助役。弟五郎は、ながく成蹊大学のドイツ語学を担当し音楽指揮者を兼ねた。妹カウは同郷の同学、お酒の学者坂口謹一郎の夫人。次弟六郎（元福岡気象台長）夫人は、同郷の先学関野貞(ただし)の息女である。末弟治七郎は、日本生命重役。

　八歳のとき高田第二尋常小学校に入り、十四歳で県立高田中学校に進み、大正四年卒業、同年第一高等学校一部乙類に入学。中学のころから和漢の古典を好み、一高在学中から中国文学を志し、大正七年東京帝国大学文科大学に入学。支那文学科を専攻。卒業論文は「恒星管窺(かんき)」。大正十年（一九二一）文学部卒業と同時に、中国の芝罘(チイフウ)・上海(シャンハイ)・蘇州・南京(キン)・鎮江・揚州・杭州・紹興・寧波(ニンポオ)等に一か月旅行し、また特選給費生として文学部副手を兼ね、大正十一年、進んで京都帝国大学大学院に転じ、主として狩野直喜博士の指導を受けた。また新城新蔵博士の指導で中国古典の天文資料を集めた。

一高では、ドイツ語の朗読を岩元禎にほめられ、ことばのリズムに関心をいだいたが、三木清や瀧川政次郎らと漢籍の会読にはげんでいる。東大に進み鹽谷温教授に就いたが、卒業論文では天体分野説や古占星術をあつかって、周囲を驚かせた（用語は、漢文）。すでに欧米言語の音読から推して訓読による中国古典文の読解のしかたに疑問をもちつづけた倉石は、時の主任服部宇之吉教授にそれを質して不満を残したまま、〝文学革命〟を紹介した青木正兒らの「支那学」誌の進取に刺戟され、上京時の狩野を訪ねて京大ゆきを請うたという。

そもそも漢学・支那学と中国学、東洋史と東洋学・東方学、この二系列の学問は、近代日本アカデミズムの特産である。国際化のただ中で、いや応なく対応の迫られる現今の日本学になぞらえられる。

明治開化後のわが国が、欧米列強の文明基準にまなんで拡張進出の政戦両略路線をとるその国策に応じて、大陸をつつむ東アジアをあくまで批判的対象として相対化する研究方向を採った後者にたいして、前者は立憲君主政体にみあう民族アイデンティティのために、仏教的インド文明や礼教的シナ文化のその源流は認めつつも、これまた欧米文明に対処しうる日本化道義すなわち東洋倫理の構築に奉仕すべく、教育界をその影響下においた。日清・日露両戦役をへて明瞭な学術傾向を基底にそなえた点で、この両系統ともども共通してナショナルな利害に立つ特徴をもつ。

後者は、東西両大学の東洋史学の動向に代表され、前者は、数奇な転変をかさねた東大の漢学系と高等師範の漢文教科との連繫にみられる教学部門での活動に、それぞれその特色を発揮した。

その間にあって、支那かぶれと称された sinologist 狩野直喜らを中心に、支那学が京大文科に形成されつつあった。停滞中国を近代化の欠如態として軽侮するのではなく、それ自体のもつ意味を評価しようと企てたその中国理解の方法に、倉石はふかく共鳴したのである。

後年、東大に転任を要請された倉石は、狩野の没年までは京都を離れることがなかった。

大正十三年、大谷大学文学部に助教授として出講（支那文学史等を講述）、また京都大学附設第七臨時教員養成所の講師となり、この間、豊子夫人と結婚（四男二女を儲ける）。大正十五年、京都帝国大学文学部専任講師、翌昭和二年四月、同助教授に任ぜられ、大正十五年から『支那学』誌の編輯、のち『狩野教授還暦記念支那学論叢』（弘文堂書房、昭和三刊）の編纂に当たった。

夫人豊子の父は、高田の、岩の原ブドウ園主でその晩年『武田範之伝―興亜前提史』を著わした川上善兵衛（一八七〇―一九四四）である。豊子夫人の叔母にあたる近衛尊覺尼は、奈良・中宮寺の門跡。

昭和三年一九二八三月、文部省在外研究員として北京に駐在、はじめ東城の延英社に寓し、吉川幸次郎氏と同宿、のち西城の孫人和氏宅に移り、北京大学・師範大学・中国大学に聴講（呉承仕・銭玄同・孫人和・馬裕藻・朱希祖ら諸氏の講義あり）、また雪橋講舎（楊鍾羲氏）において掌故を修め、北京滞在中の胡適・周樹人（魯迅）ら諸氏に会見、また山西（太原・臨汾・洪洞・曲沃・翼城・大交・聞喜など）に遊び、また別に、東方文化学院京都研究所のために書籍（天津の陶湘氏の蔵書の）購入に尽瘁（これによって同所所蔵の漢籍中、叢書の部の基幹が形成された。のち狩野直喜所長の下において、同所漢籍目録・同分類目録が編纂されたが、このことにも参与した）、その後、昭和五年六月に至り、北京を離れて上海に遊び（章炳麟氏を訪問）、かねて無錫・常州・南京（黄侃氏を訪問、八千巻楼の書籍を閲覧）を巡ったが、病いのため旅行を中止し、その八月帰国した。

北京留学中の右の伝録は、その後半を記す倉石「述學齋日記」(注)（昭五、元旦～八月六日）によって裏づけられ、交際した五十余名の学人の名が蘇る。なかに、当時すでに斯学のうちで倉石がいかに嘱望されていたか、を知る資料が見つかる（「日記」はすべて漢文）。

先師劔西先生在日、曾来北京、泊扶桑館。君（中江丑吉）訪之、談及東西大學優劣。先師曰「東不如西也。然今有倉石生者、雖年少、現在京都留學、渠歸東之後、東都必有生色」。噫、此語雖過奬、而先師推挽出此。豈不可〝書諸紳〟哉。先師墓草、既宿而未掃。感愧何堪。（五月六日）

先師劔西先生とは、東大で日本漢文学史を教わった岡田正之（学習院教授、～一九二七）のこと、倉石は終生、岡田の真摯な講義に推服した。そのノートが伝わっている。

帰国後、京都帝国大学文学部において、清朝許学・清朝音学などを講ずるほか、魯迅（『吶喊』など）を講読、また中国語教育を推進、多くの教科書を著わした。昭和十四年に至り、学位請求論文「段懋堂の音學」によって文学博士の学位を受け、同年一九三九四月、京都帝国大学教授に任じ、東京帝国大学講師として出講、翌十五年からは東京帝国大学教授を兼ねた。

最晩年、病床の枕頭にあったのが、京大での初期の講義ノートであった。

〇清朝許學　坿説文段注解題　昭六　自筆墨書

○清朝音學　上篇　昭七　自筆墨書
○清朝音學　下篇　昭八　自筆墨書
○清朝音學　續篇　坿小學階梯　昭九〜一〇　自筆墨書
　清朝音學資料（油印）　錢大昕「與段若膺書」「音韻答問」、戴震「轉語二十章序」、段玉裁「答丁小山書」
「江氏音學序」「答江晉三論韵」
○小學歴史　昭一一　自筆墨書
○清朝音學　完　昭一二　自筆墨書
○小學通論　昭一三〜一五　自筆墨書

東大兼任は、退官した鹽谷温教授の後任に擬せられ、倉石の後輩で漢籍書誌学に長じた長澤規矩也（一九〇二〜八二）の周旋によるといわれる。

京大で培った教育と研究方法は、学風を異にした東大においても貫いた。経学・詩文を問わず、旧来の訓読法を、留学を機に、〝玄界灘に捨ててきた〟ときびしく排除して、音読法の授業を徹底して支那語教育の革新化を図り、かつて鹽谷がその一部を分担した「国訳漢文大成」は訓読を本位とするため、倉石の兼任後、東大研究室の蔵書中から別置された。代って、支那学の概説が講述された。

○支那學の發達　昭一八　自筆墨書
○支那文藝學　昭一九　自筆墨書
○本邦における支那學の發達　昭二一　自筆墨書

これより先、昭和六年より東方文化学院京都研究所の研究員を兼ね、研究「禮疏校譌（こうか）」のもとに儀禮疏（ぎらいそ）の校定を行い、昭和十二年一月「儀禮疏攷正（こうせい）」を完成、同研究所に報告した。また同所経学文学研究室主任としては、尚書正義（しょうしょせいぎ）校定の事業を始め、のちに主任を退いたが、そのための会読には常に参加した。

さて東西両大学兼任のころ、国語審議会委員等を依嘱され、昭和十八・十九・二十年には有栖川宮奨学資金を受け、（高田久彦氏と共同）「現代呉語の研究」を行なった。また戦後は東京大学理工学研究所の小幡重一博士とともに、同所の施設によって中国語諸方言の実験的研究を開始、一方では近畿一帯の古寺院に伝わる仏典読誦方法から唐代古声調を探究した。中国語学研究会（現、中国語学会）を結成したのは、昭和二十一年一九四六十月である。結成以来、終始その会長に在任（昭和五十年十月まで）した。

昭和二十四年一九四九五月、東京大学教授専任として東京に移り、また日本学術会議の第一期会員に当選、日本中国学会結成の事に参与。二十五年からは中国語講習会を主宰（二十五年は日中友好協会の名により、翌年より博士個人の倉石中国語講習会となり、会長として昭和四十二年九月の解散にまで及ぶ）、初めてラテン化新文学を教育に応用、二十八年からはＮＨＫ第二放送の中国語入門講座を担当（三十一年に及ぶ）。二十九年一九五四秋、中国学術文化視察団の一員として新中国（北京・西安・上海・杭州・広東）を見学した。この間、東京大学文学部に「中国の文化と社会に関する諸問題」の総合講義を開き（二十五年度以降）、また「中国の変革期における社会・経済・文化の相関関係の研究」委員会（二十六年以降、文部省科学研究費による）を主宰、かたわらその言語文字問題の研究を担当、また、北方語研究会を結んで人民文藝叢書の方言を摘出・研究、また別に「ラテン化新文字による中国語辞典」を編纂・出版した（七分冊、昭和三十三年完刊）。

昭和三十三年一九五八三月、東京大学を定年退官し、その名誉教授となった（のち、京都大学名誉教授をも追称）。一方、昭和三十年六月より『中国語』誌を発刊し（現在に及ぶ）、中国語の普及につとめ、引きつづき新たに制定された漢語拼音（ピンイン）方案による中国語辞典の編纂に全力を傾注し、昭和三十八年一九六三九月、『岩波中國語辭典』を公刊するに至った。この間、昭和三十五年春、中国の文字改革視察のため、日本学術代表団として中国を訪問した。

昭和三十九年一九六四十月、小石川の善隣学生会館に中国語専修学校「日中学院」を設立し、終身その学院長として、教育と経営に力を尽くした。みずから中国語初級・中級を担当し、その教科書「中国語のくみたて」などを編み、かたわら学院の講師のために語学概説を説き、ながく段玉裁「説文解字注」を講じた。また、学校経営に伴う種種の困難に際し、身をもって事に当たり、倉石中国語講習会が昭和四十二年の善隣学生会館事件のあと、同年九月解散のやむなきに至ったが、「日中学院別科」としてその学習の場を存続させ、各方面の支持を得た。

昭和四十九年、「中国語の研究と教育および辞典の編纂」により朝日文化賞を受賞したが、その前後より痛風と脳梗塞をわずらい、同年九月東京都養育院附属病院に入院、翌五十年一九七五十一月十四日、屡次の脳血栓のすえ逝去した。享年、七十九歳。豊子夫人は、昭和五十三年一九七八六月五日、博士と同じ病院でなくなった。七十五歳。夫妻とも、上越市高田の本誓寺内、圓福寺に葬られる。

なお、「倉石文庫」は、清代学術を網羅する一大研究資料群であるが、いまは東京大学東洋文化研究所に、その自筆の蔵書目・自筆講義ノートとともに、一切収蔵されている。

(注)述學齋日記—著者(京大助教授)が「在学研究」員として、中華民国・北京に留学(一九二八・三・二三—三〇・八・五)したその後半、帰国までの八か月たらずの間(昭和五〔一九三〇〕年元旦〜八月六日)の、日記(漢文)。

著者の没後、次女池田翬(あや)子氏から公開され、転じて北京大学栄新江・朱玉麟両氏の周到な校注と附録・索引が加えられて、中華書局から『倉石武四郎中國留學記』と題して出版(二〇〇二・四)された。一九二〇・三〇年代(昭和初期)の北京の読書界に一学究の往来したありさまが克明に記録されている。

以上、著者の伝歴は、氏みずから『中國語五十年』(岩波新書、一九七三・一)に詳述したのに、ほぼ尽くされている。そして、著者の高足、松本昭氏が、倉石氏の伝賛をつぎのようにまとめた。

博士は、中国の古典に深い造詣をもち、ことに清朝小学清代に発達した古代中国語研究について、西欧近代言語学の方法を加えて検討する新しい研究法を開拓した。その一方、現代中国語において、諸方言に至るまで綿密な調査と研究を進め、その基礎の上に中国語教育に独自の方法を樹立しようと目ざした。

日本においては、漢字とその訓読の定着によって、中国の生きた言語そのものが学ばれることはごく少数の例外をのぞいて、絶えてなかった。したがって日本人が中国語を学習するには、とにかく一度漢字(つまり日本語)から絶縁して、中国語そのものを学習させなければならない。それは、現代語・古典語を通じて同じであるべきだとの信念にもとづくものである。またこの観点から各種の語学辞典や教科書の編纂が企てられ、さらには中国語専修の学校を創設して中国語教育の普及と向上をはかったのである。

…博士の一生は、結局、この〝中国へかける橋〟である中国のことばの研究と教育が真に日本に根づくために捧げられていた、といってよいであろう。(『顕彰録 対中ソ外交物故功労者記念碑』一九八六・一一)

『岩波中国語辞典』『岩波日中辞典』がその著作を代表し、そして、東京・小石川の日中友好会館に隣(とな)る日中学院が、倉石氏の創設し終身経営した中国語専修の学校である。

つぎに、著者の研究著述としては、いま紹介した「伝略」に掲げる十数種にのぼる講義ノートが、その主要な業績として伝わる。うち、著書として出刊されたのは、

○儀禮疏攷正　上・下　東京大学東洋文化研究所「東洋学文献センター叢刊」一九七九・三
○目録学　東京大学東洋文化研究所「東洋学文献センター叢刊」一九七三・三

と、著者歿後に門生の編んだ、

○倉石武四郎著作集Ⅰ　ことばと思惟と社会（解題　戸川芳郎　附「遺稿」）くろしお出版、一九八一・三
○倉石武四郎著作集Ⅱ　漢字・日本語・中国語（解題　頼惟勤）くろしお出版、一九八一・六　附「倉石武四郎博士論著目録」

に、限られたままになっている。

これら、倉石氏の「伝略」で明らかなとおり、本書の著者は、東京での高校大学までは〝漢学〟にひたり、移って京都支那学に転進して、ついには〝漢文〟から脱して中国語文の、とりわけその教学世界においてつよく唱導するに至った。ことに戦後、著者が東京大学の専任教授となり、同時に倉石中国語講習会・日中学院を主宰経営しつづけて、中国語教育と中国語辞書編纂に専念、それらについては、

○支那語教育の理論と実際　岩波書店、一九四一・三
○漢字の運命「岩波新書」一九五一・四、一九六六・一二改版
○漢字からローマ字―中国の文字革命と日本　弘文堂、一九五八・五
○とろ火―随想集　くろしお出版、一九六〇・三
○倉石武四郎　中国へかける橋　日中学院編、亜紀書房、一九七四・四

によって、十分にその著者の業績が明らかにされている。そしてその評価が、朝日文化賞が「中国語の研究と教育および辞典の編纂」と題したごとく、この方面に大きく傾いていたことは否めないのである。

＊　＊　＊

ところで、このたび本書「本邦における支那学の発達」の、その原稿となった講義ノートについて、著者の生涯の経歴のなかでその占める意義を説明しておこう。この講義ノートは、あたかも、

「支那学の発達」昭和十八年度、東京帝国大学文学部　講義原稿、自筆墨書

と対（つい）をなす講義の内容である。

それは、著者みずからの学術研究の歩みのなか、すでにその学的方法とその姿勢がほぼ確立した時期に当たっていたこと、すなわち著者四十五歳から四十九歳にかけて、その構想を具体的に講述しとおすことの可能になったころおいの、その原稿づくりであったことである。そして、昭和二十三（一九四八）年度の「目録学」の講義を最後

に、著者は京大から東大へ転じた。

いま挙げたこの「支那学の」の両講義は、ともに東西両大学を往復し、兼任していた時期の東京大学での講義であり、来るべき東大専任期をひかえて、あらかじめ〝漢学〟に対置する企図のもとに、あえて講述の筆を執ったものと考えられる。

その間の事情は、倉石門下でその女婿であった頼惟勤氏の「解題」（『倉石武四郎著作集』第二巻）に尽きると思われる。それには、昭和十八一九四三年度の「支那学の発達」がいかに著者にとって公刊の待たれるものであったか、その喫緊性を訴えている。その「支那学の」は、全十九章より成り、「叙説・目録学・経学（上・下）・小学（上・下）・史学（上・下）・地理学・制度（上・下）・金石・哲学（上・下）・文学（上・下）・藝術・科学・叢書」であり、現在にも十分に適用しうる中国古典学概説そのもの、であった。

戦後、時を経て親しく指導をうけた東大での筆者（一九五五年東大中文卒）たちは、すっかり中国語教育の事業に邁進、生命をそれに賭していた倉石教授の言動をまのあたりにして、かつての「支那学の」の導論をあえて訊ねることはなかった。教授もまた京都の学風のことは過去の学迹としてあり、しいて弱輩の後進にむけて勧奨することはなかった。

> 先生はいたずらに懐古に耽ることを嫌悪された。初めに引いた『中国語学』創刊百号出版の際、会員には学会発足当時の懐旧談を試みる者があったが、先生の口頭での挨拶は、殆どそれに対しては叱責の語気を含んでいた。先生は、時代の推移に合わせて、ひたすら前進のみを目指された。（『倉石武四郎著作集 第二巻』頼惟勤「解題」）

かくて大学教授の退官後、日中学院院長在職のまま、歿年（一九七五・一一）に及んだのであるが、この「支那学の」の両講義によって、それが教学活動の生涯の前半を〝支那学〟学術研究に、後半を語文教育に、おのおの三十年を截然ときわ立たせる、そのメルクマールの役割を果たしているのである。

倉石氏歿後、氏にもっとも関係ぶかい中国語学会において、

〇倉石武四郎博士論著目録（編集委員　頼惟勤・戸川芳郎・中野實）

が作成され、『中国語学』二二六号（一九七九・一二）に掲載。『倉石武四郎著作集　第二巻』にも転載。三一項目九九一件を輯録している。氏の研究と教学の全貌は、これによって窺うことができる。

そしてさきの「伝略」末尾に記した、倉石氏の誇る北京留学期から蒐蔵した清代学術関係図書については、吉

川幸次郎氏らの勧告に従って筆者らのはたらきによって、東大東文研によって購収されたが、さきに紹介した十数種類にのぼる自筆講述ノートについては、一旦、東大の筆者の研究室（中国哲学）に保管されてあった（一九九二年三月、筆者の退官まで）。倉石氏の女婿、頼惟勤（一九二二―九九）、池田温（おん）（一九三一―）の両氏に聴いて、その重要度の高いノートから整理することとしたためである。そこに挙げられたのが、さきの両「支那学の発達」であった。

○「支那学の発達」

東大東洋文化研究所、丘山新・橋本秀美研究室において、いま整理作業が進行中であって、近く作業は完了する予定である。

○「本邦における支那学の発達」

講述ノートの自筆墨書の原稿について、当時、筆者の院生、麥谷邦夫・高橋忠彦両氏が、原稿を前後二分してそれぞれ分担し、原稿用紙に飜字転写する作業を行い（一九七七年四月―七九年六月）、二十年後、その転写本を二松学舎の院生だった河野貴美子氏がワープロで打印作業を行った（二〇〇〇年四月―六月）。

さらにその打印本に、東大東文研橋本研究室の要請で、清水信子氏（当時、二松学舎非常勤助手）が倉石ノートの原稿と照合して、徹底した校訂作業をほどこした（二〇〇二―〇三年）。このたびの出版のための、講述ノートは、この清水氏の校訂本をもとに、更めて原稿との照合を行って作成したものである。

また別に、昭和二十一年度文学部の講義「本邦における支那学の発達」の聴講学生を索めて、わずかに桑山龍平氏（一九四九年東大中文卒）の聴講ノートを得た。拝借したノートにより、倉石教授は講義用の原稿用箋を合訂した順に講述したこと、そして教授の後年と同様、かなりの高スピードで講義した形跡が窺える。

二松学舎大学二一世紀COEプログラム「日本漢文学研究の世界的拠点の構築」が、平成一六（二〇〇四）年七月に採択された。その頭初から〝日本漢文学〟の学的対象と従前の研究実態が問題となった。

その模索のなかば、倉石氏の講述ノートの存在に注意がむけられた。二〇〇五年春から、あらためてプログラム近世・近代日本漢文班（主任　町泉寿郎）の「課題」のなかの一つに「日本漢文学史テキスト作成・倉石武四郎講義ノートの整理刊行」が加えられ、ここに本書の原稿―倉石武四郎講述「本邦における支那学の発達」を整理し公刊するはこびとなったのである。

整理・校注担当者には、大島晃・河野貴美子・佐藤進・佐藤保・清水信子・戸川芳郎・長尾直茂・町泉寿郎の

八名（奥付を参照）。稿本整理のための研究会（町・清水・戸川）を一三回、補注作成のための研究会（分担は、「凡例」参照）を二四回にわたって実施した。

このたび新たに、本文全一三章につき、標題を各章に附した。

第一章　大陸文化の受容
第二章　平安期の中国学藝の受容
第三章　博士家の学問と訓法の発達
第四章　遣唐使廃止後・鎌倉と日宋交流
第五章　宋学新注と五山文学、書物の印刷
第六章　惺窩新注学、羅山点と闇斎点
第七章　仁斎と徂徠
第八章　七経孟子攷文・蘐園学派、唐話学と長崎通事
第九章　江戸期学藝のひろがり、白話小説・戯曲
第十章　幕末明治の漢詩文と学藝
第十一章　漢学・東洋史学
第十二章　京都支那学
第十三章　諸帝大の支那学・東洋史学・支那語学

整理した講義ノートの本文は、字数にして約一二万字、新たに附した「補注」がその項目数にして約七〇〇、字数は約七万字にのぼる。

この整理作業を通して、あらためて日本漢文学と称される学的対象とその拡がりに、さまざまな問題を抱かざるを得なかった。これについて、まずこの「講義ノート」の題目「本邦における支那学の発達」と日本漢文学との、関わりあいについて、このノートの講述者倉石教授みずからが大学定年を迎える年に発表した論文、『国語と国文学』四〇二号・特輯「日本漢文学の諸問題」（一九五七・一〇）に掲載された「日本漢文学史の諸問題」が、残っている。参考に供すべきものと考え、ここに収載することとした。

そして、これらの問題もふくめて、本「講述ノート」についての詳細は、このたびの整理・校注工作を統括した大島晃氏の「解説」に拠られたい。

二〇〇六年三月二十九日

日本漢文学史の諸問題

倉石武四郎

一

あえて私事から述べさせていただくならば、わたくしは東京大学の学生であった頃、故岡田正之先生の日本漢文学史の講義をうかがった。先生はその頃、学習院が本官で、東大は兼任助教授であったので、いつも朝早く、二時間の講義をされ、それがすむとすぐ学習院へいそがれた。先生の学習院制服のお姿、長身を大股に運んで行かれる様子などが今も目の底に焼きついている。講義は数年かかって上古から室町まで続いたが、江戸時代は講義されず、室町まで来るとまた上古に戻られたようである。特にわたくしの印象に残っているのは五山文学で、大体は上村観光氏のあつめた史料によられていたが、一々原作に目を通し、その講義は正確をきわめた。たとえば虎関の済北集など一々丹念に読んでこられるのである。だから、何かの御用があって、準備が不十分であるとき、正直に今日はこれだけしかやっていませんからといって早く切りあげられた。自分でも不安な講義をするようなことは先生の性格からいって堪えられなかったのであろう。資料の多い江戸時代に手を染められなかったのも、そうした懸念からであったらしい。

先生が一時東大の兼任教授となり、そしてすぐ退官されたあと、東大では日本漢文学史の講義はずっと開かれていない。わたくしは京都大学にも長いあいだ奉職したが、ついぞそういった講義は開かれなかった。おそらく現在もないにちがいない。ただ東京教育大学では日本人の詩文集の講読などといった形でときどき行われているそうであるが、詳しいことは知らない。どちらにしてもこうした講義や研究が今日さかんに行われているところはなさそうである。それは岡田先生をもって絶学とするのではないかとさえ考えられる。

これにはもちろん理由がある。岡田先生の講義は当時の支那文学科に属するものであった。ところが、京都大学がさきがけとなった支那学という立場をとるかぎり、支那文学乃至今のことばでいう中国文学は一つの外国文学であって、これを講義し研究していくためには、外国文学にむかっていどむという気構えがなくてはならない。少なくとも昔の漢学者とはちがったいろいろな勉強をしなくてはならない。たとえば中国語の講義や研究がいそがしくなると、日本の漢文学など……といっては恐縮ながら到底顧みている暇がない。それのみか、最近の中国文学ということになると、とんと日本の漢文学とは縁がなくなってしまう。それどころか、日本の漢文学にたいしあえて敵意とはいわないが、好意をもちかねるといった空気も感じられる。事実、われわれの中国文学科がかつて支那文学科であり、その支那文学科が漢学科であったという歴史を考えたとき、その名称の変遷は単に便宜的なものでなしに、たえず相剋するものであり、克服するものは克服されるものにたいし、きびしい批判を下すのも当然である以上、漢学科といった時代なら何の問題もなしに受け入れられるはずの日本漢文学史が、支那文学となり中国文学となった今日、発展はおろか、保存さえもきわめて困難となるのが当然である。漢学科がわずかに存した頃に、別途出身の優秀な人たちを収容して読書の種子を絶やすまいとしたのが古典講習科であり、その逸才の一人が岡田先生であったことと、現在ともかく日本漢文学史という講義をひらいている東京教育大学は中国文学科でもなく支那文学科でもなく漢文学科であるということをあわせ考えると、少なくとも中国文学科と称している大学で日本漢文学史の講義をひらくことは、非常にむつかしいといわねばならない。これが正直にいって実情である。と同時に、日本の学界をひろく見わたしたとき、はたしてこれでよいかということが問題になる。

二

日本漢文学というのは、どうみてもあまりよい星の下に生まれたものとは考えられない。漢文学はいうまでもなく、かつての中国人のあいだに生まれた文学であり、それはそれなりに貴重な意味をもっている。それは中国人が自分の言語によって考えたことを、その言語をうつすための文字——漢字によって綴った文学であり、きわめて自然でもある。いわゆる漢文学という枠をせまく考えるならば、たとえば宋元以来の口語的な文学、さらには最近の新文学などはその中に歯されないかも知れない。またこうしたせまい漢文学は意識的にもあれ無意識的にもあれ、より新しい文学によって打倒された。しかし、それらの源流は決して別物ではなかった。打倒されたように見えて実は滅びない。いわば宿根草のように去年の花が落ち茎が枯れても、おなじ根から今年の茎が生え花がさくのである。それは民族の言語という深い根から出るからである。

ところが日本の漢文学はこれと性質のちがったものである。日本人は日本語によって考え、日本語によって文学すべきことはいうまでもないが、日本の漢文学は決して完全な日本語によるものではない。といって、これは中国の言語として中国人の思惟構造のままに実践したわけでもない。つまり、それは日本語によって読誦されるが、同時にそこに列ねられた文字——漢字を中国人がよむならばそのまま中国文として理解できるという方法である。いいかえれば文字の行列のしかたは中国人の思惟にしたがっているが、それを日本人の思惟にしたがって直訳するのである。しかし、それが正しい日本語になっているかといえば、決してそうではない。中国文を全体として日本語に訳そうとするならば、日本語の力をきわめることによってある程度の功を収めることができよう。ちょうど今日外国文学の翻訳がやっているとおなじことが中国文について行われるのが当然である。また古来そういった努力をした日本人も少なくない。しかし、漢文学のばあいは文全体を捕えようというのでなしに、一つ一つの語彙を音訓一定の訳語によって日本語に移しかえ、ただそれらの語彙のあいだの関係を日本語のテニヲハや語尾変化によって示すという方法であって、こうした変態的方法が長く用いられたというのは、第一に漢字という少なくとも目で見て意味のけんとうのつきやすい文字が一種の媒体になっており、またそれが日本で常用され、日本の音訓が固定していたこと。第二にそれが古文というような簡潔な文体で表現され、しかも中国語自体文法的な約束が弱く、いわば語彙が独立しながら文全体の構造に参与していることであり、第一の条件からは少なくとも中国語音をまなぶ労苦が廻避できたし、第二の条件からは日本語を利用しながら中国語の文法が理解できた。つまりリーディングを省略した翻訳であり、翻訳であるかぎり原文の論理が分かれば一応はよいわけで、日本語の完全度などはあえて問わない。われわれがおせわになったある老先生（狩野直喜）は中国語をたくみに話されたが、いわゆる漢文は一応訓読された。しかし、その訓読は先生にとって日本語としては意識されず、ただ中国文をよむための符牒にすぎなかった。

ところが、その実、日本人がこういった方法で漢文を書き、進んで漢文学を創作するには、なみたいていの訓練では物にならない。明治以前に教育を受けた人——あるいはその余波に乗った人は、その教育といえば、やっと物心ついた頃から始め、しかも内容は漢文しかなかった。日本語や日本文学さえ教えずに、いきなり四書五経・唐詩選といったものを教わるという、考えようによっては悲惨な教育によったものである。さいわいに能力に恵まれた人たちは、方法こそちがえ、ほとんど中国の読書人に近いところまで進むことになる。ある中国の友人はいつも、日本の老先生たちが中国語で読みもされないで、どうしてあんなにみごとな漢文をお書きになるのか、といって尋ねる。まさに常識では考えられないことがおこっていたのである。それはある程度、漢字を書くことでも旁証できる。西洋の支那学者はいかに漢文をよみこなせても、漢字を書くという段になると、金釘流はおろか、どこからでも書きはじめ、しまいに文字にしてしまう人が多い。その点われわれは日本語のためにも訓練されているからまだましである。しかし、老先生たちのようなみごとな字を書くことは到底望めない。奈良朝の写経生の書いた漢字にいたっては、唐の人が書いたのと全然区別がつかないといわれる。日本人が漢文をよみ、漢文学を創作したのには、そういった環境乃至は教育・訓練の力が大きく働いていた。

いうまでもなく明治維新以後の教育は、このような環境を一変し、それも惰力が次第に尽きてきた今日では、専門家といえどもかつての老先生だけのことはできなくなった。まして一般のいわゆる知識人の中では漢文というものが急に光を失った。さすが七十歳以上の老人の中にはまだ前代の余焔によって相当な力をたくわえていられる人があり、そうしたものを持たない青年たちにたいし、バックボーンがないと心配されている。しかし、あと十年か廿年もたてば大正生まれの人たちが社会をリードすることになる。となると、漢文学だけの問題でなしに、漢文そのものが読めない。いや、漢字までが次第に影をうすめる、という時代が目の前にぶらさがってくる。当用漢字以外の文字乃至字体を使っては日本語もよめないというのに、漢字ばかり並べたものをあたえ、さらには漢字ばかりで文学を創作しようなどというのは、よほどの人間のしわざである。

もちろん専門に中国文学をやる人はある、いや、ますますふえるであろう。しかし、その人たちは、昔のように漢字教育から入って漢字をたよりに中国文学をやるのでなしに、現代中国語を学習し、言語を中心として——もちろん今のところは漢字をふくめて——中国文学に分け入る。したがって、狭い意味の漢文学もこの方法から進んでいく。いわば現代の新しい文学から入って、やがて宋元以来の口語的文学、さらには詩文といったふうに、ちょうど西洋人が中国文学をやるのと同じ順序になっていく。これが外国文学をやるときの「下から」という常道である。それだけに麓の道も分けてみないくせに、いきなり落下傘で山頂におり、無我夢中で勉強させられるという悲劇はもうなくなるはずである。とすると、たとい自分が中国語によって創作したいという熱に浮かされても、七言絶句を作るよりは現代語の詩を作るであろうし、唐宋八家ばりの古文を作るよりは現代語で文章を書くであろう。またその方がこれからの中国の人に見せてよく通ずる。もとより遊戯とし暇つぶしとし、せめて腕だめしとして漢詩文を作ることはあると思うが、一般的にいって狭い意味の日本人による漢文学はもはや絶学といってよい状態である。

三

としたら、「断子絶孫」の日本漢文学は、よい星の下で生まれたものでないといわれてもいたしかたなかろう。

わたくしは、日本漢文学史を専攻したものでない。むしろ専攻したらどうかという先輩からの勧告をことわったことがある位である。そのわたくし自身、昭和二十一年度に東大で「本邦における支那学の発達」と題する講義をした。もちろん、その表題の示すごとく、日本漢文学史というのではなしに、これから支那学の路に分け入る人たちの道しるべとしたものである。

元来、中国の文化があの大陸からこの小さな島に雨と注がれた歴史は、いわば彼のある時期の文化乃至文学がある傾斜をもって日本に流れたことを示していて、ある意味での中国文化史であり文学史であり、少なくとも中日文化交渉史ではあった。たとえば白氏文集について、例の太宰少貳藤原岳守が大唐人の貨物を調べて元白詩筆をえたのが八三八年で、白居易の死に先だつ八年であり、金沢文庫旧蔵白氏文集は日本の僧恵萼が八四四年に唐で写した本の重鈔であり、これまた白氏存生中のことであるが、それは彼我の直接交通の結果である。また荻生徂徠が李王の集をえたのは一七〇四年または五年のことといわれるが、のち山本北山は袁宏道公安派の文を学んだ。徂徠と李攀龍との年齢のひらきは百五十四歳であり、王世貞との差は百四十歳、そして北山と袁宏道の差は百四十二歳ということになるが、これらが鎖国時代の傾斜を測定する一つのめやすとなろう。

漢字の音にしても、はじめ六朝から伝えられた呉音が奈良朝に行われ、平安朝になって弘法大師が将来した漢音が唐の都長安の音であり、その二つが漢字音の大宗となったが、交流が東南の沿海で行われてからはいわゆる唐音が一時流行し、明治になって清朝政府と国交を通ずるようになってから外国語学校でも北京語一本槍にきまっていった。

こういった影響のあとをたずねていると、時に思いもかけぬ掘り出し物がある。たとえば日本書紀の古訓のなかに、中国の辞書には容易に出あわないような珍らしい意味が発見され、それが神田喜一郎博士によって「日本書紀古訓攷証」の名でまとめられている。また日本に伝えられた漢字の音には普通の漢呉音とはちがった系統のものが認められ、それは飯田利行博士の「日本に残存する支那古韻の研究」にまとめられている。また仏教の弘通につれて声明（しょうみょう）が日本でも演習され、特に画讃の類では当時の声調の型がおのずから保存されていて、それを抽出整理したのが頼惟勤君の「漢音の声明とその声調」である。それから弘法大師の文鏡秘府論や文筆眼心抄には中国で早く佚した陸善経等の詩論が多く引用されており、これについては小西甚一博士の「文鏡秘府論考」の大著が出ている。金沢文庫旧蔵の文選集注や弘法大師の篆隷万象名義などは日本での著作として貴重であり、残本ながら礼記子本疏義や講周易疏論家義記のような中国では全く忘れられた書物も日本で発見された。また藤原佐世の日本国見在書目録は隋書経籍志と新旧唐書とのあいだの缺を補うものとして中国でも珍重されている。そのほか、明治になって清国から楊守敬が来たとき、日本に伝存した佚書があまりにも多いのに驚いて、古逸叢書を編刻しているが、それらの珍籍を蒐集し鑑賞し利用したのは江戸末期の吉田篁墩・松崎慊堂・狩谷棭斎・市野迷庵・山梨稲川・小島成斎・森立之などであり、いずれも清朝の考証学を奉じた人たちであった。また山井鼎が足利学校に伝えられた宋本などによって校訂した七経孟子攷文は、いち早く中国に舶載されて乾隆の四庫全書のなかに収められ、それが刺戟となって阮元の十三経注疏挍勘記が作られ、王鳴盛さえが「日本尚文、勝於他国」とか「日本文学、自唐已然、至今不改」などと嘆賞した。こうした顚末は狩野君山先生の「山井鼎と七経孟子攷文」という研究に詳しい。

くだって江戸時代には元明のあいだに刊行された書籍がおびただしく輸入され、それがいろいろな経路をへて、主として内閣文庫に貯えられているが、特に戯曲小説の珍籍が数多く、これは長沢規矩也教授などの努力により中国に紹介され、いわゆる三言二拍の問題がやかましかった。その余波として最近中国で二刻拍案驚奇が刊行されたが、その底本となったのは内閣文庫に蔵する、完書としては天下の孤本であった。

以上は必ずしも日本漢文学に限らず、中国の学術や文献が日本に伝えられるあいだにおこした作用、またはその反作用についてその幾分をあげたのである。われわれがひろい意味で中国の文学を研究するとき、これらの問題はきわめて興味があり、また中国の学者にはほとんど手のとどかないごとであるだけに、たまたまその一つをとりあげても、ただちに中国の学界に聳動をあたえる。例の七経孟子攷文をみた盧文弨がこれより先にできていた浦鏜の十三経注疏正字――これはきわめてまずい本であるが――のことを褒めあげ、ただし攷文も捨てきれないなどといっているを見ると、「海外小邦」にしてやられたのがいかさま口惜しかったらしい。われわれ世代のもので中国の学界に名を知られているものには、こうした方面の研究者が多いのももっともである。これらは中国文学をおさめるものとして当然知っておいてよいことである。しかし、日本漢文学史の問題としては決して本筋でない。

四

ここに問題を日本漢文学史の比較的純粋な意味でしぼって考えるとき、先ず懐風藻が文選を指向していたことは疑いなく、その詩形がほとんど五言であり、対句が多いのはまさにその証拠であるが、平仄のかなわぬもの、押韻に問題のあるものなどがあるのは、さすがにまだ十分咀嚼できていなかったことを示すものと思う。それが遣唐の留学生たちによって次第に程度をたかめ、やがて白氏文集全盛の時代を作りあげた。それは同時に、六朝を唐に乗りかえたわけであり、本朝文粋という名はまさしく唐文粋に因むものであろう。

菅原道真・橘広相・都良香・紀長谷雄の四人の家集と小野道風の書とを唐の末年に唐へ贈ろうとした話などは、かなりの自信がなくてはならないものであり、それだけ唐風がよく浸透したことを示すものでもある。

唐が代って宋になってからは漢文学が緇徒の手にゆだねられ、文選・文集に代って古文真宝・三体詩・蘇東坡・黄山谷が流行し、虎関などは欧蘇の古文を提倡している。また元を経て明となり前後七子が流行したのに応じたのが徂徠であり、唐詩選がひろく読まれたのはまさしくその影響であった。徂徠の著書はその形式から文字まで明人の書物に似せているところを見れば、その傾倒ぶりが尋常でなかったことが分かる。特に徂徠の文学を継承したのは服部南郭で、蘐園雑話にも、「南郭公儀ノヿヲ漢文ニテ書シガ此事ニテ殊ノ外難儀アリシ故是ヨリ一切経済ヲ云ハズ詩文バカリ専ラニセラレシナリ」とあるほど漢文で何事も書けるように、必死の努力を積んだらしい。また、そのためにこそ当時の現代中国語の学習にもはげんだのである。そしてまた、この蘐園派の古文辞に対抗して公安派の性霊を主張したのは山本北山であった。それが大田錦城以後、清朝の考証学派の影響を受け、松崎慊堂・安井息軒に至って清朝の文に範をとった。

そこに現われた基本的な方向は、先進国である中国に傾倒し、その文学を学ぶことであり、それは模擬の一語に尽きる。といってそれは日本人が中国の詩文を学ぶだけでなく、中国人でも詩は杜甫を学ぶといい、はなはだしいのは李王の古文辞のように先人の句をほとんど生呑活剝したのさえある。してみれば中国人でもないものが、わざわざ漢詩文を作ろうとするかぎり、何かの目標をもたねばならず、その目標に一歩でも近づくことを願ったとて、何の不思議もない。ただ問題は果してその願が遂げられたかどうかである。

この点、その願を遂げた人は多く直接中国にあそんだ人、たとえば極端な例として安倍仲麻呂のような人物が考えられるが、それほどでなくとも交通量の多いときと少ないときとでは相当に違ってくる。それが直接中国へ行けないことを憾みにした徂徠の一門で現代中国語を学ぼうとした一つのいわれであると思う。とともに、江戸時代はもっともよく中国文化の浸透した時代であり、ただ漢籍を読誦するだけならば、鎌倉時代のような一経相伝といったむつかしい手続もいらなくなったばかりか、これまでの学者の努力により、大抵の漢籍はこなせたといってよい。そういった中で育った江戸末期の学者の詩文が日本人ばなれしており、またその影響が明治に育った人に残ったのも、その理由があると思う。しかも、いわゆる朝紳や緇流のあいだに文柄がにぎられていた頃とちがって、士民のあいだに漢文学が浸透したことは広く人材を吸収できたという結果になり、いわば日本人としてのきわめて優秀な頭脳がここに動員されたわけであり、またこうした人たちをめぐって無数の人々が漢籍の勉強に、また漢詩文を綴ることに精力を注いでいたのである。そこには、もちろん一将功成って万骨枯れたこともあろうが、といってその万骨は空しく枯れたのでなしに、当時の士民大衆の中に漢詩文の勢を増し焔をあげたに相違ない。わたくしは最近能登の某素封家の二代にわたる碑文をよんだが、一つは亀井南溟の撰文、一つは皆川淇園の撰文で、それぞれが相当の漢文であるこというまでもないとして、この海産物を回漕する問屋の主人が、そのしごとの余暇に、あるいはその社会的地位のバックとして漢文学に努力したさまがよくうかがわれた。そうしたことは、江戸時代にはほとんど日本の津々浦々にまで浸透したと思われる。わたくしはかの優秀な人材の「創造という名の模擬」にたいし敬意を表するとともに、こうして浸透する漢文学の影響について考えることが今後の、もっと大きな課題になるのではないかと考える。

こうした多年にわたる浸透が日本文学の肥料として役立ったことも当然であり、中国文学が国文学にあたえた影響はさまざまな方面で注意もされ表奨もされた。特に王朝までは比較的数の少ない人たちのあいだで玩ばれたに反し、江戸時代のように浸透の度が強いときは、表だった文学だけでなしに、庶民的な文芸にまで深い影響をおよぼし、教訓的な重圧を払いのけて諧謔の対象ともされたことは、むしろ庶民にまで親しまれたものとしてほほえましい。

ただ、これだけの浸透性がありながら、もし創作の面でいうならば、それは詩文の範囲に止まったといわねばならぬ。たとえば詞のごとき、古く兼明親王の懐亀山二首がありながら、その後は江戸末期まで作者がなく、たとい出てもきわめて少数で、それも腕だめしの程度を出ていない。また江戸文学の中に中国小説の影響が大きいことは麻生磯次博士の「江戸文学と支那文学」に詳しいが、これに模して作るといった試みは、やはり腕だめしか物ずきの程度にとどまった。それらはまた石崎又造氏の驚くべき業績「近世俗語文学史」に詳しいが、詩文の創作とは比ぶべくもない。ということには、浸透の深さ、別の尺度でいえば時間の関係もあろうが、やはりそれぞれのジャンルが日本人の手におえるかどうかという問題が大きいのではないかと考える。前に述べたように一応日本語に直訳して、それを更に反芻するという経過をとる以上、原典の構文が簡単であって、その骨組がそのままで日本語の体系に入らないでもないものでなくてはならない。ところが、近世の俗語文学になると、叙述がこまかく、それが俗語に近ければ近いほど日本語の体系に入りにくく、また強いて入れようとすれば日本語としても口語的要素を加える必要があり、かたがた非常に困難であった。詞にいたっては、これだけ複雑な韻文はもはや吸収の限度をこえていたかと思われる。その点、近体詩、特に五七言絶句は日本人のおはこであり、一応その体をつかいこなせた人の数はおびただしい。しかし本国人にいわせると絶句は一番むつかしく、近体なら律がたやすいという。つまり中国人としては、作るからには、まとまった物にしたいと考えるが、日本人はただ七字づつ並んで平仄があったら……という所で、そこにやはり大きな差があったのである。

　こういうことは、江戸時代の人たちのあいだにも大きな反省をおこしたに相違ない。少なくとも文化的には中国に隷属して、日本中の優秀な頭脳がただ中国詩文の「創造という名の模擬」にその貴重な生涯を投ずるというからことが日本にとって望ましいことであるかどうか、唐心（から）だけがたくましくて日本心（やまと）の乏しい日本人を見て、ひそかに嘆く人たちが国学を提唱するに至ったのも当然であり、こうして国学と漢学との摩擦がおこった。

　しかも、西洋文化が侵入すると、かつて中国文化に傾倒したように、ふたたび西洋文化への傾倒がおこって、同時に中国文化はぼろ靴のように投げすてられた。それにはまた当然の理由があるが、たといいかなる理由があっても、かつて崇拝した中国にたいし、たちまち侮蔑の目をもって見、暴虐をほしいままにしたことは、虎の威を仮る狐のしわざであったとはいえないであろうか。しかも、そうしたしわざの責任者たちが七言絶句――それも平仄のあやしいものを作って風流の儒将を気取っている！　これが日本漢文学史の最後のページを汚したとは、まったく皮肉のきわみである！

五

　日本漢文学は決してよい星の下に生まれなかった。しかし、日本民族のあいだに長いあいだ移殖され同化されてきた。従ってこれを歴史として研究することは、日本研究にとって重要な課題である。わたくしは京都大学でも東京大学でも国語国文学の教官にたいし、国文学講座の一つとして日本漢文学史講座を設けるべきではないかと話したことがある。しかし、微に入り細を穿つ国語国文学の畑では、到底そこまで考える暇がなさそうである。といって中国文学科は外国文学として発達しているから、これまたそこに手を出す余力がない。こうしてグレンツにある学問が打ちすてられていくのは、近代分業制の常とはいえ、きわめて遺憾なことである。

（「国語と国文学」第四〇二号、一九五七年一〇月、至文堂）

凡例

一、本書は、故倉石武四郎教授が昭和二十一 *1946* 年度・東京帝国大学文学部における講義「本邦における支那学の発達」のために準備した、その講義用ノートを活字翻刻したものである。東京大学東洋文化研究所「倉石文庫」に保存する倉石名誉教授の自筆原稿（以下、原稿）を、翻刻の底本とした。

なお、本書の刊行を機に、この講義内容を補説するものとして、同教授の論文「日本漢文学史の諸問題」をあわせ掲載する。

一、原稿は、図版に掲げたとおり、「臥雲書室仿至正翠巌精舎栞本玉篇版式」と称するその版式を模した罫紙用箋（半葉一三行左右双辺双魚尾　幅118高183粍）、一〇五葉（その前に副紙一葉）に自筆墨書されている。倉石教授が講義のたびにその数葉を教室に持参し、講義結了後に線装一冊に合訂したものである。

一、このたびの翻刻に当って、全一三章にわたり新たに、各章に標題を附け加えた。

一、本文については、適宜、段落を分かち、必要に応じて句読点を施した。

一、本文の漢字表記については、原則として現在通行の印刷字体に改めた。

一、本文の仮名遣いについては、引用文のほかは、現代仮名遣いに改めた。原稿本文に附せられたルビについては、片仮名・歴史的仮名遣いで表記し、今回、必要に応じて新たに附け加えたルビは、平仮名で表記した。

一、原稿には、倉石教授による数次にわたる加筆があり、墨書のほか黒鉛筆・赤鉛筆で記入された部分がある。翻刻に際して、これらの加筆を相互に区別せず、すべて本文に組み入れた。

また、○△×等の記号を赤鉛筆で附して本文の移動を指示する加筆部分もあるが、その指示に従って本文を移動させ、記号は再現しなかった。

一、原稿用箋の匡郭外に附記された書名・人名等は、本文を補う注記とみなして、本文の当該箇所の右辺に（一）（二）…を附し、その上部の欄外に注として掲出した。ただし、倉石教授自身による本文への訂正・追記であって、本文への挿入であることが明確な場合は、その当該箇所に組み入れた。

一、人名については、姓または名号のみを記す場合は、適宜、姓・名号を（　）に入れて小字で補記した。

一、書名・篇名・論文名については、新たに「　」で括った。それ以外にも、語句を強調するために「　」で括った場合がある。倉石教授自身が留保・省略等の意味で附した〔　〕は、原文のままに残した。

一、引用文については、「　」で括るか、または改行二字下げとした。引用の内容に明白な誤りがある場合は、適宜訂正した。

一、年暦の元号表記については、西暦をイタリック体算用数字で補記した。

一、各章の末尾に記された附記については、小字で一字下げとしてまとめた。

一、「補注」については、各章ごとに注記番号を起こし、対象箇所の右辺に（注1）（注2）…を附し、本文の末尾に一括してその全章の注記を掲出した。

一、本書の「補注」は、一～三章を河野、四～九章を長尾、十～十三章を町、漢字漢語・語学関係を佐藤（進）が、それぞれ分担して作成に当たり、その原案をもとに大島・河野・佐藤（進）・佐藤（保）・戸川・長尾・町が協議して完成させた。

一、「索引」については、書名・人名を標出した。清水が作成した原案をもとに、成稿した。

一、倉石教授が本原稿末尾（98～99ページ）に掲出した参考文献のうち、「補注」において頻出するものについては、その書名の上に丸印を附し、「補注」においては以下のように略記した。

岡田正之『日本漢文学史』→[参]岡田
大江文城『本邦儒学史論攷』→[参]大江
牧野謙次郎『日本漢学史』→[参]牧野
安井小太郎『日本儒学史』→[参]安井
石崎又造『近世日本に於ける支那俗語文学史』→[参]石崎
岡井慎吾『日本漢字学史』→[参]岡井
内藤虎次郎『近世文学史論』→[参]内藤

以　上

本邦における支那学の発達

倉石武四郎講義

昭和廿一年度

一　大陸文化の受容

わが国は、支那と極めて近く、ことに海上往来の便もあったから、わが国民が始めて支那を知ったのはいつであるか、というような問題は、もとより今から解くすべもない。ことに朝鮮半島を通じて、間接に支那と接触したことは、更に古いことと想像されるが、わが国の史料としてこれを証明すべきものは殆どない。さすがに支那は、記録に富む国であるから、「魏書」（三国志）の「倭人伝（わじんでん）」（烏丸鮮卑東夷伝）や「後漢書」の「東夷倭国伝」などに見える日本についての詳細な記事があって、彼我の関係が極めて古かったことを思わしめる。

尤も、これらの倭人・倭国の記事は極めて難解であって、特にその中に見える「卑弥呼」という女王は何人を指すかということに就て、古来紛々たる異説が出、[注1]ことに内藤湖南先生が明治四十三年 ***1910*** 五月より七月にわたり、「藝文」[注5]（第一年二・三・四号）に連載された「卑弥呼考」[注2]（「読史叢録」に載す）が動機となって、白鳥庫吉（しらとりくらきち）[注3]・橋本増吉[注4]の如き東洋史家や、高橋健自・三宅米吉[一][注6]の如き考古学者が、競って研究を発表し、或は九州の豪族にあて、或は近畿の大和朝廷にあて、その何れが正しいかは容易に定めることもできないが、つづいて明治四十四年 ***1911*** 六月の「藝文」（第二巻第六号）に、内藤先生の「倭面土国」[注7]が掲げられ、その八月には稲葉君山（くんざん）氏が「考古学雑誌」（第一巻第十二号）に「漢委奴国王印考」という論文を発表し、「委奴」「倭奴」ともに倭面土（ヤマト）と同じく、単に声に緩急あるに過ぎないと云うに至り、少なくとも委奴の問題はある方向が定められたように思われる。

その「漢委奴国王印」とは、天明四年 ***1784***、筑紫志賀島（しかのしま）で発掘された金印で、「後漢書」に光武帝の中元二年 ***AD57***、倭使が入朝し印綬をたまわったという記事に応ずるものだと云われているが、[二]その外にも魏の明帝の時に、倭の女王卑弥呼が大夫難升米（タジマモリ?）等を遣して朝献したので、親魏倭王として金印紫綬を授けたということもあり、[三][注9]当時はかようなことが実際に行われたことに疑いはない。

では、当時わが国で支那のことを何といったかと云えば、恐らく「漢」と称したのが最も正しいと考えられる。[注10]つまり、わが国が始めて接触した支那は漢の時代であったろうから、その朝代の名が長く支那の称呼として用いられたわけであり、その文字を漢字といい、その人を漢人といい、その学問を漢学ということも怪しむに足らない。

わが国の記録の中に、支那の書物のことが始めて見えているのは、応神天皇の時に、百済から阿直岐・王仁な

一　「文学博士三宅米吉著述集」、三宅氏「史学雑誌」（三十七号、明治廿五年十二月）「漢委奴国王印考」、「考古学会雑誌」（二ノ五、明治三十一年九月）「委奴国王金印偽作説の批評」。

二　建武中元二年、倭奴国奉貢朝賀、使人自称大夫、[注8]倭国之極南界也、光武賜以印綬。「後漢書」

三　景初二年六月、倭女王遣大夫難升米等

四　又科賜百済国若有賢人者貢上故受命以貢上人名和邇吉師即論語十巻千字文一巻并十一巻付是人即貢進

どが来朝帰化し、ことに王仁が「論語十巻」と「千字文（せんじもん）一巻」とを献上したという。それは、「古事記」では阿知吉師（アチキシ）（新羅の十七等の第十四を吉士という）が命をうけて和邇吉師（ワニキシ）を貢したとあり、[四]「日本書紀」では阿直岐（アチキ）・王仁（ワニ）と記してある。[注11]

しかるに、応神天皇の十六年 *285* に、王仁が「論語」と「千字文」を献じたとすると、「論語」はともかくとして、梁の周興嗣（?～521）が作った「千字文」[注12]が、それより百九十年も早く日本に渡来していたということは、不可思議である。（尤も、「書紀」には王仁来朝のことだけで、「論語」「千字文」のことは見えていない。）

従って、古くからこのことが問題となり、たとえば新井白石の「同文通考」[注13]などに云うように、「千字文」ではないほかの書物、たとえば、「凡将篇（はんしょうへん）」[注14]「太甲篇」[注15]「急就章」[注16]などの小学の書物であるという説もあり、谷川士清（たにかわことすが）の「日本書紀通証」[注17]などに云うように、同じ「千字文」でも魏の鍾繇（151～234）の「千字文」[注18]であったろうという説もあり、本居宣長の「古事記伝」[注19]などのように、伝聞の誤りだろうという説もあり、なかなか帰一しがたいが、近年フランスの **Pelliot** 氏がそのことを考証して（「図書館学季刊」六ノ一に馮承鈞の訳あり）、[注20]「古事記」の記事は日本の年代とともに信をおきがたいと論じているし、宣長もいう如く「日本書紀」にはこの書名を欠いていることも、宣長のいうような、

上代に文籍なかりしと云ふことをあかずおぼして、此の御代に始めて渡り来りしことを忌み隠されたる物とぞ思はる、。[注21]

ということは首肯しがたいまでも、むしろ「古事記」があくまで正しいということを立証できない資料になるかも知れない。[注22]

ともかく、この頃から百済（くだら）を通じた支那文化の輸入が行われたことは、ほぼ疑いなく、これより後、太子の菟道稚郎子（うじのわきのいらつこ）をはじめ典籍を学習した人も多く出たらしく、一面は、阿知使主（あちのおみ）が呉に赴いて織縫の工を求めたり、雄略天皇の時に身狭村主青（ミサノスクリアヲ）たちを呉に遣して呉織（くれはどり）・漢織（あやはどり）の女工を求め、さらに呉の使者をむかえるために磯歯津（シハツ）路を開いたことが「日本書紀」に見えているし、[注23]一面は、宋の永初二年 *421* には倭王讃が貢し、元嘉年間 *424*～*53* には讃がなくなって、珍がこれに代り安東将軍倭国王に任じたり、元嘉廿年 *443* には倭王済が貢をいれ、大明六年 *462* には興が安東将軍倭国王となり、やがて武（雄略天皇？　松下見林「異称日本伝」の説、及菅政友の「漢籍倭人考」の説）[注24][注25]がこれに代り安東大将軍倭王に封ぜられ、南斉の建元元年 *479* には武を鎮東大将軍に進めたという記事が「宋書」九七、「南斉書」五八に見えているが、[注26]互いに独立した記事で印証するよしもないのが遺憾である。

また、三韓からは、継体天皇の七年 *513* に百済から五経博士段楊爾（イツツフミノハカセタンヤウニ）を貢し、十年 *516* には五経博士の漢高安茂（アヤノカウアムモ）を貢して段楊爾（タンヤウニ）に代えたいと願ったり、欽明天皇の十五年 *554* に五経博士の王柳貴が来て固徳馬丁安に代り、ま

五　阿知使主―都賀使主（注34）

た、新たに易博士〔王道良〕、暦博士、医博士、採薬師、楽人などが来朝したということであり（注27）、而かも、当時支那の学問文章のことは専らこれらの人たち、およびその他の帰化人の手に帰していたらしい（注28）。

早くは、新羅の王子天日槍や（注29）、秦の始皇の後裔という功満王が帰化したという伝えもあり（注30）、応神天皇の時には、阿直岐・王仁について（注31）〔辰孫王（注32）や功満王の子の〕弓月君（注33）、また〔（五）奴理使主が（注35）〕帰化し〔仁徳天皇の時には、劉言興と帝利とが支那から高麗を経て帰化し（注36）、呉王の後と称する意富加牟招君も来ており（注37）、雄略天皇の時には、魏の文帝の後と称する安貴王や（注38）百済王の賀須利君の弟軍君も来り仕え（注39）、新漢人としては陶部の高貴・鞍部の堅貴、画部の因斯羅我・錦部の定安那・訳語の卯安那などがおり（注40）、欽明天皇の時には、呉国の主照淵の孫と称せる智聡が、儒仏二典および薬書・明堂図等、百六十四巻を齎して来」たという（注41）。

もとより、これらの人が多く帝王の子孫だというのは、文字どおり受けとり兼ねる点もあろうが、相当の智識階級であったこと疑いなく、自然その一族子弟は、「文」とか「史」とか称して、文筆の業を世襲した。特に王仁の子孫は文首または書首と称して韓族の中心となり（注42）、阿知使主の子孫は漢書首と称して漢族を代表し（注43）、世に前者を西文といい、後者を東文といった。

そのほか、身狭村主青と檜隈民使博徳は史部であり（注44）、阿直岐の子孫が阿直史として知られ（注45）、〔辰孫王の裔の王辰爾は船史の姓で、その弟の牛は津史といい、甥の膽津は白猪史といったとあり（注46）〕さらに「姓氏録」〔の蕃別の部〕には、阿知使主の部族に高向史・刑部史、河内に田辺史・道祖史・桑原史・島岐史あり、山城・摂津には大原史あり、紀伊には文忌寸あり、安藝には沙田史あり、丹波には丹波史あり、筑紫には筑紫史あり、別に皇別としては史の姓を称したもの、わずかに垂水史・田辺史・御立史の三氏にすぎない（注47）。

而かも、これらの氏族は自ら外交のことにもあたり、かの阿知使主父子や天日槍の曽孫田道間守や身狭村主青は、呉や常世国に使節として赴いた（注48）。これは自ら海外の事柄に通じていたからで、さらにこれらの人たちを通じて、支那に関する知識が相当に浸潤していたことは想像に難くない。

この間において、見のがしがたい重要なことは、仏教の伝来であって（注49）〔継体天皇の十六年 *522* に、南梁の司馬達等というものがわが国に来て、大和の高市に仏寺をたてたのを始めとして（注50）〕、欽明天皇の十三年 *552* には、百済王から釈迦仏金銅像および経論若干巻を献じて仏教が漸く興隆し（注51）、敏達天皇の時には、新羅からも仏像を送り、百済から経論ならびに律師・禅師・比丘尼・呪禁師・造仏工などを献じ（注52）、さらに崇峻天皇の御世には、僧恵摠（善）・令斤・恵寔・聆照・令威などが百済から来るし（注53）、司馬達等の子の多須那は帰化漢人の善聡・善通・妙徳・法定（照）

など八人と薙髪[注54]し、推古の朝にはますます盛になり、これを通じて支那に関する知識も増し、支那の書籍に親しみを覚えたことも想像にあまる。

かくして、いよいよ朝廷より直接、使節を派遣するに至ったのである[注55]。即ち、推古天皇の十五年*607*に、小野妹子を大使とし、吉士雄成を小使とし[注56]、鞍作福利を通事とし、第一次の遣隋使を派遣したⅠ。翌十六年*608*に小野妹子が帰朝し、隋の使者裴世清がこれに随って来た。その使者がこの年九月に帰ろうとしたので、妹子等に之を送らせⅡ、留学生高向玄理・僧旻・南淵請安が之に随った。十七年*609*には、小野妹子等がふたたび帰朝し、二十二年*614*には、遣隋使の犬上御田鍬・矢田部造を隋に遣しⅢ、それが二十三年*615*に帰朝したが、この間に隋が亡びて唐となり、舒明天皇の二年*630*に、遣唐使犬上御田鍬・薬師恵日等を唐に遣しⅠ、それが四年*632*に帰朝したとき、唐の使高表仁・学問僧霊雲・僧旻・勝鳥養などが一所に来た。十二年*640*には、留学生南淵請安・高向玄理たちが唐からかえり、隋代に派遣された留学生も多く帰朝した。孝徳天皇の白雉四年*653*には、遣唐大使吉士長丹・副使吉士駒を唐に遣し、学生巨勢薬・冰老人、学問僧道厳・道通・道光・恵施・覚勝・辨正・恵照等、百二十餘人が之に従ったⅡ。また、別に遣唐大使高田根麻呂・副使掃守小麻呂等百二十人を派遣したが、その船は途中薩摩の竹島で難破し、生還するものわずか五人であった。翌五年*654*には、遣唐押使高向玄理・大使河辺麻呂・副使薬師恵日等が唐に赴き、玄理は唐でなくなったⅢ。七月に、遣唐大使吉士長丹・副使吉士駒等が帰朝し、斉明天皇の元年*655*には、河辺麻呂が帰朝した。その五年*659*に、遣唐大使坂合部石布・副使津守吉祥等が二隻の船に分乗して唐に赴いたが、大使の船は南島に漂着し、副使の船のみが唐に到着しⅣ、七年*661*には津守吉祥が帰朝した[注57]。天智天皇の四年*665*には、唐の使劉徳高等二百五十四人が筑紫に来たので[注58]、十二月、守大石・坂合部石積をして送りかえさせた。六年*667*その石積たちを又送ってきた司馬法聡を、十一月に伊吉博徳・笠諸石をして送りかえさせ、その伊吉博徳は七年*668*に帰朝した。八年*669*には、小錦中河内鯨等を唐に遣しⅤ、唐からも郭務悰等二千餘人を遣わした(以上、「書紀」)。文武天皇の大宝二年*702*には、遣唐執節使粟田真人・大使高橋笠間・副使坂合部大分・巨勢邑治等が唐に赴き、学問僧道慈[注59]・山上憶良がこれに従ったⅥ。慶雲元年*704*には、粟田真人が帰朝し、四年*707*には、巨勢邑治が帰朝した。

かくして、奈良朝に入ってもこの勢はますます盛となり、元正天皇の養老元年*717*には、遣唐押使多治比県守・大使大伴山守・副使藤原馬養が唐に赴き、学問僧玄昉[注60]、留学生吉備真備[注61]・大和長岡[注62]・阿部仲磨[注63]がこれに随った[注64]Ⅶ。二年*718*には多治比県守のほか、文武天皇のとき唐に遣わされた坂合部大分や学問僧道慈が帰朝した。聖武天皇

六　吉備真備献上の書、唐礼百三十巻・大衍暦経一巻・太衍暦立成十二巻・楽書要録十巻一

の天平五年733には、遣唐大使多治比広成・副使中臣名代・判官平群広成等が唐に赴き、学問僧栄叡・普照等がこれに従い、総員五百九十四人に上ったⅧ。翌六年734には、多治比広成が帰朝し、前に入唐した玄昉・吉備真備・大和長岡もその船で帰朝した(六)。八年736には、中臣名代が帰朝し、唐僧道璿・婆羅門僧正菩提・林邑僧仏徹・唐人袁晋卿・波斯人李密医(注65)などが随行し、十一年739には、平群広成が帰朝した。孝謙天皇の天平勝宝四年752には、遣唐大使藤原清河・副使大伴古麻呂・同吉備真備・判官布勢人主等が唐に赴いたがⅨ、五年753には、吉備真備の船が帰着し、学問僧普照も同船で帰ったが、阿部仲麿は帰朝しようとして果さなかった。六年754には、大伴古麻呂が帰朝し、唐僧鑑真(注66)が弟子二十四人を率いてその船で来朝し、別に布勢人主の船が薩摩に来着した。淳仁天皇の天平宝字三年759には、藤原清河を迎えんがために、大使高元度・判官内蔵全成等九十餘人を唐につかわし、五年761、高元度等が沈惟岳等に送られて帰朝した。この年、仲石伴を遣唐大使に、石上宅嗣を副使に任命したが、六年762には、遣唐使をやめて送唐客使とし、中臣鷹主を大使に、高麗広山を副使としたが、やがて風のために中止した。光仁天皇の宝亀七年776には、遣唐大使佐伯今毛人・副使小野石根が肥前を出発しようとして順風を得ず、渡海を延期した。ついで八年777には、佐伯今毛人が病のため、副使小野石根に節刀を授けて唐に赴かしめたX。九年778には、遣唐判官小野滋野の船が肥前に帰着し、唐の使者孫興進がこれに随った。一方、小野石根の船が難破して、石根以下六十三人が溺死した。翌十年779には、布勢清直を送唐客使に任じ、唐の孫興進を送りかえさせ、桓武天皇の天応元年781に、布勢清直が帰朝した。やがて平安朝に入るが、延暦廿三年804には、遣唐大使藤原葛野麻呂・副使石川道益が唐に赴き、僧最澄・空海・義真、学生の橘逸勢などが之に随ったXI。

かように、隋・唐への使節が相継いで派遣され、これとともに学生・学問僧が渡海留学したわけであるが、最初の学生は、たとえば、倭漢直福因・奈良訳語恵明・高向漢人玄理・新漢人大国の如き、学問僧では、たとえば、新漢人日文・南淵漢人請安・志賀漢人恵隠・新漢人広斉の如き(注67)、いずれも帰化の士人か緇流であったことは、やはり支那学として先ずこれらの人物を血統よりして求むべき状態にあったことを示すものであるが、これらの人物が次第に支那学を輸入し、また、これを日本に植えつけた結果、一般日本学生、乃至学僧がその数を増し、ことに使節ごとに、多きは五六百人に達する同勢を擁していたということは、即ちこの学問の普及と発達とに如何ばかりか寄与したろうと推定されるし、唐からも使節のほか、学人および僧侶が渡来し、たとえば、袁晋卿の如き、大学音博士・大学頭となり、清村の姓を賜わったものもあり(注68)、鑑真和尚の如く、教化に努めて今にその信仰

を失わないような人もあり[注69]、これらが互に表裏をなして、当時の学問とし云えば、すべて支那学の一途に限られた以上、これがわが国当時の風潮を指導したことも明きらかで、わが文化史上、幾多の足跡が認められる以上、逆にこれらの足跡を通じて当時の支那学の発達した程度を察する途もあり得ることと思う。

当時、わが国において、支那文化を吸収し支那学を建設した大切な道具は、いうまでもなく支那の言語・文字であるが、その言語そのものに就ては、勿論これを記録に徴することはむつかしく、結局、文字を通ずるほかはない。而して、文字に記録された言語は、この言語文字の性質として、努めて実際の言語から遠ざかった表現をたっとんだ上に、当時の支那文化は最も文字の装飾を尚んだ時代にあたったため、その中から言語に関する姿を伺うことはいささか無理であり、ここには専ら文字を以て表現されたものを考えるのも已むを得ない。

さて、こうした文字に表現されたものは、勿論、支那の風尚を受けただけに、極めて典雅を尚び、自然、古典的な教養は絶対に必要となる。たとえば、聖徳太子の「憲法十七条」[注70]にしても、その中に「詩経」「尚書」「孝経」「論語」「左伝」「礼記」の如き経書はいうまでもなく、「史記」「漢書」の如き史部の書、「管子」「孟子」「墨子」「荘子」「韓非子」の如き子部の書、さては「文選」の如き集部からもその資料をとり、たとえば、「論語」の「以和為貴」とか「使民以時」[注71]の如く、成句をそのまま使用されたもののほか、旧文の若干を変更して務めて踏襲をさけてあるが、その古典的表現たることには些の疑いなく、その文辞を通じて如上書籍に関する当時の教養を伺うことは、極めて無理のないことと思う。

中でも、経書についての教養は改めて云うまでもなく、これだけ支那と直接に交渉し、またその文化を吸収しようと努めた以上、経書に関する教養なしには、絶対に成り立たぬわけであるが、史書にしても、「日本書紀」の如きは、明きらかに支那の史書にならってその文を撰したもので、凡そ三十巻（神代二巻、神武天皇より持統天皇まで二十八巻）、編年の体であったから、普通に荀悦の「漢紀」の形をついだものと称せられている[注72]。これよりさき、推古天皇の二十八年*620*に、「録天皇記及国記、臣連伴造国造百八十部、并公民等本記」[注73]とあるから、これが果してどこまで有機的な体系をなしていたか明きらかでないが、「史記」や「漢書」のいわゆる紀伝体とある関連を考える余地もないではない[注74]。

次ぎに、諸子についても相当の教養があったらしく、「日本書紀」の劈頭にある「古天地未剖（イニシヘアメツチイマダワカレズ）、陰陽不分（ワカレザルトキハ）、渾沌如雞子（マロカレタルコトトリノコノコトク）云々」の表現は、まったく「淮南子」を学んだこと多くの人の指摘する如くであり[注75]、また、「十七条憲法」が推古帝の十二年*604*甲子に発布されたことを以て、甲子革政てう讖緯説に本くとするのは、古く三善清行の「革命勘文」にこの論あり(注76)、近く岡田正之先生の詳細に考証されたことである(注77)。これによって見れば、讖緯はもとより陰陽五行の説も輸入されたわけで、推古天皇の十一年603に、冠位十二階を定められたのは、まさしく五行の色に配当してあったわけである(注78)。

ことに当時は、詔・勅・制をはじめ、令旨・議・啓の如き、表・奏・疏・状・封事・対策・牒の如き、朝廷公用の文体はもとより(注79)、「上宮聖徳法王帝説(注80)」および宝亀十年779、真人元開(淡海三船)の撰した「唐大和上（鑑真）東征伝(注81)」(群書類従 六九)や、「法隆寺伽藍縁起并流記資材記(注82)」、「元興寺縁起」の「仏本伝来記(注83)」の如き、すべて支那におけるこれら文体の模範に法ったものであり、「経国集(注84)」には、藤原宇合の「棗賦(注85)」・石上宅嗣の「小山賦(注86)」の如き賦の体も認められるし、「懐風藻(注87)」には、六十四人・一百二十篇の詩をあつめているから、「文選」に大別された賦・詩・文のすべては、当時すでに研究創作が相当の程度に達していたことが知られる。

「懐風藻」の詩体が、五言の詩形がほとんど全部を占め、そのほか八句の詩の多いこと、対句によってできたものが多いこと、平仄の諧(ととの)わぬこと、慣用の押韻があることが指摘されているが(注88)、これすべて「文選」時代の詩の形式を示したものであって、平安朝の七言を増したものと、一つのよき対照をなしている(注89)。これらの作者として有名な人物も多いが、特にかの阿部仲磨が唐に留学して、当時の大詩人たちと酬応したことは(注90)、極めてわが意を強うすべき事実である。

二　平安期の中国学藝の受容

平安朝に入って、延暦廿三年*804*、藤原葛野麻呂たちの一行とともに入唐した人たちの中[注1]、僧最澄は翌延暦二十四年*805*に大使とともに義聖も同道帰朝し、ついで翌大同元年*806*には、僧空海・橘逸勢等が遣唐判官高階遠成に随って帰朝し、仁明天皇の承和五年*838*には、遣唐大使藤原常嗣が唐に赴き、僧円仁慈覚大師・円載・円行・常暁等がこれに随ったXⅡ。

これより遣唐使のことが漸く停頓を見たが、常嗣は翌六年*839*に帰朝し、常暁等がこれに随った。八年*841*には僧恵蕚が入唐し、九年*842*に帰朝し、その年、僧恵運が入唐した。十年*843*に恵蕚がふたたび入唐し、十四年*847*には、恵運・恵蕚および円仁が帰朝した。文徳天皇の仁寿三年*853*に円珍が入唐し、天安二年*858*に帰朝した。さらに清和天皇の貞観四年*862*に、真如法親王ならびに従僧宗叡等が入唐し、七年*865*には、宗叡が帰朝した。

この頃は、すべて唐の商船に便乗するならわしで、特に円珍がその商人に托して一切経の闕本を求めしめたり、円珍が弟子三慧を入唐せしめ、闕経三百四十巻を求めしめた如き[注2]、資料の蒐集に関する動きもあったが、やがて入唐中の僧中瓘が唐商の王訥に書を托して唐の衰微を告げしめ[注3]、一方では、切角、宇多天皇の寛平六年*891*に、それぞれ久しぶりの遣唐大使・副使に任ぜられた菅原道真・紀長谷雄が、道真の上書によって出発を中止し[注4]、やがて唐の滅亡を見るに至った。

この間に極めて注意すべき現象は、これらの留学生・留学僧の在留期間が、普通としては極めて短くなった[注5]ことで、たとえば、最澄は延暦二十三年*804*に入唐して二十四年*805*に帰朝しており、同じく二十三年*804*に入唐した空海や橘逸勢などは、それより一年おくれて大同元年*806*に帰朝しておる。これは、当時すでに国内に於ける支那学が相当な水準に達し、さまで長期にわたる留学を必要としなくなったことを物がたるもので、中にも空海の如き、長安の青龍寺の恵果阿闍梨について真言の灌頂を受けたのであるが、わずか二個月で早くも灌頂を受けたというので、玉堂寺の珍賀というものが、再三この伝法に不平を唱えたという伝えがある[注6]。これというのも、固より空海の素質の非凡であったことによろうが、一面、支那学の教養が如何に高まっていたかを証するようすがとなるものである。

七　大学寮の開設(注11)—天智天皇のとき（「懐風藻」序、文武天皇大宝元年（三善清行「意見十二个条」）

では、このころ如何にして支那学の教育が行われたであろうかといえば(注7)、先ず奈良朝以前に溯って考えねばならない。

はじめ、応仁天皇の御世に、阿直岐・王仁が来朝したとき、太子莵道稚郎子がこれに師事されたことは著名な事実であり(注8)、遣隋使とともに留学した南淵請安には、中大兄皇子と藤原鎌足が師事し(注9)、僧旻の「周易」の講義には、藤原鎌足・宗我鞍作などが多くの公子とともに席に連ったとあり(注10)、大化の改新以後は、大学寮をおき(七)、高向玄理と僧旻とを国博士として朝議にも参せしめ、大学寮の学職頭には鬼室集斯が任ぜられた(注12)。大化二年*646*には、百済から帰化した文学の僧詠が大学頭となったとある(注13)。天武天皇の四年*676*正月には、大学寮の諸学生たちが珍異の物を献じたり(注14)、持統天皇の三年*692*正月に、大学寮が杖八十枚を献じたという記録があるによって見れば、当時、大学寮のひらかれていたことに疑いない。

持統天皇は、また大学博士上村主百済が学業に勤めたというので大税および封戸をたまい、音博士続守言・薩弘恪、書博士百済吉士善信に、銀または水田をたまわって教授の労をねぎらわれた(注16)。文武天皇の大宝*701～03*・慶雲*704～07*のころには、学風大いに興り、藤原武智麻呂が大学頭となったとあり(注17)、元明・元正を経て、聖武天皇の天平二年*730*には、太政官より大学生の俊秀十人以下、五人以上を抜擢して特別教授を行い、また、陰陽・医術・曜暦等の諸博士の後継を養成したいと願った上に、粟田朝臣馬養・播磨直乙安・陽胡史真身・秦朝元・文元貞等五人に仰せて、各弟子二人を取って漢語を習わしめることにした(注18)。ついで七年*735*には、吉備真備が唐から帰って大学助となり学生を教授し、時の学生は四百人に達し、五経・三史・明法・算術・音韻・籀篆など六道を習わしめた(注19)。孝謙天皇も天平宝字元年*757*に、大学寮・雅楽寮・陰陽寮・内薬司・典薬寮の学生が衣食に悩むことを憂えさせられ、公廨の田を置かれたという(注20)。そのほか、地方には国学をおき、国博士を教官とし、主として郡司の子弟などを教育し、ことに太宰府の管轄の下にあった九州では、比較的学業が盛であったと云われる(注21)。

当時の学制について「養老令」の記載を見るに、式部省のもとに大学寮・散位寮の二寮がおかれ、大学寮には頭一人（従五位上階）・助一人（正六位）・大允一人（正七位）・少允一人（従七位）・大属（従八位上階）・少属一人（従八位）と、博士一人（正六位）・助教二人（正七位）・音博士二人（従七位）・書博士二人（従七位）・算博士二人（従七位）が置かれていたらしく(注22)、聖武天皇の神亀五年*728*には、律学博士二人・直講三人・文章博士一人を増員したとあり(注23)、その学頭・博士・助教・直講などの人名も「日本書紀」「続日本紀」「懐風藻」などに散見している(注24)。

その教科書として指定されたものは、大経として「礼記（鄭玄）」「春秋左氏伝（服虔・杜預）」、中経として「毛詩（鄭玄）」「周礼鄭玄」「儀礼鄭玄」、小経として「周易鄭玄王弼」「尚書孔安国鄭玄」、それぞれ一経をおさめ、別に「孝経孔安国鄭玄」「論語鄭玄何晏」は兼習せしめたが、[注25]これを「唐六典」[注26]に比較すると、彼には小経として「公羊伝何休」「穀梁伝范甯」が多く桓武の延暦十七年 798 に「公」「穀」を学官にたてた、[注27]兼習には「老子開元御注（旧令、河上公）」が多く、そして「孝経」も開元御注に代えられているが、これは、唐が「老子」を尚んだ影響を、蒙らなかった証拠である。[注28]

なお進士について、「文選」「爾雅」を読み文章を習ったことも別に見えており、[注29]算経としては「孫子」「五曹」「九章」「海島」「六章」「綴術」「三開重差」「周髀」「九司」と見えて、唐制とは多少の出入がある。[注30]別に、典薬寮には医博士・針博士・按摩博士・呪禁博士・薬園師がおかれ、陰陽寮には陰陽博士・暦博士・天文博士がおかれ、雅楽寮には儛師・笛師・唐楽師・高麗楽師・新羅楽師がおかれたのも、[注31]また当時の学風を見るたよりの一つである。

貢挙の制度[注32]としては、(一) 秀才・・博学高才のものを取り、方略策二条を課す、(二) 明経・・二経以上に通ずるものを取り、「周礼」「左氏伝」「礼記」「毛詩」各四条、餘の経おのおの三条、「孝経」「論語」ともに三条を課す、(三) 進士・・時務に通じ、ならびに「文選」「爾雅」をよむものを取り、時務策二条、「文選」上帙七条、「爾雅」三帖を課す、(四) 明法・・律令に通じたるものを取り、律七条・令三条を課す、ということになっていたところ、秀才進士の試験は極めてむつかしく、秀才の如き、唐でも廃したというが、[注33]わが国でもその試験の方法を改めたにも拘らず、慶雲 *704〜08* より承平 *931〜38* まで二百餘年の間に、わずか六十五人を出したにすぎぬ。[注34]進士も神亀五年 *728* に始めて行われたらしく、[注35]遂にその法が改められて、天平二年 *730* の格によって、文章生二十人を置き、その中の二人を文章得業生とし、これを秀才生といって秀才進士の制に擬したといわれ、[注36]別に対策を課したことは、「経国集」に残った文章によって知ることができる。[注37]

また、釈奠[注38]の時に講論が行われたことは「延喜式」に見え、[注39]称徳天皇の神護景雲元年 *767* の二月丁亥に、大学の釈典に行幸され、座主　直講麻田連真浄に従六位下を授け、音博士袁晋卿に従五位上を授け、問者　大学少允従六位上濃宜公水通外に従五位下を授け、賛引および博士弟子十七人に爵一級ずつを賜わったとあり、[注40]相当に支那に於ける講論を摸していたことが窺われる。

では、実際、漢籍をよむにはどういう方法をとったか。具体的には音読であったか、それとも後世の訓読の方法を用いたかというに、たとえば、阿直岐・王仁が来た始めから訓読であったろうというのが、本居宣長の「漢字三音考」[注41]の説で、「皇国にして漢籍を読み又其字を用る、音も訓も彼若郎子王に始めて教へ奉りし時より定まりたること疑なし」といっているし、日尾荊山も、[注42]「文学の行はれしころより、はやく和読することと思はる。

〈顚倒の読み吉備公に始まれりといひ伝ふるは誤りなり〉」といっているが、「吉備公に始まる」というのは、荻生徂徠が「学則」[注43]のなかで述べている説である。これを敷衍したものは、太宰春台の「倭読要領」[注44]で、

吾国の人、中華の書を以て此方の語となして、顚倒して読む。此こと上古にはこれあるべからず。中古より以来なるべし。其故は、王仁始めて吾国の人に書を授けし時は倭読の数少く、王仁、異国の人にて此方の言語に通ずることも難かるべければ、只異国の音にて異国の読を教ふるに過ぐべからず。其後中華の書多く伝はり、文字の教弘まりて、物の名も定まり、言語の教も多くなりて、中華の文字、民間までに行はる。是れによりて、学士大夫、書を読む者、中華の書を読むに、其文を顚倒せざれば其義通ぜざるが故に、遂に顚倒の読となれり。是れ何れの時、何人の創めけるといふに、吉備公片仮名を造れるも、倭語を書するに便ならしめんためなれば、倭語の読を創めけるといふこと、誠にさもあるべし。

といっているが、吉備公が片仮名を一人で作ったということは、今日取るに足らぬ以上、別に吉備公に始まったという確証はない。また、江村北海の「授業編」[注45]にも、

雨芳洲の「たわれ草」には、吉備公、唐より帰朝ありて、孝謙帝に十三経を授けられしも、唐音にて直読ありしやうに見ゆ。余思ふに、吉備公より帰朝のはじめ、唐音にて授けられしなるべけれども、元来わが邦になき事にて、これを授かる人難渋なるを見て、工夫ありて和読の法を結構ありしなるべし。然れば、和読は吉備公にはじまると云も、其理或は然らん。

と云ってあるが、やはり「或は然らん」の程度である。

つまり、王仁のころに早速訓読したか、それともかなり後までかかって訓読ができあがったかという問題に帰着する。これらはすべて、徳川時代に音読が復活されんとしたことの余波として起った討論である。

その中に引かれた雨森芳洲は、その文集の中に[注46]、韓人の読書には三層三便一該[注47]という七つの法があるが、阿直岐・王仁が初めて読書を教えた時は、必ずこの七法を用いたのであろうが、わが国人はただ一法だけを得た。それが訓読である。わが国人が莽鹵なのではなくて、自然にこうなるわけがあるのだ。韓人が読書を教えるには、先ず音読させる。これが一層である。やや熟すると反語で教える。これは、わが国人の訓読の如きもので、上下して読みをするもので、文義を知らしめる。これが二層である。いよいよ熟してから、又も音読を教えて、必ず暗誦させる。これが三層である。だから、初学が読みあげた書物は必ず暗誦できる。この点、わが国民が「大学」すら暗誦できないのに比べると大した違いになる、といっているが、芳洲は対馬侯に仕えた儒者であるから、韓

人との交渉にあたったわけで、韓人の方法を引いた所が面白い。
重野安繹博士の説も恐らくこれに本づくものか、(注48)

今、朝鮮国、漢書を読むに二法あり。一は音読、一は国訳を帯びて読む。其国訳を帯ぶるものは、即ちわが読法と粗相似たり。王仁の如きは、能くわが国語に通ぜしは、難波の詠歌にても明なることなれば、彼国訳を以て我国語と相照して、訳を附して漢文を授けしことは、今の英学者が変則法を以て英文を児童に授くると、一般なるべし。「東京学士会院雑誌」一ノ四

といっているが、どの道、外国語学習のこと故、音読と訳解とあったことに疑なく、その訳解が次第に一定の型をもったのが訓読である以上、いつこれを始めたかということは、決定できぬ問題である。(注49)

さて、当時、音読と訳解とが並び行われたことは、制度の上にも証拠があって、「令義解」の学令に(注50)「凡学生先読経文、通熟然後講義」とあって、その注に「釈云、読文謂白読也、唐令読文與此異也、唐令無音博士」とあり、また、「古記云、学生先読経文、謂読経音也、次読文選爾雅音、然後講義、其文選爾雅音、亦任意耳」とあって、つまり、音博士が単に音読を教え、それから大学博士たちが講義をしたものと思われる。大学寮の音博士は、前に述ぶるごとく、定員二人で従七位であったが、特に音博士として名のあったのは、天平八年 *736* に渡来した袁晋卿、改め清村晋卿で、大学頭にもなっている。(八)(注51)

では、この頃に用いられた音は如何なる系統かと云うに、奈良朝までは大体、呉音であったろうと想像される。(注52)かの阿知使主が呉に使いして織縫の工人を求めたり、身狭村主青が呉に使いして呉織・漢織の女工を求めたりしたことは、わが国と六朝文化との久しき交渉を思わしめるもので、六朝文化の波に乗って、呉音が一般の標準になったこと疑いない。

それは、たとえば「書経」にしても、「論語」「礼記」「周礼」「説文」など、すべて呉音で読んでおり、篇名も「檀弓」といい、人名も「孔頴達」というように、古くから浸潤していたものは呉音であった。(九)

而かも、桓武天皇の延暦十一年 *792* に、在来の経書の読音をば漢音に統一せしめられたということであるから、(注55)奈良朝末期には、呉音を通じた六朝文化が、漢音による唐の文化に方向転換を試みたことが考えられる。

この云わゆる呉音・漢音について、太宰春台は「倭読要領」に「呉音・漢音とも、今より見れば皆中華の音に非ず。其初いづれの国の音を受け伝へけるを知らず」といっておるのは、当時の支那音と比較して、どれも合わぬことを注意したものであり、さらに江村北海の「授業編」を見ても、

八　持統天皇の御世に音博士唐続守言・薩弘恪といふ見えて「漢字三音考」

九　五経、易、礼記、周礼、檀弓、月令、千字文、玉篇。帝・礼・西に用ひたる類は、漢音テイ・レイ・セイなどを取れるには非ず、呉音のタイ・ライ・サイにして、愛をエ、開をケ、米をメに用ひたると同格なり。弟子。「漢字三音考」(注54)

雨芳洲の「たわれ草」に記せる通りなれば、呉音と云は古昔三韓の人の、これぞ唐音とてわが邦の人へ伝へたる音なり。阿直岐・王仁が此邦へ伝ゑしも、すなはち呉音なり。是を呉音といふわけは、むかし百済国の尼法明といへるもの、対馬へ来りて維摩経を教ゑし時、是は呉国の音なりと云し故なり。世にこれを対馬よみと云し、是呉音のはじめなり。又、漢音と云は、聖武帝の御時、吉備公入唐して帰朝ありて、孝謙帝へ十三経を授け玉ひしにはじまると「見聞抄」に見ゆ。然らば、呉音・漢音ともに、元来、今いふ唐音なれども、年ひさしくなれば昔の唐音とは似つかざる物にて、いつとなく此邦の音になりたるなり。

といっているが、本居宣長の「漢字三音考」には、或説として、

金礼信といふ人、対馬に来て初めて呉音を伝へ、次に表信公といふ人、筑紫に来て漢音を伝ふ。是れ此方にて呉音・漢音の始なりと云り。この金・表二家の音のことは、元慶のころの或書（注56）にも見えて浮たる説には非ず。然れども、其趣を考るに、始めて此の二音を伝へたる人にはあらず。其時代さだかにはあらざれども、大抵奈良の末より延暦・光仁のころまでの間に来れりし人等と聞えたり。さて、同書に又、承和の末に正法師来り、元慶の初に聡法師来る。此両法師、漢音・呉音を説くと云て、これを新来の二家と云ひ、彼の金・表を旧来の二家と云り。此の四家、各其時の唐国の音を伝へたる人なり。然るを、金・表を呉音・漢音の初めと云るは、伝説の誤なるべし。又表信公と云は、かの神護景雲のころの音博士袁晋卿を訛り伝へたるにはあらざるか。袁と表と形近く、晋と信と音近く、卿と公と義近ければなり。

といい、又或説として法明のことをあげ、

これは鎌足の大臣の病の祈りに、百済の法明と云し尼の維摩経を読たりしこと、「政事要略」（注57）「元亨釈書」（注58）などに見えたり。此事を誤り伝へて、呉音読経の始とは云るなるべし。但し此尼、異国の人なれば、その読経の音、此方の字音と異にして、真の呉音なりし故に、此伝説あるにてもあるべし。とまれかくまれ、呉音の初めと云は、ひがことなり。

と云っている。ただ宣長も、呉音が先ず定まり、漢音が後に定まったことは認めているが、これを六朝と唐との変化にかけることなく、たとえば

抑、初めより用ひならひたる呉音にて、事は足りぬべきに、又更に別音を並べ用ひむは、いと煩らはしく益なきことなるに、如何なれば又此漢音をも用ひ始めたまひしぞと云に、初め呉音の定まりしころは、いまだ書籍にうひうひしきほどなれば、ただ是を読得て、義理の通ずるをのみこそ、むねとしたるべけれ。いまだ

其音の好悪のさだまでは及ばざりけむを、其後、年代を経て、漸く書籍に熟したるうへにては、彼国に於て呉音は蛮夷の音にして正しからずとし、中原の漢音を正しとすることを所知看(しろしめ)し、又唐国・三韓より参れる人どもも、皆漢音正しき由を申しなどせしによりて、不正とする呉音をのみ用ひてあらむことを、あかず所思看(おぼしめ)せるより、漢音をも相並べて用ひ初めたまひしなるべし。然らば、其時呉音をば廃せらるべきに、なほ兼ね用ひられしはいかにと云に、呉音は久しくなりて、そのかみ既に天下に遍く用ひなれたるうへに、皇国の音にやや近くして、実には漢音よりややまさりたれば、必ず廃せられ難き自然の勢なるをや。

と相当くるしい辯明をしているが、これというのも、延暦十一年 *792* の勅に「明経之徒、不習正音(不可習呉音)、発声誦読、既致訛謬、熟習漢音」とあり、十二年 *793* の制に[注59]、「自今以後、年分度者、非習漢音、勿令得度」、さては弘仁八年 *817* の勅に[注60]、「宜択三十以下聴令之徒、入色四人白丁六人、於大学寮、使習漢語」と見え、また「朝野朝臣鹿取、少遊大学、頗渉史漢、兼知漢音、始試音生」、また「仁明天皇独練漢音、辨其清濁」、また「善道朝臣真貞以三伝三礼為業、兼能談論、但旧来不学漢音、不辨字之四声、至於教授、総用世俗踳䟦之音耳」という漢音をば、すべて其時の漢国の音を云うこと、後世に唐音というと同じ心ばえで、此方にて古定められたる漢音のことではない。「そのかみ、既に此方にて定まれる字音ある故に、それに対(むか)へて、漢国の音を漢音と云るなり」といっているのは、如何であろうか。(一〇)

かの空海の「性霊集」に、袁晋卿のことを「遥慕聖風、遠辞本族、誦両京之音韻、改三呉之訛響、口吐唐言、発揮嬰学之耳目」[注61]といった語気は、明らかに呉音をすてて漢音を取ろうとする企と思われ、空海自身も、数種の重要な経文をば、もっぱら漢音によって教授されたことは、京都の醍醐寺などに伝わる「大孔雀明王経」に施された漢音による点でも想像され[注62]、ことに真言宗の得度試験では、声明業のものは、この経文三巻を読誦するという条件になっていたが[注63]、かような重要な経文すら漢音で読むというのは、極めて注意すべきことであって、仏教徒といえども一時は漢音に傾いたことを証明できよう。(一一)

なお、仏家の古い宗門に伝えた一種の漢音に[注64]、乗・勝・称・證等をシの音とし、応をイ、行をケイ、進をシイとし、又入声の一をイ、十をシなどと韻を省いたもの多く、白をハキ、国をケキともいい、極楽をキラク、釈迦をセキヤなどというのもあるが、これは当時の方音であったと思われる。

しかるに、云わゆる漢音はもとより、呉音よりも古く、一種の音が入ったのではないかと考える人もある。それは大矢透[注65]・大島正健[注66]などの人たちで、ことに大島氏の「漢音呉音の研究」によれば、わが古書の字音はむしろ

一〇　○「続日本紀」養老八年「僧侶ノ読経ヲ正ス」「漢沙門道栄・学問僧勝楽等ニヨル」。
○「文藝類纂」巻五所引「日本紀略」古写本巻九上、(「国史大系」呉作正)。
○「類聚国史」一八七「仏道」十二年制、(十七年、二十年)「自今以後、年分度者、宜択年卅五已上、操履既定、智行可崇、兼習漢音(十七年、作正音)、堪為僧者為之」。
○「廿五年、若有習義殊高、勿限漢音」「日本後紀」十三。

一一　恐らく漢音統一のしごとは、吉備真備の帰朝と同時に袁晋卿の来朝とに始まり、桓武のころに完了したのではないか。

北音であって、後に漢音が新に伝わったのは、同じ北音が後世変化したものと称している。この説の当否は、なお将来の決定を待たねばならないが、例えば、期や碁は漢・呉音ともにキという外はないのに、別にゴという音があって、それが極めて普通に今も行われている所を見れば、云わゆる漢・呉音に先だって、深くわが国語に根をおろしたものがあったのではないかということは、十分考えてよい問題と思う。そのことについては、岡井氏の「漢字学史」に「聖徳太子上宮聖徳法王帝説」の中から特殊な音を抜きだしてあるのも好い参考で、意がオ、奇がガ、支がキ、居がケ、義がゲ、巷がソ、至がチ、弥がメ、移がヤ、己がヨ、里がロとなっているのは、まさしく期がゴとなると相応ずるものを覚える。(注67)

三　博士家の学問と訓法の発達

支那学が、外国文化の研究に属する限り、その第一着手として、語学の研究がとりあげられるのは当然であって、(注1)早く天武天皇の十年 *682* 三月、境部石積(さかいべのいわつみ)等に命じて「新字」四十四巻(注2)を作らしめられたとあるのも、漢字の用途に熟した上に、それで表しきれないものを示すべき方法として、漢字における六書的方法により、新に文字を補ったのではないか、少くとも字体の整理をしたものと想像されるし、(注3)やがて元正天皇の養老年間 *717*～*24* には、「楊氏漢語抄」(注4)というものが作られ、「倭名抄」(注5)に引かれたものから推定すると、漢語国訳の字書であったらしく、それが十部に分かれていたとすると、「爾雅」のように訓詁のがわから類別したのではないかと思う。

また、桓武天皇のころ、伊与部家守(注6)が大学助教になったのは、唐にいって「五経」(注7)「切韻」(注8)「説文」(注9)を学んだからだという所を見ても、小学の研究が本格的になって来たと思われるが（序(ついで)ながら延暦六年 *787* に、典薬寮の言により陶隠居の「集註本草」を廃して蘇敬の「新修本草」を行った(注10)というのも、唐学に移ったことを証明するものであるし、淳和天皇の天長八年 *831* に、滋野朝臣貞主が勅命により諸儒とともに古今の文書を撰集して類別し、「秘府略」一千巻を著わした(注11)のも、唐に流行した類書(注12)のひそみに倣い、詩文を作る資料を網羅したに相違ない）、この頃の最も注意すべき業績をあげた人としては、僧空海を数えざるを得ない。

空海(注13)は、讃岐の多度津に生まれ、十八歳にして京都に来て大学に入り、「毛詩」「左伝」「尚書」をおさめたが、やがて儒書をすてて専ら仏書を講じ、二十歳にして薙髪し、延暦廿三年 *804*、三十一歳の時に入唐し、青龍寺の恵果について秘密真言の印可を受け、三年在留の上、大同元年 *806* に帰朝したことは前に述べた。

空海は、専ら仏教の研究に留学したのではあるが、唐の名流と倡和して、「士人如子稀」とか「文字冠儒宗」とか頌せられた(注14)ほどで、その師のために「青龍寺三朝国師灌頂阿闍梨恵果和尚碑文」(注15)を書き残して来たというのでも、その文がいかに唐人の間に認められていたかを証することができよう。その帰朝のときに、仏書はもとより詩文・小学・書法などの書物をもたらして朝廷に献(たてまつ)ったことは、「書劉希夷集献納表」と「献雑文表」(注16)に見えているが、その撰述としては「三教指帰」「文鏡秘府論」「篆隷万象名義」「遍照発揮性霊集」などをあげることができる。

「三教指帰」(注17)は、儒仏老の三教を論じたもので、「弘明集」に見えた晋の道恒の「釈駁論」(注18)〔と道安の「二教論」(注19)〕

の体にならっているが、わずか二十四歳の時の作という。

「文鏡秘府論」[注20]は四十歳台の著述といわれ、すべて六巻より成り、詩文の格式作法を論じたもので、最初には「調四声譜」として諸家の説をあげているが、中でも、「四字一紐、或六字一紐、捴帰一入」[注21]といって、

皇晃璜鑊、禾禍和　　滂旁傍薄、婆潑紱
光廣珖郭、戈果過　　荒恍侊霍、和火貨

を例としてあげているが、これはつまり有尾韻と無尾韻とが入声を軸として対転すること[注22]で、清朝の戴震たちが倡えた説が、少くともその片鱗を示しているといわねばならない。さらに双声畳韻[注23]をといて反音法[注24]におよび、反音とは紐声反音と双声反音とあることを説明し、次には調声として四十字の詩は十字ごとに一管になるから、字の軽重清濁を用いわけよといい、たとえば「荘」は全軽・「霜」は軽中重・「瘡」は重中軽・「床」は全重であり、「清」は全軽・「青」は全濁であるとさとし、次には用声法式[注25]として平仄の用いかたを説き、つづいて七種韻として韻のふみかたを四声論として諸家の説をあげてあるが、この中には今日すでに伝を失った六朝・唐初の四声に関する諸説[注26]をふくんでいて、極めて貴重な資料になっている。その他、文の「体勢」とか「対」とか「意」とか「病」とか「対属」とかの修辞法を詳しく述べてあって、当時支那で流行していた四六文律詩の作法として、極めて詳密なものというべく、殊に、その頃多く作られたその系統の書物が、ほとんど全部埋没された後としては、何ものにも換えがたき価値をとどめている。なお、空海の「文筆眼心抄」[注27]は「秘府論」の要領をつまんだものである。

また、「篆隷万象名義」[注28]は、近年まで栂尾高山寺に写本を残し、それが「崇文叢書」に影印されたという珍書であって、原本「玉篇」[注29]について、毎字の篆・隷とその簡単な解説とを録したもので、原本「玉篇」が不完全であるだけに、この面影を知るものとして極めて大切である。

こうしたしごとを残した空海こそは、ある意味でわが国最初の支那学者と称しても大差ないかと思われる。

而かも、偶然ながら、空海の「性霊集」や最澄の「顕戒論」[注30]に、「支那」[注31]という文字がはじめて用いられ、それは語源を論ずればChina,Chineと同じく「秦」から来たもので、それが一度、西南支那あたりの仏教民族のことばとなり、これを漢字に還元した支那・脂那・至那などの一つが、かかる高僧の用語としてひろく日本に親しまれたということも、極めて興味のある事実である。

なお、仏教の流行に伴って、仏書の音義や釈文[注32]も相当に作られたらしく、「華厳」「四分律」「最勝王経」「大般

若経」「天台」「法華経」「孔雀経」などの音義が行われ、中でも延暦ごろに書かれた「新訳華厳音義私記」(注33)は、慧苑の「新華厳経音義」(注34)によったと云われ、松室中算の「法華経釈文」(注35)は醍醐三宝院の国宝となり、字体・字音・字義に対する詳しい説明がある。(一二)

当時、わが国人が支那文学の権威として仰いでいたのは、云うまでもなく「文選」(注36)と「白氏文集」(注37)とで、清少納言の「枕草子」にも、「文は文集、詩は文選、博士申文」とある。(注38)

「文選」がわが国で読まれたことは、「養老令」にも「文選」「爾雅」を読ましめたことがあり、(注39)これは多く異字を知らしめようとの目的であったろうが、かくして講習した結果は、自然、多くの人が「文選」を読むことになり、「万葉集」や「憲法十七条」の如きにも「文選」の語句が取りいれられていた。(注40)平安朝になっても、延暦十七年*798*に、大学生の年十六以下の史学に就かんとするものには、先ず「爾雅」「文選」を読ましめたといい、(注41)藤原冬嗣の如き、「文選」を暗誦していたというし、(注42)文徳天皇の仁寿元年*851*に、文章博士春澄善縄を召して「文選」を講ぜしめたという。(注43)すべて、この頃朝廷で講論されたものは、「周易」「尚書」「毛詩」「三伝」「三礼」「論語」「孝経」の如き経書のほかには、「老子」「荘子」「史記」「漢書」「後漢書」「晋書」、乃至「群書治要」「顔氏家訓」などの名が見えるのも、(注44)凡そ唐時代の学風を反映したものである。

「白氏文集」は、仁明天皇の承和五年(開成三年)*838*に、太宰少貳藤原岳守というものが、唐人の来船の品物を調べたなかに「元白詩筆」というものがあったので、之を献上したところ、仁明天皇が喜ばれて之を耽読し、岳守に従五位下を授けられたと「文徳実録」に見えているが、(注45)嵯峨・醍醐の諸帝もいたく之を好まれ、清少納言の「香炉峰雪」といい、(注46)高倉天皇の「林間暖酒」といい、(注47)いくたの逸話を残している。

これらの趨勢を受けて、文学をもって鳴ったのは菅家と江家であって、就中、菅家は古人(フルンド)、(注48)その子清公(トモ)・孫是善を経て、曽孫道真に至って最も著名となった。(注49)是善は「文徳実録」の撰者であるが、「東宮切韻」二十巻・(注50)「会分類集」七十巻を著した。(一三)いずれも今に伝わらないが、前者は春宮学士であった時に、教を奉じて作ったものらしく、十三家の切韻を集めて一家の作としたとあり、著述の日には菅公が筆を走せたと「江談抄」(注52)に見える。これは恐らく隋唐切韻学の流れを汲むものとして珍重すべきであるが、ただ「浄土三部経音義」(注53)などにその断片が残っているにすぎない。

なお序(ついで)ながら、これとほぼ時を同じうして、僧昌住が「新撰字鏡」十二巻を撰した。(注54)それは寛平四年*892*から十年たらぬ間に作られたもので、天部・日部・月部・肉部・雨部等百六十部に分け、「玉篇」の如き字書の形をな

一二 「松室釈文と信瑞音義」佐賀東周「仏教研究」一ノ三、大正九年

一三 「東宮切韻考」岡田希雄、「立命館文学」二ノ五、「東宮切韻佚文考」(注51)同二ノ十一、「和漢年号字抄と東宮切韻佚文」

一四　「日本国見在書目録解説稿」昭和十一年小長谷恵吉、「同索引」昭和十二年〃

一五　天長、空海の綜芸種智院（平民教育のため）

し、別にイ部・女部・糸部等はさらに四声に分けた部分もあり、韻書の体をも兼ねていて、それは「切韻」から取ったと明記してあり、別に親族部・木部・草部・鳥部・重点連字・臨時雑要字などがあり、和製字や異体字が多く采られている。はじめは二十五巻本「一切経音義」によって作り、後に「玉篇」「切韻」によって増補したといっているのは、やはり隋唐学術の影響を受けたものに外ならない。

　これよりさき、光仁天皇のころの大納言石上宅嗣（注55）は、ひろく国史に通じ、淡海三船とともに文人の尤なるものであったが、その旧宅の一隅に芸亭という文庫をたてて儒書を蔵したというが、別に冷然院にも歴代の典籍を秘蔵しておいたところ、これが貞観十七年 *875*、火災によって全部灰燼に帰したのは悼ましいできごとで、冷然の字を以後、冷泉に改めて禍を抑えようとしたとさえ云われる（注56）。藤原佐世が「日本国見在書目録」（注57）を撰したのは、その後久しからぬ際のことで（一四）、当時日本に伝わっていた漢籍を登録したもので、経・子・史・集の四部をさらに四十類に分けたもので、今日から見れば極めて貴重なる目録で、これを「隋書」経籍志・「旧唐書」経籍志・「唐書」藝文志と参照して当時の書籍の状態を考えるのが、今の学界の定石となっている。この本は、「古逸叢書」（注58）によって伝わったが、近年は大和室生寺の原本が影印された（注59）。藤原佐世が没したのは醍醐天皇の昌泰元年 *898* のことであった。なお、漢籍目録として有名なものは、ずっと降って藤原通憲の「通憲入道蔵書目録」（注60）で、「本朝書籍目録」（注61）などとともに「群書類従」に収められているが、この中には「礼記子本疏義」（注62）や「天地瑞祥志」（注63）などの名も見える。

　菅公と同時の学者文人としては、三善清行・都良香・島田忠臣・橘広相・紀長谷雄（注64）などの有名な人たちはあるが、詩文創作の方に専らであって、研究という程のことはない。しかし、醍醐天皇の延長元年 *923* に、僧寛建というものが五台山に登らんことを請うたとき、菅原道真・橘広相・都良香・紀長谷雄四人の家集と、小野道風の書とを携えさせたといえば（注65）、支那にも示してさしつかえないだけの自信があったに相違ない。

　平安朝の大学（注66）は、二条の南、朱雀の東、神泉苑の西にあたる一廓を占め、その中に廟堂・明経道院・都道院（紀伝道院）・算道院・明法院などがあり、明経道院は廟堂の南にあったから南堂といい、都道院は廟堂の北にあったから北堂とも称し、南堂は清原・中原の両家が明経博士（奈良朝では単に博士と称した）となり、北堂は江家・菅家・橘家・源家の人が文章博士（注67）となり、殊に菅原氏は北堂の西曹を、大江氏はその東曹を領して文章院を設立したのが天長年間 *824～33* のことといわれる（注68）が（弘仁中―承和の間に東西両曹に分立「点本書目」）、（一五）これとともに、大氏族ではその私学をおこし、早くは和気広世が延暦十八年 *799* に弘文院を設け、つづいて弘仁中 *810～23* に藤原氏の勧学院、嘉祥 *848～50* のころに橘氏の学館院、元慶中 *877*

一六　音人─┬─○─朝綱
　　　　　└千古─維時…匡衡　匡房

〜*84* には在原氏の奨学院などが設置されたが[注69]、時とともに大学寮は漸く衰亡し、三善清行の「意見十二个条」にも「南北講堂鞠為茂草」と称している[注70]。

その後、天慶の乱[注71]を経て朝廷も衰微のさまを示したが、やがて村上天皇の天暦時代 *947*〜*56* に入って、ふたたび学術を奨励され、たまたま菅家では菅原文時（道真の孫）、江家では大江朝綱が並びあらわれ、そのほか、大江維時（「千載佳句」を撰す[注72]、応和三年963卒、七十六）、橘在列・直幹もあり、梨壺五人の一と歌われた源順（永観元年983卒、七十三）もあり、主として紀伝文章道の栄えを示した。

大江家は、「貞観格式」[注73]を撰んだ音人のあと、その孫が朝綱で、延喜八年 *903* に渤海の使者裴璆と唱和して大いに文名をあげた[注74]。世に音人のことを江相公といい、朝綱のことを後江相公といったが、朝綱には「倭注切韻」（「詩文大体」ともいう）の著があったという。また、音人の子に千古あり、その子が維時で、後の匡衡・匡房はみな維時の後裔になる。（一六）

橘直幹も一世に文名あり、その「遊石山寺」詩の「蒼波路遠雲千里、白霧山深鳥一声」の如き、後に僧の奝然が入宋したとき、この聯をば自分の作とし、ただ雲を霞と改め、鳥を虫に改めて彼国の学士に示したところ、佳句であるが、もし霞を雲に改め虫を鳥に改めたら、尤もよかろうと云われたという[注75]。すべてこのころの詩文は、藤原明衡の「本朝文粋」[注76]に収められている。

源順は、「和名類聚抄」[注77]の撰者で、醍醐天皇の皇女勤子内親王が、父帝の喪中に音楽を廃して読書をつとめられた際、その再従兄弟にあたる大学寮学生の源順（年二十四）に命じて作らしめたと云われる。世に十巻本と廿巻本とあって、前者は廿四部百廿八類に、後者は卅二部二百四十九類に分かれ、奈良朝の「楊氏漢語抄」をうけて之を拡充したもので、漢語が如何に消化されたかを知るには、有力な資料になる。なお、世に菅原是善卿の作と伝うる「類聚名義抄」[注78]というものも、ほぼ同様な性質であるが、この方はその倭名が仮名で示されたところに新しさがあり、自然、むしろ「和名類聚抄」より後のものであるとさえ疑われるが、こうして最後は国語を写すにさえ漢字を用いていたのが、やがて仮名になってきたことは、次第に日本的性格が加わったことを示すもので、更に降ると、「伊呂波字類抄」[注79]などの如く、漢字の排列までも支那の約束を守らずに、わが国で読む読みごえの伊呂波順で配列するようになった。かくして、漢和字典が国語辞典に変ずることになったわけで、あたかも漢文学全盛の中から平安朝の女流文学が生れて、遂に純国文の著述が現れたのと揆を一にしているのも、時代の勢を物語るものである。

一七（四声点の図二種）

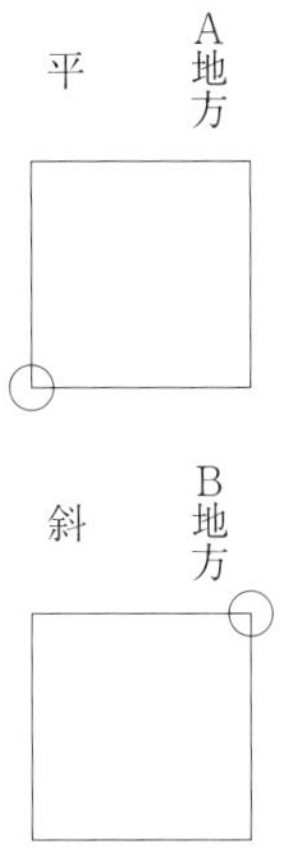

さて、菅原・大江の両家が紀伝文学の道によって、「三史」(注80)「文選」を中心に、学寮紀伝道の後を承けていたのに雁行し、約五十年おくれて、一条天皇のころより、清原・中原二家の明経家学(注81)が、学寮明経道のあとを承けて五経・九経の学を専らにしたとは云え、平安朝の学問は、主として文章博士の担当する方面に花が咲いて、明経博士の業績はあまり現われていない。

一条天皇のときの大外記清原広隆や助教清原善澄の如き、清原家の草わけと見られ、後一条天皇のころは大博士（明経博士のこと）中原貞清と助教清原頼隆とが並んでいたらしく、頼隆は大外記直講に昇ったが、明経博士として著名になったのは頼隆の四代の子孫の頼業であったし、中原家も広忠・師長・師直などの名がつづいて歴史に見える。

これらの学者のしごとは、代々相承けて経書の本文を挍定し、「正義」「義疏」および「釈文」によって経義をさとり、これに適当な和読を附することであったらしく、(注82)初めには遣唐使によって輸入された古写本、またはこれを転写した各家の秘蔵本を対照していたのが、平安朝の末からは、たとえば「台記」に近衛天皇の康治元年*1142*に藤原頼長が宋版「周易正義」を手に入れたというような記事もあって、(注83)宋版の輸入とともに、これをも対挍し、やがては古写本よりも宋版を重んずるような傾向を導いた。

漢籍をわが国で講読する際に、備忘のためその訓釈をひかえておくことは、当然あり得るべきことであるが、この訓釈を伝授するのにあたって、自ら一定の様式ができて来た。それは支那でも文字の四声をひかえるために、文字の四隅にまるをつけ、左下は平、左上は上、右上は去、右下は入を示したことは、「史記正義」の凡例(注84)にも見えて古い習慣であった。わが国の様式もおそらくこれにヒントを得たらしく、大体云わゆる四声点と訓点(注85)とに分けられ、もっとも四声点にも支那普通の点法と異って、たとえば平と去とが頻繁に入れかわったりしているものもあるが、入は全然一致しておる。して見れば、これはある時代ある地方から輸入した四声を一応規準とし、これと異なる四声をば、別に前の四声と似た位置へ配当したものらしく、たまたまこの系統では去声が（名義上の）前からの平声と似た調子である所から、その字には左下にまるをつけ、平声は（名義上の）むしろ前からの去声と似た調子である所から、その字には右上にまるをつけたらしく、(一七)入は両者とも同じつまった調子だったので、どちらも同じかったということらしく、主としてこれは誦読を生命とする仏典、ことに声明の方面で重視されている。

一方、訓点の方は国訓を示すもので、伝授には秘密性をふくみ、然るべき人物でなければこれを授けなかった。つまり、師匠が点を写すことを許すようになった人は、その点本がよめるわけであって、学問の誤って伝えられんことを警めた方法に相違ない。この点は、仮名とヲコト点との二つが混合して用いられ、その仮名は多く片仮

一八　（テニハ点の図）

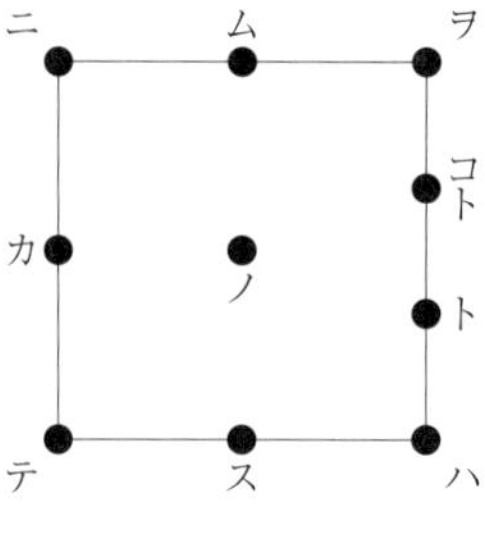

一九　（東大寺点の図）

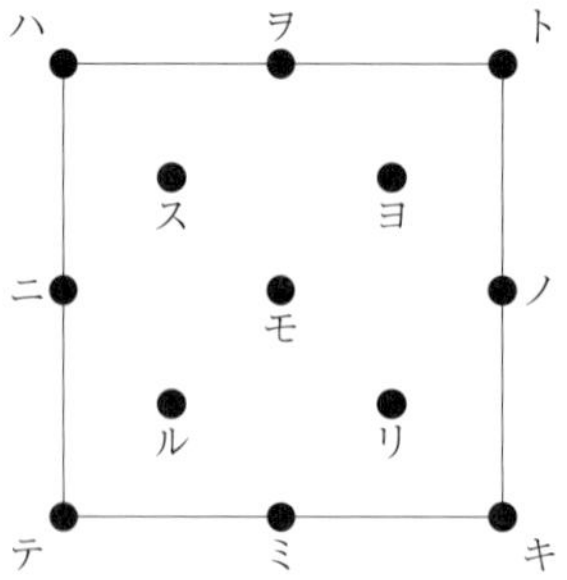

二〇　（朱墨点、ヲコトは朱、かなは墨）

名であった。尤も、その云わゆる片仮名は、今見る如き統一されたものでなくて、自由な省略を行っていたのも秘密時代の特色である。むしろ、点本に用いて、狭い行間に書きこむために、片仮名が発達したとさえ云われる。一方、ヲコト点は、博士家の星点図の、右肩の二点をつづけて呼んだもので（一八）、江戸時代の通称であるが、古くはむしろテニハ点といったらしい。これは、云わゆる東大寺点の、左がわの三点を下からつづけて呼んだもので（一九）、つまり点法がちがえばその呼びかたも違ったわけであるが（二〇）、いずれも左下から始まるらしいことは、支那の四声点との関係を思わしめるものがある。そして、博士家の点が比較的流伝したので、ヲコト点とかテニヲハとかいう称呼ができたに相違ない。

この点を加えた書物の最も古いのは、聖語蔵の御物「成実論」の天長五年*828*に加えられた点であり[注86]、その他、興福寺の「因明入正理論疏」や「唯識論」「因明入正理論義纂要」など仏書が多く[注87]、漢籍としては、「漢書」楊雄伝の天暦二年*948*の点[注88]、「黄石公三略」の寛弘八年*1011*の点で[注89]（写したのは建保二年1213）、後者は菅原家の相伝を写したものである。そのほか、「白氏文集」[注90]に菅原家、「史記」に大江家などの古い点本が存しているが[注91]、大体は王朝初期に始まったもので、道長時代の前後までは動揺していたのが、やがて次第に一定した。これは、つまり師伝の関係が年を逐うて厳重になったためであって、この一定に伴う結果は、学問の固定であり、博士家の学問の内容も推知できよう（「群書類従」四九五に「諸家点図」あり。「岩波。講座日本文学」に吉澤博士の「点本書目」あり）[注92]

尤も、漢籍の如く、言語の構造からしてひどく違ったものを訓釈して、なるべく原文に近からしめることは相当の困難なことで、たとえば菅公の作られた「東行西行雲眇々、二月三月日遅々」[注93]（「今昔物語」に見ゆ）の訳がなかなかできないところへ、ある人が北野天満宮で菅公の霊から、「トサマニ行キカウサマニ行キ雲ハルバル、キサラギヤヨヒ日ウラウラ」と訳することを授かったとある「江談抄」のはなしもあり[注94]、「遊仙窟」の点は木島明神（きのしまみょうじん）から授かったとも云い伝えている。これらは、いかに国語化するかの苦心を知るべきであるが、別に「千字文」ならば「天地のあめつちの玄黄のくろきの」と読み、「詩経」ならば「我が馬、虺隤とやみぬ」と読み[注95]、「文選」ならば「隆崛とたかく崔崒とたかし」と読み[注96]、「遊仙窟」ならば「運命の迍邅とうちはやきを嗟き、郷関の眇邈とはるかなることを歎く」と読む[注97]ような方法が行われ、わが国でできた三善為康の「童蒙頌韻」[注98]とて子どもに韻字を教える本も、「東風のひがしかぜふいて、凍融とこほりとく。紅虹のくれなゐのにじ、空霂（シウ）とそらにしぐるる。霥蒙（ホウホウ）のこさめくらうして、朦朧とをぼろなり。雺籠のきりこめて、曈曨とあけなんとす。支枝のささへてえだを、椅槻ときりつきあり。為渏のなしてささなみを、陂池（ヒチ）とつつみいけあり。児宜のちごはよろしく、儀觿（ギキ）とよそをふおのきりを。耆斯のおきなはこれ、随鑑としたがへりおのを」というように、音訓とりまぜて読んだもので、これを「かたちよみ」と称したが、これは国語が漢字を消化する過程で、運命とか郷関とかが早く音読のまま国語にとりいれられていったが、国語の形容詞は漢字に比して数が足らないことは、「かたちよみ」(注99)が多くは形容詞に残されるという結果を生じたものである。

四　遣唐使廃止後・鎌倉と日宋交流

遣唐使の廃止後、まもなく唐が亡びて五代となり、やがて宋に統一されたが、この間、朱雀天皇の承平七年*937*に、藤原忠平が書面を呉越に贈ったり、延暦寺の僧日延が呉越を巡歴して天台山にのぼったとか(注1)、呉越との交渉があったのは、地勢が海にのぞんでいたためであるが、いよいよ宋になって円融天皇の永観元年*983*に、僧奝然が渡航し、太宗にわが「王年代記」および「職員令」をたてまつり、又、鄭氏注「孝経」一巻・任希古「孝経新義」第十五一巻を携えて、宋にその伝をひろめた。そして、一条天皇の寛和二年*986*に、印本「大蔵経」五千四十八巻をもたらして帰ったという(注2)。つづいて長保五年*1003*には、僧寂照が元灯・念救・覚因・明蓮等七人と入宋し、その中の念救は三条天皇の長和二年（一六七三）*1013*に帰朝し、摺本「文集」を道長に贈った。尤もその前、寛弘三年（一六六六）*1006*に、宋の商人が五臣注「文選」と「文集」とを道長に贈ったとある。寂照は、不幸にして後一条天皇の長元七年（一六九四）*1034*に杭州清涼山の麓でなくなった(注3)。後三条天皇の延久四年（一七三二）*1072*には、僧成尋が頼縁・快宗・聖秀・惟観等七人を率いて入宋したが、その成尋も白河天皇の永保元年（一七四一）*1081*に開宝寺でなくなった(注4)。近衛天皇の久安六年（一八一〇）*1150*には、当時の蔵書家たる藤原頼長が、宋の商人から「東坡先生指掌図」「五代史記」「唐書」を手に入れている(注5)。六条天皇の仁安三年（一八二八）*1168*には僧栄西が入宋し、ついで僧重源とともに帰朝し、後鳥羽天皇の文治三年（一八四七）*1187*に栄西がふたたび入宋し、建久二年（一八五一）*1191*に帰朝して臨済宗を伝えた。

これよりさき、わが商人は宋にゆくことが禁ぜられていて、後冷泉天皇の永承二年（一七〇七）*1047*筑前の人清原守武がひそかに入宋したため、その貨物を奪われて佐渡に流されたが(注6)、宋人が来て貿易することは許されており、平清盛の如き、兵庫の港を修めて貿易を奨励し、高倉天皇の治承三年（一八三九）*1179*には、宋から得た「太平御覧」を朝廷に献じて、太子の着袴の祝いとしている(注7)。この頃は、かように僧侶の往来が繁く、さきの遣唐使の如きはでな有様でないものの、文化の交渉が絶えず、自然その学問文章の研究も未だ地に落ちなかった。

中でも、醍醐天皇の王子の兼明親王と、村上天皇の王子の具平親王は、いずれも中務卿であったので前・後両中書王と称せられ、特に具平親王は源順・慶滋（ヨシシゲ）保胤・大江匡房などを招いて学問文章を討論し、「弘決輔行記」に引かれた仏典の出所を示した「弘決外典抄」四巻を著わし、今になっては得がたい資料を残しておられるが(注8)、兼明親王には「懐亀山二首」（江南曲の体に倣ふ）の作あり、わが国における長短句の鼻祖（田能村竹田説）と称せられているのも(二一)、新しき

二一　（貞主編、天長四年）「経国集」十四に嵯峨天皇御製と、これに和した三品有智子内親王と滋野貞主の漁歌もあり（兼明親王以前）(注9)

宋文化の影響なしとは云い得ない。(注10) 当時はなお、文章には紀斉名・大江以言(文章博士)、およびその再従兄弟で維時の孫にあたる匡衡(侍読)あり、やや降っては「朝野群載」の撰者たる算博士三善為康が出、かの「童蒙頌韻」もその作といわれるし、大江匡衡の曾孫には匡房があって、「史」「漢」に通じ文章に秀で、その「江談抄」はわが国の詩文話の初めと云われる。(注11)

続いて鎌倉時代に入っても、清原・中原の二氏は明経道の学統を分掌し、殊に清原頼業は大外記・明経博士に補せられ、特に明法道を兼ね、ひろく漢籍をよんだが、特に「春秋左伝」を好み、耽読二十餘年、自ら杜預に擬した。〔特に、「礼記」の中から「中庸」「大学」を抜き出し、本経によって解釈し旧注を取らなかった。ところが、頼業は宋の朱子と同時代で、朱子の書物がまだ渡らないさきのことであるから、朱子の見る所と暗合したということが伝えられている。尤も、ただ「中庸」だけをあげて「大学」をのせていないものもあり、さらに「中庸」のことは後の人の作りごとだという説もある。〕頼業の子の良業、さらにその曾孫良枝まで大外記・明経博士となり、ことに良枝は亀山天皇以下、七代の侍読になった。(注12)

ところが、頼業の子で良業の兄の仲隆の子孫は、その子教隆が建長の始めころに鎌倉に下って以来、代々鎌倉にあって関東の文教を掌った。教隆の子が直隆で、その子が教宗。これが良枝と輩行を同じうする。北条氏の中にも学問を好むものができて、実時の如きは引付衆となって機務に参している中にも書史を好んで、別荘を金沢に設け、儒仏の書物を集めたのが有名なる金沢文庫であって、実時の親炙したのは実に清原教隆であった(注13)(文庫は顕時・貞時に至ってますます充実した)。清原宣賢の「毛詩抄」に、「男はだんと読う事ぢゃが、元からこなたにはなんとよむぞ。関東にはだんとよむぞ」と述べてあるのは、(注14) 同じ清原家でも関東と京都との読み癖の相違を示したもので、一面、訓読の形式を固定せしめた家風の現われとして興味が深い。

中原家も世々大外記となり、師尚・師重父子は明経博士として現われているが、たとえば東洋文庫に伝うる元徳二年 *1330* 写しの「古文尚書」(注15) 巻六には、中原康隆手写、その子重貞の加点、曾孫康富の識語があり、東寺にある巻十一と古梓堂文庫にある巻十三とには、中原師弘・師種・師国・師夏・師利の識語があって、その伝承を明らかにしている。その康富は、はじめ清原良枝の玄孫良賢に学んで、「康富記」(注16) を著しているが、良賢は少納言・大外記・博士から、後光厳・円融・後小松三朝の侍読となり、応永四年 *1397* に祝髪して常宗と号し、浄居庵に住して公卿・僧侶たちに「尚書」「毛詩」「礼記」「左伝」「論語」「孟子」「荘子」などの講義をしている。

この間、宋との交渉は依然として僧徒の手にあり、栄西が臨済宗を輸入してからも、土御門天皇の正治元年(一八五九)

*1199*には、僧俊芿（泉湧寺の開山）が弟子安秀・長賀とともに入宋し、順徳天皇の建暦元年（一八七一）*1211*に、儒書二百五十六巻をもたらして帰朝した。ついで、後堀河天皇の貞応二年（一八八三）*1223*に僧道元が入宋し、安貞元年（一八八七）*1227*に曹洞宗をもたらして帰った。さらに四条天皇の嘉禎元年（一八九五）*1235*に、僧円爾辨円（東福寺の開山、聖一国師）が入宋し、仁治二年（一九〇一）*1241*帰朝した。ところが、後嵯峨天皇の寛元四年（一九〇六）*1246*には、宋の僧蘭渓道隆（建長寺の開山、大覚禅師）が、義翁紹仁および龍江等を従えて来朝した。また、後深草天皇の建長三年（一九一一）*1251*に、僧無関普門（南禅寺の開山）が入宋し、亀山天皇の弘長二年（一九二二）*1262*に帰朝したが、その間に、宋の僧の兀庵普寧が亀山天皇の文応元年（一九二〇）*1260*に来朝して建長寺に住し、文永二年（一九二五）*1265*に帰国した。

このころから蒙古との交渉が始まったが、なお宋僧大休正念・西澗士曇・無学士元?（祖元、字は子元、無学と号す、円学寺の開山）が来朝し、元に入ってからも、わが僧の円慧が伏見天皇の永仁四年（一九五六）*1296*に入元し、ついで後伏見天皇の正安元年（一九五九）*1299*には元の成宗が普陀山の僧一山一寧（セン）（「掲奚斯文集」にも一山のこと見えたり）を日本に使わし、後二条天皇の嘉元三年（一九六五）*1305*には一山の弟子の龍山徳見が入元し、徳治元年（一九六六）*1306*には遠渓祖雄が入元した。その後も、元の霊山道隠が来朝し、わが複庵宋己・孤峯覚明・祖継大智・智演澄円・嵩山居中・石室善玖・古先印元・業海本浄・明叟斉哲・寂室元光・可翁宗然・物外可什・別源円旨・月休道皎・中巌円月が入朝し、元の清拙正澄が来朝、わが僧不聞契聞・古源邵元・友山士偲が入元し、元の僧明極楚俊、竺僊梵仙が来朝し、わが僧愚中周及・性海霊見・無文元選・大拙祖能・無我省吾・椿庭海寿が入元し、元の僧東陵永璵が来朝し、わが僧大初啓原が入元し、長慶天皇の正平二十三年（二〇二八）*1368*、即ち後光厳院の応安元年*1394*に仲蔵主が入元したのを境として、元が亡びて明になった。（注17）

この間に於ける重要な事件は、宋儒新注書の伝来であって、従来、漢唐の注疏を墨守して固い殻をかぶっていた明経道の学者にとって、容易ならぬものがあったことは想像にかたくない。新注の伝来については、建暦元年（一八七一）*1211*に帰朝した泉涌寺の開山俊仍に始まるとか、仁治二年（一九〇一）*1241*帰朝の円爾、即ち東福寺の開山聖一国師に始まるとか、寛元四年（一九〇六）*1246*入朝の宋の僧蘭渓がもたらしたとかいう説もあり、甚しきは南北朝に至って垂水広信・玄慧・岐陽などがはじめて伝えたという説もあるが、（注18）大江文城氏（「本朝儒学史論攷」）によれば、雲村文庫所蔵の「中庸章句」巻子本二巻には、正治二年（一八六〇）*1200*大江宗光の書名があるというから、これらの諸説はいずれも成り立たぬわけである。そして、聖一国師将来の「普門院蔵本目録」には、「晦菴大学或問」「中庸或問」「論語精義」「孟子精義」「晦菴集注孟子」などの名が見えているから、当時は勿論、新注が相当輸入されていたに相違ない。（注19）正治二年（一八六〇）*1200*は「大学・中庸章句」が完成してから十一年後であり、仁治元年（一九〇〇）*1240*はすでに五十一年後である。

〔当時、朝廷の侍読をつとめていたのは、前述の清原・中原の明経道と、菅原・藤原の紀伝道であって、厳重な儀式のもとに家伝の読み方を受けるのであった。就中、清原良賢は、「春秋経伝集解」を二十七度、「毛詩」を七十二度講義したといわれ、単に秘説の伝授にのみ終始しなかった進歩した頭脳の人物で、「孟子」趙注の加点を改めているが、これは一面、五山で新注たる「孟子集注」を講じているのに対抗したもので[(二二)]、「論語集解」と並べて「孟子趙注」を講ずる心もちとすれば、たとえ新注を採用せずとも、その影響を受けていることに疑いはない。」[(注20)]

これよりさき（当時）、南禅寺をはじめ、天龍・相国・建仁・東福・万寿（後に南禅寺）の五山では[(二三)]、長老が住持となって学問文筆を専らにし、特に当時入宋したものはすべて僧侶であったことから、宋学をとりいれることも早く、而かも、宋学そのものが仏教と深い関係がある以上、一層これに潜心するに至ったわけで、「周易」では程伝・朱義・啓蒙を、「四書」では章句・或問・集注・精義を始め、倪氏の輯釈などが読まれたらしい。[(注21)]

はじめ、栄西が入宋して日本にかえろうとする時に、竇従周がこれに送った詩があるが、この竇氏および鍾君傑など、栄西の交った人たちは朱子の門弟であったから、朱子の学風についても耳にしたであろうし、その詩はいたく宋調を帯び、その筆跡さへ黄山谷に似ていたし、俊仍のもたらした儒道書籍二百五十六巻の中には「四書」もあったろう、という伊地知季安（「漢学紀原」）の説もありそうな話である。[(注22)]

また、聖一国師が宋にいたとき、仏鑑禅師について学んだが、帰朝の時に禅師が聖一国師に「大明録」を贈ったというが、これは圭堂という名僧の語録であって、中には程明道・程伊川の説が引かれていた。そして、国師はこの「大明録」によって北条時頼に講義をしたという。また、来朝の僧の中にも、たとえば、蘭渓道隆が時頼などに説いたことばの如き、「大学」の「誠意正心」、「論語」の「克己復礼」、「孟子」の「浩然之気」の意から出たらしく、大休正念も常に「易」と「中庸」とに本づいて講読したらしく、宋学の源流は脈々として鎌倉に動いていたのである。[(注23)]

而して、新注の研究が行われたのは、後醍醐天皇ならびに花園上皇の殿上であって（光厳院も「礼記」「中庸」の講義をきかれ、光明天皇は「大学」の講義をきかれた）、天皇の殿上では玄恵法師（虎関の弟、独清軒と号す）が主となり、上皇の殿上では紀行親が主となった。そして、菅原公時・北畠親房・藤原冬方・文章博士同資朝・大内記同俊基等がこれに加わったらしい。そのことは、「花園院宸記」の中に、近ごろの朝臣はもっぱら「周易」「論」「孟」「大学」「中庸」によって説を立て、理学を先にしているとあり、又元応元年（一九七九）***1319*** 閏七月十二日の条には、その晩、資朝と公時とが御前の殿上で「論語」を談じ、僧たちも之にたちまじったが、玄慧僧都の義が衆を圧してすぐれていた、と書かれているが、旧説のほかに新注が参考されたこ

二二　「孟子」には長央の師行本がある（大江氏二五）

二三　鎌倉五山、建長・円覚・寿福・浄智・浄明

と疑いない。また、後醍醐天皇は「文選」をとらずして「韓昌黎集」をとられたなど、時代の改革意識が伺われる。[注24]

　ひとり経書が宋儒の説を採用して、従来、清原・中原の二家で伝えた「周易」「尚書」「毛詩」「周礼」「儀礼」「礼記」「春秋」、以下「中庸」「論語」「孟子」「大学」「孝経」「爾雅」、さらに「老子」「荘子」「列子」「荀子」「揚子」「文中子」「管子」「淮南子」などが、濂洛の義にふりかえられただけでなく、史学としても南・式・菅・江四家の伝えた「史記」「両漢書」「三国志」「晋書」「唐書」および「十七代史」も、玄恵の議によって、「資治通鑑」「宋朝通鑑」にかえられてゆくことは、一条兼良の「尺素往来」にも見えていて、北畠親房のごとき、史部の蘊奥を得たといえば、かの「神皇正統記」（正統論と相通ず）も、その本づく所を知ることができる。[注25] さらに文学において、「文選」「文集」の全盛期がすぎて、「古文真宝」「三体詩」、蘇東坡・黄山谷が流行を見るに至ったのである。[注26]

　玄恵が、後醍醐天皇に侍して程朱の説を重んじ、「資治通鑑」「韓昌黎集」を読んだことは前述の如くであるが、やがて、円爾の法孫には虎関師錬あり（一山にも学ぶ）、一山一寧の門下に雪村友梅あり、東明慧日の門下に中巌円月あり、高峯顕日（仏国禅師）の門下に夢窓疎石あり、夢窓の門に俊才多く、ことに義堂周信・絶海中津をその秀とする。

　虎関は五山における空海ともいうべき傑僧で、「済北集」「元亨釈書」のほか「聚分韻略」「海蔵略韻」の二書をのこした。[注27]「済北集」の中に藤丞相に与えた書があって（関白内経ならん）、唐では南北朝の弊を改めて楊・王・盧・駱の儷語を斥けて韓・柳の文を復し、宋は五代の弊を救って西崑の儷語を斥け欧・蘇の古文を復した、といい、わが国でも古文を復興すべし、といっているが、その文もすでに古文の体を用いていたし、その中の「詩話」は陶淵明・李・杜の詩などを評し、「通衡」には「易」「書」「春秋左氏伝」「大学」「中庸」「論語」「孟子」、および「史記」「荘子」「列子」「荀子」「孫子」「李白集」「韓文」「白氏長慶集」「司馬光・蘇東坡文」「朱子語録」等につき一家の言をなしているが、わが国の学者の手に成るものとしては稀有の作であり、それは「朱子語録」や詩話に負うにしても、これだけのものを書き残した才思には服せざるを得ない。惜むらくは、「詩話」二十七則、「通衡」三十六条に止まり、なおその底蘊をつくしていない。

　雪村友梅は、元にあること前後二十三年、趙子昂などにも接し、詩を以てきこえた。[注28]

　中巌円月も入元した僧で、その「中正子」（「東海一漚集」の第五巻）にはその性情篇は朱子を承けており、又八家の評もあり、その文は「韓昌黎集」に学んでいること明らかである。[注29]

　夢窓疎石は風流韻事にも明かるく、ことに徳望たかくして多くの人才を出したが、義堂周信は、はじめ鎌倉の足利基氏に招かれて円覚寺に居ること二十一年、康暦元年（二〇三九）*1379*、足利義満に招かれて建仁寺に住したが、義満はしばしば寺に入って「中庸」「論語」の講義をきき、あるいは「孟子」の学説、乃至新旧の注について疑いをただし、義堂も力をつくして読書の要を説いたが、殊に「孟子」には倪氏「輯釈」を引いたことが注目される。実に「輯釈」成るの後三十五年にすぎない。（注30）

絶海中津は特に詩に秀で、明の洪武九年*1376*、明の太祖に謁し、「徐福熊野祀」の詩を賦して嘆称されたといえば、当時の入宋・入明の人たちの支那学に関する素養も推しはかられる。（注31）

さて、これだけの素養があれば、これを一般人に弘通させたいと考えるのも人情の常で、中でも義堂に学んだ心華は「周易伝義」および「史記」に私点を加え、大岳は「漢書」「東坡集」の伝をたて、惟肖は「韓文」「柳文」「東坡集」「山谷集」の伝を立てた。岐陽も義堂門下で、「四書集注」に加点し、それが惟正・景召二人を経て、桂庵によって薩摩に伝えられた。岐陽門下に翱之と雲章が出て、雲章の後輩に桃源が出て「百衲襖」「史記抄」「漢書抄」を著したが、それは竺雲・瑞渓・雲章・牧仲の伝をうけて、太条大臣一条兼良・明経博士清原業忠に正したものである。

「百衲襖」は「易」の講義であって、柏舟の「周易抄」、一柏の「周易啓蒙翼伝口義」に比し、一層精彩あるものであった。

これよりさき、竺雲は大岳の伝をうけて「漢書」に加点したが、「漢書」は紀伝家に家点本がないので新しい流となったし、「史記」は紀伝家より大椿・牧仲と伝わって史記家の流れをなし、紀伝家たる菅原家も衰えたにあたって、五山に史記家・漢書家ができていたので、桃源はこれを合流せしめたのである。

桃源の周囲には希世・季弘・横川・景徐・万里・蘭坡・桂林・天隠・太極・柏舟・一柏があり、次いでは月舟・湖月・笑雲・和仲・梅仙が出た。（注32）

当時は、紀伝家の「文選」も衰えて、新に「三体詩」が登場したが、その伝えは中巌に始まり、義堂・江西と承け、その江西は瑞岩・九淵・村菴三人に伝え、また、別派として入明僧の観中が義堂・心田に伝え、さらに入明僧月心が絶海・東漸に、東漸は桃源に伝えた。（注33）そのほか、「東坡集」「山谷集」のほか、「后山集」「放翁集」「古文真宝」も行われ、創作よりも講義に重きをおいた。抄とは、実にその講義をうつしたものである。

あたかもこの頃、関東管領の上杉憲実は永享十一年（二〇九九）*1439*に足利学校を再興した。足利学校は、小野篁が始めたとか「鎌倉大草子」、足利義兼（一一九九卒）がたてたとか「分類年代記」いわれるが、ここに至って中興第一世として鎌倉から僧快元を招

き、それから天矣・南斗・九天・東井・文伯・九華に至り、さらに宗銀・閑室に至って江戸初期に接した。(注34)

当時、近畿では紀伝・明経の二家、ことに明経が経学の大宗として家説を守り、五山の学僧たちも家学には触れず、家外の書物にむかって研究するという状態であったが、関東でも北条実時等は明経家学の伝授を受けていたから、たとい僧徒の伝であっても、五山の自由研究に出でたのではなくして、明経の伝を継いだものと思う。それに、明経としては、関東まで手が及ばなかったろうから、家学中のものを講義してもやかましくはなかったらしい。「易」なども江家・菅家の点が行われたらしいが、足利学校では菅家点、乃至これを継承した清家点によったらしく、当時清家が、常に学校点は清家の師法家法にそむくといって批難しているのに対し、学校では汲汲として師本家本によろうと努めたことは、今の学校の蔵本によって知ることができる。

当時、学校は明経家とならんで、室町時代における経学伝授の一大道場であり、中興第一世の快元は、清原中興の業忠と時を同じうした。元来、明経家の伝授は極めてせまい範囲に限られていたのを、業忠および中原康富に至って俄に門戸をひろめたのは、学校の中興に刺戟されたのであろう。明経家では朝廷を中心としてひろく僧俗に講義をし、学校では五山を中心としてひろく僧侶に講義した。即ち、「四書五経」は一方には明経本業の教科となり、一方は学校伝授の教科となった。学校に上杉憲実の寄進した「五経正義」が伝わっているが、その中の「周易」と「尚書」とは八行宋本であり、「毛詩」「礼記」「左伝」は初印の十行宋本であって、かように正義本を学校の重宝とした所を見ても、その学風を推知できると思う。学校の生徒は、すべて僧籍に入ることになっていたが、九華のときなどは三十年も足利にいて、生徒三千にのぼったと云う。(注35)

菅家　古人・清公・是善・道真、次は淳茂・文時・輔正・輔昭。

江家　音人、朝綱、維時、匡衡、(匡房ハ博学ナレトモ詩文ハ及バヌ)。

都　腹赤・良香・在中(菅・江に不及)。紀長谷雄(ヒトリノミ)、菅野真道、滋野貞主、春澄善縄、大蔵善行、三善清行、源順、慶滋保胤(一代ノミ)

「紀伝」藤明衡・敦基、「明経」清原頼業、中原師遠・師光　林鵞峰の説(注36)

五　宋学新注と五山文学、書物の印刷

清原・中原両家が、明経の宗家として秘密の伝授に年を送る間に、一方では宋儒の新注が輸入されて、必ずしも古注疏を墨守しておれなかったことと、一方では五山およびその系統に近い足利学校で、ひろく講筵をひらいたこととが原因となり、早く清原良賢が「孟子」趙注の加点を改めたり、浄居庵の講義をひらいたりしたことは既に述べたが、その曾孫の良宣改め業忠また常忠は、後花園・土御門二天皇の侍読となり、公卿大夫をはじめ、武人僧侶の間に講説し、家学の拡大をはかり、その教をうけたもの一万人あるといえば、秘密伝授とは非常の差であるが、「碧山日録」（注1）の中に「其辯如翻波」とあるからには、講釈がとてもうまかったことが想像される。「康富記」（注2）に、業忠が禁中へ出て「四書五経」ことごとく講義したとあるからには、業忠の努力もさることながら、当時の朝廷の好学のさまを知るべきであろう。

而かも、「五経」のほか「四書」を御進講申上げたということは大切なことで、その「四書」とは、「学」「庸」は「章句」を、「論語」は何晏の「集解」をとり、「孟子」は趙注をとったもので、一種変則な四書であるが、こうして従来固陋のそしりを免れず、五山からも圧倒されてきた明経家が、ここで生気を回復し、むしろ五山学僧もその下風に立ってその伝を受けることを光栄とした。当時の五山は、義堂・絶海・大岳ともに寂した後で、瑞渓・希世・綿谷・天隠・了庵・桂菴・景徐・横川・蘭坡・月舟・桃源・湖月・笑雲・太極などが居り、その中で桃源・天隠・太極などは親しくその門下に教を受けたという。

これより明経家は、新・古両注本をとりまぜた変則な四書を家本とし、足利学校もこれにならったが、かの頼業が「大学」「中庸」を「礼記」から表出したというのは、こうした業忠たちの間に作り出された伝説だろうという説もある（注3）大江氏。このことは、元来「康富記」にも見えるが、特に業忠の孫の宣賢が「大学聴塵」（注4）の中に、

常忠ヨリ十二代前の頼業ト云ガ、コノ大学ヲ礼記ノ中ヨリ別ニ一巻ノ書ニヌキダキテ置タ。ソレガ文公ガ序ヲ書タ淳煕十六年 ***1189*** ニ当タゾ。其年ニ死ダゾ。意気ガ叶タゾ。常忠此書ヲ講ズルトキ云出テ落涙セラレタゾ。

という伝説にまで発展してしまっていることは、明経家が新注をとりいれるための物語りと見ることも、決して武断とは云い切れない。

さて、この宣賢は元来卜部兼倶の子で、宗賢に養われて家を継ぎ、法名を宗尤といい、祖父の号をついで環翠軒と称し、少くして少納言・明経博士・主水正・大炊頭・蔵人・直講の官に歴任し、正三位に陞り昇殿を許され、侍従に任じ、天文十九年 *1550* 七月十二日、越前一乗谷で薨じた。年七十六で従二位を贈られた。其の間、後柏原・後奈良二朝の侍読となり、また将軍足利義材・義晴のためにも書を講じ、さらに能登・若狭・越前までも教化を施した。

その間、「孝経」「四書」「九経」の点本も多く作ったらしく、「尚書」の如き、その手抄本が伝わっておるが、また「孝経抄」「古文孝経秘抄」「大学聴塵」「中庸抄」「論語抄」「魯論抄」「論語聴塵」「孟子抄」「周易抄」「周易啓蒙抄」「尚書抄」「尚書聴塵」「毛詩抄」「毛詩聴塵」「春秋左伝抄」「曲礼抄」「月令抄」など、多数の稿本を残している。(注5)

中でも、「毛詩」に例をとれば、「聴塵」はその講義の際の手びかえらしく文語体で記されているが、「毛詩抄」は口語体で記され、講義を筆記した体裁である。そして、その依ったテキストは、清原家相伝の経伝を併合した古鈔本と、新しく支那から渡った宋版とを折衷したものらしく、たとえば宋版では「周南」の樛木の序に、「后妃能和諧衆妾」云々の注があって、釈文に引かれた崔霊恩の「集注」に合するが、家本は「集注」以外の各本と同じくその注を欠いていたので、宣賢は、「此注は家本にない程によまぬぞ」と述べている。而かも、「伝箋」または「正義」の説で意に満たない場合は、随処に朱子の説や劉瑾の「詩伝通釈」または「大全」などを引用しているのは、新しい学風を如実に示したものである。(注6)

わが国で書物を印刷したのは、遠く奈良朝にさかのぼり、神護景雲四年 *770*、恵美押勝の乱が平いでから、称徳天皇の発願により三重の小塔一百万基を作り、その露盤の下に根本・相論・自心印・六度の四種の陀羅尼の摺本を籠め、十大寺に分けたのが最初であり、今も法隆寺の分が残っていて、おそらく世界最古の印刷文化資料であろう。それから以後も、たとえば平安朝末期の「妙法蓮華経」といい、「仏母大孔雀明王経」といい、「成唯識論」といい、みな仏書のみが伝わっているが、このことも唐時代に先ず仏書が刊行されたことと揆を一にするものである。(注7)

而かも、これら経典のほかに、佛教関係の書物で開板されたものも少なからず残っているが、儒書の刊行されたものはよほど後れている。鎌倉の末ごろ(正中年間 1324~26)、宋本を覆刻した「寒山詩」(注8)は、その著者が僧侶であるということを暫く度外視すれば、漢籍の翻刻として最も古いものであるということで、而かも、その底本となった宋本

二四　兪良甫博多版「李善注文選」開板　建徳二年 1371？

が世に伝わらぬ以上、この版の価値は極めて高い。

これにつづいて有名なのは、いわゆる正平版「論語集解」で、最後に「堺浦道祐居士重新命工鏤梓」とある所から見て（高麗本と、いわれた）、これ以前にも「論語」が刊工されたのではないかとも疑われるが、それは証拠がない。これが、その後室町時代を通じて三種（単跋本（後無跋本）・双跋本・明応本）の覆刻本を見ているし（「斯文」昭和六年九月、「正平板論語攷」）（注9）、天文年間 *1532*～*33* にはいわゆる天文板「論語」（何晏「集解」による無注本）が刊行された。これは「論語集解」が火災にかかって消失したので、泉南の阿佐井野氏がこれを重雕したいと志し、当時の大儒清原宣賢に乞うたところ、宣賢が家伝のテキストを与え、並びに跋を書き、その開版を助けたもので、その模版が後に堺南宗寺に流伝して近ごろまで存していたため、後まで伝本も多く、曽て斯文会でその影本を出したこともある。（注10）

南北朝時代には、なお「孔伝尚書」「毛詩鄭箋」「春秋経伝集解」（宋の興国軍学刊本の覆刊）の如き経書のほか、「新刊五百家註音辯唐柳先生文集」が複刻され、その末に、「福建行省興化路莆田県仁徳里台諌坊の住人兪良甫が日本京城阜近で数年の力を積んで刻した」という嘉慶元年 *1387* の跋刊記があり、別に刊記はないが「五百家註音辯昌黎先生文集」もその兪良甫の刻と推定されている。前にあげた経書はすべて古注の系統であるが、韓・柳の文集が刻せられたことは、早くも新しく伝来した学問の萌芽を示すものであり、室町初期にはすでに宋の楊万里の「誠齋集」の中の「天問天対解」が抽刻されているのも、柳宗元が「対」したという関係からである。（注11）なお、南北朝には、同じく支那から渡来した刻工で、春屋妙葩などの下で働いた孟栄が、「重新点校附音増註蒙求」を刻し、また、孟栄・彦明・良甫などの手に成る「集千家註杜工部詩」もある。（二四）（注12）

ことに、南北朝に任淵の「山谷詩集注」が刊行され、つづいて室町の初めにも刊行されていることは、やがて宋学の黎明を告ぐるものであり、さらに室町中期に至って朱子の「大学章句」が刊行されたことはその著しき証拠である。それは、文明十四年 *1482* に、島津忠昌が桂菴を招いて桂樹書院をおこし、家老伊地知重貞とはかって鹿児島で刊行したものであるが、その原本はまだ発見されず、十年すぎて延徳四年 *1492* に桂樹禅院再刊とあるものが、西村天囚先生の手を経て懐徳堂に蔵せられていた。これは、江戸時代以前における新注の翻印として、ただ一つの証拠たるべきもので、極めて注意を要する。そのほか、「三体詩」が室町初期・明応三年 *1494*・室町末期など多くの刊本を伝えているのも、当時の詩壇と密接に相関することが窺われて、支那学研究の側面史としていろいろな考察の史料となっている。（注13）

ここに今一つ注意を要するのは、「韻鏡」（注14）の発見とその研究とであって、その原本は宋の張麟之が紹興三十一年1161に印行し、慶元三年1197に再刊、嘉泰三年1203さらに序を加えて刊行したテキストで、いつの程にかわが国に伝わって、南都転経院（一本は伝鏡院に作る）律師が、経蔵から見出したが、点がないので読むことができず、ちょうど上総前司公氏（菅原氏らしい）が第一の文者だというので、そちらへつかわし、点を付て給れというたのみをしたところが、公氏はその序文の「蚤夜」の二字にノミノヨと仮名をつけ、その返事に、「此書は悉曇師に非んば点すること能はず」といって返し、その後これに点をつける人物もなかったところ、小川の信範明了上人[注15]が、「西洛の風を辞して東関の霞に入りたまふ折ふし、大和の極楽院にて見あひ、この書の点を指し」た。それ以来、人がよみ伝えるようになったというのである。

「韻鏡」の古い抄本としては、この明了房が建長四年1252に写したものの伝写本が、曽て東京帝国大学文学部国語研究室に蔵せられていたが、大正の震災で消失し、元徳三年1331に玄恵が点を加えた本も今は行方しれず、ただ醍醐三宝院に存する嘉吉元年1441の抄本のみが今日に存し、又その影印本もできている。

降って至徳四年1387の奥書ある「指微韻鑑略抄」[注16]、また応永十一年1404に作られた「指微韻鏡私抄略」[注17]、応永十二年1405の絶海の「韻鏡略抄」[注18]、十五年1408の照珍の「反音抄」[注19]、僧道恵の「指微韻鏡抄」[注20]、「韻鏡字相伝口授」[注21]（応永卅五年）など、多数の「韻鏡」研究が表われたのは極めて注目すべき現象で、特にその殆んどすべてが僧侶の手に成っていることは、当時の学問がほとんど緇流の手に委ねられていたからでもあるが、一面、悉曇学の知識なしには研究しようにも方法がなかったことにも因るもので、悉曇学者が開拓しておいた音韻学が、支那音韻の一臠に集中したものというべきである。

その「韻鏡」が、わが国で開板されたのは、享禄元年1528のことで、これも清原宣賢が跋を書いて泉南の宗仲論師（光明院の塔中の普門院に住した）の手で刻したという。当時、堯空即ち三条西実隆が、普門院宗中論師にあてた書簡に（光明院に蔵す。享禄二年ならん）、「韻鏡開板のよしにつき、餘本候はば一本芳志にあづかりたく」ということが見えているのがそれであるが、その原本は今まだ発見されず、永禄七年1564に重ねて校正したという木記をもった本のみが伝わっている。これが後に楊守敬の「古逸叢書」におさめられ、支那に逆輸出されたもとになっている。

これよりさき、近衛天皇の康治二年1143に、鳥羽法皇と崇徳上皇とが熊野山に詣でられたとき、那智山の一小僧が自ら宋人と称し、御座に侍して「論語」「孝経」を唐音で誦したといい[注22]、土御門天皇の建仁元年1201に参議　親経が、改元の勘文をば唐音でよんで対馬音を用いなかったというし、藤原通憲なども博学で宋音に通じたといわれているが、すべて宋との直接交渉の影響であるに相違ない[注23]。しかし、海をへだてて少数のものが往来しているだけでは、その唐音、乃至宋音と称するものも次第に国語の中に吸収され、たとえば古くはクヮシャウまたはワシャウとして伝えたものが、後にはヲシャウと呼ばれていつしか国語になってしまったような実例ははなはだ多い。明時代を何人もメイと呼ばずにミンと呼ぶのもその一つと云えよう。又漢籍の点法も、次第に博士家から解放されて士人一般の手に及び、ことにそのヲコト点法がすたれて新しき点法が表われたり、在来の訓しかたが国語としての調子を考えたに比し、むしろ国語とは違っても原文の一字一字を読まんとしたというようないろいろの変化が見られる。ことにその著しいのは「四書集注」にあるから、ここにその点法のことを述べねばならない。

さきに、清原宣賢が出て清家伝来の点本を整理し、子孫に標準を示すとともに、五山の学術をも併せて一時の大宗と仰がれたことを述べたが、このほかに、足利学校でも快元以下の人たちが学校の伝を立てて、たとえば杜預の「杜」をドと濁って読むようなことまで霊夢によって覚ったという言いつたえさえあり、(注24)その点は、京都で菅・江二家をとったに対し、もっぱら菅家によったという説もあるが、これは確実ではなく、むしろ鎌倉系の清原家の伝を承け、清家の点本は丹念に研究を加えている。

一方、京都でも進歩的な朝紳や緇流の間では、朱子の「四書」が家外のもので家点がないことを幸として、この研究に走るものもあり、五山の学僧にも心華の如く清・中・菅・江・南・式六家の家本を集大成したものもあり、岐陽に至っては「四書集注」講説の祖と称せられている。その岐陽の門に出でたのが翶之・雲章・惟正・景召で、惟正・景召の門に出でたのが桂菴であった（当時は、清家では業忠の時で、その下に五山僧も集まり、中原康富も出て武門に「四書」を説き、五山の学風を明経家学にむけた頃であったが、）。桂菴は文明十年 *1478*、遠く薩摩に入り、ここに新注学の種子をまいた。(注25)

その「四書五経古注与新注之作者并句読之事」は明応十年 *1501* にできたもので、桂菴が鹿児島城外の東帰菴に隠退する前年の作で、その末流なる如竹散人がこれを京都で印行し、「桂菴和尚家法倭点」といい、明経家点・学校点にも超ゆる尊重さを示した。その中には、(一) 句読点のこと、(二) 字の音訓を標する傍線のこと、(三) 反点の標識たるレ・一二三・上中下・甲乙丙などを附けること、(四) 助辞・接続詞・仮名遣・字音仮名遣の法則のことが見えている。これらの云わゆる仮名点の法則は、平安朝末期にほぼ完成されていたので、従来は明経家・学校はもとより、五山学僧の間にも私点として用いられたもので、桂菴は之に若干の改正を加えた。たとえば、「也」の字が人名の下にあるときは点せず、みなヤと読む。古点に「回ヤ」だけをヤと読んで、「商也」「賜也」の類を読まないのはいけない。「而」の字と「之」の字は、清家でも「置字大略不読之、当読之置字点之」（京大蔵・宣賢加筆本「論語」の見返し）とあり、「学而時習之」も「マナンデトキニナラウモ」と読んだのを批難して、「篇首五字皆肝要の字なり。争か可不読乎」といっているから、「マナンデシカウシテトキニコレヲナラウ」と読んだらしいし、「則」の字も古点にては上の字にトキンバと点すればスナハチと読むこと稀であったのを改めて、必ずスナハチと読み、「則(ス)」と点した。元来、明経家のよみかたは、国語の語法や調子に対し深き注意を払って、久しい洗練を加えたものであるが、桂菴はその前輩たる岐陽の説の「無落字様ニ唐音ニ読度キ也」に従って、この説をたてたもののようであり、「主㆓忠信㆒」も「主㆑忠・信」とすべしと主張している。(注26)

桂菴の学を受けたのは文之であって、大隅の正興寺に学を講じていたが、そこへたまたま京都の法輪寺の僧恭畏が渡明しようと志しながら、船の便がわるくて九州に滞留し、慶長十五年 *1610* の秋に、盛有・日遍の二僧を従えて文之を訪ね、はしなくもここに桂菴流の点と清原流の点との間に激烈な争論を展開し、恭畏は「破収義」を著して集注和訓の誤りを誹れば、文之は「砭愚論」を書いて弁駁し、之に対して恭畏はさらに「続破収義」を著して之を反駁したが、結局、翻訳上の討論であった。(注27)

これまでの刊行された経書の中で、新注本はただ文明および延徳年間 *1469〜92* に出た「大学章句」、およびこれも「大学章句」の刊年不詳のものが見あたるのみであったが、慶長四年 *1599* に至って「四書」が活字で梓行されたことは、一つの著しい事象であって、これが勅版と称されるものである。尤も単経本で、「学」「庸」には朱子の「章句」序、「論語」には何晏の序、「孟子」には趙岐の題辞が載って、つまり室町初期以来、明経家の立てた新・古注合綴の型によったものであり、同じころ（慶長十四年 1609）の洛汭宗甚三板行の「論語」や、これにさきだつ今関正運刻の経注本「四書」が出たが、やはり「論」「孟」は古注系統で、いずれも点は加えられていない。(注28)

所が、始めて朱子の定めた「四書」によって点を加えたのは藤原惺窩であって、その原本は伝わっていないが、写本としてある時期まで伝わっていたのではないかといわれ、特に林羅山の点はこれを移したものだという説もある。尤も、文之の門人の如竹散人たちが云うように、惺窩の点は文之点を剽窃したのだと云うのはあてにならないという。(二五)(注29)

その「四書」倭点本が刊行されたのは、寛永三年 *1626* のことで、これは如竹が京都の中野市右衛門道伴とはかり、「大魁四書集注」を刊行したことをいう。これよりさき、如竹は「桂菴和尚家法倭点」を刊行（寛永元年 1624）したに次いだしごとで、桂菴・文之系統の点は始めて公開されたわけである。(注31)

二五　桂菴―月渚―一翁―文之（元和六年 1620 寂、六十六歳。慶長十六・七年 1611・12、鹿児島城下大龍寺一世。惺窩より六年早く生まれ、一年おそく死んだ。（注30）

これよりさき、林羅山は元和四年*1618*に「四書集注」に加点したが、これを刊行したいわゆる道春点は、かなり後に出たもののようである。羅山にはまた「論語諺解」の零本が伝わり、特に寛文九年*1669*板の「四書集注抄」三十八冊が、もし羅山のものとすれば、極めて注目すべく、ことにこの中で程・朱を守って陸・王を排斥したのは、正しく惺窩の朱陸兼采に対する反駁と考えられる。蓋し当時はすでに王陽明の学説も伝わっていたこととて、

程門朱氏の学術は敬にあるぞ。陸象山・王陽明等が頓悟良知の説をなすと雖も、敬よりして真積力久して功を成す道を知らざるによって、其学術は仏氏の説に混じて其の説甚だ高く、聖人の本旨を失ふたぞ。

とあるのは、正に惺窩の朱陸同器同爐、およびこれを承けた松永尺五・堀杏庵・那波活所・石川丈山・人見懋斎などの見解に反したもので、晩年に「陽明攅眉」を著したのは、正しく陽明を撃ったものという（大江文城「本邦四書訓点並に注解の史的研究」、昭和十年1935関書院刊行。）（注32）

なお、わが国人で始めて陽明学に接したのは、岐陽の門人惟尚双桂に学んだ桂梧了庵で、この了庵は八十三の高齢で足利義澄の使者として明に赴いたとき（正徳元年1516）、あたかも王陽明が龍場駅に貶謫されるのに出あった。陽明はこの時、銭塘にいたって了庵をたずねた。後、了庵が姑蘇に帰って陽明（年四十二）と門人徐愛等に会し、浙江・天台山・四明に遊び、山水を見て餘姚にかえり、帰国する時に詩を作って送った（「送日本正使了庵和尚帰国序」皇明正徳八年癸酉五月既望　姚王守仁）。（二六）（注33）ただし、惺窩が陽明を読んだという説（那波魯堂「学問源流」）は疑わしい（注34）（牧野）。

（二六）上村観光「五山文学小史」「五山文学全集」、伊地知季安「漢学紀源」、西村天囚「日本宋学史」、川田鐵彌「日本程朱学の源流」

六　惺窩新注学、羅山点と闇斎点

近世における支那古典の研究は、まったく藤原惺窩が従来の明経家学を打破した新注学の提倡に始まり、同時に公卿・僧徒にあらぬ士人としての儒学を首創したわけであって、学問から云っても、社会状勢から云っても、十分に注目にあたいすることである。[二七]

惺窩は、本名を粛といい、播州に生まれ、父を冷泉為純といい、俊成・定家の流をうけた歌道の名門である。はじめ龍野で剃髪し、十八歳ころ難をさけて上洛し、相国寺に寄宿して仏教をおさめるとともに、儒学の研究に精進した。その当時は、あたかも豊臣秀吉の朝鮮征伐のころとて、文禄二年 *1593* の夏には豊臣秀俊(秀?)(注2)に随って肥前名護屋の行営に赴いた。惺窩が始めて徳川家康に謁したのは、この間のことだという。その後まもなく江戸に赴いて、あたかも江戸に帰った家康に見え、「貞観政要」や「大学」を進講し、三年 *1594* になって帰洛した。[二八][二九]

はじめ、播磨の龍野侯赤松広通というものが学を好み儒を愛したので、惺窩は之に従って遊んだが、この時にも広通の招きに応じて播磨に帰った。その広通は、慶長二年 *1597* わが国に投じた朝鮮の学士姜沆、名は沆を聘して鄒魯洛閩の学を究め、四年 *1599* には姜川に命じて「四書五経」を浄写せしめ、さらに惺窩に嘱し新注の意を以て倭点を加えしめた。そして、これを梓行する計画であったらしいが、広通は翌五年 *1600*、関ヶ原の役に石田三成にくみして敗北したため、そのことは画餅に帰した。慶長五年 *1600* 十月、関ヶ原の役が終わり、家康が入洛したとき、惺窩は深衣道服をつけて進謁し、「漢書」および「十七史詳節」を講じたが、これ以後、特に家康に用いられるということもなかった。

これよりさき、慶長元年 *1596* には、薩摩に下り坊ノ津にて渡明の便船を求めたのも、宋儒新注の学をさぐろうというためであり、船の難破によりその志を遂げなかったとは云え、儒を求める志は堅く、いつしか仏を脱して儒に帰していたらしく、深衣道服したのも正にその心であったと思われる。かくて元和五年 *1619*、五十九歳でなくなった。(注5)

この間、折にふれて講述した書物は、門人の菅得庵の言によると、「六経」「五書」「三史」「文選」「離騒」「通鑑」「老・荘」より李・杜・韓・柳の詩文にわたったとあり、極めて博洽の人物であったことが知られるが、(注6)その学風は前述の如く朱と陸(同器同爐)を混じて一体としたもので、その点、その胸襟のひろく視界の明きらかであった

二七　徂徠云、漢学之祖ハ、王仁（民始メテ文字ヲ知ル）・吉備真備（経藝ヲ伝フ）・菅原道真（文史可誦）・惺窩（人々云ヘバ則（チ）天ヲ称シ聖ヲ語ル）(注1)

二八　慶長四年1599、学校(?)を伏見に設け、「孔子家語」を活字開版し、五年 1600 二月「貞観政要」、四月「三略」。(注3)

二九　家康の読んだもの、「論語」「中庸」「史記」「漢書」「六韜三略」「貞観政要」「東鑑」「延喜式」（侍医板坂卜斎の覚書）(注4)

ことと、相映発している。その門下は多士済々（せいせい）たるものあるが、中でも林羅山・松永尺五・堀杏庵（尾張）・那波活所（紀州）がその四天王と称せられている（菅得庵・吉田素庵・三宅寄斎・石川丈山・林東舟・永田善斎・人見卜幽（水戸））。(注7)

林羅山は、名を信勝といい、後に道春と改めた。天正十一年 *1583*、京都に生まれ、建仁寺の古澗和尚について学問をしたが、その古澗は堀杏庵の師の南禅寺梅心とともに、五山の博識と称せられていた。羅山は仏書研究の暇（いとま）を以て、特に十八歳の頃より朱子の新注をよみ、二十一歳のころより徒を集めて「論語集注」を講じたという。二十二歳の時に、藤原惺窩と朱・陸の異同、および「大学」の三綱領について、手紙による論難をかわしたが、(注8) その後、医師加古宗隆の宅で面謁し、その徳風に心酔し遂に弟子（ていし）の礼を執った。当時は、明経家の勢力が必ずしも地に堕ちず、清原秀賢の如き、書を講ずるには勅許を要する、勅許のないものは禁ずべし、と上奏したが、家康は、各その好むところに従えばよい、と云って取りあげなかったという伝説もあるが、(注9) 羅山自身も、「当時は、日本にて初めて書を読むには奏聞（そうもん）せねば罪なり、国法ありといふ人もあり(注10)」（「野槌」）といっているから、圧迫があったことは事実であろう。

羅山が、初めて家康に謁見したのは慶長十年 *1605* のことで、あたかも家康が入洛して二条城にいたときで、永井直勝に命じて羅山を召された時に、清原秀賢および相国寺承兌・元佶（足利の三要？）が同席した。そのときの伝えによれば、家康は光武と高祖との世系をたずねたところ、羅山は即座に九世の孫と答えた。次ぎに、返魂香は何の書に出ずるかとたずねたところ、「史記」「漢書」にはなく、ただ「白氏文集」「新楽府（しんがふ）」「東坡詩注」にあると答えた。また「離騒」に見える蘭の種類を問われたというが、その博識ぶりも想像されるし、当時の支那学の常識が奈辺にあったかということを測る史料にもなり得る。この年、家康は職を秀忠に譲って駿府に隠居したが、羅山は家康の命により、祝髪して道春と称し、十三年 *1608* には、駿府に行って「論語」「三略」などを講じ、大坂の役の後には「群書治要」「大蔵一覧」などの出版事業を監督した。(注11)

大坂の役の原因となった、豊臣秀頼の大仏殿の鐘銘「国家安康」の一条も、羅山が黒幕であったらしく、その結果、その銘を起草した東福寺の僧清韓が罪をえたのであるが、このことは、従来の五山学僧の勢力を抑制する上に非常な功を奏し、遂に徳川三百年の文教が林家に壟断されることになったのである。羅山はその後秀忠・家光・家綱にも事え、教学制度について参劃する所多く、ことに学術の普及・古書の整理・書籍の蒐集などに尽力し、前述駿府の「群書治要」の挍刊のほか、足利学校の「五経注疏」と金沢文庫の旧本「周礼」「儀礼」「公羊」「穀梁」を借りて、家本の白紙本「十三経」を挍勘し（鵞峰もその事にあずかった）、「四書」「五経」「五経大全」「春秋胡氏伝」「周易伝義」「蔡氏書伝」「周礼」「儀礼」「公羊伝」「穀梁伝」「爾雅」「楚辞」「国語」「陶淵明集」などに訓点を加え、「二礼諺解」「論語摘語」「五経要語抄」「四書集注抄」（寛文九年 1669 刊）「大学要旨」「大学要略抄」「性理字義抄」「孫子諺解」「三略諺解」のごとき国訳抄録ものや（多くは未刻、又は亡ぶ）、「古文真宝」「老子」などの注釈を出したことは不朽の功績で、まさしく啓蒙期の学者として打ってつけの人物であったことが知れる。なお、羅山の弟には東舟あり、子には鵞峰、孫には鳳岡等の学者が出て、やがて昌平黌の総理として歴代大学頭に任ぜられた（鳳岡より）ことは、あまりにも有名である。(注12)

羅山とともに惺窩の門に出た人に、松永尺五は名を昌三といい、歌道の名家松永貞徳の子に生まれ、その祖母は惺窩の姉であったことから、惺窩の門に入り、早くから四書・六経に通じ、また建仁寺に入って大蔵経を通覧し、その「一切経抜萃」および「大海一滴」が、後水尾（ごみずのお）天皇のお目にとまり、「皇朝類苑」を賜ったが、生涯、町儒者を以って自任し、諸侯からの招聘もただ賓師たるのみ、仕進を肯んじなかった。(注13)尺五も極めて博洽な人物で、儒・釈・老三教の一致をさえ称（とな）えている。尺五の長子の寸雲が編した「頭書五経集注」というものが世に伝わっているが、それは音訓両読法（カタチよみ）が用いられ、たとえば、

曰若（えつじゃく）とここに古の帝舜を稽るに曰、重華のかさなれるひかり帝に協へり、濬哲（しゅんてつ）とふかくものしり、文明とあやありあきらかに、温恭とやはらぎうやうやしく、充塞とまことにみち、玄徳のふかきこころへ升り聞へて、

というように、音読したものは必ず一度訳して読む方法で、元来、大学寮にもとづいたとは云えないが、恐らく僧侶が内典読誦（ないでんどくじゅ）の法を外典（げてん）に及ぼしたことから来たのであろう（大江氏）と云われるが、(注14)いずれにもせよ、羅山のよみかたもそういう風だという説もあり、当時はそれが新注にも適用されたことがわかる。むしろ、後の太宰春台などは、

関々タル雎鳩ヲ関々トヤハラギナク雎鳩ノミサゴト読ミ、参差タル荇菜ヲ、参差トカタタガヒナル荇菜ノアサザト読ム類ノ如キ是ナリ。此法何レノ時ヨリ始マレルトイフコトヲシラズ。尤モ無益ノ事ナリ。(注15)

と反対していることから見て、徳川の中期には全く用いられなかったことがわかる。

尺五が京都の西洞院二条南に春秋館という私塾をひらいたのは、寛永五年 *1628*、四十歳の時で、やがて講習堂・尺五堂をひらいたが、門下には木下順庵・安東省庵・貝原益軒・宇都宮遯庵（凩先生）・野間三竹・松永昌易などがあり、ことに木下順庵（貞幹 錦里先生）は、その門下から新井白石・室鳩巣・雨森芳洲・祇園南海・服部保考（寛斎）・榊原篁洲・三宅観瀾・南部南山・向井三省・松浦霞沼・舟橋希賢などを出し（木門十哲）、順庵は門下に対し「十三経注疏（じゅうさんぎょうちゅうそ）」を読

むことを奨励し、ややもすれば空疎に流るる程朱学末流の弊をためんとし、詩文においても新しき生面をひらき、後の徂徠の先導となったが、これらの人々は幕府に登用され、あたかも林家の鳳岡と相対峙する勢を示し、両派の間に常に軋轢を生じた。しかも、林家は学問・徳望において木門（ぼくもん）諸家と対抗できなかったため、次第にその勢力も降りざかにむかった。(注16)

当時、林家として、なお目の上のたんこぶ視していたものがある。即ち、鵞峰が石川丈山にあてた手紙に、「近年蠢愚（しゅんぐ）な人間がいて、名を王守仁に借りてその邪教を唱えている」、とあるのは中江藤樹をさすのであり、「性理を高談して程朱の再出とし、文字を擲って博識をもって妨ありと称し、わが輩をさして俗儒とするものがある」とあるのは山崎闇斎をさすのである。(注17)

中江藤樹は、慶長十三年 *1608* 近江に生まれ、伊予の大洲（おおず）に移り、「四書大全」を読んで程朱の新注を信じ、寛永八年 *1631*、二十四歳の時に「林氏剃髪受僧位辨」を作って、「林道春は儒者の道を説くも、徒らにその口を飾り、仏氏の法に効ひ妄りにその髪を剃る云々」と、猛烈な攻撃の矢を放った。これが林家と仲たがいをした原因の一であること、明きらかである。二十七歳 *1634* のとき、「母一人子一人の事に御座候云々」の書きおきを残して脱走し郷里に帰った。そして三十三歳の時 *1640*、明の王龍渓の語録を手に入れてこれを読み、つづいて翌年 *1641* には「陽明全書」を獲て大いにその学を慕い、程朱をすてて王学の徒となった。有名な「翁問答」はその頃の作であるが、まだ程朱を引くこと多く、ただ「良知」の語を用いた所に陽明の影響が認められる。ただ、わずかに四十一歳で没したため、深く陽明の学をきわめるだけの暇（いとま）がなく、むしろ門人の熊沢蕃山（ばんざん）・淵岡山（ふちこうざん）、さらに三輪執斎においてその学がひろめられたが、藤樹の陽明学開山たる地位は動かすことができない。(注18)

これよりさき、周防（すおう）の大内氏は義弘以来、義隆に至るまで、山陽山陰の過半を領し、朝鮮や明との交通もしげく、文学・商業も盛んであり、むしろ応仁の乱後の京都の荒廃をさけて、公卿や五山僧の来住するものもあり、「正平版論語」を複刻した平武道（杉武道ならん）の明応本は、まさしく山口で刊成したものという。さらに義隆は、「聚分韻略」「山谷詩注」「集千家分類杜工部詩」「首書十八史略」「四書大全」「五経正義」などを刻せしめ、今に山口本とか大内本とか呼ばれて、近年も宋刊本がしばしば山口の旧刹から発見されたのも、その云われがあるのである。(注19)

その大内義隆に仕えたものに、南村梅軒という学者があって、一時、土佐に行って守護の吉良宣経に仕え、宣経が死んでからふたたび周防にかえって大内義長に仕えたが、その土佐にある間に、如淵・忍性・天室の如き人材を養成したことが縁となり、山内一豊が土佐に封ぜられてからも、天室はひとり存して書生を誘掖し、門下に

多数の人材を出した。中でも谷時中・小倉三省が著名であった。(注20)

時中は、土佐で儒学を講じたが、その家産を傾けて大坂・長崎より書籍を購入し、その人となりも許魯斎・薛敬軒にならい、躬行実践を以て師弟を教導した。小倉三省・野中兼山・山崎闇斎などもその門に出ている。小倉三省は温厚の君子であり、野中兼山は有名な政治家であったが、(三〇)兼山は土佐で「四書集注」を刻し、好んで「小学」「四書」「近思録」「五経」を講じ、好んで「通鑑綱目(つがんこうもく)」をよみ、又「儀礼経伝通解(ぎらいけいでんつうかい)」の誤りを正して善本を作ったといえば、全く純宋学をおさめたことが知られる。兼山の門に出た長澤潜軒は、後に江戸に出、時中・三省・兼山に学んだ。山崎闇斎は京都に出たので、土佐の程朱学も自然に消滅に帰した。(注21)

山崎闇斎も、従来の京都学派と同じく、程朱をおさめたのであるが、京学では冷静なる態度のもとに修養をはからんとしたに対し、闇斎は熱烈なる主張のもとにその実行を期したわけであるから、云わゆる鳩巣・益軒の程朱学に対し、崎門の道学を立てたわけである。ただし、闇斎学は、神道をとりいれて、わが国体観念を堅めることに走ったため、いわゆる支那学としては別殊のものといわねばならず、門人の佐藤直方・浅見絅斎・三宅尚斎の如きも、その門を去った程のものである。(三一)(注23)

林羅山の門に出た山鹿素行に至っては、程朱を学びつつも、終にはその説を破り、これ亦、国体観念を鼓吹したわけ(注24)で、程朱より入って程朱の外に出るという風気が起ったのも、陽明学の興隆と同じく、宋学が漸く爛熟の時代に入ったことを示すものと云えようし、宋学独特の反省が、遂に外国人として支那学をおさめていたことを反省せしめたものともいえよう。山崎闇斎がかつて門人に、「孔子・孟子が日本を征伐にきたらどうするか」と門人に質問した話(注25)も、まさにこの間の消息を窺うに足るものであって、従来、専ら先進国としてひたすらなる景仰のみをささげていたに比べて、たしかにある動きを覚える。

一時、全国を風靡していた程朱学が、一面、漸く転機にいたり、新(あらた)に王陽明を祖述するものあり、わが国体学に流れるものあり、といったその間に、純支那学の立ち場から、程朱の説をすてて孔孟の真を探らんとする学派が勃興したのは、所謂、物きわまって変ずるの理であろう。それは、実に京都堀河に帷を垂れた伊藤仁斎によるものである。

仁斎、名は維楨(これさだ)、はじめ松永尺五の講習堂などにも出入し、姨夫の大須賀快庵にも学んだという。最初はもちろん程朱の学をおさめたが、心に安んじなかったと見えて、王陽明・羅近渓(?)などにも出入し、寛文二年1662、三十六歳にして始めて宋儒性理の説が孔孟と同じからぬ所あるを疑い、沈潜反復、数年にして一家の説を立つるに

三〇　野中兼山がはじめ江戸在住の小倉三省にたのんで禅書を買おうとしたとき、三省答えて、「其の書は待たまへ。江戸に儒学といふて、あぢな学文はやる。是でなければ天下国家をさまらざる由」といったという。(注22)

三一　闇斎─佐藤直方─稲葉迂斎
　　　├浅見──若林強斎
　　　├三宅　　└西依成斎
　　　├谷秦山
　　　└栗山潜鋒

至った。それは、「「大学」は孔氏の遺書ではない（注26）」、「明鏡止水・沖漠無朕・体用理気などの説は仏老の説で、聖人の旨ではない（注27）」といい、「「中庸」の「喜怒哀楽之未発謂之中、発而中節謂之和」は「楽経」の脱簡であって聖人の語ではない（注28）」といった。

「「大学」は孔氏の遺書なり」といったのは程明道の説であって、仁斎が之を駁したのは、正心章に「有所好楽則不得其正」とあり、「心不在焉、視而不見、聴而不聞、食而不知其味」とあるにも拘らず、「論語」には「子在斉、聞韶三月不知肉味」とあって、孔子も正心の修養を缺いたことになるからである。

また、「中庸」を「楽経」の脱簡としたのは、「尚書」をはじめ古書に中の字が多く見えるが、徳目としていう時は誠または中庸の中にて、過不及ないことを云い、「喜怒哀楽未発」の状態をば中といったことはない。ただ「楽記」には中和の語が二三見えるから、仁斎は之によって「楽経」の脱簡ならんと云ったのである。

また、「尚書」については、伏生の今文と篇目の同じものだけを取って、東晋古文を取らず、その説に「古文は晋から隋に至るまでの人の手になって、真古文ではない。「大禹謨」の「人心惟危、道心惟微」は、「荀子」解蔽篇に出るもので、舜禹授受の語ではない」とあって、朱子・呉澄・梅鷟（ばいさく）などの説を紹介している所（注29）、清朝考証家と時を同じうして同じ態度をとっているのは、正しくその学風の清儒に近似していたことを物語り、単に古典を解読し注解を研究するといった態度から一歩を進めて、史学者的批判を打ち立てんとするに至り、日本人として支那の古典にかかる鋒鋩をむけたのは、実に仁斎を以て嚆矢とする。

仁斎が宋学に対して批判的態度をとったのは、宋儒たちの説く所が、後世の観念を以て古代を説かんとするものであり、真に古典、乃至古代の真実を解明しようとするには、古代に行われた観念を見出し、その尺度を標準としなければならないと云うのである。この点は、清朝の学者たちとほぼ共通の考えから来たもので、真に孔孟の道を知るには語録・注解を尽く廃し、直接に「語」「孟」の二書に求め、専らこれに浸潤した結果、ようやく安心を得た。つまり、この立ち場から宋儒の説に従っていた当時のことを回想すると、従前の考えかたはすべて孔孟と背馳し、むしろ仏老と相近かったことを悟ったのである。

この点を清朝の学者に求めるならば、正しく戴震の云う所に近似し、仁斎の「語孟字義（注30）」と「童子問（注31）」とを見れば、往々にして東原の「孟子字義疏証（注32）」と冥合しているわけで、むしろ仁斎は東原より百年も早い人で、而かも日本に生まれて不利な環境にありつつ、清代学者の先端を行ったということは、わが学界のために万丈の気焔をあげるに足ることで、曽て青木晦蔵氏も「伊藤仁斎と戴東原」と題し、この点を表出しておる（「斯文」八ノ一・大正十五年一月～九ノ二・昭和二年二月）。

実に、わが国に支那の学術を輸入してより、単に紹述記問のみならず、進んで一家の言をなし、むしろ彼の風気に魁けたという意味に於て、空前の人物といわざるを得ない。その学説の主要なるものは、

「易」の一陰一陽の義に拠って、生々息まざるものを道と考へ、天地間は一元気であり、その二端をば流行・主宰とし、理気先後の説を排し、充養の方を主として、痛く復初の説を斥けた点にあるが、一面、人物としても篤学敦行で、恬静自ら守り、諸侯に禄仕せず、炬の如き炯眼を以て読書紙背に透り、その道を同じうせぬものも、力を用ふること篤く、行ををさむること敦きについては、同時と後世とを問はず異論なく、而かも、その五子がそれぞれ家学を伝へ、就中、東涯の博洽にして精緻なること、その緒業をひろむるに足り、元禄の半より宝永を経て正徳の末に至るまで、その学盛に行はれ、凡そ天下十の七は走って之に帰し、元和・寛永以来の風が一大変を見た。

とは、内藤湖南先生の「近世文学史論」の評語である。(注33)

七　仁斎と徂徠

伊藤仁斎は、「四書」の中では「学・庸」を取らなかったから、その「大学定本」では、十章に分けて極力朱子の説に反対しており、「中庸発揮」(注1)では、朱子の一章から十五章までを本書、以下を漢儒の雑記と誠明の書であるという説を発表し、「中庸」は「論語」の衍義だという。自然、その全力をあげたのは「論」「孟」の二部であって、「論語古義」(注2)十巻「孟子古義」(注3)七巻を著し、「論語古義」の巻首には「最上至極宇宙第一」の八字を題したが、後に、門生たちが人に奇異の感を与えるといったので、刪ったという。初稿は三十歳ごろから始めて、ほとんど五十年にわたり、五たび稿を改めたといえば、その用力の容易ならざることがわかる。「孟子古義」も寛文*1661～73*・延宝*1673～81*ごろから手をつけて、宝永年間*1704～10*に最後の挍正を加え、いずれもその没後に刊行された(注4)。

仁斎の考えでは、「論」「孟」こそ儒学の中心であって、これを本経といい、「詩」「書」「易」「春秋」は正経、「三礼」「三伝」は雑経といって、ただ本経を羽翼するものと見たのである。したがって、その儒学の学説を述べたものを「語孟字義」といい、「童子問」とともに仁斎学の面目を見るべき主著であり、その内容となるべき考えかたは、既に述べた。「仁斎日札」(注5)にも、「語」「孟」の二書は天下古今の道理を包括しつくしたもので、宋儒が、仏老の語を引いて聖人の学を明きらかにしようとしたのは誤(あやまり)であるといい、儒者の学は闇昧をきらうもので、道を論じ経を解するには、明白端的、あたかも十字路で白昼にしごとをするように、少しも人を欺かないことが大切で、傅会・穿鑿・假借・遷就すべきでなく、特に回護してその短を掩ったり、装点して人を悦ばせるようなことを忌む、というのは、正しくその人がらと学風とを見るべきである。安井(小太郎)先生も、

> 仁斎が異説をたてた当時は、惺窩が没してから四十四年、林羅山・松永尺五は五年前に没し、中江藤樹も十五年前に世を去り、同時の人としては山崎闇斎・林鵞峯・貝原益軒の三人であったが、闇斎はすでに神道に入り、益軒は晩年「大疑録」を著してゐるから、純朱子学の大家としては鵞峯一人で、朱子学中衰の運にあったとはいへ、一面、朱子学の研究が深くなって、遂に古経との齟齬が発見されたわけで、仁斎の出でたことは、わが国儒学進歩の証とすべし(注6)。

といわれているとおりで、支那学の新しき機運、あるいは支那学そのものがここに開かれたと云って好いと思う。

これに反抗したのが、大高坂芝山の「適従録」(注7)や並河天民の「天民遺言」(注8)（崇文叢書本）で、芝山は中村惕斎にあったとき、維楨は狂惑の徒であるから口舌を労するに足らぬといわれたが、藤井懶斎のいうままに「適従録」を作ったという。天民は、曽て仁斎に学び、仁斎にむかって「語孟字義」のことをただし、仁斎も「子はまことに間出の才なり。われまさに「字義」を改むべし」(注9)といったという。

仁斎は五人の子をもうけたが、長男は東涯（長胤 原蔵）、次は梅宇（長英 重蔵）、次は介亭（長衡 正蔵）、次は竹里（長準 平蔵）、末を蘭嵎（らんぐう）（長堅 才蔵）といい、いずれも学者として著われた。中でも、東涯と蘭嵎とが最も著名であったから、伊藤五蔵とか伊藤首尾蔵とか云われた。(注10)

那波魯堂（なばろどう）の「学問源流」に、「東涯は、著述、掌故が多く、すこぶる博覧であったから、文章も仁斎にまさった。経義を論じたり序文を書いたりしたものには、見るべきものが多く、詩は力なく味も少なく、多く見あたらぬ」といい、仁斎と比較して「仁斎は磊落にして璞素であり、東涯は寡言にして謹慎であるから、見る人はすべてその儀容に服し、ことに京都生れのためか、京都の人が貴賤ともに之を信じた」(注11)という。当時の批評として、信ずべきものがあろう。東涯は、「紹述（しょうじゅつ）」と諡（おくりな）されただけ、その生涯のしごとは仁斎の紹述にあるといってよく、経学については全く仁斎の著述の補輯整理に没頭した。故に「論孟古義」などが今日の形にまとまったに就ては、東涯、もしくは更にその左右にあった人たちの努力に負うものといわれている。少くとも四十年の長い年月を経て、推敲し改訂されたこれらの著述は、仁斎・東涯二代が、一心同体となって鍛錬した結果である。

その点については、大江氏も（三六一）「論語古義」の標題を例にあげて、初稿本には「論語古義」と題してあるが、第二稿には「最上至極宇宙第一論語」とあり（元禄九年 1696 の本?）、第三稿にはふたたび「論語古義」とあって「最上至極」の八字が消され、またさらに傍に朱で「最上至極宇宙第一論語」と書き入れてある。第四稿は「最上至極宇宙第一論語古義」として「古義」の二字を加え、第五稿には「論語古義」として、又藍で「最上至極宇宙第一論語古義」となり、第六稿には、はじめ改正第五稿により十二字になっていたのを、ただ「論語」の二字のみとし、後でまた「古義」の二字を加えた。これが最後にきまったもので、この第六稿が庚寅（宝永七年 1710）までかかって決定したもので、仁斎の死後五年にあたり、東涯・介亭などの手が縦横に加わっている（仁斎書誌略）。(注12)いかに苦心惨憺されたものかということがわかる。

特に東涯は、字義・訓詁・声音、名物・制度・典章、史伝・文章にわたり、おびただしい書物を通読した学者で、その研究は朝鮮の諺文（おんもん）にまで及んでいて、その著述には「訓蒙用字格」(注13)「助字考」(注14)「名物六帖（めいぶつりくじょう）」(注15)「操觚字訣（そうこじけつ）」(注16)

などの如き言語文字、ことに文法の研究をはじめ、「古今学変」(注17)の如き思想史に関するもの、「制度通」(注18)の如き法制史に関するもの、その他、「盍簪録」(注19)「秉燭談」(注20)などの随筆が夥しく、当時から、学問の博・著述の富、海内無比、と称せられたし、平田篤胤の「古史徴開題記」には、「漢学者流の中に伊藤長胤と云へる人ばかり愛きはなし。此人の著せる「本朝官制沿革図考」「制度通」などいふ書等は、便宜く書あつめたる物なれば、見るべし。また、吾党の小子の、漢学をも為ま欲く思はむは、まづ此長胤の著せる書の悉く読て後に、他書に度たらむには、進み速からむ物ぞ」(注21)といっているが、まさにその人が、父の学説を事実の上より証明せんがため、史学的方法を用いて、博く一切の文献を体系づけようと考えるとともに、一切の文献を正しく読み、つまり作者の持った意図を誤なく汲みとろうと努めたことが窺えるわけで、かくてこそ、宋儒が新しい時代の感覚によって古典の現代化を試みたその企てを、外国人の研究家としてみごとに打ち破り、古典を古人のものに返換するという、仁斎の大きな方向が、裏打ちを与えられたわけである。

東涯に比べると、末弟の蘭嵎は極めて奔放な性格で、単に父の説を祖述するというだけでは足らずして、むしろ仁斎の企て成らなかった「易」「書」「詩」「春秋」四経の注釈を作ろうと志し、時には父の説を改めることすらいとわなかった。たとえば、「大学是正」が「大学」の注を試みて、「孝子はその親にへつらはず」と云っているという有様で、「春秋左氏伝」をば「演義三国志」「水滸伝」に比定しているといった、当時としては思切った—今で云えばむしろあたりまえの議論が、その口から出ていることも(注22)（「伊藤蘭嵎の経学」「支那学」四ノ三）、その人なればこそと思われる。ただその著述は、「書反正」の一部が当時刊行され、「紹衣稿」が後に出版されたほか、多く未刊のままに終っているのが惜しい。

伊藤家は、その後も東涯の子東所（善韶、忠蔵。「操觚字訣」は元来、仁斎の草創に成るのであるが、善韶の時にまとめられた。）その子東里（弘美、延蔵）、その子東峰（弘済）、その子輶斎（重光、徳蔵）と、累代男系を以て相続し、ことにその家業をおとさず、火災にあってもその書庫は常に無事であったが、輶斎に子がなくして、梅宇の子孫を養って後をつがしめたが、輶斎に先だって没し、その兄の顧也氏が姪の孝彦の後見となり、今はその二人とも没して、遺書は全いとはいえ、遂に堀河のほとりを離れて天理図書館に入ってしまったことは、惜しむべきである。(注23)

伊藤家の研究につき異説を唱えたのは、大高坂芝山の如き朱子学者や、並河天民の如き門人のほか、少しおくれて江戸に崛起した荻生徂徠の一派であった。そこで次ぎに徂徠学のことに移る。当時、堀河の塾たる古義堂は、「大抵は学校かと思はるる程に有し」（「学問源流」）(注24)といわれたに対し、徂徠の方も、俳人其角が「梅が香や隣は荻生惣右衛門」と詠んだほど、当時にもてはやされた学者であった。
徂徠は、名を雙松、字を茂卿といい、物部家の子孫というので物茂卿といい、萱場町に住んだので蘐園と号した。徂徠というのは、少さいとき雷がすきで蘇雷と号したのを、後に父の流された下総の本納の附近に往来の松というのがあったので、「詩経」の「徂徠の松」[注25]にちなんで改めたという。

当時、徳川幕府では、林家が子孫相ついで文教の権を握っていたが、五代将軍綱吉は天和二年 *1682*（鶩峯の没後二年）に、木下順菴を加賀藩から抜擢・登用した。順菴は松永尺五の高足で、林家とは同じく藤原惺窩の流れを承けたものであるが、たしかに林家にとっては重大な脅威であった。時に順菴は六十六歳であったが、その門下には、新井白石（時に三十歳）を始めとして、幾多の俊髦が集まっていた。元来、綱吉は儒学に熱中していた人で、天和元年 *1681* には、鳳岡に命じて加えしめた林家改正点によって、「四書集注」の小本・中本それぞれ二十六冊[注26]、「周易本義」の小本・中本それぞれ八冊[注27]を印刷させて、聴講者の便をはかったり、元禄三年 *1690* には「大学」を殿中で親講し、やがて「四書五経」に及ぼそうとし[注28]、元禄四年 *1691* には神田台六千餘坪の土地を以て、いわゆる聖堂を建てて教学の中心とし、又儒者はすべて髪をたくわえ道服をぬいで、士人の列に入らしめることとした。さらに、御側用人柳沢吉保の邸にのぞんで、親講もされた[注29]。

このころ徂徠は、父が赦されて江戸にかえるとともに、自分も江戸にかえり、芝増上寺の門前に家を借りて講説を業としており、五年 *1692* には、門人の吉田有隣・僧聖黙（天教）等に命じて「訳文筌蹄」[注30]を筆記せしめたところ、極めてこれが評判になり、九年 *1696* には、卅一歳で始めて御馬廻として柳沢侯に仕えることになり、やがて柳沢家にて将軍に謁見し、司馬温公の「疑孟」につき、将軍の御前で林大学頭と議論を戦わして将軍のおほめにあずかり、その廿五日には城中の講義拝聴を仰せつけられて登城し、それから月三回は登城して、そのたびごとに種々の拝領物をいただいたし、翌年 *1697* は御儒者を仰せつけられた。ただし、宝永六年 *1709* には、吉保が藩邸から出でしめて、江戸の町中で自由に学問の研究をする便宜をあたえ、また、日本無双の名儒たるべし、といって激励したというから、徂徠が名声を博したかげに、吉保および綱吉の庇護が並々でなかったことがわかる。徂徠が藩邸を出たのは綱吉のなくなって間もなくのことで、やがて吉保も権勢を失って隠退した。そして、徂徠が改めて卜居したのが茅場町なる蘐園であって、後には幾度か居を移した。

徂徠は、柳沢邸にいたころから多くの門人をもち、服部元喬・安藤東野・三浦竹渓などは、柳沢の臣下としてまた徂徠の門人であり、山県周南は遠く長州から笈を負うてその門に入り、太宰春台も安藤東野の勧めによりそ

三二　徂徠の古文辞学—昔の学問をするには、昔のことばを知るという。明の古文辞学は—作詩作文の材料にする。三代・両漢の本をよんで、文章を作るときに応用する。初唐・盛唐の詩を見てまねする—経学に応用せず。徂徠は経学に応用して、三代・両漢の語を知らねば、経学の真意が分からないと主張した—進歩した主張—支那にない—良い頭から出た。…門人は（太宰春台のほかは）作詩作文に走って—その学は絶えた。（道は聖人の作ったもので、天理・天道から来たものではない、というような極端な主張だけ残って、春台の没後は長所が失われて短所・欠点だけが受けつがれた。）（「先哲の学問」二四八）(注36)

の名を蘐園の中に列した。そのため、新井白石・室鳩巣などは相当の脅威を感じ、賛仰するものとともに誹謗するものも多かった。はじめ「訳文筌蹄」を著わしたとき、かの山井崑崙の如き、この書によって徂徠に帰服したらしく、「蘐園雑話」にも、「山君彝ハ、モト仁斎門人ニテ、洛ニ在シ時「訳文筌蹄」ヲ見テ、夫ヨリ千里独歩シテ徂徠ヘ謁セシトカヤ」(注31)とあり、入江若水などは之を禁中に献上したいと云っているが、徂徠は、つまらぬ本だからとして承知しなかったらしい。これが公刊されたのは宝永八年 ***1711*** 正徳元年または正徳五年 ***1715*** だと云われている。

その間、正徳四年 ***1714*** には「蘐園随筆」(注32)が刻されて、その中に当時の大儒伊藤仁斎の学説、または文章を忌憚なく攻撃したので、いたく世人の耳目を聳動した。この書物は、実はその銷暑のすさびであって、未熟かつ客気に馳られたにすぎないといって、晩年にはしばしば申しわけをしている。どちらにしても、当時はまだ宋儒の見解を脱しないころで、むしろその特長は、古文辞の研究によって復古学を鼓吹した時を待つのである。

徂徠は元来、文筆に興味をもった上に、無理をして書物を買いあつめていたが、三十九歳か四十歳ごろ（宝永元年か二年 1704—05）に、庫いっぱいの書物を買ったところ、その中に李・王の集もあって、古文辞を修めたのはそれからであると「蘐園雑話」に見えている。(注33)李・王とは、李于麟・王元美であって、その集には古語が多くて読めない、というところから発憤して古書をよみ、于麟の云う如く、誓って東漢以下の書物を読まないことにした、と云い（「徂徠集」二八）(注34)、かくして古言と今言とが同じくないことを悟り、あまねく秦・漢以上の古言をひろってゆくと、自然に宋儒の妄をさとり、かくて、期せずして古学に足をふみ入れたわけで、享保元年 ***1716***、五十一歳にして「学則」「答問書」を刻してその説を天下に呼号し、「論語徴」十巻「大学解」「中庸解」各一巻と「辨名」「辨道」などを著わしてその主張を明確にしたが、(注35)その進んだあとを見れば、全く伊藤仁斎の「論語古義」「大学定本」「中庸発揮」および「語孟字義」と、要するに同一の傾向であるといって憚らない。これから見れば、徂徠の云わゆる古文辞は、単に李・王の範囲に止まるのでなくして、これよりして、多く古書を読み、後儒の古典に対する解釈が、作者の意と異なるもののあることを発見して、遂に一派の学をひらいたわけで、当時のわが学者が、もっぱら「四書五経大全」、宋・元・明人の語類・語録・文集・随筆のみを読んで、直接、先秦の古書をよむもの少なく、その詩文も極めて堕落して、語句の顛倒・文字の誤用の如き語学上の誤りさへ犯すようになっていた弊をためて、形体からして入り、漸く内容に進まうとしたもので、内容・姿致は別として、一応、格にはまった詩文が書けるようになったのは徂徠の力であった（安井（小太郎）先生説（三二）(注37)）。

ただ、その人がかなり野人的の性格で、他人を攻め自分を派手にかまえたため、自分もいろいろの非難を蒙ったことは、仁斎とは正に反対で、徂徠は「文戒」でも仁斎の書中の文字・語句をあげて和字・和句・和臭を難じてもいるが、仁斎は一切それに答えなかった。[注38] 徂徠の門人には、太宰春台の如く、「聖学問答」で「論」「孟」を平等に見ることを批難したり、仁斎学は明の呉廷翰の「吉斎漫録」などを読んで剽窃したのだと述べたりしているが、近年の研究でも、そのことは全く無根であって、古義堂には呉氏の著は全然見あたらず、むしろ明人の著をあさったのは徂徠派のしたことで、仁斎の門では、新しい本をさがし新しい説を標榜するというような俗な気もちはなかったらしい[注39](大江氏)。春台も仁斎に対して、徂徠の及ばぬ点が三つあるとて、「学不由師伝、一也。不仕、二也。有子東涯、三也。」と歎じている。[注40]

徂徠自身は非常の人物であったから、よく古文辞から経学まで一派をひらくこともできたが、その影響をうけた学界は、主として李王の如き摸擬の文を作り、李滄溟の「唐詩選」や滄溟等の詩集である「明七才子詩集」などが、徂徠の「絶句解」「滄溟尺牘」とともに一世を風靡し、「唐詩選」の如き、その版木が摩滅して、享保九年 *1724* の開板以来、明和六年 *1769* まで、四十六年間に六回の改刻を経たといわれ[注41](「閑散餘録」)、今も詩といえば「唐詩選」といわれるのは、その影響である。

一方、その著述は、支那に渡って相当に重んぜられ、「論語徴」の如き、兪樾の「春在堂随筆」[注42]にも褒めてあり、道光中(十六年 1836)銭泳という人が「論語徴」(「辨道」「辨名」)もを翻刻して、徂徠先生伝を書いたとさえ云われるし[注43](「東京学士会院雑誌」十七の十、島田重礼「徂徠学のはなし」)、劉宝楠の「論語正義」にはその説を引用している。門人としても、山井崑崙は「七経孟子攷文」を著し、根本武夷は足利学校の「論語皇侃義疏」を、太宰春台は「古文孝経」を覆刻して、いずれも支那の学界にその名を残したが、これ亦徂徠の影響ということができるが、これ実に、わが国の支那学が本場の支那学を刺戟して新しい学風を促がしたわけで、従来たえて見なかった現象であるだけ、わが国におけるこの学問の発達が、如何に高度に達したかを判定できよう。

門人でもっとも名を知られたのは太宰春台で、紫芝園(「紫芝園漫筆」崇文叢書本)[注44]と号し、はじめ出石(いずし)侯に仕えたが、後江戸に出て、友人安藤東野の勧めによって徂徠の門に入った。時に廿九歳。春台は、前述の如く「古文孝経孔伝」のわが国博士家や足利学校に伝えられたものを挍訂して、その音注を作って出版しておるし、また、先秦の書物に引かれた「詩」「書」のことばを編纂して二十四巻とし、徂徠の没後十年にして完成したが、その書名は徂徠の名づけた如く「詩書古伝」と称した。また、「論語古訓・論語古訓外伝」[注45]三十巻「家語増注」十巻を著わし、つとめて旧説によって後人の干乱を打破せんとしたのは、正しく徂徠の遺意である。しかし、「孝経」の孔安国注は偽書であり、「孔子家語」はもっとも疑うべきものであって、これを「論語」にあわせて、「孔子の書三あり」（注46）と称するのは、識見足らずしていたずらに珍を求めたきらいはあるが、「詩書古伝」の如き、「論語古訓」の如き、清朝諸家、たとえば阮元の「詩書古訓」が道光十六年 *1836* に成り、陳鱣（ちんてん）の「論語古訓」が乾隆五十九年 *1794* に成ったのに比して、五六十年、乃至百年も早く、すでにその先鞭を着けたわけである。

一面、徂徠の文学的方面を継承したものとしては、服部南郭をあげねばならぬが、南郭が特に文学に専心したのは「蘐園雑話」に、「南郭、公儀ノコトヲ漢文ニテ書シガ、此事ニテ殊ノ外難儀アリシ故、是ヨリ一切経済ヲ云ハズ、詩文バカリ専ラニセラレシナリ。此記録、末年焼捨ント云シヲ、子寧（鵜殿）預リ置キ、其後窃（ひそか）ニ跋ヲ書レシト穀山云ヒキ（注47）」と云ったことでわかるが、漢文でなにごとも書けるようにと苦辛したことが想像される。南郭こそは、徂徠の没後三十年にわたった文壇の重鎮であって、その社を芙蓉社といい、極めて盛んであった（注48）。すべて安藤東野・服部南郭・宇佐美灊水・山県周南・平野金華・高野蘭亭・大内熊耳を以て徂門の七才子と称したのも、李王七子の称にならってのことである。なお、山県周南は、萩に仕えて中国・九州に感化をあたえ、梁田蛻巌は明石に、秋山玉山は熊本につかえて、それぞれ学風をおこした人物であるが、しかし、自負心もつよかった太宰春台が、「社中にて懼るる者なし。崑崙が生存せば懼るべき者なり（注49）」といったという山井鼎のことは、大きくとりあげられて然るべきである。

八　七経孟子攷文・蘐園学派、唐話学と長崎通事

山井鼎は紀州の人で、はじめ伊藤仁斎の門に入ったが、徂徠の「訳文筌蹄」に感じてその門に走ったことは、前に述べた。[注1] その頃の同門の人たちの中で、太宰春台や安藤東野とともに、武州金沢から鎌倉・絵島へ旅行をして、これも同門の根本伯修を横浜在にたずねた紀行[注2]も今に残っている。後に西条侯に聘せられて儒臣となったが、その前後に根本とともに足利学校に赴き、その古鈔本または宋板の「五経正義」によって「十三経注疏」を挍勘した。その時に山井鼎が携えて行った閩本の「十三経注疏」が、現在は東方文化研究所の宝物として伝えられているが、挍勘しつつも、その日その日の天候や動静を記してあるのもおもしろい。[注3] しかし、三年も滞在して全部の史料を通覧した中に、遂に病気にかかったが、誓ってそのしごとを止めず、享保十一年 *1726* にはそれを浄書して「七経孟子攷文」と題し、西条侯に献上した。これが今では京都帝国大学の有に帰している。ただ、惜しくも山井鼎はその翌々年 *1728* を以て郷里で没した。年わずかに三十九という。徂徠の没におくれること十日であった。

さて、西条侯はその浄書本について副本二通を作らせ、一は宗藩たる紀州家に、も一つは幕府に献上したが、幕府に入ったのは享保十三年 *1728* 六月であり、時の将軍は紀州から入った吉宗であったから、早くその事を耳にしていたものと見え、さっそく徂徠の弟の物七郎観に命じてその補遺を作らしめ、宇佐美灊水もそのしごとにあずかった。その補遺は、享保十五年 *1730* 十二月にできあがり、十六年 *1731* に刊行されたが、それがいつしか支那に送られ、乾隆帝が「四庫全書」の編纂の時にとりあげられるに至った。

支那がわの史料として最も古いのは、翟灝の「四書考異総考」三十二にその解題をのせて、乾隆二十六年 *1761*（わが宝暦十一年で、享保十六年より卅年を経た）に、杭世駿を介して汪啓淑（飛鴻堂）からその書を借り出したが、見ると日本には「皇侃義疏」[注4]があることがわかったので東望太息したが、その後、武林の汪鵬が日本に行ったついでに買って帰った、とある、その「義疏」こそは、山井の盟友根本伯修の挍定したテキストであった。[注5]

一方、その「攷文」が四庫全書館に上られて「四庫全書」の中に収められたほか、多くの学者によって認められ、たとえば王鳴盛の「十七史商権」九二にも、「孔安国古文孝経伝」「皇侃論語義疏」はみな中国にないものだ、といい、「攷文」についても「日本尚文、勝於他国」といい、また「日本文学、自唐已然、至今不改」といってお

(注6)るし、校勘学の大家の盧文弨などは、「海外小邦」にしてやられたのがよほど口惜しかったと見えて、浦鏜の「十三経注疏正字」がそれよりも良くできているが、さて「攷文」も捨てられない、などと負け惜しみを云っているし、(注7)「考文」に感じて一層校勘に努力したことも事実らしい。さらに、阮元に至っては、遂に嘉慶二年 *1797* これを覆刻したほか、門下の人たちを総動員して「十三経注疏校勘記」を作ったのは、全く「攷文」の影響であった。

支那における校勘学は、これまで乾隆の勅版たる「殿本十三経注疏」を見ても、またその校勘記を見ても知れるように、経書に対してすら杜撰を極めたわけであるから、その程度も知るべきであったが、かくして海外小邦からの刺戟とともに、俄然、新しい学風となったわけで、このしごとの持つ意義は極めて大きいとともに、これらの人々を養った徂徠学は、決して単なる摸倣に終らなかったことになるのである（狩野直喜「山井鼎と七経孟子考文補遺」）。(注8)

これよりさき、支那との交渉について注意すべきは、朱舜水の来朝であって、舜水は浙江の人で、萬治二年 *1659*、本国の戦乱をさけて日本に帰化し、はじめ筑後柳川の藩学安東省庵（あんどうせいあん）のもとでこれに学術を授け、後に寛文五年 *1665* 水戸義公光圀（みとぎこうみつくに）に迎えられたが、「舜水文集」二十八巻(注9)を残した所を見ても、凡俗の人でなかったことはわかる。はじめ、安東省庵が長崎に来て舜水にあったとき、その禄高は二百石といいながら、実は八十石にすぎなかったが、その半、四十石を舜水に分けて師と仰いだ。(注10)当時は、支那人として内地に居住するものもなかった頃とて、これを止めたことすら違例であるのに、その生活をかくしてまで保証した古人の心ばえには、ただ敬服するのみである。

光圀は、はじめ明暦三年 *1657* ごろから修史の志を立て、寛文五年 *1665* には朱舜水（天和二年 1682 卒）を招き、その大義名分論をきき、いよいよ十二年 *1672* から彰考館を小石川の藩邸にひらいた。そして、朱舜水に学んだ安積老牛(注11)をはじめ(三三)、林門の人見卜幽・その子懋斎・佐々十竹・中村篁渓・子浩然窩、崎門の流を汲んだ鵜飼錬斎・弟称斎・三宅観瀾・栗山潜鋒、古義学の大井松隣、木門の大串雪瀾等(注12)、数十人で、学派の異同は問わず、もっぱら、大義名分をわきまえ、史家として忠実に研究するものを集め、前後　十年(注13)の歳月を費して「大日本史」が作られたわけである。

〔その他の親藩としては、尾州家では早く惺窩の門人堀杏庵を招き、ついで明人陳元贇（ちんげんぴん）、および杏庵門下の深田正室（その子明峰・孫慎斎）・並河自晦・新開宗庵・綺玄廓・熊谷活水を招き、紀州藩では惺窩門の那波活所（その子木菴）、羅山門の永田善斎（子格菴・順斎・平菴）、朝鮮の李善直を招き、いずれも京学の流れを汲んだが、尾州は後に崎門の三宅尚斎の門人蟹養斎（かにようさい）を招き、その門から中村厚斎・習斎・宮崎欽斎・磯野員純、さらに浅見絅斎の門人小出侗斎・須加精斎という如

三三　舜水門人
- 今井魯斎
- 安積澹泊（老牛）
- 安東省庵
- 栗山潜鋒

く崎門に移り、後には古学の細井平洲（秦滄浪はその門人）・岡田新川・石川香山を経て、冢田大峰が督学の任にあたって「冢注」の名を用いたし、紀州でも古義学の荒川天散・蔭山東門・木村鳳梧および伊藤蘭嵎、さらに木門の榊原篁洲・祇園南海といった人たちもこれをうけた。ただ、会津では闇斎が登用され、吉川惟足（よしかわこれたる）を延（ひ）いて卜部（うらべ）家の神道を鼓吹し、岡山では蕃山（熊沢）が登用されて陽明学を盛（さかん）にした。その他、山口の山県周南の古文辞、土佐の谷重遠の崎門学、加賀は松永尺五以来、木下順庵・室鳩巣、さらに大田元貞・津田鳳卿を聘し、蔵書に富むことで著名であった（大江文城氏「幕府ならびに諸藩の儒学」の章。）(注14)

徂徠学について、も一つの重要なことは、いわゆる唐話の奨励であって、即ち支那語学の問題になってくる。ところで、近世における支那語学の流行は、（一）長崎貿易の唐通事と、（二）明末以来長崎に流寓または帰化した人々、（三）黄檗の禅僧にその源を発している（石崎又造「近世日本に於ける支那俗語文学史」。）(注15)

長崎が貿易港になったのは、元亀二年 *1571*、ポルトガル人との貿易のため、領主大村純忠が開港したのが始まりで、天正十五年 *1587* には、秀吉が天主教禁令を出して長崎を官有とし、慶長八年 *1603* からは、小笠原一庵が奉行として着任した。十七年 *1612* には家康も禁教を命じたが、秀忠も元和二年 *1616* 禁令を出し、外国船はすべて長崎と平戸とに限って寄港させ、家光の時には鎖国令を出し、耶蘇教、及奉書船以外渡航禁止の高札をたて、寛永十二年 *1635* には唐船の貿易も長崎に制限された。ついで十六年 *1639* には、外国貿易は和蘭人と支那人とに限ることにし、爾来、二百年あまり、支那その他、外国文化は、すべて長崎という小さい穴を通すことになった。

ここで外国に接すべき通事のうち、いわゆる唐通事は、帰化人またはその子孫、あるいはこれらと接触する長崎在住の日本人で、そのはじめは、小笠原奉行のとき、慶長九年 *1604*、馮六という唐人が日本詞を習い覚えし故、通事役を仰せつけられ、さらに馬田昌入を加え、馮六が死んでから林長右衛門が之に代り、寛永四年 *1627* には中山太郎兵衛、七年 *1630* には穎川官兵衛を加えて、この四人が大通事で、ほかに小通事、および稽古通事がおかれた。(注16)

これらの通事は、ほとんど繦緥の中から支那語を教授され、「三字経」「大学」「論語」「孟子」「詩経」をよみ、「二字話」「三字話」「長短話」などで常用の語彙をおぼえ、さらに「訳家必備」「養児子」「三折肱」「医家摘要」「二才子」「瓊浦佳話」「両国訳通」のような特別な教科書をやり、さらに「今古奇観」「三国志演義」「水滸伝」「西廂記（せいしょうき）」を学び、進んでは「福恵全書（ふくけいぜんしょ）」「資治新書」などを学んだ。また、「俗語彙編」「訳官雑字簿」「華語詳解」や、後にいう岡嶋冠山の「唐話纂要」や「唐語便用」（唐話百則）などをも用いたという。(三四)(注17) 当時、長崎の唐通事の子弟

三四　「小学生」「請客人」「要緊話」「苦悩子」「訳家必備」「瓊浦通」「三才子」「三折肱」「養児子」「鬧裏鬧」

……………………

「小説精言」「小説奇言」「三国志」「水滸伝」「今古奇観」「唐話試音」

三五　山門の外は日本の茶つみ歌

たちは、唐韻勤学会を催して会話を練習し、福州話・漳州話・南京話の三とおりの問答があったという記録もある(篠崎東海の「朝野雑記」)。(注18)

さきに、安東省菴が朱舜水を師としたことを述べたが、元禄ごろには、雨森芳洲、僧大潮・天産も相次いで長崎に遊び、その他、医学・天文学のために、長崎を通じて外国の文化を吸わんとした人も多かった。別に、支那から来た僧侶も長崎に住して、それぞれの地方の人のために寺院を営み、興福寺(南京寺)福済寺(漳州寺)および崇福寺(福州寺)という三つの唐人寺(アチヤデラ)があったが、その中の興福寺の逸然(いつねん)は、将軍家綱の依頼によって隠元を招いた。

隠元は、元来、福建の黄檗山萬福寺の住僧であったが、十二人の僧徒をひきいて承応三年 ***1654***、歳六十三の身を以て長崎に来たところ、帰依するもの多く、遂に摂津富田庄(とんだのしょう)普門寺の主、賜紫龍渓の懇請により普門寺にうつり、萬治元年 ***1658*** には東上して家綱に謁したところ、家綱は寛文元年 ***1661***、山城の宇治に地をたまわって黄檗山萬福寺を創め、(三五)爾来、廿一代は支那僧によって承け、江戸にも芝白金台町に紫雲山瑞聖寺がひらかれた。(注19)

しかるに、前に述べた柳沢吉保は、黄檗山と特別に密接な関係をもち、千呆(せんがい)・高泉・法雲・悦山・悦峯などがしばしば吉保の邸に出入し、ことに悦峯は、徂徠およびその門下と深く結んだ。元来、吉保は極めて好学の士であって、その参禅の関係から、支那僧との接触をはじめ、その儒臣の中には鞍岡元昌・岡嶋冠山、および幕府に仕えた深見玄岱、関宿侯牧野成貞の儒臣中野撝謙(なかのきけん)が、蘐園における唐話の師匠株であった。そして、将軍綱吉も在職二十八年に吉保の邸にのぞむこと数十度に及び、そのたびに講書の席をひらき、自分も講じ吉保にも講ぜしめたが、その時、儒臣に命じ、唐音で「大学」を講じたり問答したりしている。即ち、鞍岡元昌が「大学」の小序を唐音で進講し徂徠が通訳したり、志村楨幹や徂徠たち十三人が中の字を唐音で議論したり、悦峯が登城して唐音で問答し日本僧が通訳した。

これらの支那語学者の中で、長崎出身のものとしては中野撝謙が最も早く(貞享二年1685十九才)江戸に出て、安藤東野・太宰春台・松崎堯臣などに唐話を授けたが、やがて元禄中葉には石原鼎菴・南部南山が木下順菴の門に投じ、鞍岡蘇山(元昌ノコト)もこれに次いだ。宝永中 ***1704〜11*** には、岡嶋冠山・釈大潮・深見玄岱などが上京し、〔享保のはじめには、盧艸拙と西川如見とが幕府の顧問として招かれた(まもなく長崎にかえる)。黄檗僧としては、慧通・香国・香洲・玄海などが蘐園に出入した。(注20)〕これらの中で特記すべきは、岡嶋冠山であって、はじめ清国の王庶常と上野玄貞(名は熙、国思靖とも呼ぶ。広東語・杭州語にも通ず。)に唐話を学び、はじめ京都に出たが、やがて(宝永三、四年1706・07ごろ)江戸に来て徂徠と往来し、又悦峯とも交渉があった。尤も、一面放達であって評判の悪い点もあり、遂に江戸を去って京坂に来、享保十三年 ***1728*** 京都で没した(五十五歳)。

冠山は、語学書として「唐話類纂」（未刊）「唐話纂要」「唐話便用」「唐音雅俗語類」「唐訳便覧」などの教科書を相ついで作ったらしく、それらは大体、蘐園における訳社での訳士として編纂したものらしい。その訳社というのは、正徳元年 *1711* 十月に、徂徠が井伯明（?）、およびその弟（徂徠の弟）叔達（北渓、即ち観、惣七郎）とともに結んだもので、五の日と十の日（小の月の三十日はなし。廿日は休み。）に会合し、午前中から夕刻まで、時には夜に入り、会員は減ずることがあっても増すことはないと云う厳しさであった。その「唐話類纂」には、巻頭に岡嶋冠山・釈大潮・釈天産・釈恵通・荻生徂徠・安藤東野・太宰春台・篠崎東海・天野曽原・山田翠柳・度会東華・馬島東洲十二名を連記してあるのは、おそらくその同人であろうが、必ずしも全部が同時にそろったわけではないと云われる。そのほか冠山は、「雲合奇蹤」を訳した「通俗皇明英烈伝」、「水滸伝」を訳した「通俗忠義水滸伝」や、「唐音三体詩訳読」「唐音学庸」のように唐音を加えたもの、「康熙帝遺詔」の如く覆刊したもの、ことには「太平記」を支那語に訳した「太平記演義」という珍書まである。(注21)

冠山に比肩すべきものは大潮であって、これも上野玄貞に学んでから江戸に出たが、享保二年 *1717* 一旦、肥前蓮池の龍津寺にかえり、ふたたび摂泉の間を往来し、時にかえり時に出で、西南の文化を高めた。及門には高暘谷・亀井道載（南冥）・平賀晋民あり、三浦梅園とも交ったらしい。その同門には、なお但州城崎の天産があって、「声音対」（享保五年 1720 刊）を著わし、桂林和尚の「禅林執弊集」中の云わゆる唐音・和音のことを辯じている。なお、大潮の舅の香国なども、徂徠と交りを結んでいた。(注22)

こうした状態の下に、蘐園には幾多の支那語学者を出し、中でも安藤東野・太宰春台・荻生北渓・三浦竹渓・山田翠柳・木下蘭皐の七人が秀でており、田中省吾・山県周南・大内熊耳・朝比奈玄洲・岡井黄陵（「訳通類略」）・高野蘭亭・松崎白圭・服部南郭も、いくらか唐音を学んだらしい。その中、春台に学んだ僧文雄（もんのう）（無相）は、京都了蓮寺に住していたが、ふかく「韻鏡」の淵源をきわめ、「磨光韻鏡、（後編 餘編）」「韻鏡至要録」「翻切伐柯編」「三音正譌」「九弄辨」「経史荘嶽音」「字彙荘嶽音」等、従来の迷信的韻鏡学を打破した言語学的研究をひらいた。(注23) 元来、「韻鏡」の研究は、古くその注釈書として「指微韻鑑略抄（前半、「反音抄」に同じ）」「指微韻鏡私抄略」「韻鏡略抄（絶海?）」、道恵の「指微韻鏡抄」「韻鏡字相伝口授（いんきょうじそうでんくじゅ）」「五韻反重之口訣（ごいんはんじゅうのくけつ）」「韻鏡圭玷集（けいてん）」(注24) など、さまざまのものが表われたが、慶長以後も土師玄同（はじげんどう）(注25) の「韻学秘典」「韻鏡看抜集」、無絃(注26) の「韻鏡切要抄」を経て、宥朔(注27) の「韻鏡開奩（かいれん）」に至り、「人名の反切には音和を取るを正と為す云々、五行の相生を取る事肝要なり」といった応用法が出て以来、「新増韻鏡易解大全」の前後には、人名の撰定には「韻鏡」を用うべしというような、つまらない書物がたくさん表われた。そこで、享保十一年*1726*には、叡龍（えいりょう）の「韻鑑古義標註」が出て、はじめてその迷雲を排して読書（とくしょ）の正音を明きらかにした。叡龍は泉州界浦（せんしゅうさかいのうら）の沙門であったが、後に還俗して漣窩河野斎通清（れんかこうのいつきみちきよ）と称した。「磨光韻鏡」は、実にその後に出て、春台以来の唐音の知識によって整理を加えたもので、明きらかに近代的研究であって、さすがに徂徠の系統を引いたものと云わざるを得ない。[注28]

徂徠学における、も一つ大切な主張は、従来の漢文訓読を改めて唐音で直読しようということで、「訳文筌蹄」の序にも、学問をする方法としては先ず「崎陽之学」をやって俗語を教え、華音で誦し、それをこちらの俚語で訳してゆくことで、決して和訓廻環のよみかたをしてはならない。まず零細な二字三字の短い句からはじめて、だんだんまとまった書物をよます。こうして、支那語が支那人ほどに熟達してから、だんだん四部の書をよめば、破竹の如くなる、といってあるのが、その代表的意見であるが、徂徠の「詩文国字牘」（「日本文庫」本）を見ると、

> 日本の諸儒、古来より読書候に、和語を以て読習はし、是を和訓と申候。則中華の訓詁の儀之様に覚申候得ども、夫は訓詁にては無御座、訳語と申物にて、字字的当の訓儀に而無之候。刀の指様（サシ）を、扇を以て教候様なる儀にて、扇は真の刀にては無御座候へ共、唯眼前の意を通じ候迄にして、是を訓詁と心得候ては大に相違御座候。然れば、中華の念書は、其義未見内には、假令読候ても、其意は通じ不申候。日本の仏経・陀羅尼を念じ候如くに御座候。然るに、日本の読法は、順逆上下して、中華の書に和語を附（ツケ）、唯、一読致し候得ば、「過テハ則勿レ憚ルコトレ改ムルニ」と能解せられ申候。〔解せられぬ様に附候ては、読内より通せず候故、難読候へば、誠に訳語の儀を和訓と申候事も断に候。〕然ば、日本の学者は、初学より義理通じ候而、学問致しやすく、成就もはやき様に相見へ申候。乍レ爾（シカシ）、日本は日本、中華は中華、言語の一体、本より相違有之候得ば、脗合といたさざる事に候。夫故、和訓廻点の読、能通じ候ように見え候得共、実は無理に引合する者と可レ被二思召一候云々。

と、鄭寧懇切に訓読の害を述べているし、一方では、われわれのなかまでは、漢語で漢語を理会し、和語から漢語を推定しないから、筆をとってもまちがいないと豪語もしている（「徂徠集」廿六）。[注29]

況（ま）して、その門人たちには、たとえば春台の「倭読要領」に、徂徠先生は華音をよくされ、尤も侏離（しゅり）の読（よみ）を悪（にく）んだ、といい、又「吉備公、国字（かな）を作り、倭語顚倒の読を創（はじめ）けるは、後の学者に付き毒を啗（くらは）しめたるにあらずや。此毒、人の骨髄を淪（しづみ）て除きがたし。若しこれを除かんとおもはば、華語を習ふにしくはなし。華語は俗語なり、今の唐話なり。されば、文学に志あらん者は、必唐話を学ぶべきなり[注30]」といった風に、その波をあげたので、一

時はその勢四方にひろまり、徂徠も「学寮了簡書」（儒林叢書本）をかいて、林家の学問が衰えたのを盛にするには、今のように「朱子学の一偏にかたより、講釈を第一にいたし候」ようなものでなく、詩文章・博学・律令経済の学問、和学・兵学・天文算暦の学問、唐音・俗語・筆道字学といった風な科をたてたらよいといって、特に唐音・俗語をあげているし（注31）、門人の秋山玉山などは、熊本の細川重賢侯の文学となり、宝暦四年 *1754* に藩校時習館を創設したが、その学規にも、「書須背誦、誦須華音、否則四声不明、同訓相混、字位或易、読助或脱、不足以供文辞之用、和読之陋也」であるとて、「漢語之師」を立てるとある（注32）。

又徂徠学における重要な功労は、明律の研究であって、かの「明律国字解」は、将軍の旨をうけたもので、徂徠としても極めて自負をもっていたことが、人に与えたてがみにも見えているが、かかる律の研究は、紀州の榊原篁洲が「明律訳解」「唐律和字解」「大明律例諺解」を出し、同じく紀州の高瀬学山も「大明律詳解」「大明律例釈義」「大明律直引釈義」「唐律諺解」を出し、紀州藩の独占の如く見えたのであるが、徂徠はすっかり之をあなどって、「除不佞之門、天下無両」と称した（注33）。

すべて徂徠の学問は、支那のものをあるがままに研究し、いささかも増減もない立ち場であるから、従来、外行（わいはん）のやるべきでない如く見られた、法学・兵学をはじめ、種々の方面に手をつけたほか、俗語の如き、従来、学者の歯（し）しなかったものをも引きあげて、学者必須の教養とした点、まったく科学的という外はなく、ただあまりにも時代に超えていたため、その没後はやがて俗流に呑まれてしまったこと、惜しむべきであるが、その考えたようなことは（三六）、着々、今の学界で実現していることを見れば、徂徠も瞑すべきであろう。しかし、今日から何でもないようなことでも、之を二百餘年も前に倡導したというのは、たしかに豪傑の士である（安井（小太郎）先生一八〇）「仁斎・徂徠以前の学者は、みな篤信の一方に偏し、研究の意乏し。唯二家は、研究に力を用ひ、その学発明する所あり。ただ、仁斎は程朱説を研究せるに止り、其他に出でず（注34）」）。

なお面白いことは、その頃までも清原家の学問が伝わっていて、寛保元年 *1741* の「論語集解講義」（林（泰輔）先生所蔵）に、藤原実連という人の清原親賢先生にあてた誓約書がついていて、この度、入門して「論語」の講義をうかがう以上、決して師匠の説にそむかぬ。「論語」を解釈するのに、他人の説や新注・新説はまじえない。許可なくして他人に伝えない、ということが書いてあるのは、昔ながら秘伝秘説、門外不出の態度を墨守している

（林泰輔）「支那上代の研究」四四八「論語に就いて」。（注35）

三六　自覚せる支那語学のはじまり。

九　江戸期学藝のひろがり、白話小説・戯曲

岡嶋冠山が京坂の間に移ってから、最もこれと交渉のあったのは岡白駒(こうはっく)であり、「水滸伝」を通じた交渉の跡も認められるとおり、白駒が伝奇小説を提唱したのは、冠山の影響が多かったと思う。その著述には「小説精言」「小説奇言」があり、又助字の訳や明律の訳注などもあったが、元来その頃には「水滸伝」の如き長篇小説のほか、明末に刊行された「警世通言」「喩世明言」「醒世恒言」の如きものが輸入されて、その名をもじったのが「小説精言」などであり、内容もこれらの短篇小説を訓釈したものであるが、語学者としては冠山に遠く及ばなかったらしい。[注1]

この白駒の二言(精言・奇言)を出版したのが澤田一斎で、即ち書肆風月堂荘左衛門で、白駒にならって「小説粋言」を著わし、特に白駒や西田維則などの著述を刊行したことで有名である。西田維則には「売油郎独占花魁」を訳した「通俗赤縄奇縁」とか、「艶史」を訳した「通俗隋煬帝外史」、[注2]「金翹伝」を訳した「通俗金翹伝」などがあり、やはり小説・伝奇の紹介者である。また、助字を研究した穂積以貫や、「俗語訳義」[注3]を著した留守友信は大坂に居り、京都には田文瑟・晃世美・秦松渓・陶冕などがいた。田文瑟とは田中瓉のことで、天才的語学者であったらしいが、二十六歳にして没したのは惜しむべきであるが、その門人として芥川丹丘と陶山南濤(陶冕)とを残した。その陶冕は、「水滸伝解」の著者である。冕は、また松室熙載(秦松峡)と朝枝(晃)世美とにも従ったが、いずれも冠山の流れをくむものと見られる。[注4]

当時の漢学者には、唐話をまなび支那の伝奇小説を耽読するのは、ほとんど一般的風潮をなしていたらしく、たとえば皆川淇園が、その弟のこれは国文法学者として著名な富士谷成章(フジタニなりあきら)とともに、父から「水滸伝」の講釈をきいて、それが第一回で切れてしまったことを惜しみ、兄弟してこれを研究し、一年ほどしてそれが読めるようになり、十八、九になると、百回本「水滸伝」をよんだとあり、その友人の清田(せいだ)絢(儋叟・君錦)もいたく之を好み、いつもこれを話の種にしている中に、だんだん他の伝奇小説に手がのびて、「西遊」「西洋」「金瓶」「封神」「女僊」「禅真」、乃至「平妖伝」などまで通読したという。[注5] その清田絢は、「照世盃」の訓訳を出板している。[注6] そのころ、石川貞(金谷・太一)も長崎に遊んで唐話をまなび、「唐音孝経」[注7]および「游焉社常談(ゆうえんしゃじょうだん)」という会話書を著している。[注8] この当時、いかなる小説類がわが国に入ったかということは、平安秋水園主人の「画引小説字彙(かくびきしょうせつじい)」のはじめにあげた書目に

よって知らるる通り、極めて多数にのぼっていた（注9）一百六十種。

ついでながら、支那戯曲の紹介および研究は、なかなか小説のように盛にはならず、徂徠や田中大観・宇野明霞もこれを玩んだというが、澤田一斎著らしき「俗語解」（注10）には、すでに「西廂記注」「元曲百種」「繍襦記」「還魂記」などの名が見えるし、明和八年 *1771* の「四鳴蝉」は日本の謡曲「熊野」「頼政」、歌舞伎の「山崎与次兵衛道行の段」、義大夫の「大塔宮曦鎧」の四種を、元曲の風に訳したもので、その「四鳴禅」と称している所から見て、明の徐渭の「四声猿」を見てのことではないかと想像される。（注11）又、無名氏に「劇語新訳」（注12）があって、かなりよく戯曲のテクニックやその中の難かしいことばを説いているのも、今としては珍な資料であり、別に、戯曲そのものに関係ないが、正徳癸巳（三年1713、康熙五十二年）に、浪華書林碎墨斎蔵板の「（蒲東）崔張珠玉詩」というものがあって、「西廂記」にたいする四明張楷の題詩（康熙十年1671何子春題）を翻刻しているが、（注13）まさに徂徠四十八歳のころにあたり、訳社がひらかれた翌年であるから、これが何人のすすめによったものか、床しいことである。

戯曲そのものの紹介は、八文字舎自笑の「役者綱目」に見える笠翁伝奇中の「蜃中楼」の一部の翻訳が最初であり、ついで、やや信用のおけないものであるが、銅脈先生こと畠中頼母の「唐土奇談」が出て、笠翁の「千字文西湖柳」というものが清朝第一のはやり狂言だと、いろいろなでたらめも書いている。さらに、嵐翠子という人が、「西廂記」と「蝴蝶夢」とを国訳した「蝴蝶夢」は、文化二年 *1805* に訳したものが「古典劇大系」の中に挍訂されているが、その中の挨拶に、「先達て撰出の艶詞月下琹は、西廂記のもしゃくしゃを、しはのして」とあって、「西廂記」の翻訳をやったこともわかる。「蝴蝶夢」は、もと「今古奇観」に見える「荘子休鼓盆成道」を戯曲に作りなおしたもので、作者は「綴白裘」によって訳したものである。（注14）

降って、文政ごろに江戸にいた遠山荷塘（一圭）という人は、はじめ得度して僧となり、長崎の崇福寺にとどまって唐話をまなび、又音学・梵唄を研究し、ことに金琴江というものに就いて月琴をまなび、江芸閣・朱柳橋・李少白・周安泉と交わり、その間に伝奇・詞曲の学をおさめたといい、江戸では「西廂記」や小説の講義をして歩いたが、三十七歳で没した。その遺著として伝わるものに、「北西廂記註釈」（注15）「胡言漢語考」（注16）などありというが、両者とも抄本を以て流伝し、極めて学殖を示すに足る。なお、月琴の如き支那音楽が、長崎より江戸に輸入されたのは荷塘の力で、荷塘が死んでから一時はその楽もとだえたが、やがて穎川春漁というものが、長崎から江戸に来て鏑木渓庵に伝え、これを渓庵流と称し、安政から明治の中葉まで盛に行われ、一方、天保ごろ江戸から始まった連山派というものが大坂に行われたという。これも、支那音楽研究の先鞭として、記録する必要があろう。（注17）

三七　「儀礼逸経伝」ありという(注18)（安井（小太郎）先生二七八）「天工開物」

三八　本草学、森・小島・丹波。
吉田篁墩・狩谷棭斎・松崎慊堂・山梨稲川。
市野迷庵「読書指南」。
岡本保孝・塩谷宕陰・安井息軒。
中川忠英・近藤正斎・土井聱牙。

三九　中心を失う
徂徠派
仁斎派　―折衷派
朱子学派

四〇　井上蘭台(注26)
井上蘭台―渋井太室
井上蘭台―井上金峩
井上金峩―亀田鵬斎
井上金峩―山本北山―大田錦城
山本北山―海保漁村
井上金峩―吉田篁墩

さて、岡白駒や澤田一斎、清田儋叟などがなくなった後、大坂に趙陶斎（清人の遺孤養）が出て、その門人木村蒹葭堂・頼春水・森田士徳および十時梅厓「通俗西湖佳話」があった。蒹葭堂(三七)は、当時の風流韻事の中心に在った人物で、柳里恭（柳沢淇園）・都賀庭鐘・上田秋成・建部綾足などと交ったが、都賀庭鐘が「英草紙」に「今古奇観」を種にしたり、上田秋成が「雨月物語」に支那小説を換骨脱胎したことは著名であるし、江戸でも紀進の「通俗孝粛伝」や、石川雅望の「通俗醒世恒言」や、森羅子の「月下清談」も出、「唐詩選唐音」（龍田公案）というようなものも出た。(注19)〔なお、上杉鷹山公の師として聘せられた細井平洲も、少くして長崎に遊んで唐話をよくしたという。(三八)〕

長崎は、かかる名士の来往した所であるが、奉行中川飛禅守忠英がここに在ったとき、その属僚に命じて清商につき見聞を記さしめたのが「清俗紀聞」十三巻で、わが国に、支那風俗につき、かくも精密な書物は、今も類ないと云える。(注20)又、薩摩藩主島津重豪公も唐話に熱心で、ひそかに海外と連絡し、「南山俗語解」(注21)、その他支那・西洋の文化に関する著述を編せしめたが、このために備えた訳官数十人にのぼり、中でも曽槃・石塚崔高などが著われたし、佐賀藩の文学草場佩川も古賀精里の門人であるが、唐音に巧みで対馬で韓使と応酬したというし、(注22)中村敬宇先生は、王漆園に学んで「詩経」などは清音で誦読したというし、(注23)明治のはじめには、金嘉穂というもの、名古屋藩に招かれて（明治五年三月まで、「名古屋市史」八二）学館を創設し、森槐南・水野大路（遵）・永坂石埭（周二）・奥田抱生（一夫）などが教を受けたという。(注24)

さて、徂徠の没後も、その門流は四方にひろまったが、(三九)一面、仁斎の流れをくむものあり、室鳩巣（悝窩―松永尺五―木下順庵の門人）に従って朱子学を墨守するものもあって（安積澹泊・三宅石庵・向井滄洲も同時。門人に中村蘭林・中根東里……あり）、別に、いわゆる折衷派として、〔鳩巣の同門榊原篁洲、又は良野華陰あり。〕江戸に井上蘭台・井上金峩・山本北山などがあった。

井上蘭台は、林鳳岡の門に出でたが、程朱を墨守せず、その門人に渋井太室・井上四明・井上金峩があったが、金峩は二十五歳にして徂徠の「論語徴」を駁して「辨徴録」を作ったことで有名であり、その著に「経義折衷」というのは、朱熹・王守仁・仁斎・徂徠を折衷したもので、折衷派の名はここに出でた。金峩の門人には亀田鵬斎（名ハ長興、「善身堂詩鈔」、―その子綾瀬）・原狂斎・山本北山・吉田篁墩などがあったが、就中、山本北山（宝暦二年1752生）は、折衷派より出でて別に一派をひらき、清朝の考拠学に近づいたと云われる。(四〇)(注25)

北山に「古文尚書勤王師」あり、毛西河の「尚書寃詞」を学んで、東晋の「古文尚書」を回護したものであるが、もとより取るに足らぬ。又、文としては韓・柳をとり、詩は公安派の性霊を宗としたのは、徂徠派の流弊を改めんとしたのであろう（七子…。袁中郎）。その門人には山中天水・小川泰山・大田錦城が出た。(注27)

四一　宇野明霞──村瀬栲亭（「藝苑日抄」）
　　　　　　├片山北海
　　　　　　├赤松滄洲
　　　　　　└大典

大典「文語解」──古代ハ華音ニテ書ヲヨミ、倭語ニテ訳解ス。中古以来、音読スタレテ、直ニ倭語ニテヨミ、次第ニ訛転シテ別ニ一種読書ノコトバトナリ、古ノ訳法ヲ失フ。又、古ノヲコト点ニヨリテ、仮名ヲ点トナヅケ、訳トイフ義ヲ知ザルモノ多シ。ママ古代ノ書籍ニノコレル訳語アリ、考知ベシ。（注29）

四二　戸崎淡園

増島蘭園（固、明和六年1769～天保十年1839、七十一）「読左筆記」（崇文本）「読易小言」「学庸参辨」「惜分居劄記」「夏小正校注」（崇文叢書）「小爾雅疏証」（内閣ニ抄本アリ）

仁井田好古（南陽、嘉永元年1848没、七十九）「毛詩補伝」（注32）「論語古伝」…仁斎、東涯をしたう。

四三　朝川善庵（鼎）、山本北山の門人、「楽我堂集」「論語漢説発揮」「荀子箋釈」「楽我室遺稿」（「崇文叢書」本）

市河寛斎（世寧、北山より四歳年長）は、清新の詩をよくし（樊川（杜牧）・香山（白居易）・剣南（陸游））、その「全唐詩逸」は「全唐詩」の缺を補ったものとして著名であった。長子三亥（米庵）は書家として著われた。寛斎の門人に大窪詩仏・菊池五山（五山─白香山・李義山・王半山・曽茶山・元遺山）が出て、ますます性霊を喧んだ（詩は五山、書は鵬斎、絵は谷文晁、藝者お松に、料理八百善）。（注28）

これよりさき、蘭台・金峩の折衷学にさきだって、京都に宇野明霞（士新）の学がおこった。（四一）これは、古書を精読して、その力により経子を解釈しようとするもので、やはり漢唐の古学に類し、程朱にもあらず、仁斎・徂徠にもあらず、折衷にもあらず、純然たる考拠ともつかず、（ただ古書に本づいて経子の文を解くことを主としたから、）其の学は天命・心性に入らずして、多く訓詁にわたった。（注30）

この派に属するものは、常陸の戸崎淡園・江戸の片山兼山（享保十五年1730生）・大坂の中井履軒（享保十七年1732生）・京都の皆川淇園（享保十九年1734生）・尾張の冢田大峯（延享二年1745生）・信濃の久保筑水・江戸の増島蘭園（明和六年1769生）等であるが、大峯は少しく異っていた。なお、紀伊の仁井田好古もややおくれてこれに属するというべきである。（四二）（注31）

宇野明霞（元禄十一年1698生）は、向井滄洲の門人であったが、後に徂徠を慕い、弟士朗をつかわして学ばせたが、自分は自分で一派をひらかんとして刻苦した人物である（「論語考」あり）。

片山兼山（世璠）は、服部南郭・鵜殿士寧の門人に入ったが、師と異にして経義をおさめ、秋山玉山に従って熊本にあり、玉山の没後、江戸にかえり、士寧の紹介により宇佐美灊水（しんすい）（徂徠門の高足）に見え（まみえ）、遂にその養子となったが、又徂徠の説を疑って灊水とも絶つに至った。その「五経」「文選」などの訓点を山子点（さんしてん）といい、別に「論語徴廃疾」（「崇文叢書」本）あって、徂徠の説を駁した。門人に久保筑水（愛、宝暦九年1759生、「荀子増注」あり）あり、遺腹の子は朝川善庵である。（四三）（注33）

中井積徳（履軒）（兄を竹山という。父は甃庵といい、三宅石庵に学んだ。）は、兄とともに五井蘭洲（持軒（中村惕斎の門人）の子。）に学んだ。蘭洲は、「非伊」「非物」を著して仁斎・徂徠を攻め、甃庵（しゅうあん）も程朱家であったが、積徳はひとり古書をよんで一家の説をたてた。「七経雕題略（しちけいちょうだいりゃく）」「七経逢原」などは、その訓詁研究の結晶であったが、別に「履軒古韻」「諧韻瑚璉（かいいんこれん）」（「崇文叢書」本）の作あり、旁ら分類した古韻で詩を作ったが、顧炎武（1613～81）の「音学五書」（注34）を見たらしいという（楊升庵（1488～1559）・陳第（1541～1617）まで？）。（注35）

皆川淇園（愿、文化四年、七十四歳）は、その弟富士谷成章とともに有名であって、兄は儒を以て、弟は国学を以て顕われた。淇園はもっぱら文字の学に力を用い、字義を知らねば書は解しがたしといい、「虚字解（及び続）」「虚字詳解」「実字解」「史記助字法」「左伝助字法」「詩経助字法」「補正韻鑑」などを著し、又「名疇」を著して「語孟字義」「辨名」のひそみに効った。ことに「問学挙要」には、「易」「書」「詩」「礼」「楽」「春秋」「論語」などの疑問をあつめたも

ので、よほど深い学識がなければできない著述である。（四四）（注36）

冢田大峯（虎）は、その父旭嶺もこの学をおさめ、詩は新井白石にまなび、華音は雨森芳洲に学んだという。大峯は尾張侯につかえ、明倫館督学となったが、師承は明きらかでない（安井（小太郎）先生云、春台の影響あらんか）が、その説く所、徂徠に近く、春台の「孝経」と「家語（けご）」とを推している所から見て、春台に服したかと思われる。その「論語注」に、「論語古義」「論語徴」「論語古訓」をあげ、一家の言としている所は、折衷家に似ているが、実は一家の見をたてて先儒と角逐せんとするもので、「論語羣疑考」の如き、その表われである。（注38）あたかも、異学の禁の行われた頃とて、程朱の炎が燃えあがっていたのに、尾張藩では依然として大峯を用いたのも面白いことで、反程朱の同志市川鶴鳴・山本北山・豊島豊洲・亀田鵬斎とともに之を争い、五鬼と称せられた（大峯の考証はやや疏雑であった（注39）「名古屋市史」）。（四五）

大田錦城（明和二年1765生、加賀の人）は、この間に出でて京都の皆川淇園に従ったが、これにあきたらずして江戸にかえり、山本北山の門に入ったが、又その人となりを悪みて交を絶った。それより独学にて、多紀元簡（桂山）の蔵書をよみて博く諸書に通じ、「九経談」「疑問録」「梧窓漫筆」「仁説三書」「錦城文録」「白湯集（さゆしゅう）」「鳳鳴集」「論語大疏」（考証博し）などあり、その「九経談」に経学に漢学・宋学・清学の三大変あることを説き、漢学は訓詁・宋学は義理・清学は考証に長じたといい、その志す所は考証にあったことがわかる。ただ「証拠のみ多きを求めて、義理の学をば荒（すさ）むのはその弊で、余これを書肆学といふ。考証正確にして義理あたるのが儒者の学」だと称した。その引用した書物は、毛奇齢・朱彝尊・顧炎武・閻若璩にとどまるから、「皇清経解（こうせいけいかい）」はまだ見ていない。要するに、山本北山の風をさらに出でて、わが考拠学をひらいた学者で、その門に海保漁村を出したことは、学術史の上に大きな跡をのこしたといえよう。（注41）

これよりさき、林家は代々大学頭を襲（つ）いだが、声望漸く衰えた。就中、第四代榴岡（信充、鳳岡が三代）の門人に、渋井太室（井上蘭台の門人）・後藤芝山（世鈞）があり、その太室の門に出でたのは林述斎（衡）であった。述斎は、もと美濃岩村藩主大給乗蘊（おぎゅうのりもり）氏の子で、幼きとき病により封をつげなかったので家に居たのを、松平楽翁のすすめで林家に入り、七世錦峯（五―鳳谷、六―復軒鳳潭）の後を承けた。

はじめ、楽翁が天明七年*1787*老中になったとき、儒学を振興して人心風俗を矯正せんと志し、まず柴野栗山「雑字類編」を聖堂に入れ、寛政二年*1790*には大学頭林錦峯に命じて柴野栗山・岡田寒泉を学問所教官に任じ、その学風を改め、羅山以来の正学をつとむべきよう命令した。これは栗山の友人西山拙斎の勧めによるものというが、ただ幕府としては林家に注意したるに止まり、天下の学術を統制する意思はなかったらしい。だから、尾張では

四四　助字の説は、明の盧允武（元）の「助語辞」（萬暦二十年1592）が、延宝二年1674翻刻されてから、毛利貞斎「訓蒙助語辞諺解大成」〈四、〇四　シ6〉・三好似山・秦勝文・穂積以貫などがこれを立て、さらに伊藤東涯の、「助字考」「助字考小解」〈伊藤家抄本のうつし、四、〇四　シ二八〉「用字格」「漢籍国字解」本「操觚字訣」（東涯創草、善韶編）、徂徠の「訳文筌蹄・後編」「訓訳示蒙」、つづいて人見友竹の「文家必用」（四〇、〇　フ2）あり、大典の「詩語解」「文語解」は、宇野士新（「語辞解」あり）の学を承けたものである。（注37）「助字鵠（こう）」河北景楨、「訳文須知」松本知慎。

四五　大峯は異学禁に反対し、定信に再四も上書建議した。大峯の「滑川談（なめりかわだん）」を定信がよんで、尤もなこと多く、志深切なりといったので、世人は初めて大峯の非凡なるを知り、その本三千部がたちまち売れて、不意の収入で書庫をたてたという―鵬斎は、すっかり塾生を失った（注40）「近世――」二一三。

四六　藪愨「崇孟」(注42)

四七　述斎先生訓書「趨庭所聞」男（鳥居）耀（蔵）録・松崎復（慊堂）評、松雲堂謄抄本、「蕉窓文草」「蕉窓永言」「崇文叢書」本(注43)

細井平洲・冢田大峯の説を用い、庄内では徂徠説、紀伊では折衷学を用いたが、幕府から禁令が出たわけではない。諸侯の中では、会津のように闇斎学を改めて肥後の藪孤山を聘したように(四六)、幕府の意を迎えたものもあるが、宋代の禁令のように烈しいことはなかったらしく、皆川淇園・村瀬栲亭・亀井南冥・豊島豊洲・戸崎淡園・細井平洲・冢田大峯・山本北山などは、朱子学以外に門戸を立てていた（南冥はかくて憤死した）。

しかるに、岡田寒泉は闇斎学であったため林家も反対し、又学術も深くなかったので代官に転じ、その後に古賀精里佐賀・尾藤二洲伊予が教授になった。柴野栗山徳島とあわせて寛政の三博士という。栗山は後藤芝山の門人であり、古賀精里は（浅見絅斎―若林寛斎(強斎)―）西依成斎の門人、尾藤二洲は（宇野士新―）片山北海の門人である三人とも北海の混沌社中の人なり、安井先生二五八。(大坂)。

寛政四年 *1792*、述斎が大学頭となり(四七)、その聡明文雅なることを以て幕府に重きをなし、詩文に長じ国史に通じていたが、その編輯した「佚存叢書」は支那に伝わって翻刻もされた(注44)。さらに、天保十三年 *1842* には、十万石以上の諸侯に大部の書物を出版せしめたが、時に松崎慊堂が、詳かにその書目を考えたことも有名である。又学問所でも、官板三百餘種を印刷したのも大きなしごとであった(注45)。

述斎の門に二人の有名な学者が出た。即ち佐藤一斎・松崎慊堂である。一斎坦は、美濃岩村藩家老の家に生まれ、述斎と同藩であったことから友となり弟子となり、述斎が昌平坂学問所寛政九年1797より官学としたに専念するとともに、林氏家塾のことは一斎にゆだね、述斎没して後、学問所の教授となった。

一斎は、はじめ中井竹山に学んだが、竹山の父甃庵は三輪執斎（しっさい）に学んでいた関係からか、王陽明の学を奉じた。これが学問所の教授となるということは不審であるが、学問所に入ってからは朱学に変じたらしい。

これよりさき、陽明学は中江藤樹よりひらけ、熊沢蕃山・淵岡山（ふちこうざん）・三輪執斎を経て天下にひろまったが、その後不振の状態であったのが、一斎以来また振い、吉村秋陽・東沢瀉（ひがしたくしゃ）・山田方谷・池田草庵などが輩出し、一面、大塩平八郎致良知派、他はみな格物派の「洗心洞箚記」なども出て、今の洗心洞までの伝統をのこした(注46)。

これとともに、程朱家として大橋訥庵（とつあん）・安積艮斎（ごんさい）、外に斎藤拙堂・中村敬宇・木下犀潭（さいたん）・楠本碩水（せきすい）があらわれ、艮斎門下から岡千仭（せんじん）・重野成斎が出でたが、これはむしろ文章家としての一斎の系統を承けたというべきである。

斎藤拙堂は一面、草場佩川・野田笛浦（てきほ）・羽倉簡堂・篠崎小竹・古賀侗庵（とうあん）・安部井帽山(安褧)などとともに、古賀精里の門に名をとどめ、拙堂門人としては土井聱牙（ごうが）・三島中洲あり、安部井帽山門には南摩羽峯（なんまうほう）あり、古賀侗庵の門には斎藤竹堂・藤森弘庵・阪谷朗廬・古賀茶渓あり、茶渓の門には川田甕江（おうこう）・依田（よだ）学海を出し、それぞれ明治

の学界に名をのこした。(四八)(注47)

当時、宇野士新の門人片山北海(献、越後人)が大坂の混沌社にあって、尾藤二洲などをその社中に得たが、頼春水(惟寛)も亦はじめ趙陶斎に学び、ついで混沌社に入り、尾藤・古賀両氏のほか、中井竹山兄弟・西山拙斎・菅茶山などとも交わった。春水の弟は春風(惟強)・杏坪(惟柔)で、子は山陽(襄、安永九年1780生)である。山陽の詩は、当時、佐藤一斎と東西に覇を称した。また、山本北山に学んだ梁川星巌も(山陽より九歳わかし。)…(三樹三郎はその子である。)(注48)

これよりさき、中国には菅茶山(晋帥、寛延元年1748、山陽より卅二歳年長)の黄葉夕陽村舎(こうようせきようそんしゃ)が有名であったが、当時、九州では梼亭の門人田能村竹田(安永六年1777生、山陽より三歳年長、南画の大家、「大風流田能村竹田」木崎好尚)が有名であり(注49)、下っては広瀬淡窓(建、山陽より一歳年少)・旭荘謙の兄弟の咸宜園が有名であったが(注50)、特に九州では、早く三浦梅園(山陽より五十七歳年長)が名を成し(注51)、当時にも帆足萬里(ほあしばんり)(山陽より二歳年長)の如き、天馬空をゆく学者も出たし(注52)、淡窓・旭荘の師事した亀井南冥、その子昭陽の学の如きもあった。(四九)(五〇)

南冥(魯、道載)は、はじめ徂徠をしたい、徂徠の友 僧大潮に学んだが、医と儒とならび通じ、福岡の教官となった。その著に「論語語由」(四書註釈全書)「左伝講義」等があり、昭陽(昱、元鳳)も、徂徠学を奉じて父にまさる学問を身につけたが、父だけの器量はなかったという。「尚書考」「毛詩考」「古序翼」「周易僭考」「語由述志」「大学考」「中庸考」「孝経考」「左伝纉考」「国語考」「荘子瑣説」があった。(注54)

これよりさき、大田錦城に先たち(三十四歳の年長)、漢唐学をおさめた先覚に吉田篁墩(こうとん)(漢官)のあったことを見のがしてはならない。井上金峩に学び、はじめ医を業としたが、後免ぜられて儒となり、その産をつくして書画・金石を蒐集し、その富、大坂の蒹葭堂(六歳の年少)とその声名をひとしうした。一面、考拠の学を唱え、ことに、元・明以上の旧本を求むることを知ったのは篁墩にはじまり、奇書を抄し挍定を精にした所、まさに清儒とその傾きを同じうし、経では漢唐の注疏を専にして古義を唱え、「古文孝経孔子伝」「尚書孔伝」「論語何氏集解」を研究した。「古文尚書孔伝指要」「論語集解考異」「菅氏本論語集解考異」「真本古文孝経孔伝」「左伝杜解補葺」「真本墨子考」「経籍考」「活版経籍考」「足利学校書目附考」「廟略議」「祭略議」「留蠹書屋儲蔵志」「近聞寓筆」「近聞雑録」「清朝創業事略」「欣然悦耳録」「骨董小説」「箕林山房文鈔」あり、その挍定せる「経典釈文」は、書肆松沢老泉がその遺命を奉じて没後に刊行したという。(注55)

ついで乍ら、老泉は書肆中の学者であって、文政年間*1818~30*に「彙刻書目外集」を作って、清の顧修の「彙刻書目」を補っている。尤も、これよりさき、元禄中*1688~1704*、一色時棟の「二酉洞」、寛延四年1751平安書林向栄堂主人の「唐本類書考」があって、この類のさきがけをなしている。また、「経籍答問」がある。それは、

四八　一斎
- 一斎
  - 吉村、山田
  - 大橋訥庵 ─ 岡千仭
  - 安積艮斎 ─ 重野成斎
  - 斎藤拙堂
  - 中村敬宇
  - 木下犀潭
  - 楠本碩水
- 古賀精里
  - 拙堂 ─ 土井聱牙
  - 草場佩川 ─ 三島中洲
  - 野田笛浦
  - 羽倉
  - 篠崎
  - 古賀煜(侗庵、「侗庵非詩話」「崇程」) ─ 古賀茶渓 ─ 川田、依田
  - 安部井 ─ 南摩羽峯

四九　(「本邦填詞史話」(「台大文学」))、羅山、徳川光圀の填詞(その「常山文集」に見ゆ)、祇園南海、村瀬梼亭、菅茶山、市河寛斎、大窪詩仏、頼杏坪・山陽、梁川星巌、中島棕隠、三浦梅園(「詩轍」)。
竹田「填詞図譜」(萬樹の詞律による)「填詞国字総編」。

吉村迂斎・高本紫溟─京都・村瀬梼亭の門に入り─。「秋声館集」(菅茶山・朱柳橋・江芸閣・僧一圭の評あり)「清麗集」(朱・江・一圭の評)。天保六年1835没、五十九。(注53)

五〇　「夢香詞」日下部夢香(星巌門人)、河野鉄兜、長三洲、森槐南「補春天伝奇」「深草秋」、北条鷗所、高野太隠。

こういう学風のおこると共に、形影相伴うが如く、どこにも現れる人物であろう。(注56)

篁墩よりおくれて三十歳年少、猪飼敬所彦博あり。近江坂本の人。巌垣龍渓の門に入りて儒をおさめ、京都に居って徒に授け、山陽とも親しかった。平生、浮華をにくみ、書の誤語と見れば、点改せずしては止まぬ。「周礼正誤」「儀礼正誤」「読礼肆考」「論孟考文」「論語一得解」「四書標記」「荀子増注補遺」「管子補正」「三書管見」「史記点補」「漢初長暦考」「智嚢挍抄」「西河折妄」「九経批評」あり。その旧蔵書は、京大にも多く伝わり、中に「翁能文」のあるのも面白い。(注57)

猪飼敬所にさきだつ二年に生まれた太田全斎方叔亀は、福山の大藩の教授として文政十二年*1829*、七十一歳で逝去した。「韓非子翼毳」「呂氏春秋折諸」「墨子考要」未見あり。ことに「韓非子」二十部を印行するため、まず佐藤一斎が玉河某に作らしめた活字二万餘を購いて印書に着手したが、木子不良で凸凹ができてどうにもならず、五日で一枚すれるといった程度であった。そこで、工人に命じて整理せしめ、不足分を作り、木子三万餘をえて印刷に着手したが、夫人は病み児女みな幼にして、家計不如意、ほとんど業を廃さんとした。姪塩田屯が之をあわれみ、資を投じ業を助け、木子は全斎自ら排べ、父子四人の力で二十部をすりあげるのに八年を費した。しかも、かくして成れるものを、ほとんど改訂した原稿本(君山先生狩野直喜蔵)があるという点、古人の忍苦想うべし。全斎はなお、「漢呉音図」(注58)も著して、「音図」の同行同段は必ず音韻が共通することを論じた。そして、理論的の音を考えた処が、良い点であり悪い点であった。(朝鮮諺文字母を参照した。)濱野知三郎氏挍刊本あり、岡井慎吾氏「字音研究史上の太田全斎翁の地位」を附録す。(注59)

松崎慊堂復明復が世に出たのは、まさに敬所におくれること十年で、奔って昌平黌に入り、はじめ程朱子をおさめたが、(狩谷)棭斎・(市野)迷老に従い漢唐学に転じた。一斎と名をひとしくし、後、掛川侯に仕え、また対馬に朝鮮の使者を迎えた。遂に辞して羽沢に土地を買い石経山房を営み、将軍にも謁した。たまたま幕府にて刻書の議があったので、「擬刻書目」を献じた。肥後の君も召して之を見たので、足利学校の宋槧五経正義を刻せんことを乞い、「尚書」はその功をおえ、「易」は遂に成らず弘化元年1844、没、七十四、長泉院に葬る。「接鮮記事」「接鮮瘖語」「遊豆小記」「換骨志喜」「遊東陬録」、後に「慊堂遺文・全集」が出た。又「影宋本爾雅」「陶淵明集」「三謝詩」を挍刊し、「尺準考」の研究あり、また門人とともに「唐石経十二経」(海野豫の跋語に、「孟子」「大戴礼」を益す、とあれど、実はなし)および「五経文字」「九経字様」(注60)を縮刻したが、単に好事家が原本そのままを出そうとするのではなくて、単経の善本を得んとするもので、「考譌」はその間の産物である。述斎の「佚存叢書」もその力に負

う所が多かった。(五一)(注61)

慊堂のもっとも推重したのは、狩谷棭斎（望之）で、慊堂より少きこと四歳、刈谷の人。はじめ律令の学をおさめ、「六典」「唐律」「太平御覧」「通典」をとりて遂に六経に及び、終生、漢学を主とし、挍勘に長じた。また、源順の「倭名類聚抄（わみょうるいじゅしょう）」を挍定して注釈を加え、「箋注」十巻を作り、又「転注考」(注63)（「説文」序を削る、同書の「仮借」は「転注」と見たるが如し。）「本朝度量権衡考」「聖徳法王帝説証注」「日本霊異記考証」「扶桑略記挍譌」「日本見在書目録証注」「銭幣考遺」「説文新附字考」(注64)（「藝林叢書」）「古京遺文」あり、漢唐学の智識と方法とによって、わが国の古典を整理した。書籍・器玩の蔵もおびただしく、死後に楊守敬を驚かした（天保乙未1835。卒、六十）(注65)

市野迷庵（光彦）も挍勘学をおさめ、「正平本論語箚記」「大永本論語箚記」（「覆刻正平本論語」）などを出したが、その「詩史顰（ししひん）」(注66)を見れば、その人物を知ることができる。その森立之の跋に、市野光彦は俗に市野屋三右衛門といい、狩谷望之は津軽屋三右衛門といい、交わりは兄弟の如く、当時、江戸の商人で学問を好むものはこの二人であったから、六右衛門と云われた。そのほか、近藤守重・佐藤坦・松崎復・伊沢信恬（いさわのぶさだ）・木村定良・前田夏蔭（まえだなつかげ）はみなその友人で、ある日、友人が集まって会読して、なかなか議論がきまらないとき、窓の外に鶯がきてさえずったところ、迷庵は戸をひらいて叱りとばし、「やかましい。飛んでゆけ」といったので、みんな抱腹絶倒したという。(注67)その著わした「読書指南（とくしょしなん）」(注68)は、門人渋江抽斎の補修（抽斎手書・森立之旧蔵）を経て、昭和十年*1935*、内藤（虎次郎）・小島（おじま）（祐馬）両先生の手により出版された。経部の書目答問、乃至研究法であって、「爾雅」「説文」「韻鏡」「廣韻」、ならびに漢音・漢語のことをあげ、読書の正音としては、「韻鏡」「廣韻」により、国音・仮字の法は、本居宣長の(五二)「仮字用格」によるべしという。迷庵、はじめ宋儒の経解を研め、早く漢唐の注疏をおさめた棭斎のため、宋儒の説をおさめねば実用に長じぬ、と勧めたが、棭斎その説の如く、宋儒の伝注をおさむること廿ケ月（にじっかげつ）、その結論として、両漢の経学は師法を重んじ、授受確実にして淵源あり、六朝より唐に入りて龐雑に失したが、古法はまだ亡びるに至らなかった。しかるに、宋儒は倨然として師心蔑古、その究むる所は洙泗の正派でない、とあって、之を迷庵にただし、縦横辨駁して証拠明白であったので、迷庵も心くだけ、幡然（はんぜん）として漢学に従ったという。

慊堂が漢唐学に入ったのも、棭斎・迷庵の説に従ったというが、真に専門家として業を成した漢唐学者は、慊堂に始まるといえる。即ち、これまで、仁斎・徂徠以来の非程朱家は、即ち安井（小太郎）先生のいわゆる古学者であって、程朱にあきたらずして、直ちに古典にさかのぼろうと期したのであるが、その方法はなお純粋でなく、云わば明末から清初にかけた考証学初期の潮流を反映したものと思われるが、この派が出てはじめて乾嘉（乾隆・嘉慶）の

五一　西島蘭渓（長孫、元齢、安永九1780―嘉永五1852、七十三）「皇清経解」ヲヨム。「坤斎日抄」「寤生辨」あり。林檉宇・安積艮斎と好し、慊堂も遊びに来た。(注62)「慎夏漫筆」「読孟叢鈔」……

五二　享和元年1801没、七十二歳、「漢字三音考」「字音仮名用格」(注69)「地名字音転用例」「字音かなつかひ」

学術が正しく把握されたわけである。

なお、この派の重要人物として忘るべからざるものは、山梨稲川治憲玄度で、明和八年*1771*、駿河に生まれ左手で字をかいた、父母は憎たらしめんとしたがきかず、徂徠学の陰山豊洲の門に入り古文辞をおさめ、後、多く故郷にあって研究に力めた。徂徠学のたてまえは、後の儒者が経典を解するに私意を用いたことをただし、直接、経の本文について経義をたずねよう、というのであったが、稲川は、古典の真義を知るために、古代の言語・文章を明らかにする必要があり、それには文字・声音の研究から入るべきだと考えて、その家居三十年の大都を、文字・声音の研究に費し、「古声譜」「考声徴」「諧声図」などを著わし、終に「説文緯」(注70)三十巻を完成した。(注71)

あたかも、海をへだてた清朝では、段玉裁が嘉慶廿年*1815*に「説文解字注」を刻して世を去ったが、それはわが文化十二年*1815*のことで、稲川四十五歳のときにあたり、その五十六の生涯を通じて「段注」を見ることはできなかったにも拘らず、これだけの大著を完成し、「慧琳音義」所引「説文」まで利用したり、諧声部の共通したものを集めて、それらの古音を求めたりしたことは、驚くべきであって、ここにもわが学界の誇りが存する。

五十六歳のとき、「説文緯」等の著書を抱いて都に出て、江戸の碩学と論定しようとしたのであるが、三月にして病み、病んで二月にしてなくなった。同年の友、松崎復が墓碑銘を作り、椛斎が書ならびに篆額を書いた。時に天保元年*1830*没後五年なり。その文中に、駿府は典籍に乏しいし、稲川も家貧しくして、異書を買いあつめる力がなく、著書はすべて自力で考えたものであるが、近日舶載の江・戴・銭・段(江永・戴震・銭大昕・段玉裁)のことばと暗合し、またその上に出ずるものがあるから必伝の作だ、といっているのは(注72)、必ずしも諛墓の言ではない。

しかも、不幸にしてこの書は久しく刊行されず、「稲川詩艸」のみが伝わっていたが、その詩・その書とも定評あり兪樾「東瀛詩選」、ことにその音韻学は、文化五年*1808*五月五・六日の日記により、梵語はもとより和蘭語によって、「あいうえお」と云わずに、「あえいおう」といっていることも見えて、その研究の熱心さを知ることができる。今、その全集が出版されて、「説文緯」も伝わったことは、慊堂の予言が適中したわけである。

昭和二年五月二十九日、支那学会にて、山梨稲川と伊藤蘭嵎の紀念講演会あり、「史林」十二ノ三(七月号)に、その紀事ならびに展観目録をのす。(五三)

これらの人たちと伍して、学界に活躍した人物には、なお、小島成斎宝素、知足、学古、福山の人、「馬本五経文字九経字様挍譌」「五経文字疏証」「説文新附攷正」(藝林叢書)あり、医家・本草家として、かたわら漢唐学をきわめ、慊堂の石刻にもその挍訂、ならびに臨書にあたった。その蔵書も有名であり、その子抱冲も同好の士であった。(注74)

慊堂の門人として顕れたのは、安井息軒・塩谷宕陰であった。息軒衡仲平は、寛政十一年*1799*に生まれ慊堂より廿八歳わかい、

五三　近藤正斎重蔵は、これも慊堂の同年であって、寛政七年1795、長崎奉行出役、「清俗紀聞」「安南事略」などを献ず。さらに蝦夷に出張、エトロフ島におもむいたが、文化五年1808、三十八歳で書物奉行に転じ、十三年1816、「五紀定本所立意見書」を上り、「正斎書籍考」「右文故事」(「金沢文庫攷」「右文故事附録」)「好書故事」などあり。長男の罪により、江州にあずけられて、五十九歳で、文政十二年1829、病死した。市野・狩谷・松崎諸先生と交わったことは、前にもふれた。(注73)

まず大坂に出で篠崎小竹に見(まみ)え、さらに江戸に出て昌平黌に入り慊堂に従った。後、文久中 *1861～64*、塩谷宕陰・芳野金陵とともに昌平黌の教官となり、「管子纂詁」「左伝輯釈」「論語集説」「息軒文鈔」「書説摘要」（「崇文」）「毛詩輯疏」（「崇文」）「戦国策補正」「読書餘適」「靖海問答」「料夷問答」「外寇問答」「軍政或問」「忍艸」「睡餘漫筆」「北潜日抄」（大正十四年 1925 松雲堂）を残した。清の江蘇按察使応宝時が、「管子纂詁」を見て大に感服し、序文を作って之に送った。（注75）

日本の諸子学は、徂徠の「読荀子・韓非子・呂氏春秋」（「崇文」本）以後、冢田大峯の「荀子」「管子」、朝川善庵の「荀子」、猪飼敬所の「管子」「荀子」、亀井昱の「荘子瑣説」（松雲堂本）などいろいろあったが、支那の学界に示して恥じないものは「管子纂詁」であり、これに次ぐものは「韓非子」の諸書で、蒲阪円の「纂聞」、依田利用の「挍注」、ことに太田方の「翼毳」だといわれている。（注76）

鹽谷宕陰（毅侯）も、慊堂にしたがい、後、浜松につかえ、文章を以て名を出し、「阿芙蓉彙聞」「籌海私議」を著わす。「存稿」六巻あり（年譜は青山先生撰、大正十二年。）（注77）

金陵（世育）は亀田綾瀬に学び、文を以て称せられ、これを文久の三博士と称する（年は息軒よりわかきこと三歳。）（注78）

これよりさき、東条一堂（弘子毅）あり。上総の人で、皆川淇園の門に入り、後、朝川善庵・佐藤一斎・羽倉簡堂・尾藤二洲と交わり、文化の初め、弘前の督学となったが、罷めてかえり、江戸に帷を垂れた（安政四年卒、年八十。慊堂より少きこと七歳）。「四書知言」を著し、宋儒の説を排して、毛奇齢・閻若璩・顧炎武・呉英・劉台拱等の説をひいて、識見を以てまさった（錦城の「大疏」は博、一堂の「知言」は約）。別に「今文孝経鄭氏解補証」「孝経両造簡孚」「助字新訳」（注79）などあり、助字の学は淇園より出でたものの如くであるが、すでに高郵王氏（王念孫・王引之）の影響下にある。（注80）

また、錦城の門人に海保漁村（元備、「経学字義古訓」あり（岡井）、「読朱筆記」「伝経廬文抄」（崇文本））、あり。上総の人。天保十一年 *1840*、「周易古占法」を出したが、錦城の説に本づいたという。また、「大学鄭氏義」「中庸鄭氏義」あり、元来、錦城は漢唐の古注を主としながら、義理は朱子をとること多かったが、漁村も古注を主とし、程朱の説をとること錦城より多かった。ほかに「易」「詩」「書」「論語」の「漢注攷」あり。「尚書」は京大にあり、「論語」は増村氏に抄本あり、「毛詩」は竹添先生の所にて（島田氏より借す）津浪にあい、沙に埋まってひらくことができない。門人には、島田篁村・信夫恕軒・渋沢栄一などあり、篁村先生において、その学統、大いにひらけた。（注81）

また、棭斎の門人に岡本保孝あり（況斎、国学は清水浜臣に学ぶ）、樸学を守り、博洽無比。息軒に謁し、「纂詁」の誤りを指摘したという。その筆にしたもの極めて多く、京大・帝国図書館・静嘉堂文庫に蔵する「況斎叢書」をはじめ、その遺書・遺稿が世に伝わる。[注82] 声韻・文字の学にも明らかで、「説文段注」の所出をしらべた「説文段注考（または「補正」）」（馮桂芬に先立つ）[注83]「諦癡符」などは、驚くべき博洽ぶりを示しているが、首巻と末巻とのみ伝わっている（狩谷（棭斎）の「毎条千金」を編す）。

伊藤鳳山（馨 子徳）は出羽の人。少（わか）くして朝川善庵の養子となり、後に別れたが、学問は善庵の影響を受けたらしく、「左伝章句文字」「傷寒論文字考」「孫子詳解」「学半楼十干集（甲乙丙）」「論語詳解」（「序説私攷」（支那学二ノ一二））「晏子春秋証注」を残した。[注84]

江戸時代の支那学は、仮りに徂徠以後をとって見ても、明きらかに明・清二代の学術・文藝を投射したもので、たといその中に日本人として独自の業蹟をなしとげた人もあるとは云え、大陸の学界なしに発達したものではなかった。

今、その文藝の方面をとって見ても、徂徠が奨励した詩文は明の七子のそれであり、七子の文学が転じて公安・竟陵となった如くに、山本北山・市河寛斎の詩文に関する主張は、公安を立てた。かくて、七子の格調が変じて性霊となった。それが更に、菅茶山や広瀬淡窓・旭荘を経て、次第に清朝風の詩が流行し、文の方も寛政の三博士を経て安井息軒等に及んで、自ら清朝初期の文が模範となった。この間に、大陸の文藝の波がこの日本に押しよせる、一定の時間的週期が認められ、その長さは百六七十年、乃至百三四十年というのが内藤（湖南）先生のことばである。[注85]

学術の方面も、徂徠以後、皆川淇園・山本北山が出て、折衷の旗をひるがえしたのは、正しく清朝初期の顧炎武・閻若璩あたりに似ているし、これが吉田篁墩・大田錦城を経て、松崎慊堂・山梨稲川となるにつれて、次第に乾嘉の銭大昕・段玉裁の姿を示すに至った。

これは、要するに、新しい学問・文藝を求めて進まんとする傾向を示すものであって、大陸にあこがれることは一様であった。同時に、これと並んで、大陸の実際を知らんとする言語や通俗小説、その他の興味も長崎におこり、岡嶋冠山を経て江戸および京坂に散布され、一種、異質文化をなつかしむ風気が上下に満ち満ちたが、この風潮は、必ずしもあこがれを支那のみに求めることなく、更にもっと異質なるものを求めむとする心を刺戟し、[注86]

十　幕末明治の漢詩文と学藝

江戸時代の末期に、日本の支那学はおよそ三つの方面に分化して、それぞれ一時の花をひらいたと云える。その一つは、平安朝以来の支那詩・支那文が時にふれ折によって擬作された方面で、近く徂徠以後をとって考えても、徂徠が明の七子を学んで古文辞を倡え、新井白石が唐詩を鼓吹したあと、市河寛斎に至って宋詩を好み、山本北山も韓・柳を宗とし、公安派の清新性霊を尚び、いたく時弊をあらため、菊池五山・大窪詩仏がこれを次いだが、やがてその率直さが飽かれて、ふたたび梁川星巖（陸放翁）・大沼枕山・小野湖山、ひいては森春濤を出し、別に菅茶山、広瀬淡窓・旭荘があり、次第に清朝風の詩が流行したし、文の方でも寛政の三博士に至って「唐宋八家文」をたっとんだ影響で、斎藤拙堂・頼山陽があらわれて東坡を好み、林述斎のもとに佐藤一斎が出て山陽と東西に覇をとなえ、降って安井息軒・塩谷宕陰・芳野金陵に至ってこれを明治に伝え、自ら（おのずか）清朝初期の文が行われた。（注1）

これとともに、仁斎・徂徠以後の古学が折衷されて、皆川淇園・山本北山・井上蘭台となり、さらに朱子学が復興されても、冢田大峯・戸崎淡園・亀田鵬斎・亀井南冥、その子昭陽など断続していた空気が、改めて清朝の考証学に応じて、山梨稲川・松崎慊堂・狩谷棭斎が傑出し、慊堂の門からは安井息軒・海保漁村を出し、かくて島田篁村先生に紹述されて行ったのは前にも述べた。（五四）

そして今一つは、長崎を通じた現代支那に関する興味であって、岡嶋冠山以来、先ず蘐園の社中にひろまり、やがて全国的に波及したが、ここに注意すべきは、その傾向は異質文化に対するあこがれであって、必ずしも現代支那のみに集まったものでなく、あたかも長崎で貿易を許されてい、遂にオランダ人について西洋文化を学ぼうとする企が、その間に潜入して行った。ことに文化・文政以後は、たとえば大槻磐渓・伊沢蘭軒・高野長英・吉田松陰の如き人物が、しきりに長崎に来往し、同時に支那語・オランダ語のほか、満洲語・ロシア語・アメリカ語・フランス語などの通事を養成することとなり、かの薩摩藩主島津重豪（しまづしげひで）公の如き、一面「南山俗語考」の如き支那語字書を著した一方、従者千餘人をひきぐして長崎に一ヶ月も逗留し、和蘭の大汽船に乗って西洋文明の長所を満吃して行ったという位で、専門のオランダ学者に至っては、有名な「蘭学事始」の如き、勤苦を以って新しい学問の開拓に全力を打ちこんで行った。（注2）

五四　徂徠――北山――星巖　春濤
七子詩文　公安　清朝　神韻
八家文　安井　桐城
拙堂
頼山陽
古学――折衷――考証
松崎
山梨
岡嶋――木村――蘭学

しかも、こうして比較されたとき、支那の文化は、自ら西洋の文化に席を譲らざるを得ないわけで、支那文化の研究は、一種の異国趣味に低迷している間に、オランダを通じた西洋文化の研究は、一路文明への大道にむかって進んだ。たまたまこれと相呼応して、舞台が一転していよいよ明治に入ると、問題は西洋文化の吸収に集中されて行き、人々の注意と関心とは、すべて支那から遠ざかった。ただし、在来の長い影響・深い感化が、一朝にして絶えるべきでないため、それらが明治の所謂、逆境にあっても、さまざまの残花を点綴し、また将来の開花を約束していた。

今まず、この三方面の中の、詩文の点から述べると、当時の政権を握った人たちは、いずれも各藩の錚々たる人物であったから、自然、いわゆる漢学の素養があって、たとえば木戸侯（松菊）にしても、大久保甲東にしても、西郷南洲・伊藤春畝、みな漢詩文を作るだけの修業が積まれていたが、専門の詩人としては、大沼枕山（注3）（明治廿四年 1891、七十四）がその重鎮で、生涯を民間に送って詠物の詩を賦し、陸放翁の趣をもち、かたわら蘇東坡・黄山谷・范石湖・楊萬里に出入した。これと同時の小野湖山（明治四十三年 1910、九十七）・岡本黄石・鱸松塘も東京に詩名はあったが、やはり枕山を推して領袖とし、その主宰した下谷吟社が最も著名であった。別に地方には、九州の咸宜園の一派として、たとえば広瀬旭荘の子の林外や、中国の菅茶山の風を伝えたものもあったが、明治の詩壇は、やがて森春濤（注4）（明治廿一年 1888 没、七十一）に傾いていった。（注5）

春濤は、はじめ関西で詩名をあげたが、明治七年 *1874* 東京に出て明末・清初の詩を紹介し、ことに神韻派の詩を好み、張船山・陳碧城・郭頻伽の絶句を選んだ「清三家絶句」、または「清廿四家詩」の如きものを出し、これが多くの人たちに愛読されるとともに、後進の養成に意を用いたので、天下の人心はここに向かったわけである。

春濤は「新文詩」という機関誌を発行したが、当時「朝野新聞」に拠っていた成島柳北（注6）が「花月新誌」を出してこれに対抗し、大沼枕山・岡本黄石・森春濤・鱸松塘たちの間に立つ一方、川田甕江・重野成斎・島田篁村とも交わって、一時の文運を鼓吹した。

たまたま明治十五年 *1882*、わが国の公使として桐城派の古文家たる黎庶昌（注7）が来任して、都下の詩人・文士と相唱酬したため、わが国の文体も、自然、甕江・成斎両大家をはじめとして、桐城派に傾くに至った。ここに（はじめ何如璋に従っていた。明治十三年 1880 から）黎庶昌に従って公使館に在任した楊守敬（注8）は、目録の学に詳しく、その滞在中に名家・古刹に蔵した古鈔・旧槧をひろく渉り、且つは当時の人たちでこの道に詳しい人たち、たとえば森立之・向山黄村・島田

五五　吉田・狩谷
「訪書志」「留真譜」「文選集注」「古文旧書考」
「□□□」

重礼などと往来し、書肆にあるものは之を購い、さらに渋江道純・森立之の「経籍訪古志」(注9)によって捜求し、その容易に金を以て得がたいものは、携えてきた古金石文字の、日本にないものととりかえなどして、得る所三万餘巻、遂に黎公使の名による「古逸叢書」(注10)を刻し、その他、題跋を集めた「日本訪書志」、書物の款式をしらべた「留真譜」(注11)などを編したわけであるが、その尤なるものは、「易」単疏本・「尚書」単疏本・「毛詩」黄唐本・「左伝」古鈔巻子本の如く、「七経孟子攷文」に漏れたものも多く、当時の蔵書家としてあげたのは、狩谷棭斎の求古楼を第一とし、「楓山官庫・昌平官学の上に出づ」(注12)といい、その他、市野光彦・渋江道純・小島尚質・森立之をあげ、特に喜多村氏・多紀氏・渋江氏・小島氏・森氏の如く(注13)、医員の家に医家の書が多く、高山寺・法隆寺・唐招提寺などに仏書が多く、さらに一般に、字書類に富むことを述べておる。(五五)

かようにして、漢籍が一時打ちすてられんとする際に、楊守敬がこれを買いあつめたことは、当時として大きな刺戟となり、ふたたび書価があがり、別に京坂でも東寺その他から、多くの貴重な古鈔本が人間に流れることにもなった。こういう方面は、その後、島田篁村先生の次子翰氏(注14)において、その特技となり、その「古文旧書考」の如き大著を早く世に送ったことは、さすが名家の子弟と思われたが、いささか功に走って事実無根の記事がまじり、遂に金沢文庫の「文選集注」にからんで、アタラ有望な青年学者を失ったことは、惜しむべきである。

これよりさき、明治元年 *1868* に、もとの昌平坂学問所が昌平学校となって新政府にひきつがれたが、はじめ徳川幕府では、洋学の勃興に伴って安政二年 *1855* に洋学所を設立し、三年 *1856* には蕃書調所と改め、ここで洋学者の養成を試みたわけで、文久二年 *1862* には洋書調所と改称し、三年 *1863* には開成所と改めたのが、明治元年 *1868*、新政府によって開成学校と改められた。さらに、幕府時代に民間の洋医によってはじめられた種痘所が、萬延元年 *1860* から幕府の直轄となり、文久元年 *1861* には西洋医学所と改められ、三年 *1863* にはただ医学所と称したのを、これも明治元年 *1868* 新政府の手にうけつがれ、この昌平学校の漢学と開成学校の理・工科学と医学校の医学とをすべて大学校とし、明治二年 *1869* には大学校を大学といい、開成学校を大学南校、医学校を大学東校としたが、内部の紛糾のため一年で閉校。大学南校と東校とが分立し、それぞれの沿革を経て明治十年 *1877* ふたたび東京大学として統一され(注15)、法・理・文・医の四学部をおかれたが、法・理・文は開成学校を、医は医学校を継承し、ただ文学部には史学哲学政治学科のほかに和漢文学科が置かれたが、この和漢文学科の設置について、当時の東京大学法学部・理学部・文学部綜理の加藤弘之氏から、文部省に提出された伺書には、

今、文学部中、特ニ和漢文ノ一科ヲ加フル所以ハ、目今ノ勢、斯文、幾ント寥寥晨星ノ如ク、今之ヲ大学ノ

科目中ニ置カサレハ、到底、永久維持スヘカラサルノミナラス、自ラ日本学士ト称スル者ノ、唯リ英文ニノミ通シテ、国文ニ茫乎タルアラハ、真ニ文運ノ精英ヲ収ム可カラサレハナリ。但シ、和漢文ノミニテハ、固陋ニ失スルニ免レサルノ憂アレハ、並ニ英文・哲学・西洋歴史ヲ兼学セシメ、以テ有用ノ人材ヲ育セムト欲ス。[注16]

とあって、明治十五年 *1882*、文学部に古典講習科[注17]を新設したのもこの精神に出でた。かくして十九年 *1886* には、東京大学が帝国大学と改められ、文学部は文科大学となり、まず哲学科・和文学科・漢文学科と博言学科とが設けられ、後には次第に講座が充実されて行った。

この初期に、教授として漢文学を講ぜられたのは、島田重礼・南摩綱紀・重野安繹の諸先生で、ほかに講師として、信夫粲・三島毅・丹羽忠造・古座矯などの先生がおられた。また、古典講習科の中の乙部、即ち漢文講習科を設けられたときも、中村正直・三島毅・島田重礼などの先生が出講された。

明治二十三年 *1890* に至り、帝国大学講座制[注18]が布かれ、漢学・支那語学に三講座が設けられ、第一講座は島田重礼、第二講座は竹添進一郎、第三講座は張滋昉が担任し、明治三十八年 *1905* からは支那哲学・支那史学・支那文学講座と改められ、大正七年 *1918* には史学が分離して、支那哲学支那文学講座となった。この間の著名なる教授は、前述の島田重礼・竹添進一郎・重野安繹をはじめ、根本通明・星野恒の諸先生であり、講師としては、三島毅・宮島大八・金国璞などの諸家があった。

島田重礼先生[注19]は、海保漁村の門に出でた通儒で、篁村と号し、はじめ越後村上藩につかえたが、漢唐の古学を治め、ことに「詩」「書」「三礼」に詳しく、博覧強記を以て明治学界の泰斗と仰がれた。はじめは、安積艮斎・塩谷宕陰について文を問い、後に「漢書」に浸潤し、桐城の文を好み一家の体をそなえたが、後、四十歳以後になって経学をつとめ、考拠に専らであって、その文集を「篁村遺稿」という。平常、書籍をこのみ、貯えた所も極めて多く、ことに清朝諸家の書籍が入れば必ずこれを手にした。かの「皇清経解続編」[注20]をよまれたのは、先生に始まるとさえ云われている位で、清朝諸家の業績について批判精当であって、たとえば王鳴盛の「十七史商榷」をあげて趙翼の「廿二史箚記」[注21]を貶せられたという如き、読書の精を知るに足る。明治三十一年 *1898* 六十一歳で没せられた。その長子は島田鈞一先生で、次子は目録家の鬼才翰彦楨であり、弟子を養成したことでも功は大きい。

竹添進一郎先生[注22]井井、光鴻、漸卿は、はじめ熊本藩に仕え、井上毅と名をひとしうし、早くも藩命を以て上海に遊び、廃藩の後、上京し、修史局に入り、清・韓両国に使して外交のことにもあたり、その支那遊記たる「桟雲峡雨日記」は大いに世人に愛読された。十七年 *1884* に京城の変にあってから外交をすて、廿六年 *1893* には教職についたが、二十八年 *1895* には之を辞して読書著述に専念し、著書には有名なる「左氏会箋」のほか、「毛詩会箋」「論語会箋」「独抱楼詩文稿」があって、「左氏会箋」により、大正三年 *1914*、学士院賞を授けられ、大正六年 *1917*、七十六でなくなった。

その「左氏会箋」は二十餘年の努力によるもので、その定本として用いたのは、御府(ぎょふ)に蔵する旧鈔巻子金沢文庫本三十巻で、即ち隋唐の遺経が清原氏を経て北條氏に伝えられたものである。而して清朝諸家のほか、わが国では中井積徳・増島固・大田元貞・古賀煜・亀井昱・安井衡・海保元備の諸家をとり、ことに亀井昭陽の「左伝纉考(さでんさんこう)」には得る所が多かった。この書が完成して、未だ出版されぬ明治卅四年 *1901* のこと、たまたま東京で病臥していた所、小田原が津浪のためその書斎がたおれ、原稿も危からむとしたことがあったが、京大総長木下広次氏がこれを小田原に訪うて、自ら竹添先生に致したという(注23)。

「毛詩会箋」も承安四年 *1174* 清原頼業加点、宣賢に伝えた巻子本をもとに、唐石経および延文(1356～61)古抄本で挍正し、これも清儒のほか、中井積徳・亀井昱・仁井田好古・古賀煜・安井衡などの説を採ったのであるが、生存中は刊行できず、没後に上海商務印書館で印刷された。「論語会箋」は、「崇文叢書」に収められて世に出でた。

重野安繹(しげのやすつぐ)（成斎・士徳）先生(注24)は、鹿児島に生まれ、昌平黌に入り、詩文を以って羽倉簡堂に知られ、廃藩の後、修史局に入り、元老院議官となり、大学教授を兼ね、明治四十三年 *1910*、年八十四で没した。史学にふかく、経では「易」を好み、「周易述刪訂」を著わしたという。文は、はじめ欧蘇を好み、後に桐城を宗(むね)としたのは、黎庶昌の影響であろう。

根本通明（羽嶽）は(注25)、羽後の人で、秋田藩学明徳館の教授で、はじめ程朱の学をおさめ、「通志堂経解」を宝としたが、後改めて考証に入った。明治六年 *1873*、東京に出て宮内省御用掛となり、罷めて根本義塾を設け、「周易」の義は革命を非とするものである、といってわが国体の万世一系に傅会したが、常に鉄扇をたずさえた一世の奇男子で、二十九年 *1896*、教授となり、三十九年 *1906*、八十五で没した。「読易私記」「周易講義」などがある。

星野恒(ほしのひさし)（豊城）は(注26)、越後の人。塩谷宕陰の門に入り、明治八年 *1875* より修史館に仕え、廿一年 *1888* には文科大学教授となり、三十四年 *1901* より支那学講座を担当し、大正六年 *1917*、七十九で没した。その著には「史学研究」のほか、「豊城存稿・贕稿(しょうこう)」がある。

三島毅[注27]（中洲）は、備中の人で、父の友人が山田方谷であったことから、王陽明の学をおさめ、斎藤拙堂に文をまなび、また昌平黌に進んだ。明治に入って裁判所長となったが、後にやめて二松学舎をひらき、かたわら東京高師・東京帝大に教鞭をとった。二十九年 *1896* より東宮御用掛となり、宮中の信任あつく、大正八年 *1919*、九十歳で没した。

以上、帝国大学講座関係諸先生のほか、元田東野（永孚、廿四年1891没、七十四）・中村正直（敬宇、廿四年1891没、六十）・岡松甕谷（辰、廿八年1895没、七十六）・井上毅（梧陰、二十八年1895、五十二）・長三洲（炗、廿八年1895、六十三）・川田甕江（剛、毅卿、明治廿九年1896、六十七）・副島種臣（蒼海、明治卅八年1905没、七十八）の如き、山井重章（清渓、善輔、四十五年1912没、六十一）・渋谷牀山（啓蔵、四十一年1908没、六十二）・南摩羽峯（綱紀、明治四十二年1909没、八十七）・信夫恕軒（粲、文則、明治四十三年1910、七十六）・森槐南（公泰、大来、明治四十四年1911、四十九）・亀谷省軒（行、子省、大正二年1913、七十六）・岡鹿門（千仞、振衣、大正二年1913、八十二）・楠本碩水（孚嘉、吉甫、大正五年1916没、八十五）・藤沢南岳（恒、君成、大正九年1920、七十九）・小牧桜泉（昌業、大正十一年1922没、八十）・塩谷青山（時敏、修卿、大正十四年1925没、七十一）・土屋鳳洲（弘、伯毅、大正十五年1926、八十六）・日下勺水（寛、子栗、大正十五年1926、七十五）などの諸家が、欝然として崛起したのは、たしかに前代の流風餘韻というべきであった。

就中、元田東野先生[注28]の「教育勅語」を草し、また「幼学綱要」を著わして聖徳を扶けたてまつったこと、（佐藤一斎―）中村正直先生[注29]が漢籍に深かったとともに、蘭学・英学をきわめ、その「西国立志編」の如き、英文より訳したる意味に於て未曾有の作であり、福沢（諭吉）先生の「西洋事情」、内田正雄先生の「輿地誌略」とともに明治の三書として知られたし、岡松甕谷も英・蘭二国語に通ずるとともに漢語に巧で、その「常山紀談」の訳は塾生の課文であったという。長三洲は詩文・書画を以て名を知られ、（佐藤一斎―木下犀潭（士勤）―）井上毅[注30]も、明治のはじめ清国と交渉にあたり、後、文部大臣となり、「教育勅語」については元田東野と力をあわせたが、明治の能文家として特筆すべき人物であった。（精里―侗庵―古賀茶渓―）川田甕江も、明治の文宗であって、東宮の侍読となった。副島蒼海伯は、六年 *1873*、台湾邦人殺害のとき、特命全権大使として清国に差遣されて、台湾は化外の地なることを確認し、又清国をして古例を変じ、外国使臣の清帝に謁見するの例をひらかしめ、枢密副議長を以て官を辞したが、その文章・風格は、いたく清国の学者を服せしめたという。山井清渓は、山井璞輔の後を継ぎ、第一高等学校教授となり、渋谷牀山は学習院・高等師範の教授となり、戴・段の学をしたって実事求是を目ざし、書籍のことに詳しく、南摩羽峯も高等師範の教授であった。信夫恕軒は「左伝」「史記」の講義で名が高く、亀谷省軒は桐城の作者と称せられ、岡鹿門はひろく支那各地に遊んで紀遊の作が多く、楠本碩水は山崎闇斎を紹述したし、藤沢南岳は泊園書院をおこし「韓非子全書」などを編し、小牧桜泉は宮内省御用掛・宮中顧問官として御信任あつく、塩谷青山先生は詩文につとめ、第一高等学校教授たること三十二年、土屋鳳洲先生は東洋大学教授たること廿五年、日下勺水先生も「大正詩文」によって、史学・文章の名をあげた（哲学館講義に、「文章講話」あり）。

これらの諸家の学は、必ずしも今の云わゆる支那学にあらずして、あるいは廟堂に立って政をとり、或は教官として風紀を振作し、乃至、詩文の作者として鳴ったわけであるが、その漢籍にたいする造詣は、遠く今人の及ばざる所で、その尤も代表的なのは、竹添先生の「左氏会箋」の如き大著として著われている。ただし、この学問を系統だてるには至らず、その講義というのも、つまり漢籍の講義にすぎなかった。ひとり島田先生のみは、自ら教案を草して学生に口述されたというのは、たしかに当時の異彩というべきであった。

なお、これらの学者に伍して注目すべきは、那珂通世先生であって（五六）（注31）、盛岡に生まれて慶應義塾を卒え、もっぱら文学・歴史をおさめ、明治二十一年*1888*、はじめて「支那通史」（昭和十三年岩波文庫本、元明の事績を増し、「歴代史略」と題して、支那で出版された。）を出し、二十三年*1890*までに第五冊を出し、第一高等中学校、及東京高等師範学校の教授となったが、時の井上（毅）文部大臣は、たまたま一高を巡視してその講義をきき、大いに敬服した。後、東京帝国大学講師となり、歴史科を分って、西洋史・東洋史とすることとしたのは、即ち今の東洋史学科の濫觴であった。

この間、文廷式・陳毅（注32）なども交わっていたので、三十五年*1902*には、洪鈞の「元史訳文証補」「皇元聖武親征録」を挍訂出版し、ついで「崔東壁遺書」を得てその挍訂に尽力し、「史学会叢書」として、三十六～七年*1903～04*、出版した。三十六年*1903*には、「那珂東洋小史」と称する中学校用東洋史を編し、翌年*1904*「那珂東洋略史」と改めた。その研究、ことに「支那通史」の編輯がすすんで元代に入るや、当時、前人未踏の境域であったため、その史料をひろく東西に求め、遂に原典たる蒙古文の研究に突入し、たまたま三十四年*1901*、文廷式が蒙文の「元朝秘史」を送ってきたので、これを正確な邦文に翻訳せんと志し、蒙古語・満洲語の辞書・文法書によって蒙古語を研究し、やがて翻訳にかかり、これに関する支那および西洋の諸書をも研め、前後三年を費して全十二巻の和訳および注釈を完成した。これが明治四十年*1907*に出版された「成吉思汗実録」であって、その驚くべき熱心と成果とには、到底、他の追及を許さず、近年もその複刻が行われたほどである。那珂先生が東京大学のために講述されたのは、「清朝史」「清朝儒学史」「支那史籍解題」「支那古代史」「東洋史雑考」などで、演習としては「崔東壁遺書」中の「豊鎬考信録」「洙泗考信録」や「元史訳文証補」などで、前者はわが東洋史学界の批判的学風を創めたものであり、後者は元史研究の源をひらいたものであって、わが東洋史の生みの親というべきであろう。

また別に、森春濤の子泰二郎、即ち槐南先生（注33）のことも特筆すべきで、鷲津毅堂・三島中洲・金嘉穂などにまな

五六　明治十九年1886、東大文科大学に史学科が新設されるとともにドイツの史学者リースが聘をうけて、坪井久馬三博士とともに教鞭をとり、西洋近代の史学研究法を日本に移植した。（博士は「支那通史」を著して元代に至り、元史研究の空白なことに気づいて、元史の開拓に乗り出し、あたかも以下中断）

び、諸官に仕え、帝国大学講師を兼ねたが、随鷗吟社の盟主として詩に最も秀で、文字・音韻学および明清伝奇にも精通し、その講義は朗々として人を傾聴せしめた。伊藤博文に知られ、博文がハルビンで狙撃されたとき、やはり身に銃創をうけ、「帰舟一百韻」を賦した（四十四年1911。没、四十九）。その著には、「唐詩選評釈」「古詩平仄論」及び「作詩法講話」、李・杜・韓・李（義山）詩の「講義」があり、その元曲の解題もかつて雑誌に連載されたし、その体に倣って作った「補春天伝奇」の如き、その鬼才を物語るものといわねばならない。実に、支那戯曲の研究は、徳川時代に企てて成らなかったもので、槐南先生出でて始めてその途がひらいたと云えようし、「作詩法講話」における音韻の成立についても、当時としては耳あたらしき音韻学の説であったといってよい。これらはすべて、旧をひるがえして新とした功績として、特記して好いことである。なお、「水滸後伝」の翻訳なども、その餘業に出ずるものであった。

これよりさき、明治初年 *1868* から日本文にて支那の文学、その他を講述した人もあって、末松謙澄氏の(注34)「支那古文学略史」（明治十五年1882）は、在英国日本学生会で講演された先秦思想史であり、田口卯吉氏の(注35)「支那開化小史」（明治十六年〜廿年）は、上古より三国までの歴史であり、中西牛郎（なかにしごろう）氏の(注36)「支那文明史論」（明治廿九年1896）は、支那文化の通論であって、その最後の章に、「現時、我邦に於ける漢文学講究法を変ずべし」というのは、従来の漢文学者は、一、支那の個人を知りて国民を知らず、二、支那の古代に明かにして近世の事に明かならず、三、支那文学の一部に明かにして全体に明かならず、文学には「文心雕龍」「文藝志伝」「古文辞類纂」、史学には「通鑑輯覧」「歴代地理沿革図」「劉氏史通」「杜氏通典」をよみ、経学には「漢学師承記」「伊洛淵源録」をよむべしといい、さらに支那歴史を、宗教史・政治史・経済史・哲学史・文学史・技術史に分ち、宗教史は儒・道・仏・耶の四教に分とう、という遠大な考を蔵したものであるが、その人とその後の述作につき、知る所のないのが遺憾である。

また、はじめて「支那文学史」（井上哲次郎・田口卯吉氏の注意をうけた）を作られたのは古城貞吉先生(注37)で、明治廿四年 *1891* より廿九年 *1896* にわたる数年の努力になり、上古より清朝にわたり、その体系を定めたことは、破天荒の著述であった。もとより自らもいわれる如く唐・宋の仏教文学、金・元・明の詞曲小説などは未だつくさず、明・清の文学は省略したので、別に「支那近世文学史」を出さんと欲したものの如くであるが、遂にこれは公表されていない。

これと前後して、藤田豊八先生(注38)も「（支那文学史稿）先秦文学」（三十年1897）を出し、漢学者の覚醒を望まれたが、その北方・南方文学説には必ずしも賛同しがたいものがあるが、さすが後年の史学者の悌が現われているし、哲学館で講ぜられた「支那倫理史」も、漢唐で終っているが、新しい企てであった。

同じく三十年*1897*に、笹川臨風[(注39)]種郎氏も「支那小説戯曲小史」を出して、元の雑劇、「水滸」「三国志」「西廂」「琵琶」、明の「西遊記」・湯若士、清の「紅楼夢」・金聖嘆・李笠翁・「桃花扇」を紹介したのは、たしかに珍しいものであったと思う。臨風先生は、つづいて三十一年*1898*には「支那文学史」帝国百科全書本を出して、小説・戯曲をもこれに包容したし、三十三年*1900*には国府種徳犀東・白河次郎鯉洋両氏が「支那学術史綱」[(注40)]として、狩野良知翁の「支那教学史略」をひろめた文化史を出し、久保得二天随先生は、三十六年*1903*に「支那文学史」人文社（別に、早稲田大学講義録[(注41)]あり）あり、従来になく口語体で書かれているのも面白い。また三十二年*1899*ごろから、笹川臨風・白河鯉洋・大町桂月[(注42)]・藤田剣峯・田岡嶺雲[(注43)]の諸氏が、「支那文学大綱」を作ろうと志し、（一）荘子・孟子・韓非子、（二）白楽天、（三）李笠翁、（四）蘇東坡、（五）湯臨川、（六）元遺山、（七）陶淵明、（八）屈原、（九）杜甫、（十）高青邱、（十一）司馬相如、（十二）司馬遷、（十三）王漁洋、（十四）曹子建の評伝が出たり、久保天随氏の「韓退之」三十三年1900、「柳宗元」三十四年1901も現われた（「東西文豪評伝」）。また、「帝国百科全書」には、浅井虎夫氏の「支那法制史」三十五年1902、中内義一氏の「支那哲学史」三十六年1903などもふくまれた。

支那哲学史としては、出版されたのは、松本文三郎先生の講義[(注44)]が最も古いといわれている。

十一　漢学・東洋史学

明治年間における東京帝国大学は、これらの諸先生を中心として、若き支那学者の養成にあたったわけで、その間に現れた人たちの中で特に名を成したのは、服部宇之吉先生および狩野直喜(かのなおき)先生であって、いずれも島田篁村先生の薫陶を受けられた方々であり、服部先生は廿三年 *1890* の哲学科出身である。東洋史学の方では、古典講習科を出た林泰輔(はやしたいすけ)・市村瓚次郎(いちむらさんじろう)両先生と、史学科出身の白鳥庫吉(しらとりくらきち)先生（服部先生と同年度）などが秀で、その他、古典講習科として、瀧川亀太郎[注1]君山・黒木安雄[注2]欽堂・西村時彦(にしむらときつね)天囚・岡田正之剣西、および漢学科出の桑原隲蔵(くわばらじつぞう)・小柳司気太(おやなぎしげた)[五七][注3]諸先生の如き人材を出し、別に内藤虎次郎湖南先生の民間に崛起するあり、大正年代の支那学界は、空前の花を咲かしたわけである。[五八]

服部先生[注5]は、はじめ三高・高等師範、その他、文部省に勤められたのであるが、卅二年 *1899* に、漢学研究のため清国に留学を命ぜられ、（文科大学助教授として）北京に赴かれたのである。そこへ、狩野先生も、将来できる筈の京都帝国大学のため、これも清国に留学を命ぜられて北京で落ちあわれ、狩野先生の友人たる古城貞吉坦堂先生も、まさしく北京に筆を揮っておられたところ、たまたま翌年 *1900* に、いわゆる北清事変が勃発して、公使館区域に包囲され、銃をとって戦われるという一大変事に遭遇された。幸にして諸先生は生命を完うされ、それぞれ一旦帰朝の上、服部先生はふたたびドイツに留学され、狩野先生は上海に留学された。これは正しく支那学者として正式に海外に留学された始めというべきである。服部先生は、ドイツでコンラーデー、またはグルーベ氏と交わりなどして、一年半位を経たところ、北京大学堂総教習[注6]として就任することになり帰朝、文科大学教授として三十五年 *1902*、北京に向け出発され、四十二年 *1909* まで新支那の教育建設のために尽力された。そして帰朝後、東京帝国大学教授として日本の学界のためにつくされることになった。

当時、東京帝国大学では、星野恒(ひさし)先生・市村瓚次郎先生が、それぞれ支那哲学・支那史学・支那文学の第一・第二講座を担任されていたので、服部先生は第三講座を担当され、爾来、「目録学」をはじめ、「支那上代哲学史」「儒教倫理概論」「経学史」「支那古礼と民族生活」「支那研究（社会学的）」「先秦諸子の学」「支那哲学史上の諸問題」、その他数多くの講義を行われた。[五九][注7] これらの講義の特色は、西洋哲学の方法論を背にして、支那の古典と支那人の実生活とを結びつけられた所にあるのであって、その清新明快なる講義は、当時の学生に対し多くの感

五七　小柳先生「東洋思想の研究正続」道教の研究（学習院・東方文化）

五八　「立命館文学」二ノ一「東洋学界雑誌著作年表」
明治十九年一月　東洋学会の設立、内藤恥叟・市村・小中村・関根・林[注4]「東洋学会雑誌」二十三年まで

五九　「墨子研究」「孟荀二子の比較」「老荘哲学」「周礼・礼記・儀礼・尚書疏」「東塾読書記」「孟子」「論語」「大学」「中庸」「鄭王二学の異同」「経子解題」

化を与えずにはおかれなかった。

而して、その餘に公にされたものには、「清国通考」明治卅八年 ***1905***「支那研究」大正五年 ***1916***「東洋倫理綱要」大正五年 ***1916***「孔子及孔子教」大正六年 ***1917***「儒教と現代思潮」大正七年 ***1918***「支那の国民性と思想」大正十五年 ***1926***「北京籠城日記」大正十五年 ***1926***「孔子教大義」昭和十四年 ***1939***「儒教倫理概論」「孔夫子の話」昭和などであるが、特に「東洋学報」大正二年 ***1913*** にのせられた「宗法考(そうほうこう)」は、最も重きをおくべく、(六〇) 漢以後、経学界の難問として、大宗つくべきか、小宗廃すべからざるかの問題が、清朝に至り兼祧二門の法によって解決されたことをあげているし、支那官制沿革一斑等、支那の制度、乃至風習につき記述されたものが、今日も重要な文献と認められ、退官後、東方文化学院で研究された「儀礼鄭注補正」は、むしろ清朝風の綿密な捜輯をやっておられる。(注8)

その間、東京帝国大学の講座担任者の中、星野先生は大正六年 ***1917*** になくなられて、その第一講座を宇野(注9)(哲人)・塩谷(注10)(温)両助教授が分担し、後それぞれ教授となり、市村先生は大正七年 ***1918***、東洋史学二講座の新設とともにこれに転じ、白鳥教授と並んで担任された。宇野先生は支那哲学史の研究(六一)によって、新しき道をひらき、塩谷先生は槐南先生についで支那戯曲を開拓された。(六二)

これを助けて、学習院教授岡田正之先生(六三)(注11)は、日本漢文学史の研究に尽瘁され、遂に上古より五山までの文学史を完成された。別に、帝国大学で講義されてはいなかったが、安井小太郎先生(注13)・島田鈞一先生(注14)は、一高の教授として令名あり、ことに安井先生は「日本儒学史」をのこされた。それは、大東文化学院における講義をまとめられたものである。

東洋史学科では、はじめ林泰輔助教授(六四)(注15)があげられたが、やがて東大を辞し、後に高師教授となったが、はじめ朝鮮史の研究から、支那古代史に進んだ。朝鮮史について邦文の記述があるのは、これが初めであり、支那古代史については、「周公とその時代」において、帝国学士院賞を授けられたが、その説、「周官」「儀礼」に重きをおきすぎた嫌いあるにしても、これを分類・批判して緻密を極めた。

而して、特に金石文字の遺物による研究が、古代史における重要なことに注目し、つとに古器物の価値をみとめ、ことに殷墟出土の亀甲・獣骨をいちはやく収蔵して、その研究をこころみ、早く羅振玉氏との間に往復討論されたが、これ亦本邦の学界において、その先鞭をつけたものである。元来、亀甲・牛骨は光緒廿五年 ***1899***、河南省湯陰県で発掘され、劉鉄雲、先ずこれをあつめて「鉄雲蔵亀」を作ったのであるが、林先生は明治四十年 ***1907*** ごろからこれに注目し、四十二年 ***1909*** の「史学雑誌」には「清国河南省湯陰県発見の亀甲牛骨に就て」を

六〇 「井田私考」、「漢学」二ノ一・二・三

六一 「二程子の哲学」明治卅三年 **1900**「支那文明記」明治四十年 **1912**「支那哲学史講話」大正三年 **1914**「支那哲学研究」大正九年 **1920**「儒学史」大正十三年 **1924**「支那哲学概論」大正十五年 **1926**

六二 「支那文学概論講話」大正八年 **1919**「元曲概説」「漢宮秋・殺狗勧夫」昭和十五年 **1940**。

六三 先生が東洋文庫論叢の「景印入唐求法巡礼行記(えいいんにっとうぐほうじゅんれいこうき)」(慈覚大師仁明帝の時)のために加えられた解説も、その詳密を極め、史実がこの記によって補正されるべきことも注意されている。(注12)

六四 林 **28.9**—**31.7**

連載し、その年代、文字および文章、卜法の異同につき、詳細なる研究を発表したのを初め、幾多の論文を発表しており、当時、東京において、この面をかくまで深く修めた学者は、全くなかったといって過言ではない。(注16)

市村先生(注17)は、主として、支那史概説、および思想史を講じ、別に「清朝建国史考」「唐代制度考」「支那近世学藝史」「支那文化史考」などを講じ、「唐六典」「日知録」「陔餘叢考」「史通」などの演習を行われ、一面、「支那史」六巻（明治廿一年1888～廿四年1891）をはじめ、「支那史要」（二十六・七年1893～94）「東洋史要」（三十年1897）を世に問い、かくて多年の研究をまとめて、一大東洋史を著わさんことを企て、遂に「東洋史統」の名のもとに、すでにその三巻が刊行され（昭和十四年1939～）、近く第四巻が出て、これに附図や表を添うれば、全書の刊成を期待されている。これは、多年講ぜられた概説を本として、各時代にわたる豊富な智識を縦横にとりいれたもので、東洋史界空前の大著述といわねばならない。別に「支那史研究」として、「史学雑誌」や「東洋学報」に掲げられた論文をまとめられた（昭和十四年1939）ものもある。

かく、市村先生が主として支那内地の歴史を講述されたに対し、白鳥先生(注18)は塞外民族の研究に新しき地平を開拓され、わが国に西域史の講義が行われたのは先生に始まり、西域学上の功績いたって多く、言語学・民族学をその助けとして、西洋先進の学者を驚かした研究も多い（六五）が、支那については、夙にアジアを南北二部に分ち、その地勢の相違や気候の差異によって、住民に性格と生業の差を生じ、北部に住むものは慓悍残忍で、騎馬射弓に長じ、困苦缺乏にたえたが、一たび生活が安らかになれば懶怠無気力になる。之に反し、南部に住するものは、柔順温和ではあるが、狡智にして学藝技術にすぐれ、奢侈驕慢になれていて、北方は武、南方は文を長所としてい、その天恵に乏しい北狄が、天産ゆたかな南方地帯に侵入し、これを占拠して安住の地を得んとする運動と、これを防衛して反撃するには、如何なる処置をとるべきかに心胆を砕く反作用とが、アジア大陸の歴史の中心をなすものという説を立て、アジア史の二元組織と称えたが、古くは「戎狄が漢民族の上に及ぼしたる影響」（「東洋哲学」八ノ一、明治卅四年1901一月）に之を説いている。

さらに、支那の古伝説、特に堯・舜・禹の物語を研究して、その天文記事を検べた上、この三天子は天地人三才を擬人化したものである。堯は天を代表し、舜は人、禹は地を代表するという説を唱え、「書経」の「堯・舜典」は歴史事実でないということを明きらかにした。明治四十二年*1909*の「支那古伝説の研究」（東洋協会「東洋時報」百卅一）〔四十五年*1912*の「尚書の高等批評　特に堯舜に就て」(注19)（漢学研究会講演、「東亜研究」二ノ四）、大正元年*1912*の「儒教の源流」（四十五年1912二月日本学会例会講演、「東亜の光」七ノ九）、などに、相次でこれ〕を発表されたことは、学界をいたく衝動し、先ず林泰輔氏が、明治四十三年*1910*の「東洋哲学」（十七ノ一）にこれに対する質問を発し、明治四十五年*1912*の「東亜研究」（二ノ一）に「堯舜禹の抹殺論に就て」と題

六五　明治卅二年1899、ローマにて第二回万国東洋学会の開かれたとき、坪井（正五郎）博士が代表として出席され、白鳥博士の「闕特勤碑文考」「匈奴及び東胡民族の言語論」が、同会に提出されたところ、ヒルトをはじめ、東洋史学者に好評を博したのは、極めて名誉なことと云われている。

して駁論をかかげたが、これはもとより、古来の儒者流の信仰的見地から反対したのではなくて、堯・舜・禹のことを記載した「虞夏書」は周代以後のものではなく、周代以前にはかなりの文明もあるが、この頃にはまだ天・地・人、三才の思想は認めがたいといって、亀甲獣骨文をあげてこれを論じた。(六六) これに対し、大正元年 *1912* 一月、漢学研究会にて白鳥博士より「堯舜禹に就て林氏に答ふ」という講演があった(六七)(注20)が、林氏はこれに満足せず、重ねてその所見を発表され、ことに白鳥博士が「周易」「尚書」をば春秋時代の作としたことを駁し、「同君研究の方法は、自己の議論に都合良き或一面のみを観察し、湊合補綴、巧にこれが説明を附して、遽に断案を下し、他の方面を軽忽にす」と断じた。(六八)(注21) また、星野博士も「三皇五帝考」を草して「史学雑誌」廿編に寄せ、大正三年 *1914* に、林博士はさらに「支那古代に於ける上帝と五帝」と題し「東洋哲学」廿一巻に発表し、後、昭和八年 *1933* に、市村博士も「支那上代伝説の批判」として「史学雑誌」四十四編十一号に発表されたのは、まさしくこの論争の尾声(六九)であって、当時はすでに、学界の波瀾も収まり、夏・殷以後を史実と見る説は、別に不思議もないことになってしまっていた。これについては、別に、内藤先生の「尚書」の研究も重視されねばならないが、便宜上、後述にゆずる。

この間、中村久四郎氏も、(注22) 講師として東洋近世史・東西交通史を講じ、ひろく東西の資料をあげたが、箭内亙（やないわたり）先生(注23)も助教授・教授として、元史または宋・金交渉史などを講じ、種々の論文、ことに「元代社会の三階級」「満鮮地理歴史研究報告」三ノ三、大正五年 1916 の如きは、蒙古人・漢人・色目人の三階級を研究して、元代における種族階級制度の真相をあきらかにし、少数の蒙古人が広大な支那人を統治して、百年の国祚（こくそ）を保った理由を明きらかにしたのであるが、不幸にして、教授として在職一年ならずしてなくなられた。これについで教授となったのは、藤田剣峯豊八先生で、もとより講師として東西交通史を講じていたが、教授としてはたちまち台北帝大に転じ、南海史および西域史に重点をおいた。これが後年の剣峯先生の変貌であった。

当時、東京における支那学関係の諸団体・雑誌としては、(七〇) 古く明治時代に（四十四年 *1911* 七月マデ）東大漢学科の雑誌「漢学」があり、第二編の七号で改めて、「東亜研究」が明治四十五年 *1912* より刊行されて大正に及んだし、東洋大学の「東洋哲学」があり、史学関係としては一般の「史学雑誌」のほか、東洋協会の「東洋時報」があり、「東洋学報」出でて、極めて高次なる研究が発表された。

これと相前後して、二つの重要な図書群がわが国に舶載された。その一つは清の陸心源の皕宋楼（ひょくそうろう）の蔵書で、これが静嘉堂文庫の重要な基幹となり、他の一つはモリソンの文庫で、これは東洋文庫を鎮（しず）めた。元来、静嘉堂文庫は、岩崎蘭室弥之助男爵の創設にかかり、重野安繹先生をその管理者として、一面、旧書の散亡を防ぎ、一面、博

六六　ことに「堯典」の四中星は、当時の実際の観測の記録であるといい、つまり堯典は正しき資料だという。

六七　四中星は、陰陽思想にたいする未開人の考え

六八　林「再び堯舜禹抹殺論について」「東亜研究」二ノ九
白鳥「儒教の源流」「東亜之光」七ノ九
林「儒教の源流を読む」「東亜之光」八ノ十一

六九　橋本増吉氏　明治四十五年 1912 二月東洋史談話会「虞書につきて」—四中星はあてにならない。「書経の研究」「東洋学報」二ノ三。

七〇　「孔子祭典会々報」大正六年 1917 十号、「漢文学会会報」大正六年 1917 に十八号、「東亜之光」大正八年 1919 に十四巻、「東洋哲学」大正三年 1914 に二十一巻、「史学雑誌」大正八年 1919 に三十編、「斯文」
三十八年 1905 白鳥（平田男・伊東忠太）アジア学会。
四十年 1907 九月、東洋協会に合併されて、学術調査部となる。又、「東洋時報」。
四十二年 1909 七月、「学術報告」第一冊。
四十四年 1911 一月より「学術報告」が「東洋学報」となる。日露役後、満鉄より調査—「満鮮地理歴史研究報告」。

七一　研究部　白鳥博士主任　東洋文庫論叢
英文年報　貴重古籍複製
図書部　漢籍の蒐集　欧文書籍の補充

士、修史の業を助けんとされたものであるが、後に中村敬宇・宮島氏（注24）（狩谷望之・屋代弘賢・岡本況斎保孝・小山田与清・伴信友等の手沢本あり）、楢原陳政（注25）・竹添井井・島田篁村先生たちの蔵書を合わせるに至り、約そ八万有餘の図書を蔵していたが、明治四十年 *1907* はじめて陸氏の旧儲を購った。

陸氏（注26）は湖州の人帰安で、清末四大蔵書家（注27）の一つ（海源閣楊氏・鉄琴銅剣楼瞿氏・善本書志八千巻楼、丁氏と合わせて）。宋・元本を入れた書庫を皕宋楼といい、明以後の珍本と、名人手挍・手抄本を入れたのを十万巻楼といい、普通の刻本・抄本をいれた守光閣とに分かち、好古の人の来りよむに任せたが、光緒廿年 *1894* に陸氏が没して、これを売却するの議あり、田中光顕伯青山・重野成斎先生より男爵にはかり、明治卅九年 *1906* 重野博士西遊のみぎり、上海にてその議成り、遂に我に帰した。島田翰氏の「皕宋楼蔵書源流考」（注28）は、この蔵書の始末を詳述したものである。明治四十三年 *1910* 重野博士没後は、河田羆氏がこれを掌り、「静嘉堂秘籍志」（注29）五十巻を成した。

モリソン文庫は、さきの中華民国総統府顧問・医学博士濠洲人 **George Ernest Morrison** の蒐集（注30）したもので、自ら、**The Asiatic Library** と称していたものである。博士は、一八九三年、三十二歳にして支那に来り、翌年、上海から南支那を横断し、ラングーンに至る大旅行を企て、"**An Australian in China**" を著し、ロンドンタイムズ通信員としてシャムに特派されたが、一八九七年、あらためて北京に駐在し、一九〇〇年、義和団の包囲をうけて、重傷を負った。日露戦争にも従軍し、ポーツマス会議にも列席、一九一二年、タイムズを辞して政治顧問となり、一九一九年のパリ会議には、支那代表に従って渡欧したまま、倒れたのは一九二〇年大正九年であった。大正四・五年1915〜16ごろより、この文庫を売ろうと考え、ハーバード、イエール、カリフォーニア大学、ラインシ公使など、アメリカよりの希望も殺到し、支那側からも希望があったが、結局、大正六年 *1917* 井上準之助・小田切萬寿之助両氏が相談されて、東大文学部長上田萬年博士に、その内容の調査を依頼されるとともに、岩崎久弥男爵にその購入かたをすすめた。上田学長から、さらに白鳥博士に調査を依嘱し、その結果、三万五千磅を以て購われることになり、仝年八月、北京にてモリソン氏と小田切氏との間に授受を了り、石田幹之助氏が渡支してこれを処理し、九月、横浜に荷あげして、深川の岩崎邸倉庫に移されたところ、たまたま深川の海嘯のため、この文庫も荷造りのまま水びたしの厄にあったが、幸にして大損失なく、モリソン文庫仮事務所が丸ノ内三菱館にひらかれるに至り、後に本郷に東洋文庫（七二）（注31）として拡充されるに至り大正十三年 1924 十一月廿九・卅日、成立披露の展観あり、ここに研究陣をおいた東洋史学界は、大いに気勢を添えたのである。

十一　京都支那学

京都帝国大学に文科大学を設けられたのは、明治卅九年*1906*、日露の風雲おさまってからのことであるが、狩野（かの）（直喜）先生[注1]が、明治卅二年*1899*に命によって漢学研究のため支那に留学することになったのは、正しくその準備のためであって、ただ日露戦争というような国家の大事が、その開設を阻んだにすぎなかった。狩野先生は、これよりさき帰朝して、居を京都に定められ、京都帝大内の台湾旧慣制度調査会[注2]に身をよせておられたが、ここに文科大学開設委員として、又最初の教授として尽力された。これよりさき、先生をはじめ、京都・大阪に居住して支那学に心を寄せていた人々の間に、東洋学会が組織され、先生も「日本国見在書目に就て」という講演をされたという。

元来、京都における文科大学は、東洋学の研究に重きを置くという意見があって、その方には特に意を用いられ、支那語学支那文学講座は三九年*1906*に、支那哲学史は四十二年*1909*に、東洋史は四十年*1907*・四十一年*1908*・四十二年*1909*に、それぞれ一講座ずつ設けられ、大正八年*1919*には、支那語学支那文学第二講座が増設された。狩野先生は最初、支那語学文学の講座を担任されたが、当時は哲学科のみであったので、支那哲学史を講ぜられ、その清儒の考証の学と西洋人の支那研究とを打って一丸とした講義は、極めて清新であった。四十年*1907*からは高瀬（武次郎）助教授[注3]（後に教授）が、宋明の哲学を主として講義された。

史学科は四十年*1907*に、当時、朝日新聞の記者であった内藤虎次郎先生[注4]を抜いて、東洋史学第一講座の担当者とし（七二）、四十二年*1909*からは、桑原隲蔵（くわばらじつぞう）先生[注5]が第二講座を担当、これに富岡謙蔵・羽田亨（はねだとおる）の両講師がこれを助けた。内藤先生の支那近世史、ことに清朝史、桑原先生の東西交通史は、学界の重きをなし、四十一年*1908*には文学科も開設され、狩野教授のほか、鈴木虎雄助教授[注6]（後に教授）が来任し、狩野先生の俗文学、ことに元曲の講義・「日知録」の演習、鈴木先生の支那詩論史などが講ぜられ、ややおくれて、これも朝日新聞社の西村時彦（ときつね）（天囚）[注7]先生が、講師として文章を講じた（大正五・六年1916～17）。

別に、地理学には小川琢治教授が深く支那のことに通じ、考古学には浜田耕作（青陵）講師（後に教授）があって、これも支那に心を寄せ、明治四十三年*1910*に「藝文」が創刊されてからは、狩野先生の「日本国見在書目について」「水滸伝と支那戯曲」「元曲の由来と白仁甫の梧桐雨」「支那近世の国粋主義」[注8]などが掲げられ、内藤

七二　明治四十年*1907*に叡山にひらかれた大講演会にも、狩野先生は「支那地方制度」（三回）、内藤先生は「日本満洲交通略説」（三回）を講ぜられた（「叡山講演集」）。

先生も「卑弥呼考」「倭面土国」「清朝姓氏考」「清朝開国期の史料」などを掲げられ、かくて、明治四十三年 *1910* 九月・十月、内藤・狩野・小川・富岡・浜田の五先生が北京に出張して、敦煌遺書を調査されたし、四十五年 *1912* には、奉天文溯閣の「四庫全書」や、宮殿内の「満文老档」を研究するため、内藤・富岡・羽田の三先生が、満洲に出張されなどして、(注9)開学のはじめから活潑な研究が行われた。

ことに、その北京旅行中に、主として接待の任にあたられた羅振玉(注10)・董康(注11)の両氏が、はからずも清朝の滅亡に遭って、わが国に亡命したとき、旧交をあたためて京都にその居を卜され、その学術とおびただしき資料とを、あげて京都大学に公開し、羅振玉氏は、ことに王国維(注12)先生を伴ってきたため、その精緻な学風はいたく学界を刺戟した。

これらの人たちが、京都在住の前後に発表された研究や新資料などは夥しく、宣統三年 *1911* までに行われたしごとでも、羅氏の「燉煌石室遺書」「玉簡斎叢書」「宸翰楼叢書」(注13)の如きものがあり、王氏も「曲録」をはじめ、「戯曲考源」「宋大曲考」「曲調源流考」―これが大正元年 *1912* 公刊の「宋元戯曲史」の根幹をなすものである―「人間詞話」(注14)などができ、羅氏の「国学叢刊」(注15)も発行しかけた頃で、王氏も文学をすてて、ふたたび古器物の学に転じた頃であった。王氏は京都在留中、もっぱら経史・小学をおさめた。羅氏のことばに、曽て顧炎武・戴震・程易疇(ていえきちゅう)・銭大昕・汪中・段玉裁・高郵二王の書を王氏に贈って、この学問をすすめたが、当時は東・西洋の学術に力をつくしたため、ここに専念できなかったところ、日本に来てからすべてそれをやめて、自分の贈った書物に没頭するようになった、とある。「簡牘検署考」はその頃の作であり、「頤和園詞」や「送狩野博士遊欧洲」「蜀道難」などの大作ができたのもこの頃である。(注16)

狩野先生が欧洲に遊ばれたのは、大正元年 *1912* の秋から二年 *1913* の十月にかけての一年余りで、パリ・ロンドン・ベルリン・ペテルブルグなどで、燉煌その他、支那の西部から発見されて、学界をにぎわした漢代の木簡および縑に書かれた漢人の尺牘、六朝および唐代の旧抄巻子本を筆録し、欧洲における支那学研究の現状を視察され、就中(なかんずく)、欧洲の支那学の現状を述べられたのが「続狗尾録」(ぞくこうびろく)であった(大正三年 1914「藝文」)。「文科大学叢書」の一として、「元槧古今雑劇三十種」を刊行されたのも、この時(大正三年)である。(注17)

この間、羅・王両氏は、「齊魯封泥集存」を編し、「鳴沙石室古佚書」を影印し、「流沙墜簡」(注18)ならびに「考釈」を作り、ふたたび「国学叢刊」を出し、多く王氏の文を載せ、また「殷虚書契考釈」を作った。大正四年 *1915* には、両先生とも一時帰国したが、また京都にかえった。たまたまこの春作った「洛誥箋」(らくこうせん)(注19)が「国学叢刊」におさめられて、林泰輔博士から駁論が出て、互いに往復討論されたことは、前にも触れた。その年十二月十九日に、富岡鉄斎・磯野秋渚、および内藤・狩野諸先生の東坡誕辰会に両先生も列せられたのは、一時の風流であったが、このころから王先生まず帰国を議し、翌五年*1916*に上海に赴いて、哈同氏[注20]のために「廣倉学宭叢書」の「学術叢刊」を編することになって、京都から一旦去られたが、こうして結ばれた交誼は長くつきず、十二月にはふたたび帰って年を送り、六年*1917*には上海にかえられた。七年*1918*春には、羅先生も帰国された。

こうして、支那における国学の先頭に立った人たちが、京都に永く住んでおられたことは、京都の支那学を刺戟すること多大であって、諸先生の学識は一層その磨きを加えたわけである。たとえば、大正三年*1914*の暮に、羅氏が「殷虚書契考釈」を作ったとき、初めて卜辞の中に「王亥」の名を発見した所が、王氏は「山海経」「竹書紀年」から、「王亥」が殷の先公であることを発見し、さらに、「世本」の「作篇」の「胲」、「帝繫篇」の「核」、「楚辞　天問」の「該」、「呂氏春秋」の「王冰」、「史記　殷本紀」および「三代世表」の「振」、「漢書　古今人表」の「垓」も、実は同一人であることをさとり、これを羅氏と内藤先生に話されたところ、羅氏はまた、甲骨中の「王亥」に関する紀事を七・八条えて「殷虚書契後編」にのせ、内藤先生もこれによって「王亥」を作って「藝文」（七ノ七、大正五年1916七月）に掲げ、もし契（せつ）から以後、先公たちの名が、今後も卜辞の中で発見されたとしたら、学界における貢献が大きかろうと云われたことに因み、王氏はさらに卜辞を研究して「王恒」を発見し、その他、甲・乙・丙・丁・壬・癸なども出て来る、というようにして、有名な「殷卜辞中所見先公先生考」の絶作を作られた、というような事実は、美しい両国学者の協力であって、こうして協力を試みるだけの実力を持った京都の諸先達の学識にたいし、わが学界の誇りを覚えざるを得ない[注21]。

後のことではあるが、王氏が北京大学研究所国学門の通信導師たることを承諾されたとき、五つの研究題目を考えられたが、その一つの「六朝より唐までの蕃姓の研究」という項目は、桑原先生がすでに従事されているというので、提出されなかったというのを見ても、京都の学界にたいする信頼の厚いことを証明できようと思う。

京都には、ふるく支那の学術が堀川を通して流れており、地方的にもこれに響応し得べき素地があり、ことに由緒もふかい寺院や名家に蔵せられた旧抄本などには、支那にも絶対に見られないものが多く、自然、これらを愛好する人も多かった。寺院では石山寺・高山寺・東寺・三宝院あり、名家では福井家の崇蘭館あり、鑑識に長けた人々には神田香巌・山田永年などの諸先生、ならびに京大の碩学があり、そこに羅・王二先生あり、長尾雨山先生[注22]ありで、これらの抄本・槧本、さては書画藝術・考古資料などを鑑賞する機会も多く、神田家蔵の「隷古定尚書」や、諸家に分割された「世説新書」など（「史記河渠書」「王子安集」(注23)など）が、羅先生を通じて支那に続々と紹介された。こういうわけで、羅先生が帰国されるとき、その家を売却された費用を京大に寄附して、唐鈔本(注24)を印行する費用にせよとのことで、かくして出版されたものは、最近まで「毛詩詁訓伝」「毛詩正義」「翰苑」「王勃集」「講周易疏論家義記」「経典釈文」「漢書」「文選集注」「尚書」「毛詩」など、おびただしい数に上ぼっている。

こうした学界の空気のもとに、京都帝大では支那学会(注25)が組織され、支那関係学科の教官・学生・卒業生の研究ならびに親睦をはかったのであるが、それには、ひとり文学部の教官のみならず、後に理学部に転ぜられた小川（琢治）教授はもとより、宇宙物理学の新城（新蔵）教授(注26)なども参加され、遂に同教授による支那古代天文学の研究がはじめられた。

そもそも、支那において西洋の暦算を採り入れたのは、湯若望(アダムシャール)・南懐仁(フェルビースト)の力により、梅文鼎・王錫闡(おうせきせん)がその勢をひらき、それから以後、戴震・銭大昕、さらに降っては、李鋭・羅士琳・徐有壬・李善蘭などの学者が相次いで数理を辨じて、三統四分の術・殷商顓頊の暦などを研究した精華があがっていたが(注27)、わが国の学者で支那の天文学史をきわめた人は、全くないといって好かった。しかるに、明治四十一、二年(1908～09)ごろ、狩野先生が新城教授に対し、堯典の年代について問題を提供された—これは、或は東京における白鳥先生の説が影響しているかも知れないが—のがきっかけで、その後、狩野・内藤両先生との不断の接触によって研究を進められ、その最初の答案は、大正二年 ***1913*** の「藝文」に発表された「堯典の年代」であって、その後、「二十八宿(しゅう)の伝来」(大正七年1918)「左伝国語の製作年代」(仝上)「再論」(大正九年1920)「漢代に見えたる諸種の暦法」(仝上)「干支五行説と顓頊暦(せんぎょくれき)」(大正十一年1922)「東洋天文学史大綱」(大正十五年1926)「春秋長暦」(昭和三年1928)「周初の年代」(仝上)「戦国秦漢の暦法」(仝上)など、画期的研究を続々と発表されたのが積もって、「東洋天文学史大綱」(注28)(昭和三年1928)の大冊となって表われた。

元来、天文学は文明とともに古い学問であり、支那上代の天文学を研究することは、古代文明を髣髴せしめるものであるが、特に、（一）研究すべき文献が豊富なこと、（二）一部の学者には、古代支那の天文学は西洋、またはインドから輸入されたものだといわれていること、（三）しかも、教授によれば、それは根拠のないことで、春秋・戦国時代ごろをとって見れば、支那の天文学は西洋やインドよりも二百年以上進んでいると思われるということが研究の興味をそそり、而かも白鳥博士の影響をうけられた、学習院教授飯島忠夫氏(七三)も、その問題について研究を発表し、たとえば「漢代の暦法より見たる左伝の偽作」(「東洋学報」第二巻)をはじめ、「再び左伝著作の年代を論ず」

七三　学士院—大正十一年1922七月例会・飯島氏、十月例会・新城先生。十一月、大阪朝日—東洋文明の淵源に関する論争（新城先生）(注29)。「こよみと天文」昭和三年1928。

大正八1919年五月、「東洋学報」により、「左伝」は劉歆（りゅうきん）がその当時の歳星運行についての知識を利用して偽作したものであり、太初暦は外国より輸入された智識にもとづいたものであろう、と疑い、後に「支那古代史論」「東洋文庫論叢」、「支那天文学の組織及びその起源」大正十四年1925、「白鳥博士還暦記念論文集」としてまとめられたわけであり(注30)、慶応大学の橋本増吉氏も、「左伝の製作年代について」大正九年1920、「史学雑誌」に於て駁論を発表された。一方、王国維氏も、「生覇死覇考」「国学叢刊」二十を作って、「尚書」に見えたこの特殊な用語を解し、むかしは一ヶ月を、初吉・既生覇・既望・既死覇の四つに分けたという新説を発表されたことは、新城先生にとって重要なヒントとなり、さらにその「古本竹書紀年輯挍」および「今本竹書紀年疏証」(注31)も之を助けて、これが「周初の年代」の根幹となり、その構想を以て新城先生が王氏を北京清華学校にたずねられた程であるが、この論文が公表されない中に、王氏はいたましくも、身を昆明湖に投じて、五十歳の生涯を閉じてしまわれたのであった。

又、小川教授(注32)も早くから支那の歴史地理研究を志され、日清戦争後に「台湾諸島志」を編纂することにつき、島田篁村先生から清朝官撰地誌編修についての指導をも受け、古く明治四十三年*1910*ごろから、支那地図学の発達を考えて、（一）上古より宋までの支那固有方法によるもの、（二）元のアラビア地理学伝来時代、（三）明末、西洋地理学伝来以後、とに分けており、これよりさき、日露戦争中に着眼した「山海経」「穆天子伝」の研究も、明治四十五年*1912*ごろから、「藝文」に発表され、「禹貢」の如き整頓された地誌よりも、むしろ重要な価値のあることを認められたのは、当時としては嶄新な説であって、むしろ西洋の学者が近年その傾向になってきたのは、小川先生の影響でないにしても、その後塵を拝していることに疑いない。

なお一つ重要なことは、支那における本草学にも注意がむけられたことで、「山海経」の研究につれて、その産物としてあげられた植物・動物の薬用上の性質と、「本草」古書との比較を試みたのがはじまりで、本邦でも森立之をはじめ、小島・丹波の如き医家や、岡本況斎のあげた成果をも利用した。序（ついで）ながら、本草学をさらに薬物的に発展せしめたのは故中尾万三博士(注33)で、昭和三年*1928*、京都薬学専門学校「薬窓誌」四十六号（大典紀年号）の附録として出された「漢書藝文志より本草衍義に至る本草書目の考察」は、この方面の本格的研究という べく、後に、上海の自然科学研究所(注34)で、このことをさらに深く掘りさげられたという東方文化研究所の講演。

こうした、京都帝国大学開設当初より各科教授たちによる活発なる学術的研究は、自ら一つの学風をなすとともに、こうして養成された青年学者が、これら諸教授の指導によって徐々に驥足を伸ばした。当時、それらの人たちの発表機関は「藝文」(注35)であって、ここに表われた支那学関係の重なる作者は、武内義雄・小島祐馬（おじますけま）・青木正児（あおきまさる）・

本田成之（ほんだしげゆき）・岡崎文夫の諸氏であった。かくて、それらの人たちの勢力がかたまって、大正九年*1920*九月、はじめて「支那学」(注36)が発刊された。最初に、小島氏の「公羊家の三科九旨説」、青木氏の「胡適を中心に渦いてゐる文学革命」、本田氏の「支那思想史上における鴻範」など、それぞれの得意とする問題をかかげて現われ、むしろ諸教授の論文はややおくれて現われたのも、面白い行きかたであるが、内藤先生の「章実斎年譜」「尚書編次考」などが現われたのは、早くも第一巻でのできごとであった。

内藤先生は、章実斎（学誠）を愛読されること久しく(注37)、その、史論によって経史子集各部の綜括的批判を試み、学術の源委・著作の流別をあきらかにした、独得のものたることを看破し、これを表章されたのが、その年譜であって、これが現れると間もなく、北京大学の胡適（こせき）教授(注38)から青木正児氏あての手紙で、未刊の章氏遺書で内藤先生のもとに存するものを知りたいと求められ、やがて手ずから「章実斎年譜」を作られたが、内藤先生、重ねて「胡適之の新著章実斎年譜を読む」を作り、「支那学」（大正十四年1925、二ノ九）にのせられた。

また、「尚書編次考」は、いはば「尚書」を例として先秦の古書の批判のしかたを述べられたもので、古書はその末尾に附加されることが多いとともに、首端にも附加されることがあり得るもので、「尚書」は本来、周公に関する記録が中心となっていたのが、儒家思想の発展に伴い、次第に本文に変化を来し、はじめは魯を王とする説、孔子を素王とする説であったのが、他の諸子との競争上、道統を古くする必要から、「典謨」の諸篇が附加され、又儒家が六国に用いられて曲学をする必要から、「甫刑」以下の各篇が、順次に附加されるに至ったというのであって、この考えの根底をなすものは、先生が別に表章された、三宅石庵の門人、富永仲基の「翁之文」「出定後語（しゅつじょうこうご）」などの云わゆる加上説によるものであって、つづいて発表された「爾雅の新研究」も、まさにその方針を「爾雅」にむけかえられたわけである。それは、「尚書」においては「時代思想の上から、即ち単に経書にふくまれてゐる思想の上から演繹して、その発展すべき自然の順序により、各篇のなりたちを説明」されたのであるが、それは、「論理的に考へたばかりで、実証を伴はないおそれがあるといふので、その方法を一変して、諸経の辞書と考へられる「爾雅」を基礎とし、その実証となる部分を拾い出し、「爾雅」の成立に合はせて、経書の発展する次第を考へ」られたもので、当時、非常に大きな刺戟を学界に与えたものである。

そのほか、武内義雄・岡崎文夫両氏が、留学中、北京から寄せられた原稿や、石浜純太郎・神田喜一郎両氏の劄記などが、毎号のように現れて、京都を中心とする支那学の盛観は、多くの人からはっきりと認められた。

こうした空気の中に、内藤先生が欧洲の旅行を終えられるとともに、まず大正十五年*1926*を以て停年退官され、その紀念として作られた「内藤博士還暦祝賀支那学論叢」が一千餘頁の大冊で、わが支那学界未曾有の花やかさを以て世に貽られた（おくれて「内藤博士頌寿記念史学論叢」も成った。）。これには、羅・王両氏のほか、傅増湘氏[注39]、さらに遠くフランスのポール・ペリオ氏[注40]からの論文ものせられ、東京の学界からも白鳥・藤田・黒板諸先生の論文が寄せられた。内藤先生は、これまでに世に問われた単行本は、壮年時代の名著「近世文学史論」（明治卅年 1897）、「諸葛武侯」（仝）「涙珠唾珠」（仝）「燕山楚水」（卅三年 1900）「満洲写真帖」（四十一年 1908）「清朝衰亡論」（四十五年 1912）「弘法大師の文藝」（大正元年 1912）「支那論」（三年 1914（昭和十三年 1938））「清朝書画譜」（五年 1916）「宝左盦文」（十二年 1923）「日本文化史研究」（十三年 1924）「新支那論」（十三年 1924）「航欧集」の諸書であったが、その後、在職当時の諸講義や種々発表されたものを整理して、「研幾小録」（昭和三年 1928）「読史叢録」（昭和四年 1929）「東洋文化史研究」（昭和十一年 1936）「支那絵画史」（昭和十三年 1938）「支那上古史」（昭和十九年 1944）「清朝史通論」（昭和十九年 1944）「先哲の学問」（昭和二十一年 1946）などで、その没後にわたって世に出て、多くの学者に多方面にわたって益を与えた先生も、昭和九年 ***1934*** 六月を以て恭仁山荘に卒去された。六十九歳といえば、学問として必ずしも頽齢とはいえないのであった（「史林」十九ノ四、「支那学」七ノ三）。

つづいて、昭和三年 ***1928*** 二月には、狩野先生も停年を以て退官されたが、その時も内藤先生の時に劣らぬ豪華さを以て、「狩野教授還暦記念支那学論叢」が出版され、東京からは安井小太郎・藤田豊八・小柳司気太・宇野哲人・塩谷温・加藤繁の諸氏が執筆され、ほかに、Sylvain Levi,Paul Demieville,M.C.Haguenauer,Nicholas Nevsky[注41]の諸氏が筆をとられ、別に岩崎文庫の「礼記疏残巻」が景印された。先生は平生、著書を公にされず、わずかに「支那学文藪」（昭和二年 1927）あるのみであるが、その中の敦煌出土「唐鈔古本尚書釈文考」の如き、後に、フランスのペリオ・民国の呉士鑑両氏[注42]の研究を促がし、「水滸伝」「唐抄本小説」などの研究も、胡適・王国維両氏その後の研究と相映発するものであり、ことに「山井鼎と七経孟子攷文」の如きは、在職中、「七経孟子攷文[注43]」の山井手定献進本が大学に帰した記念として作られた大作である。

同年十二月には、高瀬教授も還暦に達し、その記念論文集もややおくれて刊行された。さらに「桑原博士還暦記念東洋史論叢」、「小川博士還暦記念史学地理学論叢」「地学論叢」など、相ついで林立[注44]した。

桑原博士は還暦の翌、昭和六年 ***1931*** 五月二十四日を以て病没された。その東洋史の科学的研究を提倡された功は大きく、漢学科出身でありながら那珂・白鳥・藤田諸先生と呼応して、研究に討論に力をあまさず、大苑国の貴山城に関する論戦の如き、一時の壮観であったが、その遺稿は「東洋史説苑」「東西交通史論叢」（昭和八年 1933）「東洋文明史論叢」（昭和九年 1934）「支那法制史論叢」（昭和十年 1935）に収められ（「大師の入唐」（大正十一年 1922）「支那の孝道」（還暦記念会））、その支那留学における紀行は、「考史遊記」と題し、昭和十七年 *1942* 刊行された。[注45] 而して、先生の最も力を注がれたのは、海路よりする東西交通であって、「宋末の提挙市舶西域人蒲寿庚の事蹟」大正十二年1923は、大正十五年 *1926*、帝国学士院賞を授けられた不朽の名著で、**On P'u Shou-keng** 昭和三年1928、東洋文庫として英文で刊行され、最後に昭和十年 *1935*、岩波書店から刊行され、支那訳も二種ありという。[注46]「史林」十六ノ三。

内藤・桑原両教授とともに東洋史学講座を担任し、近世外交史を主として研究された矢野仁一教授も、昭和七年 *1932* 五月に停年退官され、ややおくれて鈴木（虎雄）教授も昭和十三年 *1938* 一月退官。東洋史学の羽田教授も、同年 *1938*、京大総長に任ぜられた。矢野教授[注47]は、「現代支那研究」大正十二年1923「近代支那論」大正十二年1923「近代蒙古史研究」大正十四年1925「近代支那史」大正十五年1926「現代支那概論」昭和十一年1936「東洋史大綱」昭和十三年1938「満洲近代史」昭和十六年1941「清朝末史研究」昭和十九年1944「近世支那外交史」「支那近代外国関係研究」等の著述があり、鈴木教授には、「支那詩論史」大正十四年1925「支那文学研究」大正十四年1925「賦史大要」昭和十一年1936「白楽天詩解」「業間録」などの著述あり、羽田教授[注48]には、「西域文明史概論」等あり、西域史研究の権威として、欧米の学者と拮抗した。

十三　諸帝大の支那学・東洋史学・支那語学

京都帝国大学を中心とする支那学の勃興は、新に設立された東北帝国大学（注1）の教官を、すべてその手にゆだねるに至った。即ち、武内義雄氏（注2）・青木正児氏（注3）（後に京大教授）・岡崎文夫氏（注4）がそれで、武内氏には「老子原始」「諸子概説」「論語之研究」「易と中庸の研究」「支那思想史」など、清新な研究を世に送られ、青木正児氏は「支那文藝論叢」「支那近世戯曲史」「支那文学思想史」「支那文学概説」「元人雑劇序説」「支那文学藝術考」「江南春」を、岡崎文夫氏は「魏晋南北朝通史」「支那古代史要」「支那史概説」を出し、仙台の地から多くの貢献を投じた。そして、支那学社の発起人たる小島祐馬氏（注5）が京大の教授となり、「支那古代思想」の一巻をのこし、本田成之氏（注6）も「支那経学史論」などを出して龍大などに教鞭をとられたが、本田氏と小島氏の還暦にあたり、「支那学」は昭和十七年*1942*四月、特別号として八百頁以上の大冊を出した。

之に反して、九州帝大は東大出身者を以てかため、楠本正継・目加田誠・松枝茂夫の諸君がここに立てこもり（注7）、京城（帝大）では服部博士総長のもとに、藤塚鄰（注8）（ちかし）・児島献吉郎（注9）両教授が支那哲・文学を、鳥山喜一・大谷・玉井諸君が東洋史を講じたが（注10）、藤塚先生はもっぱら朝鮮と清朝との文化交渉、ことに漢学の朝鮮移入史を研究し、児島先生は古く「支那大文学史」「支那文学史綱」「支那文学考」「漢文典」を著したが、京城で卒去した。又、朝鮮史を講じた稲葉岩吉先生は（注11）、つとに内藤先生の門をたたいた人で、「清朝全史」「近代支那史」「支那史講話」「近世支那十講」「対支一家言」「満洲発達史」などがあり、台北（帝大）では、久保天随氏（注12）が支那戯曲の研究でおそく学位をえられ、神田喜一郎氏（注13）これを受け、別に今村完道・後藤俊瑞の諸君がこれに拠った。

一面、東京では、帝大の先任諸教授退任後、高田真治氏（注14）、支那哲学を担任して、「支那思想の研究」「支那思想の展開」あり、同時の加藤常賢氏（注15）は、京城（帝大）より広島文理大の倫理に転じて、「支那古代家族制度研究」「礼の起原とその発達」の大著を出した。なお、東京文理大には、諸橋教授（注16）が光って、これも支那家族制度の研究あり、又「経学研究序説」等を出され、ことに「大漢和辞典」を編せられた労は大きい（七四）。

東洋史関係では、諸教授退官後、和田清氏（注17）これを掌り、「東亜史論藪」の著があり、元・明・清間の歴史について詳細な研究を出しているし、石田幹之助氏（注18）は書誌的方面、ことに西洋人の東洋学研究については大阪の石濱純太郎氏（注19）とともに東西の双璧であって、石田氏には「欧人の支那研究」（史学大系）「欧米における支那研究」「長安の春」

七四　東北帝大　九州帝大　北方文科事業
京城帝大（稲葉）　台北帝大　東方歴地学院
東大（考古学）　京大（考古学）
中国文学　東洋史　書誌学　斯文
言語（岡井）
翻訳　字書（諸橋）
支那及支那語　漢文典　実地研究
実地研究　仏　考古
同文書院　今関　橋川

七五　津田左右吉氏「仏教と儒教・道教」(注23)「左伝の思想史的研究」「支那思想と日本」

七六　瀧(遼一)氏、支那音楽

七七　「支那仏教之研究」塚本

「南海に関する支那史料」などを出し、石濱氏は「支那学論攷」「東洋学の話」「敦煌遺書の話」があるし、別に、フランス学の畑ではあるが、後藤末雄氏の(注20)「支那文化と支那学の起源」「東西の文化流通」「藝術の支那 科学の支那」があり、加藤繁教授は(注21)「唐宋時代における金銀の研究」以来、経済史を専攻し、「支那経済史概説」「支那学雑草」があったが、不幸、世を去られた。(七五)岩村忍氏の(注22)「十三世紀東西交渉史序説」「耶律楚材」なども、東西洋史料をひろくあさった名著である。

さらに考古学では、原田淑人教授が(注24)、早く「唐代の服飾」「西域発見の絵画に見えたる服飾の研究」「東亜古文化史研究」があり、しばしば各地に発掘を試みられた。一方、京都帝大でも、濱田教授の(注25)経営による考古学研究室が発展し、東洋考古学を講じ、朝鮮慶南・楽浪などを発掘し、遂に東亜考古学会をおこして、日支学界の連絡をつけた上に、関東州・貔子窩の発掘を行い、「東亜文明の黎明」「東亜考古学研究」昭和五年1930を刊行した。

また建築では、東大工学部の伊東忠太(注26)・関野貞(注27)両教授あり、関野教授の「支那の建築と藝術」は、多くの影響を残したし、仏教史では、京大の松本文三郎博士(注28)の多年の研究あり、又、東大の常盤大定教授(注29)は、親しく支那の仏蹟を巡歴して、「古賢の迹」「支那仏教史蹟」関野先生と共著を出した。

こうした支那学界の動きに、さらに拍車をかけたのは、庚子賠款(注30)による文化事業の成立であって、大正十二年***1923***ごろからその準備が進められ、十四年***1925***には服部・狩野の両先生が対支文化事業総委員会のために渡支され、人文科学研究所(注31)の事業として、図書館ならびに「続四庫全書提要」(注32)の編纂が企てられ、東廠胡同に委員会を設けて、着々その準備が進められた。しかるに、昭和三年***1928***の済南事変により、支那側委員の脱退を見るに至ったので、改めて国内に東方文化学院を設け、東京と京都とにそれぞれ研究所を設けるとともに、古書複製の業が行われた。

かくて、服部・狩野両先生董督のもとに両研究所が発足し、東京(注33)では、古城先生の「楚辞」文学、小柳先生の道教、伊東・関野先生の建築などの大家から、仁井田陞氏の法制史、青山定雄氏の地理、牧野巽(たつみ)氏の家族制度、佐伯好郎氏の景教、原田氏の古器物などが研究され、(七六)仁井田氏の「唐令拾遺」の如き、早く帝国学士院から表章された。

京都(注34)でも、経学研究室・歴史研究室・宗教研究室・美術史研究室・天文算学研究室・考古学研究室・地理研究室が設けられ、経学における「十三経注疏」挍定の事業は「尚書」を完成し、歴史では矢野先生の「日清役後支那外交史」ができ、宗教では「唐中期の浄土教」をはじめ塚本善隆氏の研究が出、(七七)天文算学では能田(忠亮)・藪内

（清）両研究員の「礼記月令天文考」「周髀算経の研究」「隋唐暦法史の研究」（七八）、美術史では伊勢専一郎氏の「支那山水画史」、梅原末治氏の幾多の論考、水野清一氏等の雲岡石仏の研究、さらに高畑彦次郎氏の「古韵研究」「周秦漢三代の古紐研究」といったような研究が続々と発表され、「東方学報」がその機関誌となって現われた。

古書複製部でも「文鏡秘府論」「原本玉篇」「高山寺荘子」「唐過所」「礼記単疏」「左伝単疏」「毛詩単疏」等を印行した功も大きかったが、両研究所が、東方文化学院・東方文化研究所として、分離するに至って廃止された。なお、戦時下に京大に人文科学研究所がまず設けられ、ついで東大にも東洋文化研究所ができ、さらに東亜研究所・民俗研究所などが設けられ、わが国の支那学界未曾有の花を咲かせたのは、やはり長く培れたたまものであるが、やはり施設の大切なことを思わしめるものである。（七九）

一方、こうした研究がとかく歴史的になりやすい欠陥と、東京における支那哲文学科の不振、かてて加えて斯文会が教化の面のみ多くして、研究、乃至藝術的な若さを失ったのにあきたらぬ少壮の人たちが、中国文学研究会を結んで、「中国文学」（注36）（昭和十八年1943九十二号まで）を刊行したのは昭和十年**1935**のころであったが、これはもっぱら現代中国の文学を研究しようとするもので、自由活潑な運動を展開し、雑誌も号を重ねるとともに、その叢書をかなり世に送り、清新の気を学界に注入したことは、特筆すべき功労であり、これらの人たちの熱によって、支那の新しい文化運動は速に内地に紹介され、その作品は次第に翻訳されて行った。不幸にして一時廃刊したが、最近、又も復活を見た。（八〇）

又、支那の古書籍が多く日本に伝わり、その研究の必要が、国書方面の川瀬一馬氏と漢籍の長澤規矩也氏（八一）とを結んで、日本書誌学会の成立を見て、雑誌「書誌学」が刊行されるとともに、「旧刊影譜」その他の刊本・抄本の史料が、多く精良な写真と精確な解題とを以て世に送られたことも、忘るべからざる功であり（注37）、これと相まって、静嘉堂の国書・漢籍の書目が刊行され、東方文化研究所の漢籍目録の如き完整な目録さえ出版できたことは（注38）、声を大にして世界に誇って好いことであったし、岡井慎吾氏の「日本漢字学史」の如きも、日本に関する限り、豊富な資料をあつめたものである。

維新以前に、一時、天下を風靡する勢を示した長崎唐話学は、その後、時勢の変動とともに、その席を西洋諸国語に譲ったが、その根底まで覆えしたわけではなく、唐通事の子弟にはひきつづきその業をつぐ人も出たし、その人に学び、あるいは海禁既にとけて、直接、支那に赴き学びなどするものもあり、必ず衰亡したわけではなかった（八二）。ことに清国との間に通商条約が締結され、外務省に漢洋語学所（注39）が設けられるとともに、清国に留学を命

七八　「東洋天文学史論叢」「暦の本体とその改良」「支那の天文学」藪内「支那数学史」瀧川（政次郎）「支那法制史研究」（注35）

七九　中国研究所

八〇　「現代支那文学全集」「中国文学叢書」「中国新文学大系」実藤氏「日支文化交渉」

八一　長澤「書誌学論攷」「支那学術文藝史」「支那書籍解題」（書目）

八二　萬延庚申「増訂華英通語」快堂蔵版、サンフランシスコにて清人子卿の著「華英通語」をえた（福澤範子囲誌）。咸豊乙卯原序序末語……
岡氏之支那文典　岡三慶　松柏堂晩成堂　二冊、明治十九年竹芝居士岡道明卿氏…

八三　九年*1876*、外国語学校にて北京語をはじむ。教師薛乃良、北京人。十二年*1879*より龔恩禄来る。

ぜられるものもあった（「中国文学」八十三）。

この漢洋語学所は、すべて長崎通事をやっていた人たちが教師で、潁川重寛を主席とし、蔡祐良・周某・石崎肅之・彭城（さかき）某などが教え、「三字経」「漢語跬歩」「二才子」「閙裏閙」「訳家必備」などを教科書とした。[注40] 明治六年*1873*には、外務省の語学所が文部省に移管され、外国語学所となったのが今の外国語学校の起りで、「今古奇観」や翻訳などをやったが、潁川先生担当で、長崎風の発音であった。後、蘇州人周愈（幼梅）を招いたが、又、葉煒（しょうい）（松石、嘉興人）、龔恩禄（旗人）を招いた（中田敬義氏談。）[八三] 後には、興亜会（後に亜細亜協会と改む）の支那語学校ができて、広部精・張滋昉・中田敬義などが先生で、その中から支那へ派遣されたものには、小田切萬寿之助等がある。また、宮島大八先生のように、初めて公使館で習われた人も、やがて興亜学校に入った人である。興亜学校が閉じられたとき、生徒は東京外国語学校に編入された。

これよりさき、トーマス・ウェードの「語言自邇集」[注41]ができていて、これによって勉強する人もあり、中田氏は「伊蘇普喩言」を作って教科書にしたので、ジョセフ・エドキンスや同文館の総教習マルチンが序を書いてくれた。大槻文彦氏が同治八年*1869*訂「文学書官話」[注42]登抄府・高第丕、中国・張儒珍著の「支那文典」（二巻、明治十年*1877*、大槻氏蔵版）を解したり、金谷昭氏訓点の「支那文典」が出たりしたのもその頃で、やがて十二、三年*1879〜80*には、広部精氏の「亜細亜言語集・支那官話部」「全総訳」[注43]、福島九成氏の参訂になる「参訂漢語問答篇国字解」[注44]、興亜会支那語学校の「新校語言自邇集」[注45]など続々と作られ、ことに十五年*1882*に呉啓太・鄭永邦両氏の「官話指南」[注46]ができて、後に英・仏両語に翻訳されたのも嬉しいことである。

十四年*1881*に、外語で南京語をやめたというから、今の北京語一本槍はこの時からのことであろうが、十九年*1886*、一時、外語が廃止された。福島安正の「四声聯珠」[注47]ができたのはこの年のことで、これはウエードの「自邇集平仄編」に本づいて作った大著述であって、今からでも頭のさがる書物である。科学的というわけにも行かないが、実に苦労されたものである。二十一年*1888*には、呉大五郎・鄭永邦の「日漢英語言合璧」[注48]、廿三年*1890*には、御幡雅文（おばたまさふみ）の「華語跬歩」[注49]が出た。別に、明治二十七年*1894*ごろには、夜学の清韓語学校があって、張滋昉（二十五〜三十年*1892〜97*、帝大で支那語文学を教う）、鄭永寧（鄭永昌・永邦両氏の父）両先生が教えていた。

廿七年*1894*は、日清戦争の勃発した年であるが、この年、伊沢修二（張滋昉大矢透）氏の「日清字音鑑」[注50]が出たことも、注意されねばならない。これは、ウェードにならってローマ字と仮名とを用いたもので、アカサタナハマヤラワで引け、四声もついた便利なものであった。これは、先生がアメリカで学ばれた視話法による言語教育の一端を

八四　後藤朝太郎「文字の研究」（明治四十三年1910）
武内義雄「支那文字学」岩波日本文学講座

発せられたものというべきであるが、その試みは後に、明治卅七年*1904*の「視話応用清国官話韻鏡」(注51)に至ってその方法を改め、王照氏の方法による新字を作らんとするもので、それがさらに、四十二年*1909*の「同文新字典」(注52)となり、大正四年*1915*の「支那語正音発微」(注53)となって、実をむすんだ。

伊沢氏は、日清戦役の後、台湾学務部長となり、国語普及に尽力されたが、その裏には台湾語の研究をいたく奨励されたに相違ない。台湾総督府で明治二十八年*1895*に出した教科書をはじめ、「台湾土語叢誌」と称する雑誌、「台湾地誌及言語集」の如き、遂には明治四十年*1907*小川尚義氏の「日台大辞典」(注54)までの研究は、まさしくここに基づいていると云えよう。又、こうして官話専門になっている間に、明治廿九年*1896*、石附省吾氏が「支那語学文法」(注55)と題してエドキンズの「上海語文法」(注56)の抄訳をやったのも、驚くべきできごとである。

明治卅年*1897*には東京外語(注57)も再興し、宮島大八先生がその支那語科を主宰され、金国璞が之を助けた。王照が戊戌政変によって日本に亡命したのは卅一年*1898*で、卅四年*1901*には、官話合声字母を作った。その間、張廷彦先生も来任され、金国璞・平岩道知の「官話談論新編」(注58)ができた。青柳篤恒氏の「支那語助字用法」(注59)ができたり、金井保三氏が東大で講義したりしたのも、これより少しおくれての事であり、外国語学校本科一回生の岡本正文氏がやがて先生になり、「支那声音字彙」(注60)を出したのが明治卅五年*1902*、金氏の「華言問答」(注61)ができたのは卅六年*1903*、宮島先生の「官話篇」(注62)も同年であるし、「急就篇」(注63)ができたのは日露開戦の卅七年*1904*であった。そして、これが長く支那語の宝典となった。辞書としても石山福治・岩村成允などのものが現われ、井上翠氏の「日華語学辞林」(注64)も卅九年*1906*にできたし、御幡雅文氏がその「華語跬歩」を上海語に移した「滬語便商」(注65)は、四十一年*1908*に作られた。

大正に入っては、外国語学校は岡本正文・神谷衡平・宮越健太郎等の人たちが担任し、包象方父子あり、同文書院(注66)にも熊野正平・鈴木擇郎氏あり、昭和に入って「華語萃編」(注67)を出しているが、大阪にも外国語学校(注68)が設けられて、井上翠氏が之を主宰した。拓殖大学には宮原民平氏あり、おくれて東京に魚返（おがえり）善雄氏(注69)が頭角をあらわし、カールグレンの訳「支那語概論」(注70)など、多くの翻訳を送って沈滞せんとする語学界に清新の気を注入した。大阪には、外語に「支那及支那語」が創刊されて、これも進展の機をとらえ、一時は大陸語学研究所を設けて、気勢をあげた。

ここに、帝大方面の支那語学は、早く言語学からの研究として、後藤朝太郎氏(八四)の「現代支那語学」(注71)などがあり、又、高畑彦次郎氏の研究は、「藝文」乃至「東方学報」に現れて、カールグレンによる新研究の紹介と推進とに努められた[八五]が、その餘は寂としてきこえなかった。しかるに、昭和に入って京都帝大の倉石助教授が帰朝するや、吉川幸次郎氏[八六]とともに[注73]協力して、語学を基礎とする支那学の建設に挺身し、傅芸子氏[八七]・羅継祖氏[注74]を招いてその顧問とし、支那語の教授法を改革し、注音符号による諸教科書を出し、「支那語教育の理論と実際」[注75]を出し、昭和十四年 *1939* からは東京帝大にも出講し、魚返氏とともにその方面を充実し、東北帝大でも小川助教授[注76]あり、東方文化研究所でもその方面から元曲の研究が行われ[注77]「元曲金銭記」「元曲辞典」、近世支那語の研究が著しく進んだ。倉石教授は一面、支那語の理論、ことに小学に関する諸講義を行い、さらに大陸語学研究所と連合し、東方文化研究所言語研究室をはじめ、支那諸方言の研究を行っている。

かくして、従来、聖堂の学問と通事の学問、大学の学問と外語の学問とが、全く縁なきが如くであったのが、ここで融会されて、新しい支那学の鐘が今や高らかに鳴り出したのである。ことに、こうした背景のもとに、ひろく支那を見とおし、又誤りなく文献を読破することにおいて[八八]、新進諸学者の抬頭はいちじるしく、必ずや近き将来に、更に多くの時を費さず、人は支那学の発達史をのべつくすことは困難であろう。

参考文献

○岡田正之『日本漢文学史』(昭和四年 *1929* 共立社、増訂版昭和二九年 *1954* 吉川弘文館、平成八年 *1996* 再版)
○大江文城『本邦儒学史論攷』(昭和一九年 *1944* 全国書房)
○牧野謙次郎『日本漢学史』(昭和一三年 *1938* 世界堂書店)
○安井小太郎『日本儒学史』(昭和一四年 *1939* 冨山房)
久保天随『近世儒学史』(明治四〇年 *1907* 博文館帝国百科全書)
斎藤悳太郎『近世儒林編年志』(昭和一八年 *1943* 全国書房)
○石崎又造『近世日本に於ける支那俗語文学史』(昭和一五年 *1940* 弘文堂、昭和一八年 *1943* 再版、昭和四二年 *1967* 三刷)
○岡井慎吾『日本漢字学史』(昭和九年 *1934* 明治書院、平成元年 *1989* 有明書房復刊)
竹林貫一『漢学者伝記集成』(昭和三年 *1928* 関書院、昭和四四年 *1969* 名著刊行会、平成九年 *1997* 東出版辞典叢書、平成一二年 *2000* 皓星社日本人物情報大系)
斯文会『日本儒学年表』(大正一一年 *1922* 安井小太郎等編)
斯文会『近世日本の儒学』(昭和一四年 *1939* 徳川公継宗七十年祝賀記念会　岩波書店)
○内藤虎次郎『近世文学史論』(明治三〇年 *1897* 政教社、昭和一五年 *1940* 創元社日本文化名著選、昭和二四年 *1949* 朝日文庫、『内藤湖南全集』一昭和四五年 *1970* 筑摩書房)
内藤虎次郎『先哲の学問』(昭和二一年 *1946* 弘文堂、『内藤湖南全集』九昭和四五年 *1970* 筑摩書房、昭和六二年 *1987* 筑摩叢書)

八五　大島正健「支那古韻史」「漢音呉音の研究」、飯田利行「日本に残存せる支那古韻の研究」、満田新造「支那音韻断」[注72]、大矢透「韻鏡考」「周代古音考」「同韻徴」、高田竹山「漢字詳解」「古籀篇」。

八六　吉川、「支那学の問題」「支那について」「支那人の古典生活」。平岡「経書の成立」。

八七　傅芸子十年の間に「白川集」と「正倉院考古記」とをのこす。

八八　歴史関係のほかに、語言研究から、支那文化・支那精神をあやまりなく望みたい。

内野皎亭『近世儒林年表』（明治四三年 *1910* 吉川弘文館、訂正増補版大正一五年 *1926* 松雲堂）

『先哲叢談』（原念斎撰正編、東条琴台撰続編・後編、村松操撰近世先哲叢談正・続）

関儀一郎『日本儒林叢書』（正編六冊昭和二 *1927*～四年 *1929*、続編四冊昭和六 *1931*～八年 *1933*、続々編三冊昭和一〇 *1935*～一二年 *1937* 東洋図書刊行会、のち昭和四六年 *1971* 鳳出版復刊）

関儀一郎『儒林雑纂』（昭和一三年 *1938* 東洋図書刊行会、のち鳳出版復刊『日本儒林叢書』所収）

岸上操編・内藤耻叟校訂「少年必読日本文庫」（明治二四 *1891*～二五年 *1892* 博文館）

芳賀矢一「日本漢文学史」（『芳賀矢一遺著』所収昭和三年 *1928* 冨山房、『芳賀矢一選集』五所収昭和六二年 *1987* 国学院大学）

青木正児

小西甚一

第一章　補注

p1

1 卑弥呼に関する近年の研究状況については武光誠・山岸良二編『邪馬台国事典』改訂版（同成社　一九九八）等参照。

2 『読史叢録』（弘文堂書房　一九二九）所収。のち『内藤湖南全集』七（筑摩書房　一九七〇）所収。

3 「倭女王卑弥呼考」（一九一〇）、「邪馬台国について」（一九二二）、「卑弥呼問題の解決」（一九四八）等の論考がある。いずれものち『白鳥庫吉全集』一（岩波書店　一九六九）所収。

4 「邪馬台国及び卑弥呼に就て」（一九一〇）、「邪馬台国の位置に就いて」（一九二三）等の論考（ともにのち佐伯有清編『邪馬台国基本論文集』一　創元社　一九八一所収）や、『東洋史上より観たる日本上古史研究一―邪馬台国論考』（大岡山書店　一九三一　のち『改訂増補　東洋史上より見たる日本上古史研究』東洋文庫　一九五六）等がある。

5 「考古学上より観たる邪馬台国」（一九二二　のち『邪馬台国基本論文集』一補注（4）掲引書所収）等。

6 『文学博士三宅米吉著述集』上（同刊行会）は一九二九刊。欄外一に注記される「漢委奴国王印考」、「委奴国王金印偽作説の批評」はいずれも同『著述集』所収。他に、「邪馬台国について」（一九二二）等の論考がある。

7 のち補注（2）掲引『内藤湖南全集』七所収。内藤湖南は『読史叢録』所収の論文の附記に「余が此の小篇を発表せる後、稲葉君山君は同年八月考古学雑誌第一巻第十二号に於て「漢委奴国王印考」といへる一篇を発表され、委奴、倭奴ともに、倭面土と同一にして、単に声の緩急の差あるのみと断ぜられたり。因て余は此の小篇中にいへる、重ねて小篇をものすべき企図を廃したり。…」と述べている。

8 『後漢書』東夷伝の記事。

9 『三国志』魏書巻三〇・東夷・倭人条に「景初二年六月、倭女王遣大夫難升米等詣郡、求詣天子朝献、太守劉夏遣吏将送詣京都。其年十二月、詔書報倭女王曰「制詔親魏倭王卑弥呼。帯方太守劉夏遣使送汝大夫難升米・次使都市牛利奉汝所献男生口四人、女生口六人、班布二匹二丈、以到。汝所在踰遠、乃遣使貢献、是汝之忠孝、我甚哀汝。今以汝為親魏倭王、仮金印紫綬、装封付帯方太守仮授汝。…」とみえる。欄外三はその冒頭を引いたもの。

10 例えば『日本霊異記』上巻序文には「昔漢地造冥報記、大唐国作般若験記」とあり、日本では古く「漢」「唐」を冠して中国の称呼としたことがみえる。なお、『日本書紀』巻十・応神紀三十七年二月条には「遣阿知使主・都加使主於呉」、同巻二十二・推古紀十五年七月条には「大礼小野臣妹子遣於大唐」とある。「支那」という称呼については17頁に言及がある。

p2

11 『古事記』巻中・応神記、および『日本書紀』巻十・応神紀十五年八月丁卯条、同十六年二月条。

12 『千字文』については小川環樹・木田章義注解『千字文』（岩波文庫　一九九七）の小川環樹「解説」に詳しい。また、日本に伝存する上野本千字文について黒田彰・後藤昭雄・東野治之・三木雅博『上野本注千字文注解』（和泉書院　一九八九）がある。

13 巻二「真字」条。『新井白石全集』巻四（国書刊行会　一九〇六）。また国語学大系5（国書刊行会　一九七五）。影印版は勉誠社文庫70（一九七九）、および異体字研究資料集成（雄山閣出版　一九七三）に所収。

14 『漢書』藝文志に「凡将一篇　司馬相如作」とあるが佚書。

15 『隋書』経籍志に「班固太甲篇」と見えるが佚書。

16 『漢書』藝文志に「急就一篇　元帝時黄門令史游作」とあり、唐・顔師古注の『急就篇』が伝わる（四部叢刊続編）。『急就章』はその異名（同名で崔浩撰、豆盧氏撰のものが『隋書』に見えるが佚書）。唐から帰国した空海が嵯峨天皇に『急就章』を献上したことが『性霊集』巻四「献雑文表」にみえ、空海筆と伝えられる写本が萩原寺に伝存する（『弘法大師墨蹟聚集―書の曼荼羅世界―』第二二帖　弘法大師墨蹟聚集刊行会　二〇〇二）。

17 『日本書紀通証』巻一五（国民精神文化文献巻一五所収、国民精神文化研究所　一九三七〜一九四一）。同書はまた臨川書店から全三冊の複製が出ている（一九七八）。

p3

18 南宋・王応麟『玉海』巻四五などに見える異説。これについても小川環樹『千字文』「解説」に詳しい。

19 本居宣長（1730〜1801）『古事記伝』巻三十三（筑摩版全集巻一一　一九六九）。そこには「伝聞の誤り」という文言はなく、「此は実に遥に後に渡り参ゐ来たりけめども…、世には応神天皇の御代に、和爾吉師が持ち参り来つるよしに、語り伝へたりしなるべし」とある。

20 『図書館学季刊』（中華図書館協会　一九三六）所載伯希和（P.Pelliot）論文のタイトルは「千字文考」。仏文版は同年、『通報』T'ung Pao XXIV に Le Ts'ien Tseu Wen ou《Livre des mille mots》として登載された。

21 『古事記伝』巻三十三「論語」「千字文」をたてまつったことにかかわる「伝」の割注に見える。

22 小川環樹『千字文』「解説」は神田喜一郎「飛鳥奈良時代の文物制度」（羽田亨編『飛鳥奈良時代の文化』　一九五五）の論にもとづき、日本の古史の紀年が故意に引き延ばされた結果生じたくいちがいであるとする。

23 菟道稚郎子の記事は『日本書紀』巻十・応神紀十五年八月条、同十六年二月条参照。阿知使主の呉への派遣記事は『日本書紀』巻十・応神紀三十七年二月条にみえる。また身狭村主青と檜隈民使博徳の呉への派遣記事は『日本書紀』巻十四・雄略紀十二年四月条にみえる。なお、この二人の呉への派遣のことは同・雄略紀八年二月条にも載る。また、磯歯津路のことは『日本書紀』巻十四・雄略紀十四年正月是月条にみえる。

24 『異称日本伝』巻上一。改訂史籍集覧20（臨川書店　一九八四）所収。元禄六年刊本の影印がある（国書刊行会　一九七五）。

25 『漢籍倭人考』下。『菅政友全集』（国書刊行会　一九〇七）所収。

26 『宋書』巻九七「夷蛮伝」東夷倭国条、および『南斉書』巻五八「東南夷伝」倭国条。なお、中国の史書にみえるこれら倭王をいずれの天皇に比定できるかは、なお検討が必要である。湯浅幸孫「倭の五王と日本国王—『書紀』と中国史料—」（『日本歴史』四八三　一九八八）等参照。

27 各おの『日本書紀』巻十七・継体紀七年六月条、同十年九月条、同巻十九・欽明紀十五年二月条による。

28 以下3頁19行目までの、「支那の学問文章」と「帰化人」に関する記述は、[参]岡田・第一篇第一期第三章「帰化氏族と漢文学」にほぼ重なる。この部分を述べる倉石氏の主たる意図は、当時は帰化人系の一族が「文」「史」と称して文筆の業を世襲したこと、そして3頁19〜20行目にあるように、専ら帰化人を通じて「支那に関する知識が相当に浸潤していた」状況を確認することにあったのであろう。なお帰化人については、関晃『帰化人—古代の政治・経済・文化を語る—』（至文堂　一九五六　のち増補版　一九六六）等参照。

29 『古事記』巻中・応神記。『日本書紀』巻六・垂仁紀三年三月条および同八十八年七月条。なお『古事記』は「天之日矛」、『日本書紀』は「天日槍」と表記する。

30 『日本三代実録』巻四十四・元慶七年十二月二十五日条、同巻五十・仁和三年七月十七日条、『新撰姓氏録』左京諸蕃上「太秦公宿禰」条参照。

31 補注（11）掲引『日本書紀』巻十・応神紀十五年八月条に阿直岐、同十六年二月条に王仁帰化の記事がみえる。なお『古事記』と『日本書紀』の間にみえる人名表記の異同については2頁1〜2行目に言及がある。

32 『続日本紀』巻四十・延暦九年七月辛巳条に載る津連（菅野朝臣）真道等の上表文に「真道等本系、出自百済国貴須王。……国主貴須王、恭奉使旨、択採宗族、遣其孫辰孫王（一名智宗王）随使入朝。……」とみえる。

33 『日本書紀』巻十・応神紀十四年是歳条に百済から帰化したとされる弓月君を功満王の子とする説は、補注（30）掲引『新撰姓氏録』左京諸蕃上「太秦公宿禰」条に「…功満王、…男融通王、（一曰弓月王）」とみえる。

34 『日本書紀』巻十・応神紀二十年九月条に阿知使主、都加使主父子の渡来記事がみえる。阿知使主父子が呉へ遣わされたことは2頁17行目参照。なお「都賀使主」という表記は「坂上氏系図」引『新撰姓氏録』佚文にみえる。[参]岡田では、弓月君と奴理使主の記述の間に「後漢の霊帝の曾孫と称せる阿知使主は一族及び十七県の党類を携へて来朝し」とある。

35 『古事記』巻下・仁徳記に「箇木韓人」「奴理能美」の事蹟がみえる。また、『新撰姓氏録』左京諸蕃下に「調連、水海連同祖、百済国努理使主之後也。誉田天皇（諡応神）御世、帰化。……」、同右京諸蕃下に「民首、水海連同祖、百済国人努利使主之後也」とある。なお、[参]岡田に「魯公伯禽の後と称せる奴理使主は百済より来る」とするのは、『続日本後紀』巻四・承和二年十月庚子条によるもの。

36 『続日本紀』巻二十・天平宝字二年六月乙丑条の桑原史年足、人勝等の言に「……今年足・人勝等先祖、後漢苗裔鄧言興并帝利等、於難波高津宮御宇天皇之世、転自高麗、帰化聖境……」とみえる。

37 『新撰姓氏録』河内国諸蕃に「茨田勝、呉国王孫皓之後、意富加牟枳君之後也。大鷦鷯天皇（諡仁徳）御世、賜居地於茨田邑、因為茨田勝」とみえる。

38 『新撰姓氏録』左京諸蕃上に「大崗忌寸、出自魏文帝之後安貴公、大泊瀬幼武天皇（諡雄略）御世、率四衆帰化。……」とみえる。[参]岡田も「安貴公」と表記する。

39 『日本書紀』巻十四・雄略紀五年四月条に「百済加須利君〔蓋鹵王也〕……乃告其弟軍君〔崐支也。〕曰、汝宜往日本以事天皇。軍君対曰、上君命不可奉違。……」とみえる。

40 『日本書紀』巻十四・雄略紀七年是歳条に百済が貢上した「今来才伎」の記事がみえる。

41 『新撰姓氏録』左京諸蕃下に「和薬使主、出自呉国主照淵孫智聡也。天国排開広庭天皇（諡欽明）御世、随使大伴佐尼比古、持内外典薬書、明堂図等百六十四巻、仏像一躯、伎楽調度一具等、入朝……」とみえる。

42 『古事記』巻中・応神記に「此和爾吉師者、文首等祖」とみえ、『日本書紀』巻十・応神紀十六年二月条には「王仁者是書首等之始祖也」とみえる。文首（書首）については井上光貞「王仁の後裔氏族と其の仏教—上代仏教と帰化人の関係に就ての一考察—」（一九四三　のち『井上光貞著作集』二所収　岩波書店　一九八六）等参照。

43 「漢書首」は「漢直」の誤写か。『日本書紀』巻十・応神紀二十年九月条に「倭漢直祖阿知使主、其子都加使主、並率己之党類十七県而来帰焉」とある。補注（34）参照。なお、『古事記』巻下・履中記には「倭漢直之祖、阿知直……」とみえる。

44 『日本書紀』巻十四・雄略紀二年十月是月条に史部の両名が雄略天皇に寵愛されたことがみえる。身狭村主青は2頁18行目に既出。

45 『日本書紀』巻十・応神紀十五年八月条に「其阿直岐者阿直岐史之始祖也」とあり、『古事記』巻中・応神記には「此阿知吉師者、阿直史等之祖」とある。2頁1～2行目参照。

46 『日本書紀』巻十九・欽明紀十四年七月甲子条に「即以王辰爾為船長。因賜姓為船史。今船連之先也」とあり、同三十年正月条に「胆津者王辰爾之甥也」、同四月条に「天皇嘉胆津定籍之功、賜姓為白猪史……」とあり、同巻二十・敏達紀三年十月戊戌条に「詔船史王辰爾弟牛、賜姓為津史」とある。前出の西文氏、東文氏に比べ王辰爾一族は新しい帰化人とされる。なお「辰孫王の裔の……」云々は津連真道等の上表文にみえるもの。3頁4行目及び補注（32）参照。

47 高向史から御立史まで、各おの現在伝わる『新撰姓氏録』によって確認できる。栗田寛『新撰姓氏録考証』（一九〇〇刊活字本　神道大系古典編6『新撰姓氏録』　一九八一所収）、佐伯有清『新撰姓氏録の研究』（吉川弘文館　一九六二～二〇〇一）等参照。

48 阿知使主父子の呉派遣は2頁17行目に既出。身狭村主青の呉派遣は、2頁18行目に既出。ともに補注（23）参照。田道間守の常世国派遣のことは、『日本書紀』巻六・垂仁紀九十年二月条に「天皇命田道間守遣常世国、令求非時香菓〔香菓、此云箇倶能未〕。今謂橘是也。」とみえる。なお『古事記』巻中・垂仁記にも同様の記事がみえるが、「多遅摩毛理」と表記する。

49 以下、4頁1行目「……盛になり」までは、[参]岡田・第一篇第一期第三章「帰化氏族と漢文学」のうち「仏教伝来と漢文学」の項に基づく記述。

50 『扶桑略記』第三・欽明天皇十三年条に「日吉山薬恒法師法華験記云、延暦寺僧禅岑記云、第廿七代継体天皇即位十六年壬寅、大唐漢人案部村主司馬達止、此年春二月入朝、即結草堂於大和国高市郡坂田原、安置本尊、帰依礼拝、挙世皆云、是大唐神之……」とみえる記事による。『元亨釈書』第十七・願雑二・王臣二（大日本仏教全書101　仏書刊行会　一九一三、新訂増補国史大系31　一九六五所収）にも「司馬達等、南梁人……」として同様の記事がみえる。

51 『日本書紀』巻十九・欽明紀十三年十月条による。なお、百済からの仏教伝来について、『元興寺伽藍縁起并流記資材帳』は「（欽明）治天下七年歳次戊午十二月」とし、また『上宮聖徳法王帝説』には「戊午年十月十二日」と記され、『日本書紀』の記述との異同が問題とされている。

52 『日本書紀』巻二十・敏達紀八年十月条に新羅から仏像が贈られたことが、同六年十一月条に百済から経論若干巻等が献上された記事が載る。

53 『日本書紀』巻二十一・崇峻紀元年是歳条に百済から僧等が派遣献上された記事が載る。なお「善摠」について倉石氏は「恵摠」を「善摠」と書き改めているが、『日本書紀』は「恵総」、『元興寺縁起』は「恵忩」、『元興寺縁起』引「露盤銘」は「釈恵聡法師」につくる。『日本書紀』の崇峻紀三年是歳条には「善聡」の得度記事がみえる。補注（54）参照。

54 『日本書紀』巻二十一・崇峻紀三年是歳条に「是歳、度尼……、又漢人善聡・善通・妙徳・法定照・善智聡・善智恵・善光等。鞍部司馬達等子多須奈、同時出家。名曰徳斉法師」とみえ、参岡田には「法定」とつくるのを倉石氏は後から「照」の字を補っている。なお、『日本書紀』巻二十二・推古紀十四年五月戊午条には「多須那」につくる。

55 以下、5頁17行目までの遣隋使、遣唐使の記述は、木宮泰彦『日史交通史』上巻（金刺芳流堂　一九二六　のち『日華文化交流史』冨山房　一九五五）附録の日華通交年表に基づくもの。ただし、倉石氏がⅠ、Ⅱ…と記した派遣回数は、筑波藤麿「日唐関係」（国史研究会編輯『岩波講座　日本歴史』岩波書店　一九三三）の記載と一致する。遣唐使の派遣回数は、送唐客使や、任命後派遣が中止された例等を数え入れるかにより諸説がある。茂在寅男・西嶋定生・田中健夫・石井正敏『遣唐使研究と史料』（東海大学出版会　一九八七）、東野治之『遣唐使船　東アジアのなかで』（朝日選書　一九九九）、王勇『唐から見た遣唐使　混血児たちの大唐帝国』（講談社選書メチエ　一九九八）等参照。

56 『日本書紀』（巻二十二・推古紀十五年七月条）や補注（55）掲引木宮泰彦年表には第一回遣隋使の中に小使吉士雄成の名はみえない。なお吉士雄成は、翌年の第二回遣隋使として任命されている。

57 『日本書紀』巻二十六・斉明紀五年七月条、および同七年五月条には「伊吉連博徳書」が引かれ、派遣された遣唐使のことが詳述される。

58 補注（55）掲引木宮泰彦年表には唐から来朝した「二百五十四人」という人数を省略するが、倉石氏はこれを補っている。

59 道慈の渡唐については、『続日本紀』巻十五・天平十六年十月辛卯条中の道慈卒伝、及び『懐風藻』道慈伝にみえる。

60 『続日本紀』巻十六・天平十八年六月己亥条中の伝によると、天平七年に「経論五千余巻」を携えて帰国したとされる。その後、皇太夫人宮子の治病などにより栄寵を受けるが、晩年は筑紫観世音寺に左遷されて死去。

61 吉備真備は、天平七年の帰国に際して、倉石氏が欄外六に示した漢籍をはじめとするさまざまな中国の文物制度を将来するなど、文化使節としてとりわけ重要な貢献をみせている。『続日本紀』巻三十三・宝亀六年十月壬戌条の薨伝には、我が朝の学生の中で名を唐国に馳せた者は、真備と朝衡（阿倍仲麻呂）のみであったと記され、帰国後は孝謙天皇に礼記と漢書を講じたとある。天平勝宝四年 *752* に再び遣唐使に任命されている（5頁5行目）。太田晶二郎「吉備真備の漢籍将来」（一九五九　のち『太田晶二郎著作集』一所収　吉川弘文館　一九九一）等参照。

62 『続日本紀』巻三十・神護景雲三年十月癸亥条の卒伝には、若くして刑名の学を好み、文章に長けたとされる。吉備真備と『刪定律令』二十四条を撰している。

63 留学後、朝衡と名乗り、玄宗皇帝の朝廷に仕え活躍したことは著名。帰国を試みるも果たさず、長安で没した。5頁6行目参照。仲麻呂（仲満・朝衡）の名は、『旧唐書』東夷伝日本国条など、中国の史書にも記録されている。杉本直治郎『阿倍仲麻呂伝研究』（育芳社　一九四〇　のち『阿倍仲麻呂伝研究　手沢補訂本』勉誠出版　二〇〇六）等参照。

64 同年発遣の遣唐使として唐に渡った井真成なる人物の墓誌が近年中国・西安で発見された。東京国立博物館・朝日新聞社編『特別展「遣唐使と唐の美術」』（朝日新聞社　二〇〇五）、専修大学・西北大学共同プロジェクト編『遣唐使の見た中国と日本　新発見「井真成墓誌」から何がわかるか』朝日新聞

p5

社　二〇〇五）等参照。

65 道璿と婆羅門僧正菩提遷那について、『続日本紀』巻十二・天平八年十月戊申条には、来朝した両名へ時服を施すことがみえる。吉備真備に『道璿和上伝纂』がある。また、菩提遷那の事蹟は『南天竺婆羅門僧正碑并序』に伝わる。蔵中しのぶ『奈良朝漢詩文の比較文学的研究』（翰林書房　二〇〇三）等参照。林邑僧仏徹の来朝については、『南天竺婆羅門僧正碑并序』及び『元亨釈書』にみえる。袁晋卿は、『続日本紀』巻三十五・宝亀九年十二月庚寅条に、「玄蕃頭従五位上袁晋卿賜姓清村宿禰。晋卿唐人也。天平七年、随我朝使帰朝。時年十八九。学得文選・爾雅音、為大学音博士。於後、歴大学頭・安房守」とみえる。また波斯人李密翳については『続日本紀』巻十二・天平八年十一月戊寅条に位を授けたことがみえる。なお「李密医」という表記は、木宮補注（55）掲引書に基づくものか。

66 鑑真の来日のことは『続日本紀』巻十九・天平勝宝六年正月壬子条にみえるほか、学問僧普照の来日や、鑑真の来日に二十四人の弟子が随っていたことは『唐大和上東征伝』にみえる。

67 いずれも第二回遣隋使に随ったことが『日本書紀』巻二十二・推古紀十六年九月辛巳是時条にみえる。

p6

68 補注（65）掲引『続日本紀』巻三十五・宝亀九年十二月庚寅条参照。

69 補注（66）参照。繰り返し困難に遭遇しながらも来日を果たし、東大寺に戒壇を設け唐招提寺を建立するなどした鑑真の伝記は、『続日本紀』巻二十四・天平宝字七年五月戊申条の他、淡海三船の『唐大和上東征伝』に詳しい。蔵中進『唐大和上東征伝の研究』（桜楓社　一九七六）、王勇『おん目の雫ぬぐはばや』（農山漁村文化協会　二〇〇二）等参照。

70 以下、6頁14行目「…務めて踏襲をさけてある」まで、岡田正之『近江奈良朝の文学』（養徳社　一九四六）第一編第三章附説四「憲法の文辞」による。なお「憲法十七条」は日本思想大系2『聖徳太子集』（一九七五）等に所収。

71 『礼記』儒行に「礼之以和為貴」とあり、また『論語』学而に「有子曰、礼之用、和為貴。……」とある。また『論語』学而に「子曰、道千乗之国、敬事而信、節用而愛人、使民以時」とある。参芳賀及び参牧野・第一期第一章三「仏教の伝来と漢学の必要並に十七条憲法の制定」に指摘がある。

72 岡田、補注（70）掲引書第三編第一章三「書記の編修」に「其の文体は編年にして、荀悦の漢紀に倣はれ、日本紀の名の由て出でし所なり」とある。『漢紀』は、後漢・献帝の詔により、荀悦が撰述した前漢の編年史。三〇巻。張烈点校『両漢紀』（中華書局　二〇〇二）等参照。

73 『日本書紀』巻二十二・推古紀二十八年是歳条。

74 岡田、補注（70）掲引書第三編第一章一「記紀以前の史乗」に「天皇記以下の書は伝はらざるを以て、其の体製を知るに由なし。……窃に按ずるに、天皇記は列聖の御動止を録し、国記は諸国の事項を記し、臣連伴造国造百八十部并公民等本記は、各部族公民の姓系家乗を書せられしものならん。此の三記を合すれば、宛然たる一部の紀伝体の国史なり」とある。神田喜一郎「日本書紀といふ書名」（一九六五　のち『神田喜一郎全集』八所収　同朋舎出版　一九八七）、坂本太郎『六国史』（吉川弘文館　一九七〇）等参照。

75 『淮南子』俶真訓に「天地未剖、陰陽未判」とある。またこれに続いて『日本書紀』神代上に「及其清陽者、薄靡而為天、重濁者、淹滞而為地」とある部分は、同じく『淮南子』天文訓の「清陽者、薄靡而為天、重濁者、凝滞而為地」という部分との一致が指摘されている。

p7

76 『革命勘文』に「十二年甲子……夏四月、皇太子肇制憲法十七条云云〔是年隋文帝崩〕然則本朝制冠位法令、始于推古天皇甲子之年、豈非甲子革令之験乎」とある。『革命勘文』は、辛酉革命説に基づき改元を主張した三善清行の上申書。これによって昌泰四年***901***は延喜と改元された。日本思想大系8『古代政治社会思想』（一九七九）所収。所功『三善清行』（吉川弘文館　一九七〇　のち一九八九新装版）第五「辛酉革命の論」参照。

77 岡田、補注（70）掲引書第一編第三章附説一「甲子の発布と讖緯説」。

78 『日本書紀』巻二十二・推古紀十一年十二月壬申条に「始行冠位。大徳・小徳・大仁・小仁・大礼・小礼・大信・小信・大義・小義・大智・小智、并十二階、並以当色絁縫之」とある。

79 以下、7頁9行目までの文体に関する記述は、岡田補注（70）掲引書第三編第三章「各種の文体」に基づく。

80　岡田、補注（70）掲引書は、『上宮聖徳法王帝説』及び『鑑真東征伝』を「伝記の体」とする。『上宮聖徳法王帝説』一巻は、聖徳太子の伝を記したもの。補注（70）掲引『聖徳太子集』所収のほか、家永三郎『上宮聖徳法王帝説の研究』（一九五一〜一九五三　のち増訂版　三省堂　一九七〇）、沖森卓也・佐藤信・矢嶋泉『上宮聖徳法王帝説　注釈と研究』（吉川弘文館　二〇〇五）等参照。

81　岡田、補注（70）掲引書は『鑑真東征伝』と表記する。『唐大和上東征伝』一巻は、鑑真の伝記を記した淡海三船の著。補注（69）参照。また、蔵中進編『宝暦十二年版本　唐大和上東征伝』（和泉書院影印叢刊12　一九七九）等の影印もある。

82　岡田、補注（70）掲引書は、「法隆寺伽藍縁起并流記資材記」と「元興寺縁起」の「仏本伝来記」を「縁起の体」とする。『法隆寺伽藍縁起并流記資材帳』は、天平一九年 *747* に提出された縁起資材帳。大日本仏教全書117（一九一三）、『法隆寺史料集成』一（ワコー美術出版　一九八三）等に所収。

83　『元興寺縁起　仏本伝来記』は天平一八年 *765* 四月一九日の藤原豊成の敬白文。元興寺の縁起部分と「有壁記」の引用部分とからなる。大日本仏教全書118（一九一三）、藤田経世『校刊美術史料』寺院篇上巻（中央公論美術出版　一九七二）等に所収。

84　『経国集』二十巻は、天長四年 *827* 撰の勅撰漢詩文集。六巻のみ存。群書類従9所収の他、小島憲之『国風暗黒時代の文学』中（下）Ⅰ〜補篇（塙書房　一九八五〜二〇〇二）に注釈が載る。また、松浦友久「『経国集』論考—詩を中心として—」（一九六四　のち松浦友久著作選Ⅲ『日本上代漢詩文論考』所収　研文出版　二〇〇四）等参照。

85　『経国集』巻一。松浦友久「藤原宇合「棗賦」と素材源としての類書の利用について—上代漢文創作の一つのパターン—」（一九六三　のち補注（84）掲引書所収）等参照。

86　『経国集』巻一。川口久雄「壺中の天地—石上宅嗣「小山賦」と空海「遊山慕仙詩」」（川口久雄編『古典の変容と新生』明治書院　一九八四）、及び井実充史「石上宅嗣・賀陽豊年「小山賦」について」（『言語文学教育　佐藤宣男教授退官記念論文集』同刊行会　二〇〇二）等参照。

87　『懐風藻』一巻は淡海三船撰とする説もあるが未詳。天平勝宝三年 *751* の序をもつ。日本古典文学大系69『懐風藻　文華秀麗集　本朝文粋』（一九六四）所収。また辰巳正明編『懐風藻　漢字文化圏の中の日本古代漢詩』（笠間書院　二〇〇〇）等参照。

88　以上、『懐風藻』の詩体の特徴については、岡田、補注（70）掲引書第四編第二章三「詩形」による。なお、村上哲見「『懐風藻』の韻文論的考察」（『中国古典研究』四五　二〇〇一）には、岡田説を一部訂正する意見がみえる。

89　[参]牧野・第一期第二章四「漢文及び詩賦」には、『懐風藻』について述べた後、「総てこの時代から平安朝時代の初に至るまでは、声律に拘らないものが甚だ多い。蓋し当時にあっては、専ら『文選』の古詩を尊びて、未だ唐詩の格律厳正なるものに接しなかった為であらう」とある。

90　阿倍仲麻呂の渡唐については、4頁24行目〜5頁6行目に既出。王維や李白等と応酬した詩が残る。[参]牧野・第一期第二章一「平城朝時代の漢学」に李白の詩等が載る。杉本直治郎補注（63）掲引書、同「阿倍仲麻呂の詩の周辺—「銜命使本国」詩の場合—」（『東方学』三七　一九六九）、同「阿倍仲麻呂の詩の周辺—「失題」の詩の場合—」（『東方学』三九　一九七〇）、蔵中進「鑒真渡海前後—阿倍仲麻呂在唐詩二首の周辺—」（『神戸外大論叢』二六—三　一九七五）等参照。

第二章　補注

p8

1　5頁15〜17行目参照。以下、8頁14行目まで、木宮泰彦『日史交通史』上巻（金刺芳流堂　一九二六　のち『日華文化交流史』冨山房　一九五五）附録の日華通交年表に基づくもの。ただし、倉石氏が4行目にⅫと記す派遣回数は、第一章に続き筑波藤麿「日唐関係」（国史研究会編輯『岩波講座　日本歴史』岩波書店　一九三三）の記載と一致するもの。

2　『智証大師伝』（続群書類従8等所収）に「元慶五年、唐婺州人李達、依和尚之嘱、付張家商船、送来本朝一切経闕本一百二十余巻」、また「元慶六年、和

尚又差小師三慧入唐。重令捜写闕経三百四十余巻」とみえる。

3 『菅家文草』巻十に寛平六年*894*七月二十二日の「奉勅為太政官報在唐僧中瓘牒」が載る（日本古典文学大系72『菅家文草　菅家後集』一九六六所収）。

4 『菅家文草』巻九に寛平六年*894*九月十四日の「請令諸公卿議定遣唐使進止状」が載る。また『日本紀略』寛平六年九月三十日条に「其日、停遣唐使」とみえる。

5 留学期間短縮の原因について、木宮泰彦補注（1）掲引書・二、第四章三「遣唐学生・学問僧の留学期間」には、「一面我が国民的元気の萎縮したことや、唐船の来往が繁く便船を覓むるに左程困難でなかつたことなどにもよるであらうが、他面には既に唐文化の摂取すべきはほゞこれを摂取し、たゞ足らざるを補ふといふ程度に、進んだからであらう」とある。

6 『御遺告』に「大阿闍梨御相弟子内供奉十禅師順暁阿闍梨之弟子玉堂寺僧珍賀申云、日本座主設雖聖人、是非門徒也。須令学諸教。而何擬被授密教云云。両三般妨申。於是、珍賀夜夢降伏、暁旦来至。少僧三拝過失謝言云云」とみえる（『弘法大師空海全集』八　筑摩書房　一九八五、及び『定本弘法大師全集』七　密教文化研究所　一九九二等参照）。

p9

7 以下、10頁21行目までの「支那学の教育」に関する記述は、おおむね岡田正之『近江奈良朝の漢文学』（養徳社　一九四六）第二編第一章「学校及び貢挙」に基づく。

8 『日本書紀』巻十・応神紀十五年八月条。2頁16〜17行目参照。

9 『日本書紀』巻二十四・皇極紀三年正月条。

10 『家伝』鎌足伝。沖森卓也・佐藤信・矢嶋泉『藤氏家伝　鎌足・貞慧・武智麻呂伝 注釈と研究』（吉川弘文館　一九九九）等参照。

11 大学寮の開設時期については従来議論がある。倉石氏が欄外七に記したのは、岡田補注（7）掲引書が挙げる諸説である。すなわち、『日本書紀』巻二十七・天智紀十年正月是月条に「以小錦下授鬼室集斯〔学識頭〕」とあり、『懐風藻』序に「及至淡海先帝之受命也。……既而以為、調風化俗、莫尚於文。潤徳光身、孰先於学。爰則建庠序、徴茂才……」とあるのを、岡田は「実に我邦に於ける大学の権輿なり」と記す。一方、三善清行『意見十二箇条』（日本思想大系8『古代政治社会思想』一九七九所収）に「朝家之立大学也、始於大宝年中」とあることについて岡田は「大宝に至りて始めて隆盛を告げしに因り、遂に始を大宝に託したるものならん。其の実を得たるものにあらざるなり」と述べ、大宝年間開設説を否定する。なお、日本古代の学制、学校については、桃裕行『上代学制の研究』（一九四七　のち復刊　吉川弘文館　一九八三）、久木幸男『日本古代学校の研究』（玉川大学出版部　一九九〇）等を参照。大学寮の開設については、とくに後者の第一部第一章「草創期の大学寮」に詳しい検証がある。

12 『日本書紀』巻二十五・孝徳紀即位前紀に「以沙門旻法師・高向史玄理為国博士」とある。また鬼室集斯の記事については補注（11）参照。

13 岡田、補注（7）掲引書には「大学頭の名を以て任ぜられたるは、大化二年に百済より帰化したる文学の僧詠なり」とある。なお僧詠を大学頭とするのは、『続日本紀』巻二十九・神護景雲二年六月庚子条に「内蔵頭兼大外記遠江守従四位下高丘宿禰比良麿卒。其祖沙門詠、近江朝歳次癸亥自百済帰化。父楽浪河内、正五位下大学頭……」とある部分の諸本間の文字の異同によって生じた誤解とされる（久木補注（11）掲引書）。この説を採るものとして、久木は、伊地知季安『漢学紀源』、『日本教育史略』（文部省　一八七七　のち『明治文化全集』10所収　日本評論社　一九二八）を挙げる。

14 『日本書紀』巻二十九・天武紀四年正月条。

15 『日本書紀』巻三十・持統紀三年正月条。

16 『日本書紀』巻三十・持統紀五年四月条。及び同九月条。

17 『家伝』武智麻呂伝に「（慶雲）三年七月、徙為大学頭」とある。補注（11）掲引『古代政治社会思想』等参照。

18 『続日本紀』巻十・天平二年三月辛亥条。

19 『続日本紀』巻三十三・宝亀六年十月壬戌の吉備真備薨伝に「天平七年、帰朝。授正六位下、拝大学助」とみえる。また、三善清行『意見十二箇条』（補注（11）参照）には「至天平之代、右大臣吉備朝臣、恢弘道芸、親自伝授、即令学生四百人、習五経・三史・明法・算術・音韻・籀篆等六道」とみえる。

20 『続日本紀』巻二十・天平宝字元年八月己亥条。

p10

21 岡田、補注（7）掲引書は、九州における学業の様子を伝える記事として、『続日本紀』巻三十・神護景雲三年十月甲辰条、及び同巻三十一・宝亀二年十二月甲戌条を引く。

22 『養老令』官位令、職員令・大学寮条による。日本思想大系3『律令』（一九七六）、『令義解』『令集解』（新訂増補国史大系22～24　一九六六所収）等参照。

23 『類聚三代格』巻四・神亀五年 *728* 七月二一日勅にみえる。新訂増補国史大系25（一九六五）所収。

24 岡田、補注（7）掲引書には、大学頭として僧詠、調老人等、博士として高向玄理、僧旻等、助教として膳大丘、直講として凡黒鯛等の名を列挙している。なお、久木補注（11）掲引書に「七、八世紀の大学寮教官氏名」がその典拠とともに一覧表として示されている。

25 『養老令』学令・教授正業条および礼記左伝各為大経条による。

26 『養老令』と唐の学制との比較は、久木補注（11）掲引書第一部第一章第二節「令制の大学寮と朝鮮・中国の学制」に詳しい。『唐六典』は広池千九郎訓点・内田智雄補訂『大唐六典』（広池学園事業部　一九七三）等参照。

27 『令集解』学令引延暦一七年 *798* 三月一六日官符による（新訂増補国史大系23所収）。

28 岡田、補注（7）掲引書第二編第三章三「老子を斥く」には、葛井広成の対策や下毛虫麻呂の対策文、吉備真備『私教類聚』等を挙げ、老子を容れなかった当時の学風について述べている。

29 『養老令』選叙令・秀才進士条による。

30 『養老令』学令・算経条による。なお、ここであげられている『孫子』は兵法書ではなく『孫子算経』のこと。『孫子』以下、本ノートに掲げられている算経の書物はいずれも『日本国見在書目録』暦数家（「周髀」のみ天文家）に著録がみえる。『旧唐書』職官志三・国士監には「算学博士二人従九品下、学生三十人。博士掌教文武八品已下及庶人子為生者。二分其経、以為之業。習九章・海島・孫子・五曹・張邱建・夏侯陽・周髀十五人、習綴術・緝古十五人。其紀遺・三等数亦兼習之」とあるが、日本では張邱建、夏侯陽、緝古、紀遺、三等数をとらず、代わりに六章、三開重差、九司を入れている。六章、三開重差、九司という書名は『隋書』経籍志、『旧唐書』経籍志、『新唐書』藝文志等にはみえず、そのうち六章、三開は新羅の大学監の教科書であったという（日本学士院日本科学史刊行会編『明治前日本数学史』一　岩波書店　一九五四参照）。

31 『養老令』職員令・典薬寮条、陰陽寮条、雅楽寮条による。

32 以下、（一）～（四）の記述は『養老令』選叙令・秀才進士条及び同考課令・秀才条、明経条、進士条、明法条による。貢挙とは、官人の候補者を全国から推挙すること。諸国から監試受験のために送られてくる者を貢人、大学寮の課程を経てくる者を挙人と呼んだ。

33 『唐六典』巻二「凡諸州毎歳貢人、其類有六、一曰秀才、二曰明経、三曰進士、四曰明法、五曰書、六曰算、其弘文崇文生、各依所習業、随明経進士例、其秀才試方略策五条、文理倶高者為上上、文高理平理高文平者為上中、文理倶平為上下、文理粗通為中上、文劣理滞為不第」の注に「此条取人稍峻、自貞観後遂絶」とある。

34 以下、16行目までの記述は、岡田補注（7）掲引書に、『古事類苑』文学部三五・試験の「……大宝令ニ於ケル秀才、進士ノ試ハ、秀才ハ博学広才ノモノヲ取リテ方略ノ策ヲ試ミ、進士ハ明ニ時務ニ嫺ヒ并ニ文選・爾雅ヲ読ムモノヲ取リテ時務ノ策ヲ試ミル。然レドモ其試験ハ甚ダ難キモノナレバ、之ニ応ズルモノ甚ダ少ク、秀才ノ試ノ如キハ唐ニ在リテモ遂ニ之ヲ廃止シ、我国ニ在リテハ其試験ノ方法ヲ改メシニ拘ハラズ、慶雲ヨリ承平ニ至ル二百余年ノ間ニ僅ニ六十五人ヲ出シシニ過ギズ。進士ノ如キモ神亀五年ニ至リテ始メテ行ヒシモノノ如シ。勢既ニ斯クノ如クナルヲ以テ、令ノ制ハ永ク行ハレズシテ、大ニ其法ヲ改メタリ。即チ天平二年ノ格ニヨリテ、文章生二十人ヲ置キ、更ニ其中二人ヲ文章得業生ト為シ、之ヲ秀才生ト云ヒテ秀才進士二科ノ貢挙ニ擬セリ。……」とあるのを引くのによる。

35 岡田、補注（7）掲引書には、『古事類苑』の引用文中に注記して、「朝野群載巻十三に「登科記云、神亀五年戊辰始行進士試、少輔菅原清公」と見ゆ」とする。

p11

36 『令集解』職員令引「天平二年三月二十七日奏」に「……明法生十人、文章生二十人、簡取雑任及白丁聡慧、不須限年多少也。得業生十人、明経生四人……」と、文章得業生設置記事のことがみえるのによる。なお秀才生の設置は、弘仁一一年*820*一二月八日の官符（『本朝文粋』巻二「天長四年六月十三日太政官符」参照）によるもの。久木補注（11）掲引書第一部第三章「九世紀大学寮の諸相」参照。

37 『経国集』巻二〇「策下」（群書類従8所収）参照。

38 釈奠は、孔子等の儒教の先哲を祭る祭儀。弥永貞三「古代の釈奠について」（坂本太郎博士古稀記念会編『続日本古代史論集』下　吉川弘文館　一九七二所収）、須藤敏夫『近世日本釈奠の研究』（思文閣出版　二〇〇一）等参照。

39 『延喜式』巻二十・大学寮参照。『延喜式』は、新訂増補国史大系26（一九六五）及び神道大系古典編11、12（一九九一～一九九三）等に所収。また虎尾俊哉編・訳注日本史料『延喜式』上（集英社　二〇〇〇）が刊行中。

40 『続日本紀』巻二十八・神護景雲元年二月丁亥条。なお袁晋卿については、第一章5頁4行目及び24～25行目を参照。

41 呉音・漢音・唐音の三種を論じたもの。『本居宣長全集』五（筑摩書房　一九七〇）。また勉誠社文庫67（一九七九）。

42 日尾荊山（1789～1859）は秩父の人。江戸に出て亀田鵬斎の門人となった。『訓点復古』は天保六年*1835*刊、影印に勉誠社文庫31（一九七八）がある。

43 荻生徂徠（1666～1728）『学則』は享保一二年*1727*刊、日本思想大系36『荻生徂徠』（一九七三）に原文と書き下し文を収録。徂徠は「有黄備氏者出…作為和訓以教国人…顚倒其読、錯而綜之」（本ノート57頁にも引く）とするが、名前については日本思想大系本の補注に将軍綱吉・吉宗の諱を避けたという示唆がある。

44 太宰春台（1680～1747）『倭読要領』は享保一三年*1728*刊、影印は漢語文典叢書3（一九七九）、また勉誠社文庫66（一九七九）。

45 江村北海（1713～1788）『授業編』は天明三年*1783*刊、少年必読日本文庫第3編（博文館　一八九一～一八九二）所収。また、江戸時代支那学入門書解題集成3集（汲古書院　一九七五）に影印本が収録。雨森芳洲（1668～1755）『たわれ草』は『多波礼草』とも書く。寛政元年*1789*刊。新装版・日本随筆大成第2期13（一九九四）、また新日本古典文学大系99『仁斎日札・たはれ草・不尽言・無可有郷』（二〇〇〇）に収録。この記事は後者版の分段で第一四五段のもの。

p12

46 刊行された芳洲の文集としては、前掲『たはれ草』のほかに『橘窻茶話』（天明六年*1786*）と『橘窻文集』（寛政六年*1794*）があるが、それらには「三層三便一該」の記述はない。芳洲の文章は写本の流布でひろまったものらしく（関西大学学術研究所刊『芳洲文集』一九八〇、水田紀久「解説」による）、この記述を含む「音読要訣（抄）」もさまざまな写本のなかに含まれて伝承されたと思われる。関西大学編『芳洲文集』では、八代目の子孫である雨森連が整理した「芳洲先生文抄」に「音読要訣」が含まれる。

47 本文に説明のない三便は以下のとおり。平仄が自ずから分かれている国音を用いて読む韓人が、記憶しにくい唐音を借りて読む邦人より便利（一便）。平易な語義を用いる韓人が、難解非常な訓を用いるためさらに講解を必要とする邦人より便利（二便）。句読を切る箇所で一回だけ「吐」をほどこす韓人が、「てにをは」を使って返読する邦人より便利（三便）。また一該は、初学者の程度に応じて二三行から多くても十行以内の教材を暗記させるのみで速成を求めないことであり、教える場においては正にそうあるべきで（合該如此）合理的であるということ。

48 重野安繹については、第十章の補注（24）を参照。

49 中田祝夫『日本の漢字』（中央公論社　一九八二）第三章「『日本の漢字』の歩み」は、推古時代には確実に漢文訓読の存在を考えうるとする。

50 本条は『令義解』ではなく『令集解』の注（参岡井が第一篇・八、音博士の章に「義解に…」とあるのをそのまま記述したもの）。『令集解』は九世紀半ば（十世紀始めとの説もある）に惟宗直本らが『令義解』を敷衍したもの。「学令」は新訂増補国史大系23所収。

51 『続日本紀』巻三十五・宝亀九年十二月庚寅の条に「玄蕃頭従五位上袁晋卿賜姓濂村宿禰。晋卿唐人也。天平七年随我朝使帰朝。時年十八九。学得文選爾雅音。為大学音博士。於後。歴大学頭安房守」と見える。

52 上代の漢字音は『古事記』や『万葉集』の漢字音でみるかぎり呉音であったが、それが直接に三国の呉との交渉でもたらされたという考えと（山田孝雄『国語の中に於ける漢語の研究』一九四〇など）、朝鮮半島を経由してきたものであるという考え（満田新造『中国音韻史論考』一九六四など）があって、いまなお課題となっている。

53 『日本書紀』巻十四・雄略紀十四年の記事。2頁に既出。

54 『漢字三音考』「呉音先ズ定マレル事」の記述。「弟子」とある箇所は「弟子ヲ呉音ニデシト呼来レルモ此例ナルヲ思フベシ」からとったメモ。

p13

55 『日本紀略』延暦十一年閏十一月二十日条。14頁7～8行目に後出。

56 引用の「或書」は『日本三代実録』巻四十三・元慶七年六月十日の条に「昔者、唐人金礼信・袁晋卿二人、帰化本朝」と見えるもの。

57 『政事要略』は明法博士令宗（惟宗）允亮の撰、長保四年*1002*ごろ成書の法制参考書。百三十巻のうち現存するのは二十五巻分のみ。新訂増補国史大系28（一九六四）所収。

58 『元亨釈書』は虎関師錬（1278～1346）の撰、元亨二年*1322*成書の邦人高僧伝。大日本仏教全書101（仏書刊行会　一九一三）、新訂増補国史大系31（一九六五）所収。

p14

59 欄外一〇にあるように『類聚国史』仏道部（度者）の条。本ノートのこの段落に引く「勅」や「制」は、『漢字三音考』にもとづくが、倉石氏が別途にテキストを確認して、この頭注にそのメモを書いたと思われる。欄外一〇に「続日本紀」養老八年…」とあるのは、『続日本紀』巻八・養老四年十二月癸卯条の誤り。「文芸類纂…」とあるのは、『日本紀略』延暦十一年閏十一月辛丑条の勅に関する注記。『文藝類纂』引『日本紀略』に「明経之徒、不可習呉音…」とあるのを倉石氏は本文の傍注として書き込んでいる。なお続く欄外の「（国史大系」呉作正）」は経済雑誌社刊『国史大系』5（一八九七）の校記による書き入れ。また「廿五年、若有……」「日本後紀」十三」とあるのは、『日本後紀』巻十三・延暦二十五年（五月に大同と改元）正月辛卯条に見える記述。

60 『日本紀略』弘仁八年四月丙午の条。「鹿取」のことは『続日本後紀』巻十三・承和十年六月戊辰条。「仁明天皇」のことは『続日本後紀』巻二十・嘉祥三年三月癸卯の条。「真貞」のことは『続日本後紀』巻十五・承和十二年二月丁酉の条。

---

61 巻四、「藤の眞川（まかは）が浄豊（きよとよ）を挙するが為の啓」。

62 空海が点本を残したわけではないが、空海が請来した不空訳『大孔雀明王経』は平安時代以後の古点本すべてが漢音直読の加点本であるという（沼本克明『日本漢字音の歴史』東京堂　一九八六）。現存最古の加点本は仁和寺蔵本（中下二巻のみ）。

63 『日本三代実録』巻二・貞観元年三月十九日に引く大僧都真雅の上表文によるか。

64 これら語末の弱化・脱落した漢字音はおもに天台声明などで使われる（挙例は『漢字三音考』によるもの）。今では「新漢音」と呼ばれており、唐代末期の長安音などの北方音が反映している。新漢音の概念は飯田利行「平安朝初期におけるベ・メの音韻と新漢音との関係について」（『諸橋博士古稀祝賀記念論文集』一九五三）で提唱され、『日本に残存せる中国近世音の研究』（飯田博士著書刊行会　一九五五）を経て、沼本克明『平安鎌倉時代に於る日本漢字音に就ての研究』（武蔵野書院　一九八二）に受け継がれた。

65 大矢透（1850～1928）『仮名源流考』（一九一一）は推古時代の真仮名の字音を研究し、その源流が中国周代の発音にもとづくことを推定した。

66 大島正健（1858～1938）『漢音呉音の研究』（第一書房　一九三一）は主として『韻鏡』の声母と漢魏の押韻資料によって日本漢字音を研究したものであるが、カールグレンによる中国音韻学研究が参照できるようになる以前の業績でもあるため、今日ではほとんど顧みられない。その後の研究は数多くあるが、一例として沼本克明前掲書がある。日本漢字音の総論としては、築島裕編『日本漢字音史論輯』（汲古書院　一九九五）がある。

p15

67 岡井慎吾（1872～1945）が[参]岡井にあげる例はいわゆる推古遺文である。これらを含む日本漢字音の層は古音系といわれ、近年の研究では漢魏の音系が朝鮮半島を経由して流入したという考え方が有力である。沼本克明『日本漢字音の歴史』第一章「上代の漢字音」などを参照。

第三章　補注

p16

1　本章の語学に関する記述は主に参岡井、古代の学校や学者の系統に関する記述は参岡田によるものとみられる。音韻に関する記述なども参岡井と大島正健等の著述に依拠するところが少なくない。

2　『日本書紀』巻二十九・天武紀十一年三月丙午に「命境部連石積等、更肇俾造『新字』一部四十四巻」とある。境部石積は六五三年に遣唐使に随行する留学生であった。『新字』は「にいな」と読む。『日本紀略』では三十四巻とする。内容については、梵字に似た字体を釈したとも、国字を収録した、あるいは漢字を収録したなどの諸説があるが、字書とみなさない説もある。

3　参岡井「新字四十四巻」章に『新字』の内容性格を推定して「漢土の風気に刺戟せられて吾が国の学界が字体の整理を要望した結果と見る」とする記述にもとづく。

4　作者は楊胡史真身に比定されている。和訓注と漢文注とが混在する体裁であったらしい。逸文からは部立ては分からないが、『新撰字鏡』に「…章」という部立てに似た表現があり、これが『楊氏漢語抄』からの引用であるという。曽田文雄「滋賀大学本『楊氏漢語抄』について」（『滋賀大国文』二　一九六五）、蔵中進「『楊氏漢語抄』考―『河海抄』所引本文を通して」（『島田勇雄先生古稀記念　ことばの論文集』〈明治書院　一九八二〉、貞苅伊徳「『新撰字鏡』〈臨時雑要字〉と『漢語抄』」（『国語と国文学』六〇―一　一九八三）。

5　20頁『倭名類聚抄』参照。

6　『日本紀略』延暦十九年十月庚辰に「外従五位下伊与部家守卒。宝亀六年、兼補遣唐、習五経大義并切韻説文字躰、帰来之日、任直講、尋転助教」とある。

7　唐では七世紀半ばまでに五経正義が作られてテキスト・解釈の標準化がなされていた。

8　八世紀には『切韻』原本はもはや存在しなかった。八世紀中葉以後に唐で学んだとすれば、七〇六年成書王仁昫『刊謬補缺切韻』（現存）、開元年間*713*～*729*成書の孫愐『唐韻』（亡佚）、ないしは七六〇年以後成書の李舟『切韻』（亡佚）のいずれかであろう。これら切韻系韻書の展開については大島正二『増訂版　中国言語学史』（汲古書院　一九九八）参照。

9　『説文』はいわゆる大徐本小徐本がまだ現れていない。唐の大暦年間*766*～*779*に李陽冰の篆書本『説文』が作られ盛行していた時期であり、それを学んだ可能性がある。李陽冰『説文』は現存しないが、周祖謨「李陽冰篆書考」（『問学集』下　一九六六）がその部分的な復元を試みている。

10　『続日本紀』巻三十九・延暦六年五月戊戌条に「典薬寮言、蘇敬注新修本草、与陶隠居集注本草相検、増一百余条。亦今採用草薬、既合敬説。請行用之。許焉」とある。「陶隠居集注本草」は『隋書』経籍志・子部医方類に「陶弘景本草経集注七巻……亡」とあるもので佚書。森立之らによる復元本がある（『本草経集注』南大阪印刷センター　一九七二）。「新修本草」は唐・高宗の詔により蘇敬らが「集注本草」を増訂し顕慶四年*659*に完成したもの。仁和寺に鎌倉時代の写本残巻が伝わる。小曽戸洋『中国医学古典と日本』（塙書房　一九九六）第二章第一節「『神農本草経』の世界」参照。

11　『日本文徳天皇実録』巻四・仁寿二年二月乙巳条の滋野貞主卒伝に「天長八年。勅与諸儒撰集古今文書。以類相従。凡有一千巻。名秘府略」とある。現存するのは第八六四巻・百穀部中「黍・稷・粟・穄・粱」（お茶の水図書館成簣堂文庫蔵）と、第八六八巻・布帛部三（尊経閣文庫蔵）の二巻のみであるが、佚文を含むさまざまな漢籍からの引文もあり貴重。前者は古典保存会編の影印（一九二九）、後者は前田育徳会尊経閣文庫編『尊経閣善本影印集成13秘府略　巻八百六十八　附巻八百六十四』（八木書店　一九九五）がある。

12　『芸文類聚』など唐代成立の類書は奈良・平安時代の述作に大きな影響を及ぼしたとされる。小島憲之『上代日本文学と中国文学』上（塙書房　一九六二）第一篇第四章「類書の利用」等参照。

13　以下17頁2行目までは参岡田第一篇第三期第三章「弘法大師」に基づく記述。空海の伝は、『続日本後紀』巻四・承和二年三月丙寅、庚午条に載る。三浦章夫編『弘法大師伝記集覧』（森江書店　一九三四　のち密教文化研究所編増補再版　密教文化研究所　一九七〇）等参照。空海については8頁にも

p17

言及がある。なお、空海の出家に関して「延暦廿二年四月七日出家……」とする太政官符が伝わることから、三十一歳出家説がある（上山春平『空海』朝日新聞社　一九八一等）。

14 『遍照発揮性霊集』真済序に引く馬摠の詩に「何乃万里来　可非衒其才　増学助玄機　土人如子稀」とある。参岡田には「士人」とあり、倉石氏はこれにしたがったか。また、『高野大師御広伝』上（長谷宝秀編『弘法大師伝全集』一所収　一九三五　のちピタカ　一九七七複製）に載る朱千乗の詩「送日本国三蔵空海上人朝宗我唐兼貢方物而帰海東詩」に「威儀易旧体　文字冠儒宗」とある。なお『遍照発揮性霊集』は一〇巻。真済撰。空海の詩文集。撰者真済の序を付す。ただし八～一〇巻は散佚し、現在は、済暹が承暦三年1079に補った「続遍照発揮性霊集補闕抄」を合わせて一〇巻としている。日本古典文学大系71『三教指帰　性霊集』（一九六五）等所収。なお空海の著作を収める全集として、『弘法大師全集』（一九〇九～一九一一　のち増補三版　密教文化研究所　一九六五～一九六八）、『弘法大師空海全集』（筑摩書房　一九八三～一九八六）、『定本弘法大師全集』（密教文化研究所　一九九一～一九九七）等がある。

15 『遍照発揮性霊集』巻二に所収。

16 ともに『遍照発揮性霊集』巻四に所収。

17 三巻。序文に「延暦十六年臘月一日」の年紀がみえる。儒教、道教、仏教の主旨が順に説かれ、最終的に仏教へと導いていく。『三教指帰』は、空海の自筆本が伝わる『聾瞽指帰』を書き改めたものとされる。日本古典文学大系71『三教指帰　性霊集』、福永光司『空海　三教指帰ほか』（中央公論新社二〇〇三）、佐藤義寛『三教指帰注集の研究』（大谷大学　一九九二）等参照。

18 梁・僧祐『弘明集』巻六（大正新脩大蔵経第五二巻所収）。

19 唐・道宣『広弘明集』巻八（大正新脩大蔵経第五二巻所収）。

20 近年の詳密な訳注に興膳宏訳注『文鏡秘府論・文筆眼心抄』（『弘法大師空海全集』5　筑摩書房　一九八六）があり、中国では王利器校注『文鏡秘府論校注』（中国社会科学出版社　一九八三）がある。研究書に小西甚一『文鏡秘府論考』研究篇（上は大八洲出版　一九四八、下は大日本雄弁会講談社　一九五一）がある。

21 「紐」は同じ声母同じ韻母（四声は問わない）を共有する文字の関係あるいは文字のセットをいう。「四字一紐」はたとえば皇晃璜鑊が一つの紐の関係にあること、「六字一紐、捴帰一入」はたとえば皇晃璜と禾禍和の六字が鑊というひとつの入声字を共有する関係にあることを意味する。

22 「有尾韻」とは鼻音韻尾-m,-n,-ngをもつ音節、「無尾韻」とは母音で終わる音節、「入声」は硬子音韻尾-p,-t,-kを持つ音節のことをいう。それらが「対転」するとは、主母音がほぼ同じで、それらの意味の間に強い関連が観察される文字の関係をいう。

23 二つの漢字の声母が同等或いは近い関係を「双声」といい、韻母が同等或いは近い関係を「畳韻」という。

24 紐声反音と双声反音については諸説がある。岡井慎吾『玉篇の研究』（東洋文庫　一九三三）は、反切上字を求めることを紐声反音、反切下字を求めることを双声反音と解した。小西補注（20）掲引書は、反切上字と反切帰字の関係で、i介音の有無が共通する関係を紐声反音、i介音の有無が異なる関係を双声反音と解した。馬渕和夫『日本韻学史の研究』（臨川書店　一九八四増訂版）は、反切上字と帰字との関係ではなく、反切上字の選択が問題なのだとして、本字音（語頭音）をそのまま用いるのを紐声反音、iやuなど異なる介音をもつ双声の字を用いるのを双声反音と解した。補注（20）王利器前掲書・興膳宏前掲書はともに、陰声類（開母音）ないしは陽声類（鼻音韻尾をもつ）各々のなかでの双声関係にある字を反切に用いるのを紐声反音、陰陽の類を超えて反切用字を使うのを双声反音と解する。

25 六朝・隋・唐時代の漢字の声調は平上去入の四種類であるが、平声と他の上声去声入声とに二分したものを平仄といい、近体詩は平字と仄字の配置を整えることを要求された。

26 代表的なものに、梁・沈約『四声譜』、隋・劉善経『四声指帰』、撰者不明『文筆式』、唐・上官儀『筆札華梁』、唐・元兢『詩脳髄』、唐・崔融『唐朝新定詩格』、唐・王昌齢『詩格』（王昌齢は仮託らしい）、唐・釈皎然『詩議』などがある。

27 興膳宏訳注『文鏡秘府論・文筆眼心抄』（『弘法大師空海全集』5）がある。

28 我が国における現存最古の漢字字書。全六帖のうち、前四帖は正撰部と称され空海の撰であるが、後二帖は続撰部と称され撰者が異なる可能性がある。テキストは永久二年 ***1114*** の識語を有する高山寺本が伝わる（他はこの転写本）。影印は東京大学出版会の高山寺資料叢書6『高山寺古辞書資料第一』（一九七七）所収のものがあり、索引もつく。また、中国の中華書局の影印本もある（一九九五）。以下、日本の古辞書の概説書として西崎亨編『日本の古辞書を学ぶ人のために』（世界思想社　一九九五）がある。専門書としては川瀬一馬『増訂版　古辞書の研究』（一九八六　雄松堂出版）。

29 近年の影印に中華書局『原本玉篇残巻』（二〇〇三）がある。梁・顧野王『玉篇』原本は成書後まもなく改編されて伝わらず、注解が極端に簡略化された宋代の『大広益会玉篇』が伝わるのみである。しかし、日本には原本の残巻がのこされており、これを原本系玉篇と呼ぶ（原本そのものではないので系字をつけるのが妥当）。岡井補注（24）掲引書参照。

30 『遍照発揮性霊集』巻一「山中有何楽」に「摩竭鷲峰釈迦居　支那台嶽曼殊廬」とみえる。また『顕戒論』巻上・開雲顕月篇第一に「又印土菩提。支那鑑真。天宝之載、辞於大唐。勝宝之年、到於日本……」とみえる。『顕戒論』は日本思想大系4『最澄』（一九七四）所収。

31 中国に対する称呼については1頁19行目にも言及がある。青木正児「『支那』と云ふ名称について」（一九五二　『中華名物考』春秋社　一九五九所収　のち『青木正児全集』八所収　春秋社　一九七二）等参照。

32 比較的古い音義書として、『新訳華厳経音義私記』は後述、『四分律音義』は平安初期写、『金光明最勝王経音義』は一〇七九年の識語があり、『大般若経字抄』は一〇三二年ごろ藤原公任の撰、『天台』については何を指すか未詳、『法華経釈文』は後述、『孔雀経音義』は真寂の撰などが知られる。

p18

33 奈良時代末期の成立とみられ、万葉仮名の和訓を加えている。個人蔵の国宝。ただし、今では延暦十三年 ***794*** の年記に疑問が持たれている。影印本に貴重図書影印本刊行会本（一九三九）、および古辞書音義集成本（一九八八増訂版）がある。

34 慧苑『新華厳経音義』は『新訳大方広仏華厳経音義』が正式書名、略して『慧苑音義』とも。七二〇年ごろ長安で撰述され、唇音の軽重を分離することでよく知られる（水谷真成「慧苑音義音韻考―資料の分析―」『大谷大学研究年報』一一　一九五九、いま『中国語史研究―中国語学とインド学との接点』一九九四所収）。ただし、『新訳華厳音義私記』の材源となった『新華厳経音義』は『慧苑音義』ではなく、そこに万葉仮名の和訓が存在することから（一四項）奈良時代末期に日本で撰述されたものとも考えられ、たとえば『訓読語辞典』においても項目の執筆者によって立場が異なっている。

35 平安中期・松室中算（935～976）の撰、和訓はない。中算は仲算とも書く。

36 三〇巻。梁・蕭統（昭明太子）編の詞華集。先秦から梁代までの詩文を収める。李善注や五臣注、両者を合わせた六臣注のほか、日本には古注を含む『文選集注』の二〇余巻（もと一二〇巻）が伝存する。以下、18頁17行目まではほぼ参岡田第一篇第三期第九章「文選・白氏文集の流行」に基づく。

37 七一巻（もと七五巻）。白居易の作品集。日本には白居易在世中に僧慧蕚が抄写した本の転写本数巻が伝存する。『金沢文庫本白氏文集』一～四（大東急記念文庫発行・勉誠社制作　一九八三～一九八四）、天理図書館善本叢書漢籍之部2『文選　趙志集　白氏文集』（同編集委員会編・八木書店発行　一九八〇）、『国立歴史民俗博物館蔵　貴重典籍叢書』文学篇21〈漢詩文〉（臨川書店　二〇〇一）などにいわゆる金沢文庫本の影印がある。日本における『白氏文集』受容については、太田次男他編『白居易研究講座』三～五（勉誠社　一九九三～一九九四）等参照。

38 『枕草子』「文は」の段。能因本系の本文。三巻本系の本文では「文は文集。文選。新賦。史記、五帝本紀。願文。表。博士の申文。」とある。なお新日本古典文学大系、新編日本古典文学全集はいずれも三巻本系のテキストを底本とするが、日本古典文学全集は能因本系の学習院大学蔵三条西家旧蔵本を底本とする。

39 10頁5行目参照。

40 『万葉集』と『文選』をはじめとする中国文学との関係については和漢比較文学叢書9『万葉集と漢文学』（汲古書院　一九九三）等参照。また憲法十七条については6頁10行目でも言及がある。

41　『令抄』学令第十一に「延暦十一年格曰……又十七年格曰、一諸読書出身等皆令読漢音。勿用呉音。一大学生年十六已下、欲就明経者、先令読毛詩音。欲就史名者、先令読爾雅・文選音」とある（群書類従6所収）。

42　[参]岡田に「又朝紳中には文選を諳誦したるもの冬嗣の如しあり」とあるが、その典拠は未詳。『続日本後紀』巻九・承和七年四月戊辰条・藤原常嗣薨伝には「少遊大学、渉猟史・漢、諳誦文選。……」とあり、あるいはこの常嗣の記事と混同したものか。

43　『日本文徳天皇実録』巻三・仁寿元年四月丁卯条に「帝喚散位従四位下春澄宿禰善縄於北殿講文選。……」とある。

44　『続日本後紀』『日本文徳天皇実録』『日本三代実録』には、天皇に対する侍講や釈奠での講書の記事が散見される。

45　『日本文徳天皇実録』巻三・仁寿元年九月乙未条・藤原岳守卒伝の記事による。

46　『枕草子』に「雪のいと高う降りたるを、例ならず御格子まゐりて、炭櫃に火おこして、物語などしてあつまりさぶらふに、「少納言よ。香炉峰の雪いかならむ」と仰せらるれば、御格子上げさせて、御簾を高く上げたれば、笑はせたまふ。……」とある。『白氏文集』巻一六「香炉峰下新卜山居草堂初成偶題東壁」に「遺愛寺泉欹枕聴　香炉峰雪撥簾看」とあるのに基づく機転。

47　『平家物語』巻六「紅葉」にみえる高倉天皇の故事。「天気ことに御心よげにうちゑませ給ひて、「『林間煖酒焼紅葉』といふ詩の心をば、それらにはたがをしへけるぞや。……」とある。「林間煖酒…」の句は『白氏文集』巻一四「送王十八帰山寄題仙遊寺」にみえる。『和漢朗詠集』巻上「秋興」にもとられており、平安人の好むところであったことが知られる。

48　菅家（菅原氏）は江家（大江氏）とともに平安時代の文章道を代表する一族。天応元年六月壬子に土師宿禰古人らが賜姓を請い菅原宿禰となり（『続日本紀』巻三十六）、延暦九年十二月辛酉に菅原宿禰道長が姓朝臣を賜った（『続日本紀』巻四十）。清公（**770～842**）は『凌雲集』『文華秀麗集』の撰者の一人で、『続日本後紀』巻十二・承和九年十月丁丑条に薨伝がある。是善（**812～880**）は『日本三代実録』巻三十八・元慶四年八月三十日条に薨伝がある。

49　宇多天皇にすこぶる重用されたが、その後藤原時平との不和を生じ太宰府へ左遷され、配所で没した（**845～903**）。詩文集『菅家文草』『菅家後集』のほか、『類聚国史』を編纂するなど数々の業績を残した。遣唐使の廃止は道真の建議による。坂本太郎『菅原道真』（吉川弘文館　一九六二　のち一九九〇新装版）、藤原克己『菅原道真と平安朝漢文学』（東京大学出版会　二〇〇一）、和漢比較文学会編『菅原道真論集』（勉誠出版　二〇〇三）、波戸岡旭『宮廷詩人 菅原道真―『菅家文草』『菅家後集』の世界―』（笠間書院　二〇〇五）等参照。

50　『東宮切韻』は二十巻あるいは二十三巻あるいは十二帖などと一定しない。現在二千百数十条の逸文が知られており、それによると、陸法言・曹憲・郭知玄・釈氏・長孫納言・韓知十・武玄之・薩峋・麻杲・王仁煦・祝尚丘・孫愐・孫伷・沙門清徹の十四家の切韻を集成したもの（本ノートでは[参]岡田に従い十三家とする）。和訓はなかったらしい。頭注にある岡田希雄の研究以後、上田正「東宮切韻論考」『国語学』二四が詳しい。上田にはのちに「『東宮切韻』所引『曹憲』について」がある（『訓点語と訓点資料』六六）。また中村雅之「『倭名類聚抄』所引の『陸詞切韻』　東宮切韻利用の問題をめぐって」（『汲古』一三）は利用のあとを究明した論考。

51　「東宮切韻攷」「東宮切韻佚文攷」は一九三五年の『立命館文学』。「和漢年号字抄と東宮切韻佚文」は同年の『立命館三十五周年記念論文集　文学篇』。

52　『江談抄』第五「本朝麗藻文選少帖東宮切韻撰者事」に「……著述之日、聖廟執筆令滞綴給云々」とある。『江談抄』については補注（94）を参照。

53　部首配列の音義書、朱光撰（伝記は不詳）、天正一八年***1590***成書。影印本は勉誠社文庫30（一九七八）。[参]岡井によれば本書には『東宮切韻』から一二〇箇所の引用が見えるという。

54　昌住撰、十二巻、昌泰年間**898～901**の成書。和訓を多く含む。広本（天治本）と略本（享和本）との間の異同が大きいが、京都大学文学部国語学国文学研究室編の影印（臨川書店　一九六七）は両者を収めていて便利である。

p19

55　『続日本紀』巻三十六・天応元年六月辛亥条・石上宅嗣薨伝に「……宅嗣及

淡海真人三船為文人之首。……捨其旧宅、以為阿閦寺。々内一隅、特置外典之院、名曰芸亭。……」とみえる。

56 『拾芥抄』中・諸名所部第二十「冷泉院」の項に「大炊御門南堀川西、嵯峨天皇御宇、此院累代後院、弘仁亭本名冷然院云云、而依火災改然字為泉、天暦御記、然者、改冷然為冷泉也」とある（改訂増補故実叢書22　一九九三所収）。

57 小長谷恵吉は、貞観年間に詔を奉じ、寛平三年*891*以後に撰進されたとする。欄外一四にあるように、小長谷恵吉『日本国見在書目録解説稿』は昭和一一年*1936*に、『日本国見在書目録索引』は昭和一二年*1937*に、くにたち本の会からそれぞれ刊行されたが、のち『日本国見在書目録解説稿　附同書目録・索引』（小宮山出版　一九七六）として再版された。

58 古逸叢書については、第十章補注（10）に後出。

59 古典保存会（一九二五）。名著刊行会による複製がある（一九九六）。

60 群書類従28所収。

61 群書類従28所収。和田英松『本朝書籍目録考証』（明治書院　一九三六　のちパルトス社　一九九〇複製）参照。

62 梁・皇侃『礼記義疏』に鄭灼の説を加えたもの。現在早稲田大学図書館に所蔵される唐鈔本（喪服小記子本疏義第五十九残巻のみ伝存）が天下の孤本。羅振玉による影印（民国五年*1916*　のち『羅雪堂先生全集』七所収　台湾大通書局　一九七六）があり、島田翰『古文旧書考』巻一（『漢籍善本考』と題して北京図書館出版社より複製刊行　二〇〇三）に解題、翻刻がある。鈴木由次郎「礼記子本疏義残巻考文」（『中央大学文学部紀要』哲学科一六　一九七〇）、山本巌「礼記子本疏義考」（『宇都宮大学教育学部紀要』第一部三七　一九八七）等参照。

63 『隋書』経籍志、『旧唐書』経籍志、『新唐書』藝文志などには著録がない。『日本国見在書目録』天文家には「天地瑞祥志廿」とみえ、尊経閣文庫などに写本が伝わる。最近の研究に水口幹記『日本古代漢籍受容の史的研究』第Ⅱ部「『天地瑞祥志』の基礎的考察」（汲古書院　二〇〇五）がある。

64 三善清行（*847～918*）には『善家集』（佚）、『善家秘記』（一部存）、都良香（*834～879*）には『都氏文集』、『道場法師伝』（ともに存）、島田忠臣（*828～892*）には『田氏家集』（存）、橘広相（*837～890*）には『擬潜夫論』、『蔵人式』（ともに佚）、紀長谷雄（*845～912*）には『紀家集』、『紀家怪異実録』（ともに一部存）などの著作があったことが知られる。大曽根章介「学者と伝承巷説—都良香を中心にして—」（一九六九）、「漢文学における伝記と巷説—紀長谷雄と三善清行—」（一九六九　ともに『日本漢文学論集』二所収　汲古書院　一九九八）、所功『三善清行』（吉川弘文館　一九七〇　のち一九八九新装版）、渡辺秀夫『平安朝文学と漢文世界』第三篇第一章「神仙と隠逸——紀長谷雄について」（勉誠社　一九九一）等参照。また中村璋八・大塚雅司『都氏文集全釈』（汲古書院　一九八八）、中村璋八・島田伸一郎『田氏家集全釈』（汲古書院　一九九三）、宮内庁書陵部編『図書寮叢刊　平安鎌倉未刊詩集』（明治書院　一九七二）、三木雅博編『紀長谷雄漢詩文集並びに漢字索引』（和泉書院　一九九二）等の翻刻・注釈・索引類や宮内庁書陵部編『紀家集』（吉川弘文館　一九七八）等の影印本がある。

65 『扶桑略記』第二十四・延長四年五月二十一日条に「召興福寺寛建法師。於修明門外奏請。就唐商人船入唐求法、及巡礼五台山。許之。……又請此間文士文筆、菅大臣・紀中納言・橘贈中納言・都良香等詩九巻、菅氏・紀氏各三巻、橘氏二巻、都氏一巻、但件四家集、仰追可給、道風行草書各一巻、付寛建、令流布唐家。……」とみえる。王勇「遣唐使廃止後の海外渡航の物証」（『アジア遊学』二二　二〇〇〇）等参照。

66 大学寮の施設配置については『大内裏図考証』第二四下（改訂増補故実叢書28　一九九三所収）等を参照。

67 『二中歴』第二・儒職歴（改訂史籍集覧23　一九八四復刻版所収）には、「儒有七家」として菅家・藤家・橘家（以上西曹）、江家・高家・藤家・紀家・善家（以上東曹）をあげる。倉石氏は20頁5行目で源順のことを取りあげるが、源順は文章博士を任じていない。

68 倉石氏が文章院の設立を天長年間とする根拠は未詳。倉石氏が続けて引く吉澤義則『点本書目』（岩波書店　一九三一　補注（92）参照）には嵯峨・淳和朝における漢文学研究の隆昌と私学の勃興を述べ、「空海の綜芸種智院は天長に興り、……弘仁年中には文章院が大学寮内に設けられ、承和の初にはそれが更に東西両曹に分立するまでに発展した」とある。欄外一五の注記もこれによる。なお文章院の設立について、久木幸男『日本古代学校の研究』（玉川大学出版部　一九九〇）第一部第三章第二節「紀伝道の拡充・発展」は先行研究の問題点を指摘し、その設立を八世紀前半としている。

69　久木補注（68）掲引書第一部第五章第一節「大学寮別曹の諸機能」では、大学寮別曹（大学寮付属機関）である勧学院、学館院、奨学院と、和気氏設立の弘文院とは性格が異なるとの指摘がある。なお、倉石氏は弘文院を延暦一八年***799***設立とするが、これは弘文院設立に関する記事を含む『日本後紀』巻八・延暦十八年二月乙未条の和気清麻呂薨伝の年次であり弘文院設立の年次ではない。なお勧学院は弘仁一二年***812***藤原冬嗣による創建、学館院は承和末頃、橘嘉智子と橘氏公による創建、奨学院は元慶五年***881***在原行平によって創建されたとされる（桃裕行『上代学制の研究』（一九四七　のち復刊吉川弘文館　一九八三）第二章第四節「文章院及び大学別曹」等参照）。

70　『意見十二箇条』第四条「請加給大学生徒食料事」の一節（日本思想大系8『古代政治社会思想』一九七九所収）。なお久木補注（68）掲引書第一部第四章第一節「一〇世紀前半の大学寮」は、三善清行が大学寮の荒廃を述べるこの言葉を、財源回復の必要を説くための誇張であったとする。

71　承平・天慶年間（**931〜947**）に平将門と藤原純友による反乱があった。なお、以下に列挙される人名はそれぞれ、参岡田・第一篇第四期第二章に「天暦の諸家」としてみえるもの。

72　二巻。白居易をはじめとする唐代の詩人の七言詩から二句ずつを抜き出し部門ごとに類別したもの。金子彦二郎『平安時代文学と白氏文集　句題和歌・千載佳句研究篇』（培風館　一九四三　のち増補版　一九五五）参照。また『国立歴史民俗博物館蔵　貴重典籍叢書』文学篇21〈漢詩文〉（臨川書店　二〇〇一）に影印がある。

73　大江音人（**811〜877**）が編纂に参加したとされる『貞観格式』は散佚したが、『貞観格』は『類聚三代格』『政事要略』（それぞれ新訂増補国史大系25　一九六五、同28　一九六四所収）等への引用によって伝わり、『貞観式』は宮城栄昌「弘仁・貞観式逸」（『横浜国立大学人文紀要　第一類哲学社会科学』七　一九六二）に輯佚されている。

74　大江朝綱（**886〜957**）と第三三回渤海使裴璆らが唱和した延喜八年の鴻臚館での宴のことは『本朝文粋』巻九に朝綱の詩序（「夏夜於鴻臚館餞北客」）が残る。また『江談抄』第六等には朝綱の詩序の句に渤海人が涙を流して感動したという逸話を載せる。上田雄『渤海使の研究—日本海を渡った使節たちの軌跡—』（明石書店　二〇〇二）等参照。なお『作文大体』（群書類従9等所収）冒頭には大江朝綱「倭注切韻序」が引かれるが、本ノートで「倭注切韻」について「「詩文大体」ともいう」とあるのは参岡田による。『作文大体』については小沢正夫「作文大体の基礎的研究」（『説林』一一　一九六二）等参照。大江匡衡（**952〜1012**）には『江吏部集』がある。後藤昭雄『大江匡衡』（吉川弘文館　二〇〇六）等参照。大江匡房（**1041〜1111**）には『江家次第』『続本朝往生伝』等があり、その談話を藤原実兼が録した『江談抄』がある。補注（94）参照。

75　『江談抄』第四にみえる逸話。橘直幹の詩句は『和漢朗詠集』巻下・行旅に引く。

76　一四巻。『文選』にならい各種文体による詩文を集めた総集。柿村重松『本朝文粋註釈』（内外出版　一九二二　のち新修版　冨山房　一九六八）、日本古典文学大系69『懐風藻　文華秀麗集　本朝文粋』（一九六四）、新日本古典文学大系27『本朝文粋』（一九九二）、藤井俊博編『本朝文粋漢字索引』（おうふう　一九九七）、土井洋一・中尾真樹『本朝文粋の研究』校本篇、同漢字索引篇（勉誠出版　一九九九）等参照。また『本朝文粋　重要文化財』（汲古書院　一九八〇　身延山久遠寺本の影印）、天理図書館善本叢書和書之部57『平安詩文残篇』（同編集委員会編・八木書店発行　一九八四）、真福寺善本叢刊12『漢文学資料集』（臨川書店　二〇〇〇）等の影印がある。

77　源順撰、『倭名抄』とも、九三四年ごろ成書。漢語を意味によって分類し、出典と和名をつけた。京都大学文学部国語学国文学研究室編『諸本集成　倭名類聚抄』（臨川書店　一九六八）。

78　漢字に和訓を付した辞書。原撰本（図書寮本）は一一〇〇年頃成書、見出し

p21

には熟語も多く、出典の引用があるが、現存するのは一部分。勉誠社の影印がある（一九七六）。改編本は原撰本の後、あまり時間の隔たらないころに編まれた。見出し字と和訓と音注のみで、出典の引用はない。数種の伝本があるが、刊本は観智院本のみであり、天理図書館善本叢書和書之部32・33・34の影印が声点も判読可能（同編集委員会編・八木書店発行　一九七六）。

79　『伊呂波字類抄』は全十巻、後述の『色葉字類抄』（橘忠兼撰）の増補版とも別系統のものともいわれ、正確な撰者は未詳、十二世紀末の成書。伴信友の校本が伝わり、影印には日本古典全集本がある（風間書房　一九八八）。また、大東急記念文庫蔵室町初期写本の影印もある（雄松堂出版　一九八七）。『色葉字類抄』は十二世紀半ば過ぎに成書、三巻。影印に中田祝夫・峰岸明『色葉字類抄研究並びに総合索引』（風間書房　一九六四）がある。

80　三史について、『二中歴』第十一・経史歴（改訂史籍集覧23所収）には史記・漢書・後漢書を三史とする説に加え、「一云、史記、漢書、東観漢記（見史記発題吉備大臣三史櫃入此三史）」という説を掲げる。同様の記述は『拾芥抄』上・経史部第二三（改訂増補故実叢書22所収）にもみえる。

81　清原・中原二家による明経道教官職の世襲、家説の発生については、桃補注（69）掲引書第三章第二節「博士家家学の発生」、久木補注（68）掲引書第一部第六章第二節「教官職の世襲と官司請負制」等参照。なお「大外記清原広澄」については『尊卑分脈』（新訂増補国史大系60下　一九六七所収）、『清原氏系図』（群書類従5）等参照。また「助教清原善澄」については『日本紀略』寛弘七年七月某日条（新訂増補国史大系11　一九六五所収）に「助教海□□善澄為賊被殺。年六十八」とみえる。

82　築島裕『平安時代の漢文訓読語につきての研究』（東京大学出版会　一九六三）、小林芳規『平安鎌倉時代に於ける漢籍訓読の国語史的研究』（東京大学出版会　一九六七）等参照。

83　「周易正義摺本」のことは『台記』康治二年*1143*十一月二十四日条にみえる。増補史料大成23（史料大観の複製。臨川書店　一九六五）所収、史料纂集『台記』第一（続群書類従完成会　一九七六）等参照。

84　『史記正義』は唐の張守節の撰、開元二四年*736*に成書。南朝宋の裴駰「集

p22

解」、唐・司馬貞の「索隠」と並んで三家注といわれる。本書で「凡例」と書かれるものは「論例」が正しい。倉石氏に「四声点について」という講演がある（『斯文』二一―一　一九三九）。厳密に言うと『史記正義』の点は完全な四声点ではなく、語義にしたがって声調を変える「破読」の指示である。

85　日本の訓点資料に見える声点については石塚晴通『声点の起源』（『日本漢字音史論輯』汲古書院　一九九五）参照。

86　東大寺図書館と正倉院聖語蔵に分蔵する『成実論』はオコト点をほどこした資料のなかで年記の最もふるいもの。漢数字の返点を使った最古の資料は延暦二年*783*の『華厳刊定記』巻五（大東急記念文庫蔵）とされる。年記のないオコト点資料では、新薬師寺金堂の薬師如来像の胎内から発見された『妙法蓮華経』八巻のオコト点が八百年前後の最古の段階を示すという（小林芳規「新薬師寺薬師如来像納入妙法蓮華経の平安初期訓点について」『南都仏教』三八　一九七七、また築島裕『平安時代の国語』東京堂出版　一九八七など）。

87　興福寺蔵の『因明入正理論疏』九帖は建武二年*1335*の書写加点資料。訓点の内容は平安初期興福寺の僧明詮の訓点にまでさかのぼることが出来るという。ちなみに大東急記念文庫蔵『因明入正理論疏』は院政期天平四年*1154*の加点本。『成唯識論』は古く天長六年*829*に明詮のほどこした加点を、治安三年*1023*に移点したもので、いわゆる喜多院点が使われた。『因明入正理論義纂要』は正治二年*1200*加点資料であるが、これにも明詮の訓点が伝承されているという（『訓点語辞典』東京堂出版　二〇〇一。また、月本雅幸「因明論疏の古訓点について」『築島裕博士古希記念国語学論集』一九九五）。

88　天暦二年*948*加点本は個人蔵の一軸物。朱点・朱圏を用いて破音・声点・返点・送り仮名が詳密にほどこされている。訓点語研究の文脈では、顔師古注などを参照して訓を決めたことを実証する資料であるとされる（松本光隆「漢書揚雄伝天暦二年点における訓読の方法」『国語学』一二八など）。影印は京都帝国大学文学部景印旧鈔本・第二集―中（一九三五）。

89　兵法書『三略』は秦の黄石公の撰。寛弘八年の菅原家の古点を建保二年に写したのは僧隆慶。現存資料としては更に下って正和二年*1312*の知恩院蔵の

点本に反映されているものをいう（僧良祐の移点）。これは菅原家の家法を伝えるものであるが、金沢文庫蔵『群書治要』所収『三略』の鎌倉時代中期加点は藤原家の点法を伝える。これらを比較した研究が小林補注（82）掲引書に詳しい。

90 たとえば宮内庁書陵部蔵の藤原時賢書写『白氏文集』巻三正中二年*1325*点には菅原為長本の訓点が移点されている。

91 『史記』呂后本紀（毛利公爵家蔵・古典保存会複製　一九三五）・孝文本紀（東北大学蔵・東北大学複製　一九五四）・孝景本紀（大東急記念文庫古梓堂文庫蔵・京都帝国大学文学部景印旧鈔本　一九三五）の延久五年*1073*点本はみな大江家国の識語を持つ。

92 群書類従所収の『諸家点図』は近世の集成なので伝写の誤が少なくないという。吉沢義則『点本書目』（岩波書店　一九三一）は当時の目録としては画期的であった。遠藤嘉基・広浜文雄の『新版点本書目』（明治書院　一九五七）もあるが、その後の調査量の増大により、そのままでは役に立たない。今では前掲『訓点語辞典』がある（ただ、点本の識語などは載せない）。

93 『今昔物語集』巻二十四第二十八話「天神御製詩読示人夢給語」に見えるが、日本古典文学大系の校記によれば「ある人」は諸本欠字であるが、壒嚢集および同塵添本には「アル人」とするという。

94 『江談抄』は大江匡房（1041～1111）の談話を藤原実兼（1085～1112）が漢文で書き取ったもの。群書類従本を底本にして、本文を書き下し、注釈をほどこしたものに新日本古典文学大系32『江談抄　中外抄　富家語』（一九九七）がある。本条（第四巻六六条）の逸話における読み下し文は原書漢文のなかでは仮名表記になっている。また、本書に「ある人」とあるのは原文では「菅家室家」。

95 『詩経』周南・巻耳「我馬虺隤」の読みは、江戸初期の藤原惺窩の読みを伝える『詩経』においてもこの読み方が確認できる（和刻本経書集成・正文之部1、汲古書院　一九七六）。そこでは「我ガ馬　虺隤（クワイタイ）ト　ツカレヌ・ツカレ・ヤミヌ」のように、右側に字音（括弧内）、左側に三つの和訓が記載されている。

96 『文選』張衡・西京賦「隆崛崔崒」の句。寛文二年*1662*刊の和刻本『六臣注文選』においても「隆崛ト　タカク崔崒ト　サカシウシテ」の文選読みがほどこされている（巻二）。この本の場合、音読みの箇所には右下にトを送るだけで字音は示さない。

97 『遊仙窟』は七世紀後半、唐の張文成作、中国では佚書、訳注に今村与志雄訳の岩波文庫がある（一九九〇）。本条は巻一「嵯運命之迍邅、歎郷関之渺邈」の読みであるが、岩波文庫本付載の醍醐寺蔵古鈔本でもそれが確認できる。この場合、「迍邅」の右側に「チムテムト　ウチハヤキ」、「渺邈」の右側に「ハクト　ハルカナル」のように音訓を一行に連ねて書いてある。

98 天仁二年*1109*序。平声の字を四字一句の韻文に仕立てたもので、初学者のための韻字学習書。傍訓は現存する諸本に出入りがあり、本書に引用するような完璧な文選読みは静嘉堂文庫蔵の古鈔本（慶長年間写）に見られる。その影印は古辞書叢刊8（一九七六）。

p23

99 「文選読み」を別に「かたちよみ」ともいう。文選読みがおこなわれる語は状態語が多く、訓詁注釈では「…の貌（かたち）」という説解がなされるところから「かたちよみ」の用語が生じた。なお、奈良平安鎌倉の古訓点には想像するほど文選読みの事例が多くはなく、一書全編に適用するようになるのは江戸初期になってからといわれる（『国語学辞典』）。

第四章　補注

p24

1 木宮泰彦『日華文化交流史』（冨山房　一九五五）三篇第一章の三「呉越との交渉」、四「文化的交渉」、附録「日華通交年表」等に見える。

2 [参]岡田・第二篇第一期第四章「宋学の伝来・上」に詳しい。『宋史』巻四九一・外国七「日本国」条に、「雍熙元年、日本国奝然与其徒五六人浮海而至、献銅器十余事、并本国職員令、王年代紀各一巻。……奝然之来、復得孝経一巻、越王孝経新義第十五一巻、皆金鏤紅羅褾、水晶為軸」とある。

3 同じく『宋史』巻四九一に「景徳元年、其国僧寂照等八人来朝。寂照不暁華言、而識文字、繕写甚妙、凡問答並以筆札」とある。[参]岡田では、『本朝高僧伝」等に拠りつつ、歿年を長元九年とする。

4 参岡田・第二篇第一期第四章に詳しい。『宋史』巻四九一に「熙寧五年、有僧誠尋至台州、止天台国清寺、願留」とある。

5 参岡田・第二篇第一期第四章の「成尋」条に詳しい。本ノートでは藤原頼長が宋版を入手した年を久安六年とするが、頼長の日記『台記』（増補史料大成24　一九六五）久安六年 ***1150***条にはこの記事は見えない。『宇槐記抄』（増補史料大成25）巻中では仁平元年 ***1151***九月二四日のこととするので、本ノートの年号は誤りか。なお、頼長については、和島芳男『日本宋学史の研究　増補版』（吉川弘文館　一九八八）第一編第二章の二「藤原頼長の好学」等を参照。

6 参岡田・第二篇第一期第四章の「日宋の交通」条に詳しい。

7 参岡田・第二篇第一期第四章の「成尋」条に詳しい。

8 『弘決外典鈔』は昭和三年 ***1928***に刊行された影印版がある。なお、具平親王については、参岡田、第一篇第四期第三章「両中書王」、大曾根章介「具平親王考」（一九五八　後に『日本漢文学論集』二所収　汲古書院　一九九八）等を参照。

9 『経国集』巻十四に収録する嵯峨天皇の「雑言　漁歌」は兼明親王の作に先立つ長短句であること、青木正児「日本文学と外来思潮との交渉（三）支那文学」（一九三一　後に『青木正児全集』二所収　春秋社　一九八三）の（上）「奈良朝及び其前後」、神田喜一郎『日本における中国文学Ⅰ・Ⅱ　日本填詞史話』（二玄社　一九六五　後に『神田喜一郎全集』六・七所収　同朋社出版　一九八五・一九八六）等に指摘がある。

p25

10 田能村竹田「填詞図譜自序」（文化元年 ***1804***）に、「有前中書親王憶亀山之詞。蓋王夙好文学、才藻典麗。……当推以為我邦開山祖」とあるに拠る。なお、兼明親王については参岡田、第一篇第四期第三章「両中書王」、大曾根章介「兼明親王の生涯と文学」（一九六二　後に『日本漢文学論集』二所収）等を参照。

11 参岡田・第一篇第四期第四章「正暦の四家」、第六章「朝野群載と続本朝文粋」等に詳しい。紀斉名に関しては、金原理「紀斉名私論―大江匡房の斉名評をめぐって―」（一九七一　後に『平安朝漢詩文の研究』所収　九州大学出版会　一九八一）等を、大江以言、匡衡に関しては、後藤昭雄「大江以言考」（一九七二　後に『平安朝日本漢文学論考　補訂版』所収　勉誠出版　二〇〇五）、大曾根章介「大江匡衡」（一九六二　後に『日本漢文学論集』二所収）、後藤昭雄「大江匡衡の詩文」（一九七一　後に『平安朝日本漢文学論考　補訂版』所収）等を参照。なお、『朝野群載』は国史大系29―上（吉川弘文館　一九六四新訂増補）所収。『童蒙頌韻』は古辞書叢刊に影印版（同刊行会　一九七六）を収める。『江談抄』については、第三章の補注（94）参照。

12 久保天随『日本儒学史』（帝国百科全書117　一九〇五）の第一篇第十章「清原頼業」条、西村天囚『日本宋学史』（梁江堂書店　一九〇九）上編（三）「清原頼業と学庸」条等に詳しい。また、頼業については、向居淳郎「清原頼業伝」（『日本史研究』3　一九四七）、和島芳男『日本宋学史の研究　増補版』補遺Ⅰの二「清原頼業論」等を参照のこと。なお、清原頼業が『礼記』から『大学』『中庸』を抜き出したとの説は、後出の『康富記』に典拠する。

13 久保、補注（12）掲引書第二篇第十六章「金沢文庫」条、西村天囚『日本宋学史』上編（四）の「金沢文庫」等に詳しい。また、金沢文庫に関する論考には、関靖『金沢文庫の研究』（一九五一　後に熊原政男の論考を附加し日本書誌学大系19『金沢文庫之研究』として刊行　一九八一）、阿部隆一「金沢文庫の漢籍」（一九七二　後に『阿部隆一遺稿集』二所収　汲古書院　一九八五）、「北条実時の修学の精神」（一九六八　同前）等がある。

14 『毛詩抄』巻一・召南「摽有梅」条。『毛詩抄』は倉石武四郎・小川環樹の校訂により岩波文庫の一として二冊が戦前に刊行された（第一冊は一九四〇、第二冊は一九四二）。その後、倉石・小川両氏の意を汲む京都大学の諸氏によって校訂作業は続けられ、一九九六年に岩波書店から別途に全四冊として刊行された。なお、影印版は、抄物資料集成（清文堂出版　一九七一）、抄物大系（勉誠社　一九七二）等に収める。

15 東洋文庫に所蔵される『古文尚書』については、『岩崎文庫貴重書書誌解題Ⅰ』（東洋文庫　一九九〇）を参照。なお、この『古文尚書』筆写に関わった中原氏（康隆―重貞―康富）は清原家の学統に連なっており、博士家中原氏とは別家。

p26

16 中原康富『康富記』は、増補史料大成37~40（一九六五）に翻刻を収める。

17 西村天囚『日本宋学史』上編（三）「宋学伝来者」条、参岡田の第二篇第二期第三章「釈門の概観」条等に詳しい。なお、禅僧の伝記については、玉村竹二『五山禅僧伝記集成』（講談社　一九八三　二〇〇三新装版）等を参照。

18 久保、補注（12）掲引書第二篇第二章「朱子学の伝来」条等に詳しい。

19 参大江・第一篇「儒学伝来の源委」第一章第三節に詳しい。

p27

20 清原良賢については参大江・第一篇第二章「新古両注の関渉」の第一節に詳しい。孟子趙注受容については、井上順理『本邦中世までにおける孟子受容史の研究』（風間書房　一九七二）等に詳しい。

21 五山制度については、北村澤吉『五山文学史稿』（冨山房　一九四一）、玉村竹二『五山文学』（至文堂　一九五五　一九六六新装版）等を参照。また、五山にて読まれた経書については、芳賀幸四郎『東山文化の研究』（河出書房　一九四五）第一篇第二章「五山禅僧と外典」等に言及がある。

22 参岡田、第二篇第一期第四章「宋学の伝来・上」の「栄西と俊芿」条に詳しい。なお、伊地知季安『漢学紀源』は、翻刻を続々群書類従10（一九〇七）に収める。

23 西村天囚『日本宋学史』上編（三）の二「聖一国師　大明録、三教要録」条等に詳しい。

p28

24 西村天囚『日本宋学史』上編（五）の一「後醍醐の経筵」条、参大江の第一篇・第一章「儒学の伝承」の第三節等に詳しい。なお、『花園天皇宸記』は、増補史料大成2・3に翻刻を収め、村田正志による和訳（続群書類従完成会　一九九八~二〇〇三）もある。

25 同前注。なお、『尺素往来』は、群書類従141に翻刻を収める。当該原文には、「次紀伝者史記并両漢書・三国史・晋書・唐書及十七代史等、南・式・菅・江之数家被伝其説乎。是又当世付玄恵之議、資治通鑑・宋朝通鑑等、人々伝受之。特北畠入道准后被得蘊奥云々」とある。

26 以上の詞華集、詩人の流行は、これらに関する多くの抄物が伝存することに看て取れる。ここでは影印・翻刻資料として活用できるものを中心に掲出する。『古文真宝』については、『笑雲和尚古文真宝之抄』（後集の抄）の翻刻を校註漢文叢書12（博文館　一九一四）に、『古文真宝笑雲抄』（前集の抄）を同前11（同前）に収める。『三体詩』は、『三体詩幻雲抄』（勉誠社　一九七七）、『三体詩素隠抄』（同前）を抄物大系に影印版を収め、蘇軾の詩集の抄物『四河入海』も抄物大系に影印を収める。黄庭堅については、江戸時代に刊行された整版本『山谷詩集注抄』（正保四年 ***1647***）がある。

27 『済北集』は五山文学全集1（裳華房・民友社　一九〇六　一九七三複製）に翻刻を収め、『元亨釈書』は大日本仏教全書101（仏書刊行会　一九一三）に翻刻を収める。また、『聚分韻略』は、奥村三雄『聚分韻略の研究』（風間書房　一九七三）に影印を収める。なお、虎関師錬については、福島俊翁『虎関』（一九四四　後に『福島俊翁著作集』二所収　木耳社　一九七四）、千坂嵃峰『五山文学の世界　虎関師錬と中巌円月を中心に』（白帝社　二〇〇二）等に詳しい。

28 雪村友梅の詩文集『岷峨集』は、五山文学全集1、五山文学新集3（東京大学出版会　一九六九）に翻刻を収める。

29 西村天囚『日本宋学史』上編・（七）「中巌円月の尊信」に詳しい。なお、中巌の詩文集『東海一漚集』は五山文学新集4（一九七〇）に翻刻を収める。

p29

30 西村天囚『日本宋学史』上編・（八）の下「義堂と足利義満」条、参大江の第一篇第一章「儒学の伝承」の第三節等に詳しい。

31 西村天囚『日本宋学史』上編・（八）の下「義堂と足利義満」条。「徐福熊野祀」は、七言絶句「御製賜和」（『蕉堅藁』所収）を指す。なお、『蕉堅藁』については、蔭木英雄『蕉堅藁全注』（清文堂　一九九八）がある。

32 岐陽方秀については、西村天囚『日本宋学史』上編（九）「岐陽の四書和点」、（十）「岐陽の学派」に詳しい。なお、柏舟宗趙本とは異なるが、講者未詳の『周易抄』の影印を京都大学国語国文資料叢書9（臨川書店　一九七八）に収める。

33 この『三体詩』講説の伝承については、塩瀬宗和『三体詩絶句鈔』（元和六年 ***1620***）、宇都宮遯庵『三体詩詳解』（元禄一三年 ***1700***）等にも引かれる。

p30

34 西村天囚『日本宋学史』上編・（十二）「足利学校と宋学」条、参大江の第一

篇第一章「儒学の伝承」の第三節等に詳しい。なお、足利学校については、川上広樹『足利学校事蹟考』（一八八〇　後に未刊の続編と合わせて『正続足利学校事績考』として影印版刊行　足利学校遺蹟図書館後援会　一九七六）、川瀬一馬『足利学校の研究』（講談社　一九七四増補新訂版）等がある。

35　足利学校の蔵書については、長沢規矩也『足利学校貴重特別書目解題』（一九三七　後に『長沢規矩也著作集』四　汲古書院　一九八三）、同『足利学校遺跡図書館古書分類目録　補訂版』（一九七五）等に詳しい

36　「林鵞峰の説」とは、「西風涙露・中」（『鵞峰先生林学士文集』巻七八）にある「本朝累世儒家、以菅・江為宗、古人・清公・是善三代声価稍高……」条に拠ることをいう。

第五章　補注

p31

1　『碧山日録』長禄三年四月二十三日条。当該記事は、[参]大江の第一篇第二章「新古両注の関渉」の第二節に見える。

2　『康富記』嘉吉三年六月十二日条。当該記事は、[参]大江の第一篇第二章「新古両注の関渉」の第二節に見える。

3　当該記事は、[参]大江の第一篇第二章「新古両注の関渉」の第二節に見える。

4　京都大学附属図書館清家文庫にも伝本を所蔵するが、自筆本は大東急記念文庫に所蔵する。『大学聴塵』の当該記事は、[参]大江の第一篇第二章「新古両注の関渉」の第二節に見える。

p32

5　清原宣賢については、山田英男「清原宣賢について」（『国語と国文学』三五―一〇　一九五七）、和島芳男「清原宣賢とその家学」（『日本歴史』185　一九六三）等を参照。なお、宣賢の講じた抄で伝存するものの多くは、京都大学附属図書館清家文庫、天理図書館等に所蔵される。

6　『毛詩抄』については、第四章の補注（14）を参照のこと。

7　川瀬一馬『増補古活字版之研究』（The Antiquarian Booksellers Association of Japan　一九六七）第一編第二章「上代に於ける印刷文化」、中根勝『日本印刷技術史』（八木書店　一九九九）第三章「天平文化と百万塔陀羅尼経の開版」、第四章「平安朝の摺経と春日版」等に詳しい。

8　覆宋本『寒山詩』は、正中二年 *1325* 刊。前掲『増補古活字版之研究』第一編第五章五節では安田文庫等が所蔵する二点のテキストを紹介するが、いずれも関東大震災で焼失したことを記す。現在、伝存を知られるテキストは鎌倉の円覚寺が所蔵（鎌倉国宝館に寄託）するもの。

p33

9　川瀬一馬「正平本論語攷」（一九三二　後に『日本書誌学之研究』所収　講談社　一九四三）。『正平板論語』の伝本は、宮内庁書陵部、大阪府立中之島図書館などに所蔵される。

10　大正六年刊。内藤湖南「天文板論語序」を附す。なお、『天文板論語』を刊行した阿佐井野氏は泉州堺の医者で、この他に『三体詩』『医書大全』も上梓した。

11　陳孟栄の刊刻事業については長沢規矩也『書誌学論考』（松雲堂書店　一九三七　後に『長沢規矩也著作集』一所収　汲古書院　一九八二）に詳しい。また、同氏『和漢書の印刷とその歴史』（一九五二　後に『長沢規矩也著作集』二所収　一九八二）の口絵に該書の巻末の写真が収められる。

12　川瀬一馬『増補古活字版之研究』第一編第五章の四「支那刻工の来朝」、五「外典飜刻の原因と其の発達」等に詳しい。

13　『文明板大学』については、西村天囚『日本宋学史』下編（四）「日本最初の大学刊行」に、同氏所蔵本の詳細が記される。

14　唐末五代のころの韻図。中国では佚した。影印本には日本永禄七年 *1564* 重校本を古逸叢書が採用したいわゆる永禄本韻鏡があり、北京古籍出版社本（一九五五）、龍宇純『韻鏡校注』（台湾藝文印書館　一九六〇）、李新魁『韻鏡校証』（中華書局　一九八二）、呉葆勤編『宋本広韻・永禄本韻鏡』（江蘇教育出版社　二〇〇二）などはいずれも永禄本を収める。日本での永禄本校本には、馬渕和夫『韻鏡校本と広韻索引』（巌南堂書店　一九七〇新訂版）、藤堂明保・小林博『音注韻鏡校本』（木耳社　一九七〇）、三沢淳治郎『韻鏡の研究』（韻鏡研究会　一九六〇）などがあるが、いずれも影印は収めない。『韻鏡』の発見と加点の伝承については、後述の『指微韻鏡私抄略』等にある記事によるが、本ノートの記述は[参]岡井によっている。なお、嘉吉本韻鏡

の影印は、東京古典保存会から一九三七年に橋本進吉の解説つきで刊行。

p34

15 一般に明了房信範といわれ、弘安十年 ***1297*** ごろ入滅（享年六五歳ぐらい）。まとまった伝記は無く、馬渕和夫・増訂本『日本韻学史の研究』Ⅰ（臨川書店　一九八四）に学案がまとめられている。韻学研究に影響が大きかった。

16 『指微韻鑑略抄』から『韻鏡字相伝口授』までの紹介はすべて[参]岡井の六二「韻鏡の古注」の記述による。その後、馬渕、補注（14）掲引書が詳細な研究成果を提供する。それによれば本書は東寺観智院所蔵本で、至徳四年は僧恵鏡が僧正の実巌より受訓した年だというが（識語による）、その後転写が重ねられ、最終的には宝徳元年 ***1449*** に書写されたものだという。また、続群書類聚巻 ***888*** の『反音抄』が実はこの系統の別本であるとする。

17 岡井慎吾の解説つきで影印された貴重図書影本刊行会本がある（一九三六）。岡井はこの私抄略について、覚算なる僧侶の講義を記録したものだとし、図を見ないで『韻鏡』序例の穿鑿にとどまっている旨の評価をしている。しかし馬渕補注（14）掲引書は岡井の見たものは前半部分の記録であって、高野山明王院に別のタイトルで残っている講義の全体をみると、岡井の評はあたらないという。

18 奥書には絶海和尚とあるが、『韻鏡校本と広韻索引』ではその可能性を認めつつも疑問を呈している。京大図書館蔵。

19 福井県浄勝寺旧蔵の写本『指微韻鑑略抄』の前半部分の「七種反音」のことをいう。馬渕補注（14）掲引書参照。

20 元応元年 ***1319*** に作られた最古の韻鏡注釈書。特に序例に対して漢籍を博引旁証しつつ詳細な注を加え、後の韻鏡研究に多大な影響をあたえたという。亀田次郎「新出の韻鏡旧註」（『大谷大学学報』11—2）、また「韻鏡古註と道恵抄」（『立命館文学』三の七）などで紹介されたもの。大谷大学蔵。

21 大矢透『韻鏡考』（編者刊　一九二四）に紹介利用された本書について、馬渕補注（14）掲引書ではその内容を考察し、かつ『韻鏡覚書』という書と同一の人物の作であるとしている。

22 近衛天皇の康治二年の故事は『続本朝通鑑』に見える由、『日本儒学年表』に記す。参議親経の故事は、大日本史料4—6（東京帝国大学　一九一〇）建仁元年二月十三日条に見える。

23 藤原通憲が宋音に通じていたとの故事は、『平治物語』上「唐僧来朝の事」に典拠する。なお、通憲については、文人研究会編『藤原通憲資料集』（二松学舎大学二十一世紀COEプログラム　二〇〇五）がある。

p35

24 足利衍述『鎌倉室町時代の儒教』（日本古典全集刊行会　一九三二　一九七〇、一九八五複製）第三編第七章「足利学校」条に見える。

25 桂菴玄樹の薩摩下向は、『漢学紀源』（続々群書類従10　一九〇七）巻二「桂菴第二十八」では、文明九年十二月のこととされ、桂樹院を創建したのが翌十年二月とされる。

p36

26 『桂庵和尚家法倭点』は活字版を、大日本史料9—1（一九二八）永正五年六月十五日条に収める。なお、本ノートの『桂庵和尚家法倭点』をめぐる記述は、西村天囚『日本宋学史』下編（四）「日本最初の大学刊行」と一致するところが多い。

27 『漢学紀源』巻三「南浦第三十六」。

28 大江文城『本邦四書訓点并に注解の史的研究』（関書院　一九三五）第二編第一章の一「四書の刊行」に詳しい。

29 『漢学紀源』巻三「南浦第三十六」では、藤原惺窩は明に渡航しようとして遭難し、鬼界島に漂着。その後、薩摩に渡って正龍寺において、桂菴の『家法倭点』、及び文之点の新注本を見て感歎し、ことごとくこれを写して帰洛したと記す。詳しくは、西村天囚『日本宋学史』下編（九）「惺窩対文之点の疑獄」、[参]大江の第二篇第三章「点法問題」等を参照のこと。

30 本ノートでは文之の享年を六十六と記すが、『漢学紀源』巻三では六十七、あるいは六十五とする。これに従えば、本ノートが「惺窩より六年早く生まれ」とする記述は、いずれにせよ前後に一年ずれることになる。

31 西村天囚『日本宋学史』下編（八）「掖玖聖人」に詳しい。

p37

32 『本邦四書訓点并に注解の史的研究』第二編第二章の二「四書集注抄の位置」に詳しい。

33 この王陽明の逸話は、本ノート欄外二六に掲出する諸書に見える。なお、王陽明が了庵に贈った序は書幅に装幀されて伝わり、後に斎藤拙堂は親しくこ

34 れを披見する機会を得たという（『拙堂文話』巻二）。参牧野・第三期（徳川時代）第一章第一期の三「家康と惺窩」。

第六章　補注

p38

1 荻生徂徠「与都三近」（『徂徠集』巻二七）に、「昔在邃古、吾東方之国、泯泯乎罔知覚。有王仁氏而後民始識字、有黄備氏而後経藝始伝、有菅原氏而後文史可誦、有惺窩氏而後人人言、則称天語聖」とある。

2 林羅山「惺窩先生行状」（『羅山林先生文集』巻四十）は、「豊臣某金吾」と記すが、これは当時、秀吉の養子となっていた秀秋（後に小早川氏）を指す。以下、本ノートの藤原惺窩に関する記述は、参安井巻一のそれと一致するところが多い。

3 川瀬一馬『増補古活字版之研究』（The Antiquarian Booksellers Association of Japan　一九六七）第二編第四章第三節「徳川家康の開版事業」、中根勝『日本印刷技術史』（八木書店　一九九九）第七章「桃山時代・江戸初期の印刷事業」等に詳しい。

4 『卜斎記』の文章は参大江・第八篇第二章「幕府並に諸藩の教学」の第一節に見える。

5 藤原惺窩については、その著作を輯した活字版『藤原惺窩集』（国民精神文化研究所　一九四一　一九七八・一九七九複製）附載の太田兵三郎（号は青丘）の解題、及び同『藤原惺窩』（人物叢書　一九八五）、猪口篤志・俣野太郎『藤原惺窩　松永尺五』（叢書・日本の思想家1　一九八二）等に詳しい。また、朱子学大系13『日本の朱子学（下）』（明徳出版社　一九七五）には惺窩の生涯を知る上での基本資料である林羅山「惺窩先生行状」とともに惺窩の書簡・文章等の校注を載せる。日本思想大系28『藤原惺窩　林羅山』（一九七五）にも『惺窩先生文集』等を抄録する。

6 菅得庵（菅原得庵）「続惺窩文集序」に、「従先生而受六経・五書・三史・文選・離騒・通鑑・老荘・韓柳・李杜之書、而粗問其理義」とある。

p39

7 ここに掲げられた惺窩門人のうち、伝記が単行本や論文等で確認できる人物についてはそれを記し、文集等が影印版あるいは活字版で披見し得る場合はそれも併せ記す。林羅山には、堀勇雄『林羅山』（人物叢書　一九六四）、宇野茂彦『林羅山（附）林鵞峰』（叢書・日本の思想家2　一九九二）、鈴木健一『林羅山年譜稿』（ぺりかん社　一九九九）等があり、『羅山林先生文集』の活字版（京都史蹟会　一九二一　一九七八複製）も備わる。松永尺五については、補注（13）を参照。堀杏庵については、大島晃「〈先学の風景―人と墓〉堀杏庵」（『漢文学　解釈与研究』三　二〇〇〇）が詳しく、吉田素庵についても同「〈先学の風景―人と墓〉吉田素庵」（『漢文学　解釈与研究』二　一九九九）が詳しい。石川丈山には、小川武彦・石島勇『石川丈山年譜』（日本書誌学大系65　一九九四）があり、その詩集『覆醤集』『新編覆醤集』は詩集日本漢詩1（汲古書院　一九八七）に影印を、同じく『新編覆醤集』は『石川丈山年譜附編』（日本書誌学大系65　一九九六）に影印を収める。

8 林羅山「寄田玄之」（『羅山林先生文集』巻二）。

9 「年譜上」（『羅山林先生集附録』巻一）慶長八年条、及び「行状」（同巻三）同年条。

10 以上の羅山をめぐる記述の多くは、参大江の第三篇第二章「林家の祖羅山とその子孫」に一致する。『野槌』の引用もまた同書に見える。

11 「年譜上」慶長十年、十三年条、及び「行状」同年条。

p40

12 以上の書籍については、羅山の手になる題跋（『羅山林先生文集』巻五三〜五五）を参照のこと。なお、『四書集注抄』は、第五章の補注（32）掲引の大江文城『本邦四書訓点并に注解の史的研究』第二編第二章の二「四書集注抄の位置」では羅山の著述に数える。しかしながら、同じく第五章37頁において倉石氏が、「『四書集注抄』三十八冊が、もし羅山のものとすれば〜」と記す通り、羅山の著述であるという断定を避ける見解も存する。本『四書集注抄』の初印と考えられる版本（承応二年 *1653* 刊）は、二松学舎大学に所蔵される。

13 松永尺五については、参大江の第三篇第三章「松門の祖尺五とその子孫」、大島晃「〈先学の風景―人と墓〉松永尺五」（『漢文学　解釈与研究』四　二〇〇一）等が詳しく、その文集『尺五堂先生全集』は影印版（近世儒家文集集成11　二〇〇〇）が備わる。本影印版の解題・解説（徳田武）には、「尺五略年譜」を附しており参考となる。また、その著作『彝倫抄』は、日本思想大系28『藤原惺窩　林羅山』（一九七五）所収。

p41

14 前注掲引の参大江・第三篇第三章第一節に詳しい。

15 太宰春台『倭読要領』巻中「読書法」に見える。

16 木下順庵については、竹内弘行・上野日出刀『木下順庵・雨森芳洲』（叢書・日本の思想家7　一九九一）がある。また、順庵の詩文集『錦里文集』の影印は詩集日本漢詩13（一九八八）所収。同書の活字版（木下一雄編　国書刊行会　一九八二）及び『木下順庵評伝』（同前）等もある。

17 「近年蠢愚な人間がいて…」は林鵞峰「寄石丈山」（『鵞峰先生林学士文集』巻二八）に拠り、「性理を高談して…」は同「西風涙露・中」（同巻七八）に拠る。なお、いずれの記事も『先哲叢談』巻一「林恕」条に見える。

18 中江藤樹については、木村光徳・牛尾春夫『中江藤樹・熊沢蕃山』（叢書・日本の思想家4　一九七八）がある。また、藤樹の著作を輯した『藤樹先生全集』（藤樹神社創立協賛会　一九二八～九）があり、代表的な著作に校注を施した、日本思想大系29（一九七四）も備わる。

p42

19 西村天囚『日本宋学史』下編（六）「大内文学と南学」、参安井の巻三「南学派」等に詳しい。

20 同前注。なお、南学については、寺石正路『南学史』（冨山房　一九三四）が詳しい。

21 以上の本ノートの記述の多くは、参安井の巻三「南学派」のそれと一致する。

22 参内藤・儒学下に同話を載せる。

23 山崎闇斎に関する参考文献は枚挙に暇がないので、基本的な資料のみを掲出する。闇斎については、伝記学会『山崎闇斎と其門流』（明治書房　一九三八　一九四三増補版）、岡田武彦『山崎闇斎』（叢書・日本の思想家6　一九八五）等がある。また、その著作は、『山崎闇斎全集』（東京日本古典学会　一九三六　一九七八複製）に収め、その一部は日本思想大系31『山崎闇斎学派』（一九八〇）にも収める。なお、門人浅見絅斎の文集『絅斎先生文集』の影印を近世儒家文集集成2（一九八七）に収め、佐藤直方には活字版全集（日本古典学会　一九四一　一九七九複製）がある。

24 山鹿素行については、堀勇雄『山鹿素行』（人物叢書　一九五九）、佐佐木杜太郎『山鹿素行』（叢書・日本の思想家8　一九七八）等がある。また、その著作は、『山鹿素行全集』（岩波書店　一九四〇～二）に収め、その一部は日本思想大系32『山鹿素行』（一九七〇）にも収める。

p43

25 『先哲叢談』三「山崎嘉」条。

26 伊藤仁斎を知る上での参考文献に関しては、近世儒家文集集成1『古学先生詩文集』（一九八五）の解説・解題（三宅正彦）に引くものが要を得ており参考となる。なお、「『大学』は孔氏の遺書ではない」は、「大学非孔氏之遺書弁」を指す。

27 『語孟字義』巻上「理」の第四・五条

28 『中庸発揮』綱領、及び「喜怒哀楽之未発～」条の注釈。

29 『語孟字義』巻下「書」の第一条。以上の本ノートにおける仁斎をめぐる記述の多くは、参安井の巻三「伊藤仁斎」条に一致する。

30 日本儒林叢書6、日本倫理彙編5に収めるほか、日本の思想11『伊藤仁斎集』（筑摩書房　一九七〇）、及び日本思想大系33『伊藤仁斎　伊藤東涯』（一九七一）等にも収める。

31 日本古典文学大系97『近世思想家文集』（一九六六）所収。後に岩波文庫の一冊として刊行された（一九七〇年）。

32 同書の翻訳（安田二郎）は一九四八年に養徳社より刊行された。後に中国文明選8『戴震集』（一九七一）にも収める。

p44

33 参内藤・儒学上の一段に拠るが、原文そのままを引用するものではない。

第七章　補注

p45

1 日本名家四書註釈全書・学庸部1（東洋図書刊行会　一九二三）所収。訳注は、日本の思想11『伊藤仁斎集』（筑摩書房　一九七〇年）所収。

2 日本名家四書註釈全書・論語部1（一九二八）所収。訳注は、日本の名著13

『伊藤仁斎』（中央公論社　一九七二）に所収する。「論語古義総論」の訳注は日本の思想11『伊藤仁斎集』所収。

p46

3 日本名家四書註釈全書・孟子部1（一九二四）所収。「総論」の訳注は、日本の思想11『伊藤仁斎集』所収。

4 『論語古義』の成立に関しては、三宅正彦「仁斎学の展開―意味血脈論的方法の発展と転化」（『中国哲学史の展望と模索』所収　創文社　一九七六）が詳しい。

5 新日本古典文学大系99『仁斎日札　たはれ草　不尽言　無可有郷』（二〇〇〇）所収。

6 参安井・巻三「伊藤仁斎 附並河天民」条に拠るが、原文そのままの引用ではなく異同を存する。

7 日本儒林叢書4所収。

8 崇文叢書2―39～40（崇文院　一九三〇）所収。

9 以上の記事は、『先哲叢談』四「伊藤維楨」条に見えるほか、参安井の巻三「伊藤仁斎 附並河天民」条にも見える。

10 『先哲叢談』四「伊藤長堅」条。

11 『学問源流』（日本文庫6所収）の原文には「此外著述掌故多ク、頗ル博覧ナリ。故ニ文章モ亦仁斎ニ勝レリ。経義ヲ論ジ、或ハ序文ノ中ニハ、所可見殊ニ多シ。詩ハ力ナク味少ナシ。亦不多見。仁斎ハ磊落ニシテ璞素ナリ、東涯ハ寡言ニシテ謹慎ナリ。見ル人皆ナ其儀容ニ服ス□京都ニ生レテ、其履歴ヲ知リヌル故ニヤ」とある。

12 天理図書館に所蔵される仁斎の著述・編纂書の概略は、中村幸彦を中心に「仁斎書誌略」としてまとめられ、昭和一九年*1944*に公刊された。後に、これに「東涯書誌略」「東所書誌略」等を加えた「伊藤家著述資料之部」を上巻とし、古義堂旧蔵の漢籍等を録した「伊藤家旧蔵書籍書画之部」を下巻として、『古義堂文庫目録』（天理図書館叢書21輯　一九五六　二〇〇五複製）が刊行された。

13 活字版を、先哲遺著漢籍国字解全書8（早稲田大学出版部　一九一〇）「近思録」の附録として収める。影印は、漢語文典叢書5（汲古書院　一九七九）所収。また影印には、『用字格・助字考』（中文出版社　一九八三）もある。

14 影印は漢語文典叢書1（一九七九）、及び前掲の『用字格・助字考』所収。

15 影印は、『応氏六帖』として唐話辞書類集12（汲古書院　一九七三）所収。また、『名物六帖』（朋友書店　一九七九）もある。

16 影印は、漢語文典叢書5所収。活字版『操觚字訣及補遺』（須原屋書店　一九一六　一九八〇複製）がある。

17 活字版は日本倫理彙編5（育成会　一九〇一～一九〇三　一九七〇複製）所収。校注は日本思想大系33『伊藤仁斎　伊藤東涯』（一九七一）所収。

p47

18 吉川幸次郎校訂の岩波文庫（一九四四）がある。

19 活字版は、随筆百花苑6（中央公論社　一九八三）所収。

20 活字版は、日本随筆大成〈第一期〉11（吉川弘文館　一九七五）所収。

21 『古史徴開題記』は、『古史徴』の巻一。岩波文庫（一九三六）に収めるほか、『新修平田篤胤全集』五（名著出版　一九七七）所収。

22 狩野直喜「伊藤蘭嵎の経学」（『支那学』四―三　一九二七）。

23 伊藤家の旧蔵書については、注（12）掲引の『古義堂文庫目録』に詳しい。

24 『学問源流』では、丹波亀山藩儒中島雪楼の言として、「其比古義堂中ハ、大抵ハ学校カト思ハル、程ニ有リシナド云ヘリ」との古義堂評を載せる。

25 『詩経』魯頌・閟宮「徂徠之松、新甫之柏」に因む。荻生徂徠については、平石直昭『荻生徂徠年譜考』（平凡社　一九八四）が詳しい。また、徂徠著述の全集は、みすず書房と河出書房新社の二社から現在も刊行中である。

p48

26 『徳川実紀』常憲院殿御実記（新訂増補国史大系42　一九六四）、天和元年*1681*二月条に見える。当該書は羅山点の『四書章句集註』二六巻で、刊行は元禄三年。

27 当該書は、常憲院本『周易本義』八巻で、刊行は元禄六年。

28 『徳川実紀』常憲院殿御実記（同前43）、元禄三年八月条。

29 同前注、元禄四年正月条。

30 本書の写本・刊本の影印には、『荻生徂徠全集』二（みすず書房　一九七四）所収のもの、漢語文典叢書3（一九七九）所収のもの等がある。河出書房新社版の『荻生徂徠全集』五（一九七七）には活字版所収。

p49

31 『蘐園雑話』（続日本随筆大成4　一九七九）「山君彝は…」条。

32 『蘐園随筆』は河出書房新社版全集一（一九七三）、みすず書房版全集一七（一九七六）所収。

33 『蘐園雑話』「徠翁の方に人来りて…」条。

34 『徂徠集』巻二八「復安澹泊」に、「中年得李于鱗・王元美集以読之、率多古語、不可得而読之。於是発憤以読古書、其誓目不渉東漢以下、亦如于鱗氏之教者、蓋有年矣」とある。

35 ここに列挙する徂徠著書は諸書に収めるが、ここでは比較的容易に見得るテキストを紹介する。『学則』『弁名』『弁道』は、日本思想大系36『荻生徂徠』（一九七三）所収。『弁名』『弁道』は河出書房新社版全集一にも所収。『答問書（徂徠先生答問書）』は、日本古典文学大系94『近世文学論集』（一九六六）、河出書房新社版全集六（一九七三）、みすず書房版全集一（一九七三）所収。『論語徴』は、日本名家四書註釈全書・論語部5（一九二六）、河出書房新社版全集二（一九七八）、みすず書房版全集三・四（一九七七・七八）に収め、東洋文庫575・576（一九九四）には書き下し文で収める。『大学解』『中庸解』は、日本名家四書註釈全書・学庸部1（一九二三）、河出書房新社版全集二所収。

p50

36 内藤湖南『先哲の学問』中の「賀茂真淵翁と山梨稲川先生」条からの抜粋。

37 参安井・巻四「荻生徂徠」条。

38 「文戒」は、『蘐園随筆』に巻五として附載。「戒和字」「戒和句」「戒和習」の三戒からなる。『蘐園随筆』については、補注（32）参照。

39 『聖学問答』（日本思想大系37『徂徠学派』所収）巻之上に、「天下ノ人、孟子ヲ尊信シテ、孔子ト並ベテ孔孟ト称ス。日本ノ伊藤仁斎ハ、見識ヲ立テ、宋儒ヲバ誹レドモ、孟子ヲ尊信スルコトハ宋儒ニ替ラズ」とあり、仁斎が孔孟を同じく尊重したことを批判する。また、仁斎が『吉斎漫録』を読んで剽窃したとの記述は、同書巻之下に「明ノ末ニ呉廷翰トイフ者、吉斎漫録・甕記・櫝記ナドイフ書ヲ著シテ、程朱ノ道ヲ闢キシハ、豪傑ナリ。日本ノ伊藤仁斎モ、呉廷翰ガ書ヲ読テ悟ヲ開タリト聞ケリ」とある。以上に関して詳しくは、参大江・第六篇「堀川学の提唱と門下の同異」第一章第三節を参照。

p51

40 『先哲叢談』四「伊藤維楨」条に見える。

41 『閑散余録』（日本随筆大成〈第二期〉20　一九七四）巻二に見える。

42 『春在堂随筆』（続修四庫全書一一四一）一「論語徴甲乙…」条。

43 以上、島田重礼が明治二八年*1895*一月に行った講演「徂徠学の話」（『東京学士会院雑誌』17―10　一八九五）に拠る。

44 『紫芝園漫筆』は崇文叢書1―44～48（崇文書院　一九二六）所収。なお、春台の文集『春台先生紫芝園稿』は、近世儒家文集集成6（ぺりかん社　一九八六）所収。

45 雍也第六までの訳注（白石真子「太宰春台『論語古訓外伝』〈一〉～〈五〉」は、『漢文学　解釈与研究』二～六（漢文学研究会　一九九九～二〇〇三）所収。また、『詩書古伝』に関しては、白石真子「太宰春台『詩書古伝』考―『詩書古伝』の編纂について」（同前書六　二〇〇三）がある。

46 『春台先生紫芝園稿』附録「春台先生行状」（松崎惟時）に、「先生謂、孔子之書有三。曰、孝経。曰、論語。曰、家語」とある。

47 『蘐園雑話』「南郭公儀のことを漢文にて書きしが……」条。

48 服部南郭については、日野龍夫『服部南郭伝攷』（ぺりかん社　一九九九）が詳細である。

49 宇佐見灊水の文集『灊水叢書』（近世儒家文集集成14　一九九五）四「雑著」に見える。

第八章　補注

1 第七章の49頁参照。

p52

2 山井鼎『鎌倉行記』（『新編相模国風土記稿』五）。また同行者太宰春台の紀行には『湘中紀行』（『春台先生紫芝園前稿』四）があり、同じく安藤東野には『遊相紀事』（『東野遺稿』所収）がある。

3 吉川幸次郎「東方文化研究所善本提要」（一九三九　後に『吉川幸次郎全集』一七所収　筑摩書房　一九七五）に解題が載る。また、京都大学人文科学研究所の「東方学デジタル図書館」においてデジタル映像化された同書の複製を見ることができる。

4　翟灝『四書考異』（皇清経解一二一～一二六所収、続修四庫全書一六七）上・総考三二「前人考異本」条。

5　根本武夷（伯修は字）が足利学校所蔵の皇侃『論語義疏』を校勘し刊行したもの。寛延三年 *1750* 刊。本書も中国に送られ、鮑廷博『知不足斎叢書』に収められた。

p53

6　王鳴盛『十七史商榷』（続修四庫全書四五三）巻九二「日本尚文」条。

7　盧文弨『抱経堂文集』（続修四庫全書一四三二）巻七「七経孟子考文補遺題辞」条。

8　狩野直喜「山井鼎と七経孟子考文補遺」は、『内藤博士還暦祝賀　支那学論叢』に発表の後、『支那学文藪』（一九二七）に収められた。この他の山井鼎と七経孟子考文に関する論考には、森銑三「山井鼎とその七経孟子考文」（一九四三　後に『森銑三著作集』八所収　中央公論社　一九七一）、川瀬一馬「七経孟子考文」（『足利学校の研究』所収　講談社　一九七四増補新訂版）、藤井明・久富木成大『山井崑崙　山県周南』（叢書・日本の思想家18　一九八八）、大島晃「先学の風景―人と墓〈山井崑崙〉」（『漢文学　解釈与研究』七　二〇〇四）等がある。

9　徳川光圀編『舜水先生文集』（正徳五年 *1715*）を指す。このテキストを五十川剛伯編『明朱徴君集』等で校勘し、明治四五年 *1912* に『朱舜水全集』（東京文会堂書店）が刊行された。中国では、上記の全集に拠りつつ編集された朱謙之『朱舜水集』（中華書局　一九八一）があり、台湾では遺文を輯めた徐興慶『朱舜水集補遺』（学生書局　一九九二）がある。

10　原念斎『先哲叢談』三所収「安東守約」条。安東省庵の著述は、『安東省菴集』影印編Ⅰ（柳川文化資料集成2　二〇〇二）、同Ⅱ（二〇〇四）所収。また、柳川古文書館には省庵以来の安東家史料を所蔵し、その目録『安東家史料目録（増補訂正版）』（柳川古文書館史料目録13　二〇〇一）が備わる。

11　老牛は別号で、澹泊の号で世に行われる。安積澹泊は徳川光圀の命を受け、朱舜水に学んだ釈奠の概要、及び聖堂の規模や様式等を編次し、『舜水朱子談綺』（宝永五年 *1708*）として刊行した。同書に収める「改定釈奠儀注」は、補注（9）の文集巻二に所載。

12　「雪瀾」は、「雪蘭」にも作る。本ノートでは大串雪瀾を木門と記すが、雪瀾は人見懋斎に学んだ人物であるので、正しくは林家の学統に連なる。

13　本文、空格。『大日本史』は正徳五年 *1715* に紀伝が完成した後、安積澹泊による論賛の作成や立原翠軒・藤田幽谷に始まる志表の作成など何段階かの編修を経て、明治三九年 *1906* に全ての編修を終えた。

p54

14　参大江、第八篇第二章「幕府並に諸藩の教学」条。

15　本ノートのこれ以降の記述は、参石崎の第一章「支那語学の源流」に一致するところが多い。

16　参石崎、第一章第一節「長崎貿易と唐通事」に詳しい。石崎又造以後の唐通事研究の専著には、宮田安『唐通事家系論攷』（長崎文献社　一九七九）、李献璋『長崎唐人の研究』（長崎談叢80　一九九一）、若木太一『唐通事と日本近世文学・語学の研究 日中比較文学実践史』（長崎大学科研報告書　一九九四～一九九六）、林陸朗『長崎唐通事：大通事林道栄とその周辺』（吉川弘文館　二〇〇〇）などがある。

17　ここでは、参石崎、第一章第一節「長崎貿易と唐通事」の記述のままに教科書を紹介している。『訳家必備』は唐話辞書類集20、『養児子』『鬧裏鬧』は中国語教本類集成1―1、『両国訳通』は唐話辞書類集8所収。

p55

18　篠崎東海『朝野雑記』と出典を記すが、参石崎の第一章第一節「長崎貿易と唐通事」では、『朝野雑記抄』とする。

19　参石崎、第二章第一節「長崎遊藝の学徒と黄檗宗の伝来」に詳しい。なお、黄檗僧侶の事跡を知るには、現在は大槻幹郎等編『黄檗文化人名辞典』（思文閣出版　一九八八）等がある。

20　参石崎、第二章第三節「柳沢吉保の参禅と蘐園門下」、第三章・第一節「柳沢吉保を中心とする支那語学」に詳しい。

p56

21　参石崎、第三章第四節其三「岡嶋冠山」に詳しい。なお、ここに掲出された書籍の大半は、今や影印版が備わる。『唐話類纂』は唐話辞書類集1（汲古書院　一九六九）所収。『唐話纂要』『唐音雅俗語類』は同類集6（一九七二）、『唐話便用』『唐訳便覧』は同類集7（同前）所収。『唐話纂要』以下の後者四点は、それぞれ中国語教本類集成・補集（江戸時代唐話篇）1・4・3・2（不二出版　一九九八）にも所収。また、『通俗皇明英烈伝』は活字版が通俗二十一史12（早稲田大学出版部　一九一二）所収。『通俗忠義水滸伝』は影印版が近世白話小説翻訳集6～11（汲古書院　一九八七）所収。

22　参石崎、第三章第六節其五「唐話僧と蘐門唐話通の輩出」に詳しい。

23　『磨光韻鏡』と『磨光韻鏡余論』は勉誠社文庫90および93、『韻鏡指要録・翻切伐柯篇』は勉誠社文庫91に影印されている。『磨光韻鏡後編』とは実はこの『韻鏡指要録・翻切伐柯篇』の外題であり、別の一本ではない。文雄とその著書についてはこれら勉誠社文庫の林史典による解説が詳しい。また、満田新造「韻鏡研究史上に於ける文雄の位置」（『中国音韻史論考』所収　武蔵野書院　一九六四）がある。

24　『五韻反重之口訣』は、高野山大学図書館蔵。参岡井六二「韻鏡の古注」に詳しい。『韻鏡珪玷集』も高野山大学図書館蔵。同じく参岡井六二「韻鏡の古注」、また馬渕和夫『韻鏡校本と広韻索引』（巌南堂書店　一九七〇新訂版）に紹介がある。同書は韻鏡の古注を書き抜いて集めたもの。

25　『韻学秘典』は内閣文庫蔵。参岡井では元和七年 *1617* の作だとしたが、馬渕補注（24）掲引書ではその識語をあやぶんで享保一五年 *1730* 以後のものだと考証する。『韻鏡看抜集』（旧東京帝大蔵）は、宗覚筆と伝えられるが関東大震災で焼失した。亀田次郎旧蔵の一本が国会図書館に存するのみという。内容は『韻鏡看抜集』などからの書き抜き。馬渕補注（24）掲引書参照。また、福永静哉『近世韻鏡研究史』（風間書房　一九九二）。

26　撰者・刊年は文雄の『磨光韻鏡余論』に無絃撰・寛永三年 *1626* 刊とあるが、必ずしも根拠が明らかではないという。本書については福永補注（25）掲引書に研究がある。

27　寛永四年 *1627* 頃の初版で、正保四年 *1647*、万治二年 *1659* などの再刊本がある。宥朔についてはあまりよく分らない。本書については福永補注（25）掲引書が詳細な研究成果を提供する。

p57

28　参石崎・第三章第八節の附「唐音学者の漢文直読論」に詳しい。

29　『（徂徠先生）詩文国字牘』（元文元年 *1736*）は日本文庫3所収。また、みすず書房版全集一（一九七三）、河出書房新社版全集五（一九七七）にも収める。当該箇所は巻上所載であるが、本ノートの引用文とは多少の異同が存する。「漢語で漢語を理会し～」は、徂徠の書簡の一節、「吾党則異是、其法亦只以漢語会漢語、未嘗将和語来推漢語、故不但把筆始無誤」（「与江若水」。『徂徠集』巻二六所収）に拠る。

30　「徂徠先生は華音をよくされ…」は、春台「倭読要領叙」中に、「且先生能華語、尤悪侏離之読」とあることに拠る。また、「吉備公…」は『倭読要領』巻上「顚倒読害文義説」条に見える。

p58

31　『学寮了簡書』（日本儒林叢書3）に、「今時の朱子学の一偏にかたより、講釈を第一に致し候嘉右衛門流のごときにては無之候。……願は、詩文章・博学・律令経済の学問・和学・兵学・天文算暦の学問・唐音・俗語・筆道字学、右は色々に公儀より科を御立被遊候て」とある。

32　文部省報告局編『日本教育史資料』（冨山房　一八八九～九二　一九〇四・一九七〇複製）八「旧熊本藩」所載の「時習館学規」第六条に見える。

33　参石崎・第三章第七節其六の三「明律の研究」に詳しい。

34　参安井・巻四「井上金峩」条に詳しい。

35　林泰輔「論語に就て」（一九一七　後に『支那上代之研究』所収　光風館　一九二七）。本ノートに記す「四四八」は、同書中の当該ページを示す。

第九章　補注

p59

1　本ノートのこれ以降の、本邦文藝における中国通俗小説や戯曲の影響に関しての記述は、青木正児「日本文学と外来思潮との交渉（三）支那文学」下編の二「俗文学の影響」、参石崎の第四章第二～三節「京坂に於ける唐話通と俗文学」、第五章第一節「諢詞小説の紹介」等のそれと一致する部分が多い。なお、『小説精言』『小説奇言』『小説粋言』の影印は、尾形仂解説『岡白駒・沢田一斎施訓　小説三言』（ゆまに書房　一九七六）に収める。また、岡白駒の「助字の訳」とは『助字訳通』のあることを指すか。同書は勉誠社文庫59、また漢語文典叢書1所収。

p60

2 穂積以貫（名はイカン・コレツラ）は伊藤東涯の弟子。主要漢籍の国字解をものしたほか、算学・韻学にも通じ、浄瑠璃の評釈書『難波土産』でも知られる。助字の著作には[参]岡井八四「助辞等の研究」に明・盧允武『助語辞』の研究書『考録大成』があるという。ほかに『助語字俗解』『助語科註考録』『助語考略記』などある由だがいずれも未刊（『近世漢学者伝記著作大事典』）。

3 影印は唐話辞書類集17（汲古書院　一九七四）所収。

4 [参]石崎・第四章第三節「京坂に於ける唐話通と俗文学（其二）」参照。なお、『通俗赤縄奇縁』の影印は、近世白話小説翻訳集2（汲古書院　一九八四）、『通俗隋煬帝外史』は同1（同上）、『通俗金翹伝』は同2（同上）に収め、『俗語訳義』は唐話辞書類集17（汲古書院　一九七四）、『水滸伝解』は同3（一九七〇）に収める。

5 皆川淇園「書通俗平妖伝首」（『通俗平妖伝』の序文。近世白話小説翻訳集5　一九八五）。なお、この記事は[参]石崎・第四章第三節にも紹介される。

6 影印は、徳田武解説『清田儋叟施訓　照世盃　附中世二伝奇』（ゆまに書房　一九七六）に収める。

7 [参]石崎には明和元年 ***1764*** 京都文泉堂刊とするが所在は不明。

8 [参]石崎・第四章第三節に詳しい。なお、『游焉社常談』の影印は、唐話辞書類集17に収める。

9 [参]石崎・第四章第三節に詳しい。なお、『画引小説字彙』の影印は唐話辞書類集15（一九七三）に収める。

10 [参]石崎・第四章第二節に詳しい。なお、『俗語解』の影印は唐話辞書類集10（一九七二）・11（一九七四）に収める。

11 [参]石崎・第四章第二節に詳しい。

12 『劇語審訳』を指すか。『劇語審訳』は京都大学東洋史研究室が倉石氏の所蔵本を油印で複製し、索引をつけて公刊したことがある（一九六五）。また、内閣文庫所蔵本を倉石文庫本（東京大学東洋文化研究所所蔵）で補訂したテキストを唐話辞書類集4（一九七二）に収める。

13 和刻本漢詩集成補篇18（汲古書院　一九七七）所収。

14 [参]石崎・第五章第四節「支那戯曲の紹介」に詳しい。『唐土奇談』は、内藤湖南の解題を附した影印版（更生閣　一九二九）があり、『蝴蝶夢』は青木正児の校訂に係る活字版を古典劇大系16（近代社　一九二五）に収める。

---

p61

15 [参]石崎・第六章第三節「江戸に於ける唐話学及俗文学の一斑」に詳しい。『北西廂記註釈』は、『諺解校注古本西廂記　附訳琵琶記』（唐話辞書類集別巻　一九七七）として影印版が備わる。なお、荷塘の手沢本『元本出相北西廂記』は、朝川善庵、森槐南、神田喜一郎の手を経て、現在は大谷大学博物館に所蔵される。その影印は『中国戯曲善本三種』（思文閣出版　一九八二）所収。同書の解説（岩城秀夫）は、荷塘と『諺解校注古本西廂記』をめぐる参考文献を適切に紹介する。

16 本書が長沢規矩也旧蔵『胡言漢語』にあたるかどうかは検討の余地があるが（昭和三年、東北帝国大学在職中の青木正児が長沢本を借りて写し取ったが、その識語で遠山荷塘が編者であると考証している）、『胡言漢語』の影印は唐話辞書類集1（汲古書院　一九六九）に収める。

17 清人林徳建が長崎にて穎川春漁（名は連）・鏑木渓庵に清楽を伝えた。春漁の楽は小曽根乾堂を経て小曽根流として長崎に伝わり、渓庵の楽は江戸にて一流を称した。また、連山派は江戸の人平井連山が大坂で広めた一派。

18 [参]安井・巻六「狩谷棭斎」条の二七八頁に「木村蒹葭堂　儀礼逸経伝」とある。本ノートのこれ以降の、日本儒学に関する記述は、同書に一致するものが多い。

19 [参]石崎・第五章第二節「諢詞小説の飜案と読本の発生」参照。なお、『通俗西湖佳話』の影印は近世白話小説翻訳集5に収め、『通俗孝粛伝』は同2、『通俗醒世恒言』は同4（一九八五）に収める。『月下清談』は、青木正児校註『通俗古今奇観』（岩波文庫　一九三二）に附録する。

20 活字版に、孫伯醇・村松一弥編『清俗紀聞』1・2（東洋文庫62・70　一九六六）がある。

21 書名は『南山俗語考』が正しい。文化四年 ***1807*** 成書、文化一〇年 ***1813*** の刊本がある。影印複製はない。

22 [参]石崎・第一章第三節「長崎以外の唐通事と密貿易」に詳しい。

23 王治本（名は仁成、号は桼園。字を以て行われる。浙江省慈渓の人）は明治

p62

一〇年から翌一一年にかけて、中村敬宇が主宰した家塾同人社で中国語を教授した。以上、六角恒広『中国語教育史の研究』（東方書店　一九八八）Ｉ篇・第三章「日清社」に詳しい。なお、王治本が旧高崎藩主大河内家において、日本の文人達と筆談を交わした記録が、『桼園筆話』としてまとめられ、実藤恵秀編『大河内文書―明治日中文化人の交遊―』（東洋文庫18　一九六四）に収録される。

24 『名古屋市史　学藝編』（名古屋市役所　一九一五）第一章第七款「其他の諸家」所載の「金嘉穂」条。

25 [参]安井・巻四「井上金峩」条に詳しい。井上蘭台については、三浦叶「井上蘭台」（『近世備前漢学史』　編者刊　一九五八）、中野三敏「井上蘭台」（『近世新畸人伝』　毎日新聞社　一九七七）、井上金峩に関しては岩橋遵成『近世日本儒学史下巻』（宝文館　一九二七）第四篇第一章の一「井上金峨」条、倉田信靖・橋本栄治『井上金峨　亀田鵬斎』（叢書・日本の思想家25　一九八四）等がある。

26 [参]安井・巻四「井上蘭台」条に載る学統図「蘭台学の伝統」に拠る。

27 [参]安井・巻五「山本北山」条。

28 『全唐詩逸』は、鮑廷博『知不足斎叢書』に収める。市河寛斎に関しては、[参]牧野第三章の二「菊池五山・市河寛斎」条、市河三陽「市河寛斎先生（一）～（二二）」（『書苑』　一九三九～一九四一）、江戸詩人選集5『市河寛斎　大窪詩仏』（岩波書店　一九九〇）所収の解説（揖斐高）等を参照。

29 欄外四一に引く文章は「文語解凡例」第七条。『文語解』は、宇野明霞『語辞解』を大典が修補して刊行したもの。影印は中村宗彦編『詩語解・文語解並に索引』（大谷女子大出版部　一九七六）、漢語文典叢書1（汲古書院　一九七九）所収。

30 [参]安井・巻五「宇野明霞」条に詳しい。

31 [参]安井・巻五「古学派」条に詳しい。

32 増島蘭園『夏小正校注』は崇文叢書1―49～50（一九二七）、『読左筆記』は同1―51～55（同）所収。

33 [参]安井・巻五「片山兼山」条に詳しい。

p63

34 『音学五書』は康熙六年*1667*符山堂張氏父子の手によって開雕されたが、巻末には康熙一九年*1680*の後敘も附される。以後、通行の版本が数種類ある。これまでほとんどの書目において刊年を康熙六年と記述してきたが、張民権『清代前期古音学研究』（北京広播学院出版社　二〇〇二）は刷りの異なる各種の符山堂版本を検討して、顧炎武の生前には刊行されなかったとした。それでも中井履軒が手にとって見るまでには十分な余裕がある。

35 [参]安井・巻五「中井履軒」条に詳しい。中井履軒に関しては、井上明大・加地伸行等『中井竹山　中井履軒』（叢書・日本の思想家24　一九八〇）等がある。

36 [参]安井・巻五「皆川淇園」条に詳しい。皆川淇園に関しては、中村春作・加地伸行等『皆川淇園　大田錦城』（叢書・日本の思想家26　一九八六）等がある。なお、皆川淇園の文集『淇園詩文集』は、近世儒家文集集成9（ぺりかん社　一九八六）に収め、その著作『問学挙要』は、日本思想大系47『近世後期儒家集』（一九七二）に収める。また、『虚字詳解』は漢語文典叢書4（一九八〇）、『史記助字法（太史公助字法ともいう）』『左伝助字法』『詩経助字法』は同6（同）に影印所収。

37 寛永一八年*1641*刊『新刻助語辞』の影印は漢語文典叢書6（一九八〇）に収め、天和三年*1683*刊『鼇頭助語辞』の影印は、和刻本辞書字典集成1（汲古書院　一九八〇）に収める。また、三好似山『広益助語辞集例』は漢語文典叢書6所収。なお、『助語辞』に関しては、王宝平「『助語辞』及び江戸時代におけるその流布と影響に関する書誌研究」（上）・（下）（一九九二　後に『清代中日学術交流の研究』所収　汲古書院　二〇〇五）に詳しい。伊藤東涯『助字考』は漢語文典叢書1、『用字格』は同5、荻生徂徠『訳文筌蹄』は同叢書3、『訓訳示蒙』は同1、釈大典『詩語解』『文語解』は同1、河北景楨『助字鵠』は同2、松本愚山『訳文須知』は同6にそれぞれ影印所収。なお、徂徠の『訳文筌蹄後編』に?を附すのは、[参]岡井で同書を偽作とするためか。

38 [参]安井、巻五「塚田大峰」条に詳しい。塚田大峰に関しては、高瀬代次郎『冢田大峰』（光風館　一九一九）、高田真治『日本儒学史』第三章第六節「塚田大峰」条等がある。なお、その著作『聖道得門』は、日本思想大系47『近世後期儒家集』に収める。

39 『名古屋市史　学藝編』第一章第六款「冢田学派」条。

40 「近世」は、斎藤悳太郎『近世儒林編年志』（全国書房　一九四二）を指し、「一一三」はその当該ページを示す。

41 参安井・巻六「大田錦城」条に詳しい。大田錦城に関しては、注（36）掲引の、『皆川淇園　大田錦城』等を参照。なお、大田錦城の文集『春草堂集』の完本は尊経閣に所蔵されており、その影印が尊経閣叢刊の一として刊行された（一九三八）。

p64

42 崇文叢書2―15（一九二九）所収。なお、活字版は、日本思想大系37『徂徠学派』（一九七二）に収める。

43 『蕉窓文草』は崇文叢書1―5～7（一九二五）、『蕉窓永言』は同1―8～9（同）所収。

44 光緒八年 ***1882*** 刊の木活字印本が知られる。なお、上海商務印書館による述斎原本の影印版（一九二四）がある。

45 参安井・巻六「林述斎」条に詳しい。林述斎に関しては、高瀬代次郎『佐藤一斎と其門人』（南陽堂本店　一九二二）、参牧野・第三章の四「林述斎及び寛政三博士」条、高田真治『日本儒学史』第三章第二節「林述斎」条等がある。

46 参安井・巻六「佐藤一斎」条に詳しい。佐藤一斎に関しては、前注掲引の『佐藤一斎と其門人』が詳細である。田中佩刀「佐藤一斎」条（陽明学大系九一九七二）等も参考となる。また、その著作『言志四録』は、日本思想大系46『佐藤一斎　大塩中斎』（一九八〇年）に収める。なお、佐藤一斎の文集『愛日楼全集』は、近世儒家文集集成16（一九九九）に影印を収め、現在は『佐藤一斎全集』全14巻（明徳出版社　一九九〇～二〇〇三）も備わる。

p65

47 欄外四八の学統図とともに以上の記述は、参安井・附録「日本朱子学派学統図」に詳しい。

48 参安井・附録「日本朱子学派学統図」参照。片山北海に関しては、多治比郁夫「片山北海年譜攷」（『大阪府立図書館紀要』六　一九七〇）、同「平沢旭山と混沌詩社の成立　付片山北海年譜」（同前書七　一九七一）等を参照のこと。頼家に関する参考文献は枚挙に暇がないので、ここでは、基本文献としてその詩文集の影印に限って注記する。頼春水『春水遺稿』、春風『春風館詩鈔』、杏坪『春草堂詩鈔』、山陽『山陽詩鈔』『山陽遺稿』『日本楽府』は、詩集日本漢詩10（一九八六）に収める。なお、山陽の著作に関する詳細は、頼惟勤「頼山陽とその作品」（一九七二　後に『頼惟勤著作集』三所収　汲古書院　二〇〇三）を参照。

49 木崎好尚『大風流田能村竹田』は昭和五年 ***1930*** 刊。なお、田能村竹田の著作は木崎好尚編『田能村竹田全書』（帝国地方行政学会　一九三四～一九三六）等に収める。

50 広瀬淡窓に関しては、井上義巳『広瀬淡窓』（人物叢書　一九八七）、工藤豊彦『広瀬淡窓　広瀬旭荘』（叢書・日本の思想家35　一九八一）等がある。その著作は、『淡窓全集』（日田郡教育会　一九二五～七）、『増補淡窓全集』（思文閣　一九七一）に収める。また『淡窓詩話』は日本古典文学大系94『近世文学論集』（一九六六）に収め、『約言』は日本思想大系47『近世後期儒家集』に収める。また、その詩集『遠思楼詩鈔』『淡窓小品』は詩集日本漢詩11（一九八七）に影印が備わり、その一部は江戸詩人選集9『広瀬淡窓　広瀬旭荘』（一九九一）にも収める。広瀬旭荘の詩集『梅墩詩鈔』は詩集日本漢詩11に影印を収め、その日記は中村幸彦・中野三敏等によって『広瀬旭荘全集　日記篇』（思文閣　現在刊行中）として刊行中。また、詩の一部は、江戸詩人選集9『広瀬淡窓　広瀬旭荘』、新日本古典文学大系64『蘐園録稿　梅墩詩鈔　如亭山人遺藁』（一九九七）にも所収。

51 三浦梅園に関しては、田口正治『三浦梅園』（人物叢書　一九六七）、同『三浦梅園の研究』（創文社　一九七八）、高橋正和『三浦梅園』（叢書・日本の思想家23　一九九一）等がある。また、その著作は『梅園全集』（梅園会　一九一二）に収める。また、梅園三語のうち『玄語』は、日本思想大系41『三浦梅園』（一九八二）に収め、同書の安永本と浄書本の影印は、近世儒家資料集成『三浦梅園資料集』（ぺりかん社　一九八九）にも収める。

52 帆足万里に関しては、高須芳次郎『近世日本儒学史』第一部第四章の四「帆

p66

足愚亭」条、帆足図南次『帆足万里』（人物叢書　一九六六）、同『帆足万里・脇愚山』（叢書・日本の思想家33　一九七八）等がある。その著作『入学新論』は、日本思想大系47『近世後期儒家集』に収め、活字版『増補帆足万里全集』（帆足記念図書館　一九二八）も備わる。

53 神田喜一郎「本邦填詞史話（一）～（十二）」（『台大文学』五―一・三・五、六―一・三・五、七―二・三・五・六、八―三　一九四〇～一九四三）を指す。これをもとに、後に『日本における中国文学Ⅰ・Ⅱ　日本填詞史話』（二玄社　一九六五　後に『神田喜一郎全集』六・七所収　同朋社出版　一九八五、八六）が刊行された。以上、欄外四九、五〇に列挙された人名・書名・作品名などは、「本邦填詞史話」に見えるもの。

54 亀井南冥、昭陽父子に関しては、高野江鼎湖『儒侠亀井南冥』（共文社　一九一三）、荒木見悟『亀井南冥　亀井昭陽』（叢書・日本の思想家27　一九八八）等がある。その著作は、『亀井南冥昭陽全集』（亀陽文庫　一九八〇）に収め、昭陽の『読辨道』は日本思想大系37『徂徠学派』所収。

55 本ノートの吉田篁墩に関する記述は、竹林貫一『漢学者伝記集成』（関書院　一九二八　一九六九・一九七八複製）に拠る。なお、『論語集解考異』は、日本名家四書註釈全書・論語部3（東洋図書刊行会　一九二二）に活字版を収め、『活版経籍考』の影印版は川瀬一馬の解説を附したもの（日本書誌学会　一九三三）、日本書目大成4（汲古書院　一九七九）がある。また、『近聞寓筆』と『近聞雑録』は合刻されたが、その影印は影印日本随筆集成6（汲古書院　一九七八）に収め、活字版は続日本儒林叢書1に収める。

56 松沢老泉に関しては、森川彰「慶元堂について」（『図書館学とその周辺』天野敬太郎先生古稀記念会　一九七一）、同「松沢老泉製本考」（『近世大阪藝文叢談』　大阪藝文会　一九七三）等がある。また、『彙刻書目外集』は、弥吉光長『松沢老泉資料集』（日本書誌学大系25　一九八二）に影印版を収め、『経籍答問』は活字版を同書、及び『解題叢書』（国書刊行会　一九一六）に収める。なお、『二酉洞』（一名、『唐本類書目録』）の元禄一二年刊本の影印は書目類編99（台北成文出版社　一九七八）所収。

57 『論語考文』は、日本名家四書註釈全書・論語部2（一九二二）収録。猪飼

p67

敬所に関しては、森銑三「猪飼敬所」（一九三五　後に『森銑三著作集』二中央公論社　一九七一）、高田真治『日本儒学史』第三章第七節「猪飼敬所」条等がある。また、猪飼敬所が知友・門人に宛てた書簡を集めた『猪飼敬所書柬集』の活字版を、日本藝林叢書4（六合館　一九二九　一九七二復製）、日本儒林叢書3に収録し、随筆『駆睡録』も日本藝林叢書1に収録する。なお、『翁能文』は富永仲基の著作で、延享三年***1746***刊。

58 『漢呉音図』は、勉誠社文庫57に影印（一九七九）が備わる。

59 太田全斎に関しては、亀田次郎「太田全斎伝・同補遺・同続補遺」（『國學院雑誌』一一―二・三、一七―六　一九〇五、一九一一）等がある。『韓非子翼毳』刊行に至る経緯は、全斎の手になる『韓非子翼毳』跋文（漢文大系8所収　冨山房　一九一一）に詳しい。浜野知三郎の校刊本は大正四年***1915***刊。

60 松崎慊堂による『五経文字』『九経字様』の縮刻は天保一五年***1844***刊行。

61 [参]安井・巻六「松崎慊堂」条に詳しい。松崎慊堂に関しては[参]牧野・第三章の六「佐藤一斎・松崎慊堂」条、高田真治『日本儒学史』第三章第七節「松崎慊堂」条等がある。なお、『慊堂全集』は崇文叢書1―10～26（一九二六）所収。同書は後に、昭和四年に刊行された『慊堂日歴』とともに『松崎慊堂全集』全6巻として複製された（冬至書房　一九八八）。

62 西島蘭渓の著作に関しては、矢島玄亮「西島蘭渓自筆稿本七種について」（『文献』五　一九六一）に詳しい。蘭渓と林檉宇・安積艮斎との交友は、両者が『坤斎日抄』（続日本儒林叢書1）に序文を寄せることに窺われる。なお、『読孟叢鈔』を続日本名家四書註釈全書（一九二七）に、『孜孜斎詩話』を新日本古典文学大系65『日本詩史　五山堂詩話』（一九九一）に収める。

63 『転注説』は日本藝林叢書3、日本古典全集（同刊行会、一九二六　一九七二・一九七八復製）および国語学大系5（国書刊行会　一九七五）所収。

64 『説文新附字考』も日本藝林叢書3所収。

65 [参]安井、巻六「狩谷棭斎」条に詳しい。また、高田真治『日本儒学史』第三章第七節「狩谷棭斎」条にも言及があるが、現在では梅谷文夫『狩谷棭斎年譜』上・下（日本書誌学大系92（1）・（2）　二〇〇四・二〇〇六）が詳しい。なお、その著作を集めた『狩谷棭斎全集』（日本古典全集所収　一九二六

一九七二・一九七八復製）がある。

66 『詩史顰』（寛政四年 *1792*）は、日本詩話叢書7（文会堂書店　一九二一　一九九七複製）等に収める。

67 『詩史顰』に附す森立之の跋に、「一日諸友相会読書、当其文義不通、衆議未決之際、窓外偶有倉庚、数声弄好音、光彦開戸叱之曰、喧噪不堪、宜速飛去、一坐皆絶倒矣」とあるに拠る。

68 『読書指南』は渋江抽斎手写本、及び自筆稿本を杏雨文庫に所蔵するほか、龍門文庫にも自筆補訂本を所蔵する。

69 以上の著作は『本居宣長全集』四（一九〇二）に収め、筑摩書房版全集では五（一九七〇）に収める。

p68

70 正しくは『文緯』。本ノートが記す『説文緯』の名称は、松崎慊堂の撰文にかかる稲川の碑文に「文緯之説」と見えること（補注72参照）や、京都大学図書館に所蔵する『文緯』写本の外箱に『説文緯』とあることなどに拠るか。『文緯』は自筆稿本を天理図書館に所蔵し、複製は山梨稲川集刊行会『山梨稲川集』一～三（同刊行会　一九二九）所収。その他、『古声譜』『諧声図』は天理図書館所蔵の自筆本による影印を『山梨稲川集』四に所収。『古音譜』もまた天理図書館に自筆本を所蔵する。ちなみに天理図書館所蔵本は『古音譜』『古声譜』『諧声図』『古音律呂三種』『考声微』を「山梨稲川先生手稿音学五種」としてまとめてあり、その箱書は内藤湖南の筆になるものである。なお、稲川の説文学に関しては、小川環樹「山梨稲川の説文学の著述」（『ビブリア』15　一九五九）等に詳しい。

71 山梨稲川に関しては、内藤湖南『先哲の学問』、繁原央「山梨稲川と『肖山野録』」（麒麟社　二〇〇一）等がある。

72 松崎慊堂「稲川先生山梨君墓銘」（『慊堂全集』巻一〇）には、「駿雖名府、乏典籍、稲川又貧無力致異書。文緯之説、鉱刳冥索、皆出於自得之精、而与近日舶載江・戴・銭・段之言、往往暗合、又有出其表者。其書之伝必可期也」とある。

73 近藤正斎の著作は、『近藤正斎全集』（国書刊行会　一九〇五～六）に集める。なお、正斎の考証学に関する最近の研究には、水上雅晴「近藤重蔵と清朝乾嘉期の校讐学」（『北海道大学文学研究科紀要』117　二〇〇五）がある。

74 成斎の『説文新附攷正』と狩谷棭斎『説文新附字考』とを合わせた、岡井慎吾編『説文新附字考攷正合編』を日本藝林叢書3に収める。また、随筆『酣中清話』を日本随筆大成〈第二期〉15（吉川弘文館　一九七四）に収める。なお、本ノートには成斎と小島宝素（字、学古）とを同一人物視するような割注を附すが、両者は別人物である。第十章の補注（13）掲引の森鷗外「小島宝素」を参照のこと。

p69

75 安井息軒に関しては、[参]牧野第三章の七「文久三博士」条、黒江一郎『安井息軒』（日向文庫8　一九五三）等を参照。『管子纂詁』は漢文大系21（一九一六）、『論語集説』は同大系1（一九〇九）に収め、『書説摘要』は崇文叢書1―1～4（一九二五）、『毛詩輯疏』は同2―46、54～59、61～64（一九三二）に収める。また『弁妄』は、日本思想大系47『近世後期儒家集』所収。

76 荻生徂徠『読荀子』『読韓非子』『読呂氏春秋』は一書にまとめられ『徂徠山人外集』として写本で流布する。ただし『読荀子』については宇佐見灊水の校訂に係る刊本（宝暦一四年 *1764*）があり、徂徠自筆本の影印（審美書院　一九四一）もある。三書とも河出書房新社版全集三（一九七五）所収。蒲阪円（青荘）『韓非子纂聞』は、崇文叢書2―1～9、37、45（一九二八）所収。亀井昱（昭陽）『荘子瑣説』は『亀井南冥昭陽全集』所収。依田利用『韓非子校注』は静嘉堂文庫に自筆本を所蔵し、その影印版（汲古書院　一九八〇）がある。太田全斎『韓非子翼毳』は漢文大系8所収。

77 塩谷宕陰の著述は、『宕陰存稿』（慶応三年 *1867*）、『宕陰賸稿』（谷門精舎　一九三二）に収める。塩谷青山は、宕陰の弟簣山（後に養子）の息子で、節山の父。

78 [参]牧野第三章の七「文久三博士」条に詳しい。

79 正しくは『助辞新訳』。漢語文典叢書2所収。

80 東条一堂に関しては、高田真治『日本儒学史』第三章第六節「東條一堂」条、鴇田恵吉『東條一堂伝』（東条卯作刊　一九五三）等がある。『大学知言』『中庸知言』は続日本名家四書註釈全書・学庸知言・同参弁・同鄭氏義（一九三〇）に、『論語知言』は日本名家四書註釈全書・論語部6（一九二六）に所

収。また、一堂歿後百十年を記念して、後裔である東条卯作によって、『四書知言』『四経標識』の活字版が、昭和三七年 *1962* から翌年にかけて刊行された。なお、東条家に伝わった一堂、男方庵らの遺墨は、平成十一年 *1999*、東条重男によって財団法人斯文会に寄贈された。

81 参安井・巻六「海保漁村」条に詳しい。漁村に関しては、高田真治『日本儒学史』第三章第七節「海保漁村」条等にも言及がある。なお、『中庸鄭氏義』を続日本名家四書註釈全書・学庸知言・同参弁・同鄭氏義に収め、『漁村文話』を新日本古典文学大系65『日本詩史　五山堂詩話』に収める。

p70

82 静嘉堂文庫に所蔵する『岡本況斎雑著』は全二二六冊。京都大学、国会図書館に所蔵する『況斎叢書』は八〇冊。国会図書館本の細目は、『補訂版国書総目録』八「叢書目録」（岩波書店　一九九〇）に載る。

83 馮桂芬『説文解字段注攷正』は、一九二七年に曾孫の馮沢涵が稿本を影印して世に出された。影印の序によるとそれは成書後六十年あまりだという。その間、写本が相当に流布した。なお、倉石氏は巻十五のみを対象にした「説文解字段注攷正訂補」『東方学報・京都』2（一九三一）を出し、さらに他の巻の補訂を考えているうちに、保孝の書（静嘉堂文庫蔵の自筆稿本は『説文解字疏』）の出来栄えを見て中止したという（頼惟勤監修『説文入門』大修館書店　一九八三）。

84 伊藤鳳山に関しては、阿部正巳『伊藤鳳山』（同伝記刊行会　一九二九）等を参照。なお、『傷寒論文字攷』の影印版（汲古書院　一九八七）、及び『晏子春秋証注』（国書刊行会　一九七三）の影印版がある。

85 内藤湖南『先哲の学問』所収「履軒学の影響」条に、「支那で百五六十年前のことが、日本ではそれだけ後に来る。……それでその百五六十年といふのが段々近くなって居りますけれども、私の考では、徳川時代を終るまでは実際百三四十年の差は免れないと思ひます」とあることに拠る。

86 以上の記述は内容的には本ノート第十章冒頭の記述と類似するが、どこに補入さるべきか不明。

第十章　補注

p71

1 本段落については、青木正児「日本文学と外来思潮との交渉（三）支那文学」（岩波講座「日本文学」五　一九三一、のち『青木正児全集』二所収　春秋社　一九七〇）を参照。内藤湖南の説（本ノート70頁）を受けて、江戸時代の詩文の展開を、それが範とした中国の詩文に対応させることで、鎖国時代における文藝伝流に一定の時間差を見出そうとする着想に、本ノート独自のものがある。後の「日本漢文学史の諸問題」（本書所収）にも同様の趣旨を説く。

2 本段落は、参石崎―第6章第2節を踏まえながら、長崎を通じた現代支那への興味を、異質文化に対するあこがれと捉え、この気運から西洋文化研究が生まれると説く点に本ノート独自の視点がある。

p72

3 大沼枕山（**1818～1891**）については、永井荷風『下谷叢話』（春陽堂　一九二六初版、『荷風全集』一五所収　岩波書店　一九六三、岩波文庫　二〇〇〇）、岡本黄石の伝記については図録『漢詩人岡本黄石の生涯』（世田谷区郷土資料館、二〇〇一）を参照。大沼枕山・小野湖山・岡本黄石・鱸松塘の別集は、「詩集日本漢詩」16・17・18（汲古書院　一九八八～九〇）に、その主宰した吟社の総集は、「詞華集日本漢詩」11（汲古書院　一九八四）に所収。

4 森春濤（**1819～1889**）については、坂本鈊之助「春濤先生年譜抄録」（東洋文化振興会『東洋文化』三、一九五七）を参照。別集は「詩集日本漢詩」19（一九八九）所収。『清三家絶句』『清廿四家詩』はともに明治一一年 *1878* 刊。

5 本段落および以下二段落に記述する明治詩壇・詩人については、大江敬香「明治詩壇評論」「明治詩家評論」（『敬香遺集』所収、大江武男　一九二八）、辻揆一「明治詩壇展望」（『漢学会雑誌』一九三八・一二、一九三九・四、いずれも明治文学全集62『明治漢詩文集』所収　筑摩書房　一九八三）を参照。特に辻揆一の所論との類似が認められる。

6 成島柳北（**1837～1884**）については、「近代文学研究叢書」1（昭和女子大学　一九六二）、前田愛『成島柳北』（朝日新聞社　一九七六、のち『前田愛著作集』一　筑摩書房所収）、江戸詩人選集10（岩波書店　一九九〇、日野龍夫解

p73

説）を参照。『新文詩』は明治八年 *1875* 七月創刊、同一六年 *1883* 一二月一〇〇集まで。別に「別集」二八集（明治九～一七）、「新新文詩」三〇集。『花月新誌』は明治一〇年 *1877* 一月創刊、同一七年 *1884* 一〇月一五五号まで。

7　黎庶昌（**1837～1897**）と都下の詩人との文事応酬については、木下彪『明治詩話』巻下其四（文中堂　一九四三）、実藤恵秀『明治日支文化交渉』（光風館　一九四三）、三浦叶「清国公使館員とわが国文人との交遊」（『明治漢文学史』上篇第一部序章所収　汲古書院　一九九八）に詳しい。

8　楊守敬（**1839～1915**）の日本における古書収集活動を知る資料に、森立之と交わした筆談録『清客筆話』がある。原本は慶大斯道文庫所蔵。翻刻に『長沢先生古稀記念　図書学論集』（三省堂　一九七三）所収の原田種成によるものと、『楊守敬集』一三（湖北人民出版社・湖北教育出版社　一九九七）所収の陳捷によるものがある。陳捷『明治前期日中学術交流の研究』（汲古書院　二〇〇三）に、楊守敬ら清国公使館員の文化活動は詳しい。

9　『経籍訪古志』六巻補遺一巻は日本伝存の善本漢籍の解題。清・光緒一一年 *1885* 徐承祖序刊。「解題叢書」（一九一六）・「近世漢方医学書集成」55（名著出版　一九八一）所収。長沢規矩也「『経籍訪古志』考　上下」（『長沢規矩也著作集』二所収　汲古書院　一九八二）がある。

10　『古逸叢書』は日本伝存の佚存書の集成。清・光緒八 *1882*～一〇年 *1884* 刊。「百部叢書集成」（台湾　藝文印書館　一九六四～七〇）七五所収。江蘇広陵古籍刻印社版もある（一九九七）。

11　『留真譜』初編一二巻　清光緒二七年 *1901* 刊、二編八巻　民国六年 *1917* 刊。「書目五編」（台湾　広文書局　一九七二）所収。

12　引用は『日本訪書志』巻首「日本訪書志縁起」の一文。『日本訪書志』一七巻は、光緒二三年 *1897* 刊。「書目叢編」（台北広文書局　一九六七）・『楊守敬集』八（一九八八）所収。

13　渋江抽斎と小島尚質については森鷗外「小島宝素」「渋江抽斎」（岩波書店『鷗外歴史文学集』四・五　二〇〇一・二〇〇〇）、市野迷庵と森立之については川瀬一馬『日本書誌学之研究』（講談社　一九四三）、多紀氏については森潤三郎『多紀氏の事蹟』（一九三三初版、思文閣出版　一九八五、大空社　一九

p74

九八）、狩谷棭斎については第九章補注（65）を参照。

14　『古文旧書考』四巻附一巻、明治三七年 *1904* 民友社刊。「書目叢編」（台北広文書局一九六七刊）所収。島田翰については、高野静子『蘇峰とその時代―小伝鬼才の書誌学者島田翰他』（徳富蘇峰記念塩崎財団　一九九八）、長沢孝三「島田翰と文選集注」（『日本歴史』608、一九九九）を参照。

15　東京大学前史については『東京帝国大学五十年史』上―巻一（一九三二）を、幕府学校施設の幕末の沿革については、倉沢剛『幕末教育史の研究』一（吉川弘文館　一九八三）を参照。

16　加藤弘之の伺書は明治一〇年 *1877* 九月三日付（『東京帝国大学五十年史』上、六八七頁）。

17　古典講習科には、国書課前記（明治一五年九月～一九年七月）・後期（一七年九月～二一年七月）、漢書課前期（一六年九月～二〇年七月）・後期（一七年九月～二一年七月）があった。同科については、『斯文六十年史』（一九二九）、『東京帝国大学五十年史』、町田三郎「東京大学『古典講習科』の人々」（『明治の漢学者たち』研文出版　一九九八）、戸川芳郎「帝国大学漢学科前史ノート」（『日本中国学会創立五十年記念論文集』汲古書院　一九九八）を参照。

18　帝国大学講座制の実施（九学科二〇講座）は明治二六年 *1893* 九月七日から。各講座の推移については『東京帝国大学学術大観』文学部第五・六章（東京帝国大学　一九四二）を参照。

19　島田重礼（**1838～1898**）については、「文学博士島田重礼ノ伝」（『東京学士会院雑誌』一四―二　一八九二）を参照。島田鈞一編『篁村遺稿』三巻三冊は大正七年 *1918* 刊。

20　『皇清経解続編』一四三〇巻、王先謙輯、清・光緒一四年 *1888* 刊。

21　『十七史商榷』一〇〇巻、清・乾隆五二年 *1787* 刊。『廿二史箚記』三六巻は和刻本（文久元）・「続国訳漢文大成」版（国民文庫刊行会　一九三〇）あり。ともに「百部叢書集成」86所収。島田の門人狩野直喜も、島田の見解を受け『中国哲学史』（岩波書店　一九五三）第六編第三章第二款に「我国では従来、趙翼の廿二史箚記が愛読されたが、要するに文人の作たるを免かれず、此の種のものでは、やはり此の商榷を推して第一とせねばならぬ」と説く。

22 竹添井井（1842～1917）は、井上毅・岡松甕谷とともに木下犀潭門下。『桟雲峡雨日記』二巻附「桟雲峡雨詩草」一巻は、森有礼に随行して中国にわたった時の作で（明治六年）、明治一二年***1879***刊。「詩集日本漢詩」18所収。平凡社東洋文庫に訳注がある（二〇〇〇）。『左氏会箋』三〇巻は、明治三六年***1903***刊（のち冨山房「漢文大系」所収）。

23 亀井昭陽『左伝纉考』三〇巻は大正六年***1917***影印刊。のち『亀井南冥昭陽全集』三所収（葦書房　一九七八）。木下広次は犀潭の男である。

p75

24 重野安繹（1827～1910）については、西村時彦「成斎先生行状」（『重野博士史学論文集』上所収、雄山閣　一九三八）、久米邦武「余が見たる重野博士」（『久米邦武歴史著作集』三、吉川弘文館　一九九〇）を参照。著書に『稿本国史眼』七巻（久米邦武・星野恒と共編、大成館　一八九〇）・『重野博士史学論文集』三冊等がある。『周易述刪訂』は存否未詳。

25 根本通明（1822～1906）については、根本通徳『羽嶽根本先生年譜』（一九〇一）を参照。『通志堂経解』は清・納蘭性徳輯、康熙序刊。『周易講義』には嵩山堂版（四巻　一九一〇～一三）、近田書店版（二巻　一九一八）、荻原星文堂版（一九二一）があり、ほかに『周易象義弁正』が知られる。『読易私記』は未刊。蔵書が秋田県立図書館に所蔵される（高橋智「根本通明先生蔵書紀略」『斯道文庫論集』三八・三九　二〇〇四・二〇〇五）。

26 星野恒（1839～1917）については、塩谷温「星野博士略歴」（『東亜研究』七―五　一九一八）、市嶋春城「豊城星野恒先生」（『高志路』三―九　一九三七）を参照。『豊城存稿』二巻二冊・『豊城賸稿』一巻一冊は大正二年***1913***刊。「史学研究」は『史学叢説第一・二集』（冨山房　一九〇九）のこと。

p76

27 三島中洲（1830～1919）については、「中洲三島先生年譜」（『二松学舎六十年史要』二松学舎　一九三七）、山口角鷹『三島中洲』（二松学舎　一九七七）、戸川芳郎編『三島中洲の学芸とその生涯』（雄山閣　一九九七）を参照。

28 元田東野（1818～1891）と『教育勅語』成立史については、『海後宗臣著作集』三・一〇（東京書籍　一九八一）を参照。その後、沼田哲・元田竹彦『元田永孚関係文書』（山川出版社　一九八五）、沼田哲『元田永孚と明治国家』（吉川弘文館　二〇〇五）もある。『幼学綱要』は明治十五年***1882***刊、岩波文庫版（一九三八）等がある。

29 中村正直（1832～1891）については、補注6掲引「近代文学研究叢書」1・高橋昌郎『中村敬宇』（吉川弘文館人物叢書　一九六六）を参照。『西国立志編』はサミュエル・スマイルズ（1812～1904）『自助論（Self Help）』の翻訳で、明治三年***1870***刊、明治一〇年***1877***活字刊（『改正西国立志編』）。「日本教科書大系」近代編1（講談社　一九六一）・講談社学術文庫（一九八一）所収。内田正雄（一八四二～七六）『輿地誌略』は、巻一～一〇が内田編訳、巻一一～一二が西村茂樹編訳。明治三***1870***～一〇年***1877***に編刊された地理書。「日本教科書大系」近代編15（一九六五）所収。福沢諭吉『西洋事情』は、『福沢諭吉全集』一（岩波書店　一九五八）所収。

30 井上毅（1844～1895）には文集『梧陰存稿』（六合館　一八九五）がある。また国学院大学に梧陰文庫があり（『梧陰文庫目録』国学院大学図書館　一九六三）、『井上毅伝　史料編』一～六・補遺（国学院大学図書館　一九六六～九四）として基礎資料が刊行されている。

p77

31 本ノートに記す那珂通世（1851～1908）の事績は、三宅米吉「文学博士那珂通世君伝」（『那珂通世遺書』所収、大日本図書株式会社　一九一五）の記述による。井上毅の敬服、東洋史学科新設の提唱はともに明治二七年***1894***のこと。『皇元聖武親征録』の校注は『那珂通世遺書』所収（「校正増注親征録」）。『崔東壁遺書』は、清・崔述（一七四〇～一八一六）の遺著を、門人陳履和が嘉慶・道光間に編刊。那珂に「考信録解題」（『史学雑誌』一三―七、一九〇二）がある。『成吉思汗実録』の復刻は筑摩書房、一九四三年。

32 文廷式（1856～1904）は戊戌政変後、日本に亡命。このときの那珂の委嘱に応じて、蒙古文『元朝秘史』が贈られた。文廷式については神田喜一郎「内藤湖南先生と文廷式」（『敦煌学五十年』二玄社　一九六〇・『神田喜一郎全集』九所収　同朋社　一九八四）を参照。『文廷式全集』（台湾　大華印書館　一九六九）がある。陳毅は張之洞の命を受けて二度にわたり（明治三二・三五）学制調査のために来日。多くの元朝関係資料を那珂に贈った。

33 森槐南（1863～1911）については、神田喜一郎『日本における中国文学』一・二（二玄社　一九六五～六七、『神田喜一郎全集』六・七所収）を参照。「帰

舟一百韻」は『槐南集』巻二七所収（一九一二、「詩集日本漢詩」20所収）。『唐詩選評釈』は、新進堂版（一八九二～九七）、文会堂版（一九一八）、冨山房版（一九三八～三九）がある。『古詩平仄論』は明治一六年 1883、宝書閣刊。「李・杜・韓・李詩講義」は、それぞれ大正二年 1913、明治四五年 1912、大正四～五年 1915～1916、大正三 1914～六 1917 年に文会堂刊。杜詩は平凡社東洋文庫所収（一九九三）。戯曲『補春天伝奇』（一六歳の作）は明治一三年 1880 刊。『水滸後伝』は明治一八年 1885、庚寅新誌社刊。

p78

34 末松謙澄（1855～1920）については、「近代文学研究叢書」20（昭和女子大学一九六三）を参照。

35 田口卯吉（1855～1905）については、吉川弘文館人物叢書（二〇〇〇）、「田口先生略歴及び年譜」（『鼎軒田口卯吉全集』八所収　同人社　一九二七～二九、吉川弘文館一九九〇復刻）、「近代文学研究叢書」8（昭和女子大学　一九七二）を参照。『日本開化小史』は岩波文庫（一九三四、一九六四改版）・講談社学術文庫（一九八一、附略年譜）等に所収。

36 中西牛郎は、明治二〇年代『宗教改革論』等を著して仏教改革運動を行ったことが知られている。

37 古城貞吉（1866～1949）については、平田武彦『坦堂古城貞吉先生』（西海時論社　一九五四）、『東方学回想』一（刀水書房　二〇〇〇）を参照。『支那文学史』は明治三〇年 1897 経済雑誌社刊。第二版、明治三五年 1902 冨山房ほか刊。旧蔵書は慶大斯道文庫に寄託。

38 藤田豊八（1869～1929）については、小柳司気太「文学博士藤田豊八君略伝」（『東西交渉史の研究　南海編』所収）、『東方学回想』一を参照。『先秦文学支那文学史稿』は東華堂刊。『支那倫理史』は、「哲学館第一〇・一二学年度高等宗教学科講義録」として、明治三一・三三年頃に刊行。旧蔵書は東洋文庫に所蔵される（『藤田文庫目録』一九三〇）。

p79

39 笹川臨風（1870～1949）については「近代文学研究叢書」66（一九九二）を参照。『支那小説戯曲小史』は東華堂刊。

40 国府犀東（1873～1950）・白河鯉洋共編の『支那学術史綱』は博文館刊。なお両名は同年、同所から『支那文明史』も刊行している。

41 早稲田大学講義録の久保天随『支那文学史』は明治四〇年 1907 刊。

42 大町桂月（1869～1925）については「近代文学研究叢書」24（一九六五）・三浦叶「大町桂月の漢文論」（『明治の漢学』所収　汲古書院　一九九八）を参照。

43 田岡嶺雲（1870～1912）については「近代文学研究叢書」13（一九五九）・家永三郎『数奇なる思想家の生涯』（岩波新書　一九五五）・三浦叶「田岡嶺雲の漢学論」（『明治の漢学』所収）・『土佐の反骨　田岡嶺雲』（高知県立文学館二〇〇〇）等を参照。『支那文学大綱』一五冊は一八九七～一九〇四、大日本図書刊。

44 松本文三郎（1865～1944）の『支那哲学史』は東京専門学校の講義として出版された。

第十一章　補注

p80

1 瀧川亀太郎（1865～1846）については、『東洋学の系譜』二（大修館書店　一九九四）を参照。著書に『支那史』（市村瓚次郎と共著　吉川半七　一八九二）、『史記会注考証』一〇巻（東方文化学院東京研究所　一九三二～四、同校補刊行会一九五五～七再刊）等がある。

2 黒木安雄（1866～1923）については、長尾雨山「欽堂黒木君墓銘」（『東洋文化』四〇　一九二六）を参照。著書に『本邦文学之由来』（進歩館　一八九一）等がある。

3 小柳司気太（1870～1940）は漢学科選科卒業（一八九四）。服部の定年後、一時、講師として東大の支那哲学支那文学講座を担当（一九二八～三〇）。『東洋思想の研究　正続』は関書院　一九三四・三八年刊。道教研究には『白雲観志』（東方文化学院東京　一九三四）等。

4 東洋学会は古典講習科漢書課前期生がその設立にかかわり、『東洋学会雑誌』は明治一九年 1886 一二月創刊、同二三年 1890 一月の四編一〇号まで刊行。三浦叶「二十年前後の学界の設立」（『明治の漢学』所収）を参照。

5 服部宇之吉（1867～1939）については「服部先生自叙・年譜」（『服部先生古

稀祝賀記念論文集』冨山房　一九三六）を参照。「自叙」にコンラーデー（August Conrady　1864～1925）はライプツィヒ大学支那学助教授、グルーベ（Wilhelm Grube　1855～1908）はベルリン大学支那語教授とある。

6　前掲「自叙」に「師範館の総教習」と記す。北京大学堂（京師大学堂）の総教習には呉汝綸（1840～1903）が就任し、服部は師範館（別に仕学館あり）の正教習（一九〇二～〇九）として招請された（阿部洋『「対支文化事業」の研究』第Ⅰ部第一章、汲古書院　二〇〇四）。

7　本段落および注五九に記す服部の講義題目については「服部先生講義及著述目録」（前掲『服部先生古稀祝賀記念論文集』所収）を参照。

p81

8　『儒教倫理概説』（冨山房　一九四一）。『孔夫子の話』（京文社　一九二六）。「儀礼鄭注補正」一～三は『支那学研究』一～三（斯文会　一九二九・三一・三三）。復刻には『清国通考』（大安「中国学術研究叢書」　一九六六）、『北京籠城日記』（平凡社東洋文庫『北京籠城』一九六五）がある。

9　宇野哲人（1875～1974）については、『東方学回想』三を参照。

10　塩谷温（1878～1962）については、『東京支那学報』九・『斯文』三六（一九六三）の追悼記事、『東方学回想』二を参照。

11　岡田正之（1864～1927）については、『斯文』九―一〇・一一（一九二七）の追悼記事を参照。

12　『入唐求法巡礼行記』四巻（附解説）五冊は、東寺観智院蔵本の影印本。大正二年*1913*、東洋文庫論叢附篇として刊行。

13　安井小太郎（1858～1938）については、『斯文』二〇―七（一九三九）の追悼記事を参照。旧蔵書が慶大斯道文庫に所蔵される（『斯道文庫論集』三五・三六・三七　二〇〇一～〇三）。

14　島田鈞一（1866～1937）については、『斯文』二〇―三（一九三八）の追悼記事を参照。

15　林泰輔（1854～1922）については、『支那上代之研究』（光風館　一九二七）所収の年譜・著作目録、町田三郎「林泰輔と日本漢学」（『明治の漢学』所収　研文出版　二〇〇〇）、『東洋学の系譜』（大修館書店　一九九二）を参照。朝鮮史研究に『朝鮮史』五巻（吉川半七　一八九二）、『朝鮮近世史要』二巻（吉川半七　一九〇一）、『朝鮮通史』（冨山房　一九一二）がある。『周公と其時代』（大倉書店　一九一五、名著普及会　一九八八復刻）。

p82

16　林の甲骨文研究は前掲『支那上代之研究』所収。羅振玉との往復討論に「国学叢刊を読む」「羅王二氏の王賓に関する答書」（一九一五）がある。神田喜一郎「貝塚教授の『甲骨文字』図版篇を手にして林泰輔を憶う」（『敦煌学五十年』・『神田喜一郎全集』九所収）を参照。『鉄雲蔵亀』不分巻六冊は、清・劉鶚輯、光緒二九年*1903*序石印本（抱残守缺斎所蔵三代文字第一）。

17　市村瓚次郎（1864～1947）については、没後刊行された『東洋史統』四（冨山房　一九五〇）所収の年譜、『東方学回想』一、『東洋学の系譜』を参照。

18　白鳥庫吉（1865～1942）については、津田左右吉「白鳥博士小伝」（『東洋学報』二九―三・四　一九四四）、石田幹之助「白鳥庫吉先生小伝」（『白鳥庫吉全集』一〇所収　岩波書店　一九七一）、『東方学回想』一、榎一雄「白鳥博士自筆原稿四種」「白鳥庫吉著『西域史研究』（上・下）あとがき」（『榎一雄著作集』一二所収　汲古書院　一九九四）を参照。

19　白鳥の論文「支那古伝説の研究」「尚書の高等批評（特に堯舜に就いて）」「儒教の源流」はそれぞれ『白鳥庫吉全集』八・八・九所収（岩波書店　一九七〇・七一）。

p83

20　大正元年*1912*一二月二一日、漢学研究会での白鳥の講演「堯舜禹に就て林氏に答ふ」の内容は、前掲「尚書の高等批評（特に堯舜に就いて）」によって知られる。

21　欄外六五の四中星に関する林の説は「堯舜禹の抹殺論に就て」（『支那上代之研究』二六～三三頁）に、本文に引く「同君研究の方法は」以下の白鳥批判の文は「再び堯舜禹の抹殺論に就て」（同　三九頁）に、見える。内藤湖南の『尚書』研究は、本ノート90頁参照。中国古代研究と天文学の関係に言及する点で、本段落は本ノート88～89頁の記述と関連がある。

22　中村久四郎（1874～1961、のち中山に改める）については、榎一雄「中山久四郎博士の学績」（前掲『榎一雄著作集』）を参照。

23　箭内亙（1875～1926）は、市村・白鳥の定年（一九二五）により、同年、助教授から教授（東洋史学第一講座）に昇任。その没後、藤田豊八がこれを継

p84

いだが、さらに台北帝大に移った（一九二八）。本ノートにいう藤田の「変貌」は、本ノート78頁の記述と照応する。

24 宮島氏は宮島誠一郎（1838～1911）のこと。その子息に大八（1867～1943詠士）がある。

25 楢原陳政は、井上陳政とも。著書に『禹域通纂』（大蔵省　一八八八、のち汲古書院復刻）等がある。米沢秀夫「楢原陳政」（『江南雑記』上海・内山書店　一九四四）、田中正俊「明治初期の教育と楢原陳政─楢原陳政伝断章」（『近代日本における歴史学の発達』上　青木書店　一九七六）を参照。

26 陸心源（1834～1894）の皕宋楼は所蔵する宋版が二〇〇部に及んだのに因る名称。その『皕宋楼蔵書志』一二〇巻は「書目続編」（台湾　広文書局　一九六七～六八）・「清人書目題跋叢刊」（中華書局　一九九〇）所収。

27 聊城の楊端勤・楊紹和の海源閣に『楹書隅録』五巻（「書目叢編」台湾　広文書局　一九六七）があり、常熟の瞿紹基・瞿鏞の鉄琴銅剣楼に『鉄琴銅剣楼蔵書目録』二四巻（「書目叢編」・上海古籍出版社　二〇〇〇）があり、杭州の丁丙の八千巻楼に『八千巻楼書目』二〇巻（「書目四編」　一九七〇）・『善本書室蔵書志』四〇巻（「書目叢編」）がある。

28 『皕宋楼蔵書源流考』一巻、光緒三三年 *1907* 刊。

29 河田羆『静嘉堂秘籍志』五〇巻二五冊、静嘉堂文庫、大正六 *1917*～八 *1919* 年刊。

30 ジョージ・アーネスト・モリソン（1862～1920 George Ernest Morrison）については、ウッドハウス暎子『日露戦争を演出した男モリソン』（東洋経済新報社　一九八八、のち新潮文庫　二〇〇四）を参照。

31 東洋文庫は、一九四八年に国立国会図書館と支部契約を締結し、図書の閲覧業務に関して国立国会図書館東洋文庫支部となって、現在に至っている。

第十二章　補注

p85

1 狩野直喜（1867～1947）については『東光』五（一九四八）の追悼記事、小島祐馬「狩野先生の学風」・「狩野君山先生略譜」（『東方学報（京都）』一七一九四九）を参照。

2 臨時台湾旧慣制度調査会は後藤新平（台湾総督府民政長官）によって発足し、岡松参太郎（甕谷の三男）・織田萬ら京都帝大の法学者が参画。近年、早大に岡松家資料が寄贈された。狩野は明治三六年 *1903* 一〇月より大正四年 *1915* まで織田の補助として『清国行政法』編纂に従事した。また文科大学開設（創設）委員には明治三九年 *1906* 四月に、教授には同年七月に就任した。

3 狩野の京大における講義題目は『狩野教授還暦記念支那学論叢』（弘文堂　一九二八）所収の「講演及講義」によって知られる。高瀬武次郎（1868～1950）については、『高瀬博士還暦記念支那学論叢』（弘文堂　一九二八）に著作目録所収。

4 内藤虎次郎（1866～1934）については、「年譜・著作目録」（『内藤湖南全集』一四所収　筑摩書房　一九六九～七六）、J・A・フォーゲル『内藤湖南・ポリティックスとシノロジー』（平凡社　一九八九）を参照。内藤の支那近世史講義は、『清朝史通論』『支那史学史』（弘文堂　一九四三・四九、のち『内藤湖南全集』五・八・一一、平凡社東洋文庫）として刊行。

5 桑原隲蔵（1871～1931）については、桑原武夫「桑原隲蔵小伝」・略年譜（『桑原隲蔵全集』五所収、岩波書店　一九六八）。その東西交通史は、『東西交通史論叢』（弘文堂　一九三三、のち『桑原隲蔵全集』三所収）として刊行された。その蔵書は京大東洋史研究室に所蔵され、目録が『桑原隲蔵全集』六に所収。富岡謙蔵（1873～1918　鉄斎の男、桃華と号す）。

6 鈴木虎雄（1878～1963）については、『東方学回想』二（刀水書房　二〇〇〇）、『東洋学の系譜』（大修館書店　一九九二）を参照。『支那詩論史』は弘文堂　一九二五年刊。

7 西村時彦（1865～1924）については、『碩園先生追悼録』（懐徳堂堂友会　一九二五）、「近代文学研究叢書」23（昭和女子大学　一九六五）、町田三郎「天囚西村時彦覚書」（『明治の漢学者たち』研文出版　一九九八）を参照。

8 狩野のこれらの論文は『支那学文藪』（みすず書房　一九七三）に所収。

p86

9 内藤らの明治四三年 *1910* 北京出張の報告、明治四五年 *1912* 奉天調査の報告は、『目睹書譚』（弘文堂　一九四八、のち『内藤湖南全集』一二）に所収。

10 羅振玉（1866〜1940）については、榎一雄「羅振玉氏の訃」（『榎一雄著作集』一一所収　汲古書院　一九九四）を参照。『羅雪堂先生全集』（一〜三編　文華出版・四〜七編　大通書局　一九六八〜七六）には「雪堂自伝」（五編所収）、「羅雪堂先生年譜」（一編所収）が備わる。

11 董康（1867〜1947）には神田喜一郎「董授経先生」（『敦煌学五十年』・『神田喜一郎全集』九所収）がある。著書、『曲目韻編』二巻・『書舶庸譚』（四巻本　遼寧教育出版社　一九九八、九巻本「董康東游日記」河北教育出版社　二〇〇〇）・『日本講演録』等。

12 王国維（1877〜1927）については、狩野直喜「王静安君を憶ふ」（『支那学文藪』所収）、陳鴻祥『王国維年譜』（斉魯書社　一九九一）を参照。

13 『敦煌石室遺書』宣統元年 ***1909*** 刊、『玉簡斎叢書』宣統二年 ***1910*** 刊、『宸翰楼叢書』宣統三年 ***1911*** 刊。それぞれ『羅雪堂先生全集』三・三・一編に所収。

14 『曲録』六巻・『戯曲考源（原）』一巻・『唐宋大曲考』一巻・『宋元戯曲史』一巻・『人間詞話』二巻は『海寧王忠愨公遺書』四集、『簡牘検署考』一巻は同二集（『海寧王忠愨公遺書』一九二七〜二八石印、のち『王観堂先生全集』文華出版　一九六八・『王国維先生全集』大通書局　一九七六・『海寧王静安先生遺書』台湾商務印書館　一九七九もある）に所収。なお『宋元戯曲史』は商務印書館発刊時の改題で、『海寧王忠愨公遺書』には原題『宋元戯曲考』として所収。平凡社東洋文庫に井波陵一訳注を収める（一九九七）。

15 「国学叢刊」ははじめ一九一一年に刊行され、再び一九一四〜一五年にかけて刊行された。

16 「頤和園詞」「送狩野博士遊欧洲」「蜀道難」は、いずれも『観堂集林』巻二四に所収（『海寧王忠愨公遺書』一集）。単行『観堂集林』（中華書局　一九五九、一九九一再刊）。

17 「続狗尾録」は前掲『支那学文藪』所収。『古今雑劇三十種』五冊は羅振玉所蔵の元刊本三〇種の影印叢書で、「京都帝国大学文科大学叢書」第二として刊行された。

18 『斉魯封泥集存』一巻（一九一三影印）・『鳴沙石室佚書』（一九一三影印）・『流沙墜簡』三巻『考釈』三巻（一九一四影印）・『殷虚書契考釈』一巻（一九一四石印）は、『羅雪堂先生全集』のそれぞれ七・三・二・六編に所収。

19 王国維『洛誥箋』一巻、一九一五年「国学叢刊」排印本。林泰輔との往復討論については、本ノート81頁に言及がある。『洛誥箋』「与林浩卿博士論洛誥書」「再与林博士論洛誥書」は『観堂集林』巻一に所収。

p87

20 哈同氏は、英国籍のユダヤ人で上海在住の富商ハードーン（Silas Aaron Hardoon 1851〜1931）のこと。『廣倉学宭叢書』は、ハードーンが創設した倉聖明智大学から刊行された。「学術叢刊」は「学術叢編」が正しく、『廣倉学宭叢書甲類』を『学術叢編』と称し（一九一六　排印本）、『同乙類』を『藝術叢編』と称する（一九一六〜七　石印本）。

21 羅振玉『殷虚書契後編』二巻（一九一六影印　廣倉学宭叢書乙類）は、『羅雪堂先生全集』七編に所収。王国維『殷卜辞中所見先公先王考』一巻『同続考』一巻（廣倉学宭叢書甲類）は、『観堂集林』に所収。内藤湖南「王亥」は『内藤湖南全集』七所収。

22 長尾雨山（1864〜1942）については、長尾正和による略歴（筑摩叢書『中国書画話』一九六五）、杉村邦彦「長尾雨山伝略述」（『書苑彷徨』二、二玄社　一九八六）、樽本照雄「長尾雨山は冤罪である」（『大阪経大論集』四七—二　一九九六）を参照。

p88

23 神田家所蔵旧鈔本は『容安軒旧書四種』（『尚書残一巻』『史記残一巻』『世説新書残一巻』『王子安集残一巻』所収　一九一九）として刊行されている。

24 唐鈔本の印行は、「京都帝国大学文学部景印旧鈔本」として、第一集—毛詩唐風・毛詩秦風正義・翰苑・王勃集（以上、一九二二）、第二集—講周易疏論家義記・経典釈文・漢書楊雄伝、第三・四集—文選集注（以上、一九三五）、第五・六・七・八集—文選集注（以上、一九三六）、第九集—文選集注、第一〇集—尚書・毛詩二南（以上、一九四二）が刊行された。

25 「支那学会」は雑誌『支那学』を発行した支那学社のこと。

26 新城新蔵（1873〜1938）については、能田忠亮「新城新蔵博士伝」（『星の手帖』一九七九秋号）、荒木俊馬「故新城新蔵博士」「新城所長年譜」「新城所長著作目録」（『荒木俊馬論文集』所収　同編集委員会　一九七九）、山根幸夫

『東方文化事業の歴史』第三章（汲古書院　二〇〇五）を参照。旧蔵資料は国立国会図書館と京大理学部宇宙物理学教室図書室に所蔵。

27 本ノートに挙げる清朝における暦算については、梁啓超『清代学術概論』八・一五章（一九二一商務印書館初版、平凡社東洋文庫に小野和子訳注を所収一九七四）を参照。

28 「東洋天文学史大綱」は新城が『内藤博士還暦祝賀支那学論叢』（弘文堂　一九二六）に寄稿した論文名。該論文が収められた著書は『東洋天文学史研究』（弘文堂　一九二八、臨川書店復刻　一九八九、中国語訳に上海・中華学芸社一九三三）。本ノートにあげる「二十八宿の伝来」から「戦国秦漢の暦法」までは、その所収論文九編を年代順に示したもの。

29 大正一一年 ***1922*** 一〇月の帝国学士院例会における新城の演題は「支那古代に於ける天文学の発達」。同一一月の大阪朝日新聞に新城の「東洋文明の淵源に関する論争」が掲載され、一二月の東京朝日新聞に萬峰生の「二十八宿に就て（新城博士の論文を読みて）」が掲載され、東西の論争が起った。この論争は、本ノート82～83頁の白鳥・林の論争とも関連する。

p89

30 飯島忠夫（1875～1954）。『支那古代史論』は「東洋文庫論叢」5（一九一五）。補訂版（恒星社　一九四一、のち第一書房『飯島忠夫著作集』として復刻一九八二）。「支那天文学の組織及び其起源」は『支那古代史と天文学』（恒星社　一九三九、のち『飯島忠夫著作集』三）所収。

31 王国維の『生覇死覇考』は『観堂集林』巻一所収。『古本竹書紀年輯校』一巻（朱右曾撰　王国維補）・『今本竹書紀年疏証』二巻は『海寧王忠愨公遺書』三集所収。

32 小川琢治（1870～1941）については、『一地理学者之生涯』（一九四一）、『東方学回想』二を参照。『台湾諸島誌』は一八九六年、東京地理協会刊。『山海経』『穆天子伝』に関する研究論文は『支那歴史地理研究　正続』（弘文堂一九二八・二九）所収。「穆天子伝考」（『狩野教授還暦記念　支那学論叢』所収、弘文堂　一九二八）もある。

33 中尾万三（1882～1936）の上海・自然科学研究所における研究報告に「食療本草の考察」「紹興校定経史証類備急本草ノ考察」（「上海自然科学研究所彙報」一―三・二―別　一九三〇・一九三三）等がある。旧蔵書は武田科学振興財団杏雨書屋に所蔵される。

34 上海・自然科学研究所については、阿部洋『「対支文化事業」の研究』第Ⅲ部第二章第Ⅳ部第二章（2）（汲古書院　二〇〇四）、山根幸夫『東方文化事業の歴史』第三章を参照。

35 『藝文』は明治四三年 ***1910*** 四月の創刊より昭和六年 ***1931*** 五月の二二年三号まで内外出版印刷から刊行されている。

p90

36 『支那学』は一―一より一二―五まで（大九・九～昭二一・八）、支那学社から刊行され（彙文堂、のち弘文堂）、その後『東光』（昭二二～二四）と改称した。

37 胡適（1891～1962）、はじめ名は洪騂・適之。米留学より帰国後（一九一七）、北京大学教授となった。自伝『四十自述』（吉川幸次郎訳　創元社　一九四〇）がある。

38 内藤湖南「章実斎年譜」「胡適之の新著章実斎年譜を読む」「尚書編次考」「爾雅の新研究」は、いずれも『内藤湖南全集』七（もと『研幾小録』所収　弘文堂　一九二八）に所収。章学誠（1738～1801）については、島田虔次「章学誠の位置」（『中国思想史の研究』京都大学学術出版　二〇〇五）、中国文明選『史学論集』（川勝義雄による『文史通義』の部分訳所収）を参照。なお「尚書編次考」は『研幾小録』所収時に「尚書稽疑」と改題。

p91

39 傅増湘の所収論文は「校漢紀書後」。蔵書家として知られ、『蔵園羣書題記』（「書目叢編」所収、単行は上海古籍出版社　一九八九）・『蔵園羣書経眼録』（中華書局　一九八三）・『雙鑑楼善本書目』（「書目三編」所収）等の著述あり。

40 ポール・ペリオ（1878～1945　Paul Pelliot）はフランスの敦煌学研究者。所収論文は“Le 箜篌 Kong-heou et le gobuz”。『東洋学の系譜　欧米篇』（大修館書店　一九九六）を参照

41 シルヴァン・レヴィ（1863～1935　Sylvain Levi）は、フランスのインド学研究者。著書『インド文化史』（平楽寺書店　一九七二）。ポール・ドミエヴィル（1894～1974　Paul Demieville）はフランスの中国学研究者。「フランスに

おけるシナ学研究の歴史的展望」(『東方学』三三・三四　一九六七)がある。シャルル・アグノエル(M.C.Haguenauer)はフランスの日本学研究者。ニコライ・ネフスキー(1892~1938, Nikolai Aleksandrovich Nevskii)は、ロシアの西夏語研究者・民俗学者。著書に『西蔵文字対照西夏文字抄覧』(大阪東洋学会　一九二六)、『月と不死』(平凡社東洋文庫　一九七一)等がある。『狩野教授還暦記念支那学論叢』には Nicholas Nevsky と表記する。

42 呉士鑑の著述に『尚書釈文残』一巻・校語二巻(「涵芬楼秘笈」四集所収、上海商務印書館　一九一八)がある。

43 狩野の論題は「山井鼎と七経孟子考文補遺」(『支那学文藪』所収)。その山井手定献進本の京大購入は大正一四年 *1925*。八章補注(8)を参照。

44 『高瀬博士還暦記念　支那学論叢』(同記念会・弘文堂　一九二八、一九三一再版)。『桑原博士還暦記念　東洋史論叢』(桑原博士還暦記念祝賀会・弘文堂　一九三一)。『小川博士還暦記念　史学地理学論叢』(小川琢治博士還暦記念会・弘文堂　一九三〇)。『小川博士還暦記念　地学論叢』(弘文堂　一九三〇)。

45 桑原隲蔵の論著は、『桑原隲蔵全集』(岩波書店　一九六八)に集める。

46 『宋末の提挙市舶西域人蒲寿庚の事蹟』は『桑原隲蔵全集』五所収。初出は「宋末の提挙市舶西域人蒲寿庚に就て」(『史学雑誌』連載　一九一五~一八)。増訂版『宋末の提挙市舶西域人蒲寿庚の事蹟』(上海東亜考究会　一九二三)。再補訂版『唐宋時代に於けるアラブ人の支那通商の概況殊に宋末の提挙市舶西域人　蒲寿庚の事蹟』(岩波書店　一九三五。平凡社東洋文庫版(一九八九)がある。中国語訳は陳裕菁『唐宋元市舶史料蒲寿庚考』(「南京中国史学会叢書」上海中華書局　一九二九)・馮攸『唐宋元時代中西通商史』(「中外交通史料名著叢書」上海商務印書館　一九三〇)がある。

47 矢野仁一(1872~1970)については、刀水書房『東方学回想』三を参照。

48 羽田亨(1882~1955)については、『東方学回想』四・『東洋学の系譜』を参照。『西域文明史概論』は一九三一年、弘文堂刊。のち平凡社東洋文庫所収(一九九二)。

第十三章　補注

1 東北帝国大学は大正一二年 *1923* に開設。法文学部がおかれた。

2 武内義雄(1886~1966)は、懐徳堂講師をへて大正一二年 *1923* に東北帝大教授(支那学講座)。武内については『東方学回想』四(刀水書房　二〇〇〇)・『東洋学の系譜』(大修館書店　一九九二)を参照。その論著は『武内義雄全集』一〇巻(角川書店　一九七八~九)に集める。

3 青木正児(1887~1964)は東北帝大助教授(一九二三)、同教授(一九二六)、京都帝大教授(一九三八)。「年譜・著作目録」(『青木正児全集』一〇所収　春秋社　一九六九~七五)、『東方学回想』三、『東洋学の系譜』を参照。『支那文藝論叢』は『支那文藝論藪』(全集二所収)。

4 岡崎文夫(1888~1950)は、東北帝大助教授(一九二四)、同教授(一九二六~一九五〇、史学第三講座)。「岡崎文夫博士年譜・著述目録」(『歴史』二　一九五〇)、『東方学回想』四を参照。『魏晋南北朝史』(弘文堂　一九三二)は、平凡社東洋文庫所収(一九八九)。『支那古代史要』(弘文堂　一九四四)。『支那史概説』上(弘文堂　一九三五)。

5 小島祐馬(1881~1966)は、昭和六年 *1931* より京大文学部教授(支那哲学史講座)。『東方学回想』四、『東洋学の系譜』を参照。『古代支那思想』(弘文堂　一九四三)。

6 本田成之(1882~1946)については、『支那学』一二―一・二(一九四六)の追悼記事を参照。『支那経学史論』(弘文堂　一九二七)。

7 九州帝大は大正一五年 *1926* 開設。法文学部がおかれた。楠本正継(1896~1963)は、大正一五年 *1926* 助教授、昭和二年 *1927* 教授。目加田誠(1904~1994)には「略年譜・著作目録」(『目加田誠博士古稀記念　中国文学論集』所収　竜渓書舎　一九七四)・『目加田誠著作集』八巻(竜渓書舎　一九八一~八六)、松枝茂夫(1905~1995)には「略年譜・著作目録」(『松枝茂夫文集』所収　研文出版　一九九九)がある。

8 京城帝大は大正一五年 1926 開設。法文学部がおかれた。藤塚鄰(1879~1948)

は大正一五年*1926*から昭和一五年*1940*まで教授（支那哲学講座）。その朝鮮と清朝の文化交流史研究には、『日鮮清の文化交流』（中文館書店　一九四七）・『清朝文化東伝の研究　嘉慶・道光学壇と李朝の金阮堂』（国書刊行会　一九七五）がある。

9　児島献吉郎（1866~1931）は、大正一五年*1926*より教授（支那文学講座）。昭和四年*1929*より病気休養し、熊本で没した。三浦叶「児島星江（献吉郎）とその学問—古典講習科漢書課卒業生の一活動—」（『明治の漢学』汲古書院　一九九八）がある。『支那大文学史　古代編』（冨山房　一九一二）、『支那文学史綱』（冨山房　一九一二）、『支那文学考　一・二』（目黒書店　一九二〇・二二）、『漢文典・続漢文典』（冨山房　一九〇二・〇三）。

10　鳥山喜一（1887~1959）は、東洋史学第二講座担当の教授（『東洋学の系譜』二）。著書、『渤海史考』（原書房　一九七七復刻）・『黄河の水』（角川文庫　一九七二改訂版）等。大谷は大谷勝真教授（東洋史学第一講座）。玉井は玉井是博（1897~1940）、著書『支那社会経済史研究』（岩波書店　一九四二）。

11　稲葉岩吉（1876~1940）は君山の号で知られる。『清朝全史』（早稲田大学出版部　一九一四）、『近代支那史』（大阪屋号書店　一九二〇）、『最新支那史講話』（日本評論社出版　一九二二）、『近世支那十講』（金尾文淵堂　一九一六）、『対支一家言』（日本評論社　一九二二）、『満州発達史』（大坂屋号書店　一九一五）。

12　台北帝大には文政学部がおかれた。久保天随（1875~1934　得二）は一九二七年に「西廂記の研究」で学位を取得。久保については黄得時「久保天随博士小伝」（『広島大学中国中世文学研究』二　一九六二）を参照。

13　神田喜一郎（1897~1984）は助教授（一九二九）をへて、久保の後を受けて教授（東洋文学講座　一九三四）となった。神田については『東方学回想』五、『東洋学の系譜』二を参照。

14　戦前の東京帝大については、『東京帝国大学学術大観』文学部・支那哲学支那文学科（一九四二）を参照。高田真治（1893~1975）は昭和五年*1930*助教授、同九年*1934*教授（支那哲学支那文学第一講座）。『支那思想の研究』（春秋社　一九三九）、『支那思想の展開』第一巻　（弘道館図書　一九四四）。高田については『斯文』八〇（一九七六）の追悼記事を参照。

15　加藤常賢（1894~1978）は京城帝大助教授（一九二八）・広島文理大教授（一九三三）をへて、本ノートが講じられた翌年（一九四七）に高田の後任として東大に移った。『支那古代家族制度の研究』（岩波書店　一九四〇）、『礼の起原と其発達』（中文館書店　一九四三）。加藤については、『東方学回想』六、『維軒加藤常賢学問とその思い出』（加藤さだ　一九八〇）を参照

16　諸橋轍次（1883~1982）の支那家族制度研究は、『支那の家族制』（大修館　一九四〇）。『経学研究序説』（目黒書店　一九三六）。『大漢和辞典』は昭和一八年*1943*に大修館書店から第一巻が刊行（~一二巻　一九五九）。諸橋については『東方学回想』三、『私の履歴書　文化人16』（日本経済新聞社　一九八四）を参照。『諸橋轍次著作集』一〇巻（大修館書店　一九七五~七七）がある。

17　和田清（1890~1963）は台北帝大に転出（一九二八）した藤田豊八の後を受けて、昭和八年*1933*に教授（東洋史学第一講座）となった。『東亜史論藪』（生活社　一九四二）。ほかに『中国地方自治発達史』（一九三九、汲古書院　一九七五復刻）がある。

18　石田幹之助（1891~1974）については、榎一雄「石田幹之助博士略伝」（『榎一雄著作集』一二　汲古書院　一九九四）を参照。『欧人の支那研究』（日本図書　一九三二）。『欧米に於ける支那研究』（創元社　一九四二）。『長安の春』（創元社　一九四一）。『南海に関する支那史料』（生活社　一九四一）。

19　石浜純太郎（1888~1968）については、「年譜略・著作目録」（『石濱先生古稀記念　東洋学論叢』所収　同会　一九五八）を参照。『支那学論叢』（全国書房　一九四三）、『東洋学の話』（創元社　一九四三）、『敦煌石室の遺書』（弘文堂　一九二五）。

p94

20　後藤末雄（1886~1967）、『支那文化と支那学の起原』第一書房　一九三九年刊。『東西の文化流通』（第一書房　一九三八）、『藝術の支那科学の支那』（第一書房　一九四二）。ほかに『中国思想のフランス西漸』（一九三三、平凡社東洋文庫　一九六九）がある。

21　加藤繁（1880~1946）は昭和一一年*1936*教授（東洋史学第二講座）。加藤に

ついては榎一雄「加藤繁博士小伝」「加藤繁博士の講義案」（『榎一雄著作集』一二）を参照。『唐宋時代における金銀の研究』一・二（東洋文庫論叢6　一九二五・二六）、『支那経済史概説』（弘文堂　一九四四）、『支那学雑草』（生活社　一九四四）。

22 岩村忍（1905～1988）。『十三世紀東西交渉史序説』（三省堂　一九三九）、『耶律楚材』（生活社　一九四二）。

23 津田左右吉（1873～1961）の著作は『津田左右吉全集』二八巻・別五巻（岩波書店　一九六三～六六）に集める。『左伝の思想史的研究』（「東洋文庫論叢」22　一九三五）。『支那思想と日本』（岩波新書　一九三八）。

24 原田淑人（1885～1974）は東大考古学講座の初代教授（一九三八～四六）。原田については『東洋学の系譜』二を参照。『支那唐代の服飾』（「東京帝国大学文学部紀要」4　一九三五）。『西域発見の絵画に見えたる服飾の研究』（「東洋文庫論叢」4　一九二五）。『東亜古文化史研究』は正しくは『東亜古文化研究』（座右宝刊行会　一九四〇）。

25 浜田耕作（1881～1938）は青陵の号で知られる。「年譜・著作目録」が『浜田耕作著作集』七（同刊行委員会・同朋舎出版、一九八七～九三）に所収。『東亜文明の黎明』刀江書院　一九三〇年、創元社「日本文化名著選」　一九三九年。『東亜考古学研究』岡書院　一九三〇年、荻原星文館　一九四三年。

26 伊東忠太（1867～1954）。「略年譜」（科学随筆文庫『建築と歴史』学生社　一九七八）、「伊藤忠太博士重要文献目録」（『伊東忠太著作集』一所収（～八）原書房　一九八二～八三）。

27 関野貞（1867～1935）。『支那の建築と藝術』（岩波書店　一九三八）。近年の復刻に、『日本の建築と藝術』上下（岩波書店　一九九九）、『朝鮮の建築と藝術』（岩波書店　二〇〇五）がある。

28 松本文三郎（1865～1944）。旧蔵書は京都大学人文科学研究所に所蔵（『松本文庫目録』一九五二）。著書、『達磨の研究』（第一書房　一九四二）等。

29 常盤大定（1870～1945）。『古賢の迹』（金尾文淵堂　一九二〇）、『支那仏教史蹟』一～五集（仏教史蹟研究会　一九二五～二七）。のち関野貞共編『支那文化史蹟』（一～一二輯　一九三九～四一）もある。常盤については『東洋学の系譜』を参照。

30 庚子賠款は義和団賠償金のこと。外務省所轄の対支文化事業は、中国側の反対により東方文化事業と改称して、一九二五年一〇月に北京で第一回総委員会を開催した。『対支回顧録』上五編三節四節（東亜同文会対支功労者伝記編纂会　一九三六、のち「明治百年史叢書」所収　原書房　一九六八）、阿部洋『「対支文化事業」の研究』第Ⅱ部第一・二章（汲古書院　二〇〇四）、山根幸夫『東方文化事業の歴史』序説（汲古書院　二〇〇五）を参照。

31 人文科学研究所（一九二七～四五）は、上海の自然科学研究所（一九三一～四五）とならんで、東方文化事業の一環として北京に開設された研究所。『東方文化総委員会並人文科学研究所の概要』（北平人文科学研究所　一九三五）、前掲、阿部の第Ⅱ部第三章・第Ⅲ部第一章、山根の第二章を参照。東廠胡同は一九二七年に東方文化事業総委員会・研究所が置かれた北京・王府井の地名で、阿部の三〇四～五頁に説明がある。

32 「続四庫全書提要」は『続修四庫全書総目提要』。その編纂事業については、前掲、阿部の第Ⅳ部第二章（1）、山根の第二章三・四を参照。『続修四庫全書総目提要』は、さきに京大人文研所蔵本による台湾・商務印書館版一三冊（一九七二）、近く中国科学院図書館に現存する稿本による斉魯書社版三八冊（一九九六）があり、『続修四庫全書』一八〇〇冊（上海古籍出版社　二〇〇二）も刊行された。編纂に関与した橋川時雄（1894～1982）については、『文字同盟』（汲古書院　一九九一）の解説、『東方学回想』四を参照。

33 東方文化学院東京研究所は一九二九年四月発足。当初、東大附属図書館内に置かれ、一九三三年一一月に小石川区大塚に竣工。別に東大内に東洋文化研究所を設置され（一九三九年八月）、敗戦後、東洋文化研究所に吸収された。本ノートにあげる諸研究のうち、主なものは、仁井田陞（1904～1966）『唐令拾遺』（一九三三、のち東大出版会一九六四・一九八三復刻）。青山定雄（1903～1983 定男）『支那歴史地理要覧』（一九三三）、佐伯好郎（1871～1965）『景教の研究』（一九三五）。以上、東方文化学院東京研究所刊行。牧野巽（1905～1974）『支那に於ける家族制度』（岩波講座東洋思潮　一九三五）。欄外七六の瀧遼一には『東洋音楽論』（弘学社　一九四四）・『瀧遼一著作集』三冊（第

p95

34　東方文化学院京都研究所は一九二九年四月発足、当初、京大文学部陳列館内に置かれ、一九三〇年一一月に左京区北白川に竣工（現存）。東西分裂により東方文化研究所と改称（一九三八年四月）。別に京大内に人文科学研究所が設置され（一九三九年八月）、一九四九年に人文科学研究所と合併。機関誌「東方学報」は一九三一年三月に創刊され現在も継続。本ノートにあげる諸研究のうち主なものは、梅原末治（1893～1983）『殷墟出土白色土器の研究』（東方文化学院京都研究所研究報告1　一九三二）、能田忠亮『周髀算経の研究』（同3　一九三三）、塚本善隆（1898～1980）『唐中期の浄土教』（同4　一九三三）、伊勢専一郎『支那山水画史』（同5　一九三四）、矢野仁一『日清役後支那外交史』（同9　一九三七）、高畑彦次郎『周秦漢三代の古紐研究』（同10　一九三七）、能田忠亮『礼記月令天文考』（同12　一九三八）、高畑彦次郎『古韵研究』（同13　一九三九）。藪内清（1906～2000）『隋唐暦法史の研究』（東方文化研究所　一九四四）、水野清一・羽館易『雲岡石仏群』（東方文化研究所雲岡石窟調査概報　朝日新聞大阪本社　一九四四）。古書複製事業は一九二九年より一九三七年まで三期九年間行われ、「東方文化叢書」と称する。

35　瀧川政次郎（1897～1992）『支那法制史研究』（有斐閣　一九四〇）。

36　「中国文学」は中国文学研究会編、生活社刊（九八号より華光社と改称）。はじめ「中国文学月報」と題し、一九三五年三月創刊（～一九四〇年二月五九号）。六〇号より「中国文学」と改称し、一九四三年三月九二号で一旦終刊、一九四六年三月より復刊、一九四八年四・五月一〇五号まで刊行（復刻　汲古書院　一九七一～七七）。欄外八〇の「現代支那文学全集」一〇巻は東成社　一九四〇年刊。「中国文学叢書」は生活社　一九四一～四三年頃刊。「中国新文学大系」は趙家璧主編「中国新文学大系」一〇集（上海・良友図書印刷公司　一九三五～三六）を翻訳した謄写版の叢書（刊年発行所未詳）。実藤氏は実藤恵秀（1896～1985）。『日支文化交渉』（光風館　一九四三）。東京都立中央図書館に実藤文庫がある。

37　「書誌学」は日本書誌学会編、一九三三年一月の一巻一号より一九四二年の一八巻一号（通巻一〇二号）まで刊行（復刻　汲古書院　一九六九）。のち復刊一～三五・三六号まで刊行（一九六五～八五）。『旧刊影譜』は日本書誌学会編（文求堂　一九三二）。川瀬一馬（1906～1999）の著書『古活字版之研究』（安田文庫　一九三七、増補版　日本古書籍商協会　一九六七）等。長沢規矩也（1902～1980）の著作は『長沢規矩也著作集』一〇巻・別巻（汲古書院　一九八二～八九）に集める。欄外八一にあげる書は、『（安井先生頌寿記念）書誌学論攷』（松雲堂・関書院　一九三七）、『支那学術文藝史』（三省堂　一九三八、一九六六新修再版）、『支那書籍解題　書目書誌之部』（文求堂　一九四〇）。

p96

38　『静嘉堂文庫漢籍分類目録』（静嘉堂文庫　一九三〇）、『静嘉堂文庫国書分類目録　正』（静嘉堂文庫　一九二九）、『静嘉堂文庫国書分類目録　続』（静嘉堂文庫　一九三九）。『東方文化研究所漢籍分類目録』（東方文化研究所　一九四三）。

39　外務省漢洋語学所については、中田敬儀「明治初期の支那語」（『中国文学』八三・特輯「日本と支那語」所収　一九四二）を参照。同書巻末に「日本支那語研究年表」を附す。本ノートに記す明治期の中国語研究は、多く本書によっている。

40　漢洋語学所とその主席・潁川重寛（1831～1901）については、六角恒広『漢語師家伝』（東方書店　一九九九）に詳しい。『三字経』は伝統的なもの。『漢語跬歩』は部門別の語句集で、語学所が開設されてまもなく編集されたという。六角恒広『中国語書誌』（不二出版　一九九四）参照。なお、以下に見える教科書類の解題は該書に詳しく、この補注もそれにもとづく。『二才子』は不詳。『閙裏閙』は読み物、中国語教本類集成1―1。『訳家必備』は通事の業務に密着した会話書、唐話辞書類集20。

41　『語言自邇集』は、イギリスの北京駐在公使トーマス・ウェードが書記官時代に編んだ教科書。一八六八年初版、一八八六年再版、一九〇三年三版。影印は中国語教本類集成3―1（不二出版　一九九三）所収。

42　『文学書官話』は米人タルトン・ペリー・クロフォード編。二種の『支那文典』はそれに返り点送り仮名をほどこしたもの。大槻文彦編訳版は小林新兵衛刊、中国語教本類集成4―1所収。金谷昭訓点本は正しくは『大清文典』、明治一〇年 *1877* 青山清吉刊。

43 『亜細亜言語集・支那官話部』『同総訳』、当初はアジア全域の教科書を編纂するつもりでこうした書名になった。初級から上級まで完備した内容。広部については『漢語師家伝』に評伝がある。影印は中国語教本類集成1―1所収。

44 『参訂漢語問答篇国字解』明治一三年 *1880*、丸善刊。福島は領事として厦門滞在中に『語言自邇集』に範をとって編んだ。

45 『新校語言自邇集』明治一三年 *1880*、慶応義塾出版社刊。『語言自邇集』の「散語」部分のみを抽出。中国語教本類集成1―1所収。

46 『官話指南』、編者らは中国風の氏名であるが、旧長崎唐通事の子弟である日本人。のち、本書に序を寄せた中国人金国璞が日本で改訂版を出したり（一九〇三）、さらにその「総訳」が出たりした。中国語教本類集成1―2。

47 福島安正（1852～1919）は陸軍参謀本部の情報将校。『四声聯珠』は陸軍文庫刊で線装全十冊。のちに洋装活字本が出た（博文館、明治三五年 *1902*）。中国語学資料叢刊・燕語社会風俗官話翻訳古典小説・精選課本篇2、また中国語教本類集成1―3。

48 『日漢英語言合璧』編者の一人呉大五郎は『官話指南』の編者呉敬太の弟。また鄭永慶は可否茶館（日本で二番目の喫茶店だという）を経営しており、本書の発行元は鄭永慶の名になっている。中国語教本類集成1―2。

49 『華語跬歩』明治二三年刊本とのちの明治三四年刊本（東亜同文会刊）は伝本がまれであるらしい（『中国語書誌』）。明治三六年 *1903* の文求堂版およびその増版は各所に所蔵が確認できる。中国文学語学資料集成3―2、また中国語教本類集成1―1所収。御幡雅文（1859～1912）の評伝は『漢語師家伝』に詳しい。

50 『日清字音鑑』並木善道刊。本書はウェード式発音表記を全面的に採用した点でも評価されている（『中国語書誌』）。伊沢修二については、竹内好に「伊沢修二のこと」がある（『中国文学』第八三号、いま『竹内好全集』一四所収、筑摩書房　一九八一）。近年の評伝に、新装版人物叢書に上沼八郎『伊沢修二』（吉川弘文館　一九八八）、とくに中国語研究に焦点をあてたものとして、六角恒広『近代日本の中国語教育』第四章「伊沢修二とその中国語研究」（淡路書房　一九六二）、埋橋徳良『日中言語文化交流の先駆者・太宰春台、阪本天山、伊沢修二の華音研究』（白帝社　一九九九）がある。中国語教本類集成4―2所収。

p97

51 『清国官話韻鏡』明治三七年 *1904*、楽石社刊。楽石社は晩年の伊沢が吃音矯正などを事業化するために創立した組織。該書は一枚物の図表であるが、別冊として解説書がついていた。中国語文資料彙刊5―3所収。

52 『同文新字典』泰東同文局刊。日清韓三国の発音を表記した。『中国語書誌』に大日本図書刊とあるが、それは大正四年 *1915* の再版の刊行者である。中国語辞典集成2。

53 『支那語正音発微』中国文学語学資料集成3―3。

54 『日台大辞典』台湾総督府民政部刊。

55 『支那語学文法』語学協会刊。

56 『上海語文法』Joseph Edkins "A grammar of colloquial Chinese, as exhibited in the Shanghai dialect" (Presbyterian Mission Press. 2 ed. 1868)

57 東京外国語学校支那語科については、補注（39）掲引書のほか、藤井省三『東京外語支那語部』（朝日選書　一九九二）、『東京外国語大学史』『同　資料編1』（東京外国語大学　一九九九・二〇〇一）を参照。

58 『官話談論新編』正しくは『北京官話　談論新編』明治三一年 *1898*、積嵐楼書屋刊。のちに英訳本も出た。中国語教本類集成1―4、また中国語文資料彙刊4―3。

59 『支那語助（字）〔辞〕用法』明治三五年 *1902*、文求堂刊。該書の「助辞」は動詞形容詞を含む用言性の単語を意味する。中国語学資料叢刊2・白話研究篇、また中国語教本類集成4―1。

60 『支那声音字彙』文求堂刊。教科書に注音がない時代にあって広く歓迎され、三〇年後に中国の教育部から『国音常用字彙』が出たときに該書の形式に習ったといわれる。中国語教本類集成4―2。

61 『華言問答』金国璞編、文求堂刊。中国語学資料叢刊・燕語社会風俗官話翻訳古典小説・精選課本篇2。

62 『官話篇』善隣書院刊。中国文学語学資料集成3—3、また中国語教本類集成4—1。宮島大八の評伝は『漢語師家伝』に詳しい。

63 『急就篇』は『官話　急就篇』が正式な書名、善隣書院刊。昭和八年*1933*の改訂版『急就篇』が出るまでに一二六版を重ねたという（『中国語書誌』）。中国語教本類集成2—1。

64 『日華語学辞林』東亜公司・博文館刊。中国語辞典集成2。『漢語師家伝』に井上翠（1875～1957）の評伝がある。

65 『滬語便商』は『滬語便商　一名上海語』が正式書名。『中国語書誌』では明治二五年*1892*の序はあるが刊年は不詳だとする。国会図書館の目録には明治四一年と記述。中国語学資料叢刊・尺牘・方言研究篇3。

66 同文書院は、東亜同文会（一八九八結成）が開設した教育施設で、中国人教育のための東京同文書院（一八九九～一九二二）、日本人教育のための上海・東亜同文書院（一九〇〇～四五）などがあった。『東亜同文会史』（霞山会一九八八）第一編第二章四を参照。

67 『華語萃編』について、本ノートでは「昭和に入って」と書いているが、初集は大正五年*1916*、二集三集は大正一四年*1925*、四集が昭和八年*1933*、東亜同文書院刊である。中国語学資料叢刊・燕語社会風俗官話翻訳古典小説・精選課本篇3、また中国語教本類集成2—2。

68 大阪外国語学校は現大阪外国語大学の前身で、大正一〇年*1921*に創設。

69 宮原民平には『宮原民平　拓大風支那学の開祖』（拓殖大学創立百年史編纂室　二〇〇一）がある。魚返善雄（1910～1966）には『東大万年講師魚返善雄文学博士の生涯』（桜木敏光　二〇〇〇）がある。

70 『支那語概論』正しくは『支那言語学概論』、岩村忍との共訳、一九三七年文求堂刊。カールグレンの“Sound and Symbol in Chinese”（1923）、“Philology and Ancient China”（1926）、“The Romanization of Chinese”（1928）の三書を、それぞれ「支那語の音韻と文字」「言文学と古代支那」「支那語のローマ字表記法」として訳出した。

71 後藤朝太郎（1881～1945）。『現代支那語学』明治四一年1908、博文館刊。博

p98

文館「帝国百科全書」の一編。

72 大島正健『支那古韻史』は一九二九年冨山房刊、学位論文。『漢音呉音の研究』は第二章注90参照。飯田利行『日本に残存せる支那古音の研究』は一九四一年冨山房刊。満田新造（1875～1927）『支那音韻断』は大正四年*1915*刊。一九六四年、論文を補充して『中国音韻史論考』と名を改め、武蔵野書院から刊行された。大矢透（1850～1928）『韻鏡考』は大正一三年*1924*編者刊、のち『隋唐音図』（大村書店　一九二九）とあわせ、勉誠社文庫41および42として影印が出た（一九七八）。『周代古音考』『周代古音考韻徴』はともに大正三年*1914*国定教科書共同販売所刊。高田忠周（号竹山、1861～1946）『漢字詳解』全六巻は西東書房、明治四二年*1909*から大正元年*1912*に刊行。『古籀編』全百巻は大正一四年*1925*、同刊行会刊。

73 倉石武四郎は昭和三年*1928*三月から中国留学、帰朝は昭和五年*1930*八月。吉川幸次郎（1904～1980）も同じく昭和三年四月より三年間、中国留学。吉川には『吉川幸次郎全集』全二七巻（筑摩書房）が備わる。

74 傅芸子は昭和七年*1932*三月より東方文化研究所（京都）講師として来日（～一九四二・二）。京都帝大で講じた。著書に『白川集』（文求堂　一九四三）、『正倉院考古記』（文求堂　一九四一）、『支那語会話篇』（弘文堂　一九三八、のち波多野太郎「中国文学語学資料集成」一—三所収、不二出版　一九八八）がある。傅芸子のあと、羅継祖講師（羅振玉の孫）が講じた（～一九四四・七）。『京都大学文学部五十年史』文学科（中文）を参照（一九五六）。

75 『支那語教育の理論と実際』昭和一六年*1941*、岩波書店刊。「漢文教育の衰微」「支那語學の改革」「支那語の本質」「支那語教授の實績」の全五章。

76 小川助教授は小川環樹（1910～1993）のこと。小川については「年譜・著作目録」（『小川環樹著作集』五、筑摩書房　一九九七）を参照。

77 『元曲金銭記』（一九四三）『元曲辞典（中呂粉蝶児）』（一九四一）はともに『吉川幸次郎全集』一四所収（筑摩書房　一九六八）。

解説

大島　晃

一

本講述ノートの特質は、まずその学的立場にあり、「本邦における支那学の発達」と題することはそれを自覚的に標榜している。本書巻首に収載する倉石武四郎「日本漢文学史の諸問題」の中で、この講義について言及して「もちろん、その表題の示すごとく、日本漢文学史というのではなしに、これから支那学の路に分け入る人たちの道しるべとしたものである」と、自ら端的に述べる。

「支那学」とは、明治以降の近代的学術研究の歩みの中で、とくに京都大学における中国研究の学的態度・方法を示す総称として知られるが、ここでは中国の学術・学問という意味で理解してよかろう。「中国学」と換言してもさしつかえあるまい。この根底には、外国文化研究としての「支那学」（中国学）と日本研究としての「漢文学」とを峻別する意識が強く働いている。本ノートが漢文学を歴史として研究することすなわち日本漢文学史研究を重要な課題と認識しながら、ここに「支那学」の発達という表題を掲げたことは、「日本漢文学史」や「日本儒学史」とは異質の視点に立つ問題意識をどのように具現化して呈示していくかが焦点となる。

本講述ノートは四百字詰原稿用紙に換算すると約三百枚と概算できるが、一〜十三まで十三章で構成する。今般、その内容をふまえて、次の通り各章の表題を付してみた。

一　大陸文化の受容
二　平安期の中国学藝の受容
三　博士家の学問と訓法の発達
四　遣唐使廃止後・鎌倉と日宋交流
五　宋学新注と五山文学、書物の印刷
六　惺窩新注学、羅山点と闇斎点
七　仁斎と徂徠
八　七経孟子攷文・蘐園学派、唐話学と長崎通事

九　江戸期学藝のひろがり、白話小説・戯曲
十　幕末明治の漢詩文と学藝
十一　漢学・東洋史学
十二　京都支那学
十三　諸帝大の支那学・東洋史学・支那語学

この構成を一見すれば、通時的に「支那学」の展開を辿っており、倭国の記事のことから始まり、昭和十年代の支那学研究にまで及んでいる。倉石氏自身のことが「倉石教授」として講述の中に言及されている。「支那学の発達」と題する意図がただに歴史として捉えることにあるのではないことは、前の「これから支那学の道に分け入る人たちの道しるべとしたもの」の言葉で明らかである。従って、倉石氏の今日（当時）の支那学が由って来た道とその立つ位置を明示することは、当然の配慮といってよい。

講述は全体として一貫しているものの、とくに江戸期の支那学のひろがりを述べる六～九章で、全体の三分の一を超える。また、十章には江戸末期から明治初年への展開に一章を割き、十一章から十三章まで東大・京大の学術研究を中心に、明治以降の支那学を詳述するのも特徴的であると言える。これは、支那学あるいは支那学研究に関わる事項の多さがそのまま講述に割いた割合の多さに繋がったもので、支那学の発達という観点を、実際上裏付けることになる。

概して「日本漢文学史」がややもすると文学を中心にしがちであるのに対し、「支那学」は詩文・文学のみならず広汎な文化現象をふまえた学藝・学術を対象とする。このことも、本講述書の特質ということになる。それは対象の領域のいかんではなくて、視点の在り方に関わることは繰り返すまでもない。詩文を述べるにも我が国の漢詩文の創作活動そのことに考察の主眼をおくのではなく、中国の詩文の研究を俎上にのぼしている。従って、「日本漢文学史」が、例えば平安期の漢詩文の創作活動を詳述するのとは対照的である。それは所謂五山文学、江戸の漢詩文に対する扱い方においても同様である。この講述では日本の漢詩文の作品そのものへの直接的言及は少ない。それに対して、詳述するのは「語学」の研究である。それは、「支那学が外国文化の研究に属する限り、その第一着手として、語学の研究がとりあげられるのは当然であって」（16頁）という考えに基づくもので、本講述ノートの独自性と評してよい。

「語学」の研究といっても、我が国の中国文化の吸収において文字に表現されたものすなわち文献（漢籍）が

重要な役割を果たしたことから、言語そのものについての問題よりも、漢籍の読み方に多くのことが関わって来る。講述者はそのことを明確にしながら、「語学」の歩みとその意義を簡明直截に述べている。「音読・訓読」「呉音・漢音」「四声点・訓点」の問題はもちろんのこと、鎌倉・室町期の博士家の点法と五山学僧等の学術の有り様を述べるのにも、この視点が生きている。江戸期においては唐話学のみならず、全般に亘ってこの視線がそそがれ目配りが行き届いている。そして、十三章後半の「支那語学」をめぐる講述も、唐話学からの連続性の面を押さえながら、支那語学確立に及んでいる。

支那学の形成において、文献（漢籍）が果たした役割が大きいことは詳述するまでもない。文献（漢籍）の研究の有り様が重要な位置を占めることになる。従って、本講述ノートでは、いかなる漢籍を講じまた読んだかが一貫して問題の対象とされている。しかもそこでは、「中国の学術や文献が日本に伝えられるあいだにおこした作用、またはその反作用について」（「日本漢文学史の諸問題」三節）を意識している。倉石氏には昭和二十三年度京都大学文学部の講義「中国目録学」の草稿をもとにした講述書、『目録学』があるのは周知の通り（東京大学東洋文化研究所附属東洋学文献センター「東洋学文献センター叢刊第二〇輯」昭和四十八年。のち、汲古書院「東洋学文献センター叢刊影印版1」）。中国の学術の流変を考究するに当って、文献（漢籍）がどのように位置づけられ伝播したかを意識することは必須の要件だが、本講述ノートにおいても、それは同様である。「我が国における支那学」の流変を問題にするのであれば、尚更である。そうして、一方において中国で佚した書物が日本に伝存する事例に着目し、その中国学界に与える学的聳動を反作用として重視している。山井鼎『七経孟子攷文』の例はその典型である。

二

神田喜一郎「日本漢文学」（岩波書店『講座日本文学史』第十六巻、昭和三十四年。のち、『墨林閒話』所収、昭和五十二年。また、同朋舎『神田喜一郎全集』第九巻、昭和五十九年）は、初めに「日本の漢文学」とは何かについて、次のように記す。

「日本の漢文学」は、本質的には間違いなく日本文学に属する。その作者は日本人であり、その内容に盛られているものは、当然日本人の思想なり感情であるからである。しかし、その一面において、「日本の漢文学」はまた、中国文学という一つの大きな流れから岐れ出たところの支流であることも否定することはできない。日本人は、日本にはじめて中国文学が伝わって以来、これを先進の文学として崇め、その新しい傾向を追いつつ、ひたすら模倣擬作にこれつとめてきた。そうした事情のもとに自然と形成せられてきたのが「日本の漢文学」である。（中略）ある点、「日本の漢文学」は、むしろ中国文学に属せしめて考えるのが適当であり、またそうしてはじめて理解しうるとも言いうるのである。（中略）この二重性格こそ、じつに「日本の漢文学」の持って生れた著しい宿命的な特質にほかならない。

神田氏は「日本の漢文学」のこうした特質から来る当然の結果として、「日本の漢文学」を取扱う学者の態度には、「これを単に日本文学の一環として把えようとするもの」と「中国文学の支流として把えようとするもの」と、相異った二派があったと分析する。そうして次のように続けて言う。

前者の態度をとるものは、「日本の漢文学」の作品に、必ずしも中国の文字や語法の厳密性を要求しない。そうしていわゆる和習の多い作品にも寛大で、はなはだしきに至っては、（中略）近いところでは江戸時代の末期に流行した狂詩のごとき、もともと正格な中国の文章として書くことを意識しないで書かれた作品までも、これを「日本の漢文学」の範囲に攝取しようとするのである。そうして一切の解釈や評価は、純粋な日本文学の一環として行われる。これに対して、後者の態度をとるものは、すべてを中国文学の基準に照して解決しようとする。したがって一概に「日本の漢文学」といっても、それぞれの立場によって、おのずから「日本の漢文学」として取りあげる作品の範囲も異ってくるし、またその作品に対する評価も大きく異ってくる。「日本の漢文学」の問題は、はなはだ複雑といわねばならない。

ここには一一の具体的事例を挙げていないが、この認識は個人的な嗜みの傾向ではなくて、学問の風潮を捉えてのことであろう。その上で、神田氏はこの二つの態度の在り方について、こう断じて自らの立場に言及する。

しかし、この「日本の漢文学」を取扱う相異った二つの態度は次元の異るもので、これを一つに止揚することは、極めて困難である。むしろ不可能といってよいかも知れない。ここにはしばらく中国文学の支流として「日本の漢文学」を取扱うことをゆるされたい。

この、神田氏の「日本の漢文学」は六節から構成されている。

漢文学の黎明
奈良朝の漢文学
平安朝の漢文学

五山文学
江戸時代の漢文学
漢文学の衰滅

叙述の対象となっているのは、そのほとんどが漢詩であり漢文である。所謂漢詩文の展開である。そしてその評価の観点は、先に氏自身が断ったように中国の詩文に純粋性の軌軸をおくものであった。

他方、神田氏には「飛鳥奈良時代の中国学」（近畿日本叢書『大和の古文化』、昭和三十五年。のち『神田喜一郎全集』第八巻「扶桑学志」所収、昭和五十二年）と題する論考がある。前の「日本の漢文学」に比して、飛鳥奈良時代と限っていて短いものだが、その視点の取り方は注目してよい。「日本の漢文学」の中の「漢文学の黎明」「奈良朝の漢文学」とは、異質の内容となっている。ここでは漢詩文ではなくて、我が国で起り発展した中国の学問に焦点を当てている。

わが国におこった中国の学問は、飛鳥時代から奈良朝にかけて、最初はもっとも実用的な医学や天文学、それに法律制度の学が伝はり、やがて本格的な経史の学や文学にまで発展して来たといふことになる。さうしてその間の傾向といふやうなものもほぼ明らかになったかと思ふが、（中略）大宝令によると、奈良朝時代には中央の式部省に属する大学と、地方庁に属する国学とがあって、そこには博士とかが五経を教へ、その他に算術や書道なども教へたことになってゐるが、果してどの程度のものであったらうか。

論の結びの一節であるが、この論考の意図がどこに在ったかは、十分理解できるであろう。

右に挙げた神田氏の論考の在り方に徴して言えば、倉石氏の本講述の態度は「飛鳥奈良時代の中国学」のそれに位置することになる。ただし、管見では、通時的に日本の中国学（支那学）を記したものは、本講述のほかに承知していない。

三

神田氏の右の「日本の漢文学」の二年前、倉石武四郎氏は東京大学を定年退官する半歳前に当る昭和三十二年（一九五七）に、先掲の「日本漢文学史の諸問題」（東京大学国語国文学会『国語と国文学』第四〇二号）を発表している。この論文は「日本漢文学の諸問題」と題する特輯号に掲載されたもので、本特輯号には十六本の論文が並び、当時の日本漢文学研究に指針を与えるという編集の意図がうかがえる。奇しくも「日本漢文学史の諸問題」の題目で、倉石氏の論文が巻頭に、山岸徳平氏のそれが掉尾を飾っている。

山岸氏の論文は冒頭、この論文の概要を次のように述べる。

この題目によって、最初に、上代から江戸時代までの概観を記し、次ぎに、従来、全く顧みられて居なかった諷誦文学と、日支文学の交渉方面の一種として、頼山陽の日本楽府などの類の詩と、江戸の狂詩に関する方面と宮詞とだけを、述べて見ようと思ふのである。

ここでは山岸氏は、「日本漢文学史の対象は、詩や賦などの類と、紀行文や、その他の文学的な散文の両方面に亘って居る。故に、韻文史の範囲に、ほぼ限定する事が可能である」とした上で、新たな研究課題を取り挙げるものである。

それに対して、倉石氏の論文は題目を同じにしながら、山岸氏のそれとは全く異質である。すなわち、この巻頭論文の趣きは余りにも悲観的である。絶学、断子断孫の言辞を以てその状態を評しつつ、「日本漢文学はよい星の下で生まれなかった」と再三、繰り返すのである。倉石氏のこの悲観は大きく二つの認識に基いている。一つは日本漢文学の有する学的性質に対して向けられているものであり、一つは日本の学界の動向、学術研究の体制に対して向けられているものである。

倉石氏は、「漢文学はかつての中国人のあいだに生まれた文学」であり、「それは中国人が自分の言語によって考えたことを、その言語をうつすための文字――漢字によって綴った文学であり、きわめて自然でもある」と定義する。とくに末尾の「きわめて自然でもある」と評するのは、日本の漢文学の特異性、不自然さを意識してのものであることは言うまでもない。すなわち、日本の漢文学について次のように述べる。

ところが日本の漢文学はこれと性質のちがったものである。日本人は日本語によって考え、日本語によって文学すべきことはいうまでもないが、日本の漢文学は決して完全な日本語によるものではない。といって、これは中国の言語として中国人の思惟構造のままに実践したわけでもない。つまり、それは日本語によって読誦されるが、同時にそこに列ねられた文字――漢字を中国人がよむならばそのまま中国文として理解できるという方法である。（二節）

この「一応日本語に直訳して、それを更に反芻するという経過をとる」という方法で漢文を読み、漢文を書き、進んで漢文学を創作するには、なみたいていの訓練では物にならない。これには環境乃至は教育・訓練の力が大きく働いた、と指摘する。と同時に、そこに現われた基本的な方向は、「先進国である中国に傾倒し、その文学を学ぶことであり、それは模擬の一語に尽きる」とし、しかも創作の面でいうならば、詩文の範囲に止まったとする。これを、倉石氏は「創造という名の模擬」と性格づけるのである。

そうして倉石氏は、この論文の末尾を次のように締め括っている。

日本漢文学は決してよい星の下に生まれなかった。しかし、日本民族のあいだに長いあいだ移殖され同化されてきた。従ってこれを歴史として研究することは、日本研究にとって重要な課題である。わたくしは京都大学でも東京大学でも国語国文学の教官にたいし、国文学講座の一つとして日本漢文学史講座を設けるべきではないかと話したことがある。しかし、微に入り細を穿つ国語国文学の畑では、到底そこまで考える暇がなさそうである。といって中国文学科は外国文学として発達しているから、これまたそこに手を出す余力がない。こうしてグレンツにある学問が打ちすてられていくのは、近代分業制の常とはいえ、きわめて遺憾なことである。

日本の戦後の学界における状況をかくも冷徹に言い放っている。ここに「グレンツにある学問」と称するのは興味深いが、「グレンツ・ゲビート」すなわち境界域にある学問とは、必ずしも傍系を意味するものではあるまい。しかしながら、「きわめて遺憾なこと」とする結びの言辞は、言わば狂瀾を既倒に廻らすの認識に立つと言ってよい、諦めの口吻を強くしている。

そうした後、一九八三年十月、「日本古典文学と漢語文化圏の文学および文化との比較研究の進展」を目的として、和漢比較文学会が設立された。神田の中央大学で開催された第一回大会は、その参加者のほとんどが国文学畑の漢文学研究者であった。以来、今日に至るまで会員の趨勢は変らないように見受けられる。この学会の講座的論文集「和漢比較文学叢書」第一期八巻（昭和六十一年～六十三年）第二期十巻（平成四年～六年）は、「和漢比較文学研究」の指針と輪郭を示すものである。

第一期「和漢比較文学研究の構想」「和漢比較文学研究の諸問題」及び第二期「和漢比較文学の周辺」という、総括的な性格を有する三巻を別にすれば、この叢書は次のような構成をとっている。

第一期　上代文学と漢文学
　　中古文学と漢文学Ⅰ
　　中古文学と漢文学Ⅱ
　　中世文学と漢文学Ⅰ

中世文学と漢文学Ⅱ
近世文学と漢文学
第二期　万葉集と漢文学
記紀と漢文学
古今集と漢文学
源氏物語と漢文学
新古今集と漢文学
説話文学と漢文学
軍記と漢文学
俳諧と漢文学
江戸小説と漢文学

この学会が中古・中世の古典研究の蓄積を基盤におきながら、日本文学研究として新しい古典文学研究の確立を目指していることが見てとれよう。「和漢比較文学叢書の刊行に際して」として、初めにその基本的な認識と立場について次のように表明している。

日本の古典文学が、大陸の文化や文学のさまざまな影響を受けていることは改めていうまでもなかろう。日本人が中国の文化や文学に強い憧憬を抱き、中国人のように知感し、中国人のように思考し、中国人のように表現したいと考えていた時代もあったのである。われわれは、各時代の日本文学のさまざまな面における大陸の文化や文学の影響を、そのすべてにわたって知りたいと思うし、そうした多方面にわたる深い影響を受けながら、なお独自性を失わない日本文学の特性を、大陸の文化や文学と比較することで、さらに正しく理解したいと思う。

ここでは、先に神田氏が問題にした「日本の漢文学」の二重性格について、「比較」を掲げることで超克しようとする試みに理解できる。これはまた、倉石氏が国語国文学に期待した一つの答えということにもなる。

四

さて、「本邦における支那学の発達」の講義の三年前、倉石氏には同じく東京大学文学部で、昭和十八年度に行った「支那学の発達」と題する講義があり、その講義原稿が残っている。表題からして両講義が対をなすものとして企図されたかのように受け取められる。少くとも、「支那学の発達」を承けて、「本邦における支那学の発達」の講義があったということは、学的立場、学的対象を理解する上で留意しなければならない。

「支那学の発達」については、『中国文化叢書9　日本漢学』（大修館書店　昭和四十三年）所載「日本漢学研究の手引き」のうち、頼惟勤氏による「工具書」「主要書目」に用いるのを承知する。

この「支那学の発達」の講述ノートについても、戸川芳郎氏のもとその翻字転写と整理の取組みが現在行なわれており、第二次整理中の翻字打印本のコピーを資料として目にすることができた。未定稿ながら、その要諦は十分把握できるものである。目次は次の通り――。

第一講　中国の文化
第二講　目録の学
第三講　経学
第四講　清朝の経学（漢学）
第五講　小学
第六講　清朝の小学（音韻学史をふくむ）
第七講　史学
第八講　清朝の史学
第九講　地理の学
第十講　典章制度（官制）
第十一講　典章制度（政書・食貨）
第十二講　金石の学
第十三講　哲学・思想（諸子学）
第十四講　中国仏教・宋明理学
第十五講　韻文文学
第十六講　詞・曲・小説・音楽・演劇
第十七講　書道・絵画・美術・工芸

第十八講　科学・技術

第十九講

この目次の表題は、整理過程の仮のものと推せられる。例えば、第一講は「中国の文化と支那学」、第十九講は「類書・叢書・叢刻」とすることができるし、第十五講には散文も加わり、第十八講には「天文算法・医書・農書」を附記した方が講述の内容に相応しい。しかしながら、ここに示しているもので、講述者の意図している基本的方向性が十分にうかがい知れる。すなわち初めに目録学をふまえて中国の学術の体系と変遷について鳥瞰する方法を提示し、その上で経部・史部・子部・集部及び叢書部の学術分類を以て枠組みとして、変遷と進展を講述するものである。

講述者は中国文化の停滞性、その学問の停滞性を認識しながらも「支那文化がたえず発展し、支那学もたえず発達してきたことを確信する」として、その主張の表明として「支那学の発達」と題したとする（第一講）。さすれば、ここに用いた講述の枠組と方法そのものが、講述者の主張を実証するための最も有効な道として自覚的に展開するものである。

整理途上の、未公刊の段階でその内容に立ち入ることは控えるべきであるが、私がここで注目しておきたいのはその学的立場、学的対象の問題についてである。それは、「本邦における支那学の発達」の立場と視点をより鮮明にすることに繋がるからである。この講述ノートでは、中国と日本との相互関係がなみなみならぬものとの認識を前提に、次のように述べている。

支那という国家において、支那人という民族がいかなる文化をもち、それがいかに発展されてきたかということは、それだけの意味においてもわが日本の学術の一科としてとりあげられるべきことであり、さらに、それがわが日本においていかに影響し、いかに吸収され、またはいかにそれを発展せしめたかということは、ほとんどわが国学の重要なる課題の一つとして提起されてよいことである。

ただし、この広い意味における国学が、純粋に日本的なるものとしからざるものとをさらに分析するとき、支那の文化と関係する部分は古くから漢学と呼ばれている。漢はもちろん支那という意味である。この種類の学問が、わが日本の文化を理解し、その発展をこいねがう意味において、きわめて重要なことは今さらいうまでもなく、われわれは今日における漢学の衰微についてきわめて深刻な憂慮をいだくものであるとともに、支那自体の文化をば日本人としての立場で研究すべき支那学が、今なお十分に成長していないことは遺

> 憾とせざるを得ない。（第一講）

文中の「わが国学」「この広い意味における国学」とは日本学の意味で理解すべきで、江戸期における漢学に対する国学ではない。むしろ日本学における漢学つまり日本における漢土の学問・中国の学問という視点を採ることに留意したい。講述者は日本学における重要性の観点から、昭和十八年明治以後七十有余年の時点で、漢学の衰微という現状を前にして、それへの憂慮とともに、「支那自体の文化をば日本人としての立場で研究すべき支那学」の確立を促している。

講述者がかく言う支那学は、既述のように、日本人にとって外国文化研究としての中国学を意味することは容易に理解できる。と同時に、右の講述の文脈からすると、日本における中国文化の研究すなわち新たな漢学（日本漢学）へのまなざしを感じ取るのは、決して見当外れの妄想ではあるまい。

事実、講述者は、続けて次のように述べる。

> 漢学の中に孕まれていたものの一つが支那学として生み落とされ、これのみは一般学問の近代化と呼応して、将来あるものと嘱望されている。もしその母胎であった漢学も、すでに生み落とした以上、自分はもっぱら国学の一支として、また支那学との合理的連関のもとに進んでゆくならば、古くしてしかも新しき学問として、これまた将来をもつべきものであるが、（略）。
>
> しかも支那学の立ちばからいえば、その母胎たる漢学が今日に至るまで曖昧なる存在であり、世間から侮られているために、いきおいその連累として種しゅの迷惑を蒙るのみならず、その温床が荒らされる一方、新しき温床がむかしの温床とちがって独自の培養力を発揮するまでの時日をもたぬため、一面においては、過去の漢学時代の真のよさを失おうとする危険もないではない。

講述者がこの時、「支那学」を説くに際して、漢学に対して古くて新しき学問としての将来に言及し、「国学の一支として、また支那学との合理的連関のもとに進んでゆく」という方向性を提示しているのは、注目に値しよう。この「国学の一支」もまた日本学の一分野に属するの意味であることは明らかである。すなわち将来の漢学の在り方を、「日本学にして、かつ中国学との合理的連関」という方向で展望していたと理解できるのである。

私は倉石氏のこの発言を目にして、少なからず驚きと疑念を感じざるを得なかった。驚きとは、倉石氏について「支那学」の実践者としての言動が強く先入主としてあり、ややもすると漢学を排したとの印象を抱いていたからである。また、疑念とは、今日に至る漢学・漢文学の推移とその状況を検証する立場に立てば、この新たな展望を開くうねりがなぜ本格化しなかったのかと問うてみたいからである。恐らくは、「支那学」の確立と実践、その基盤を固めることを第一とした結果と思われる。ならばこそ、「本邦における支那学の発達」もまた、十分に「日本の支那学（中国学）」の内実を具備しながら、「これから支那学の路に分け入る人たちの道しるべ」を企図することによって、明らかに「支那学」に傾斜した色合を濃くしている。

今日、国際化の中、漢文学・漢学があらためて日本学としてその再構築を目指すとき、倉石氏在りなば、「本邦における支那学の発達」をどのように講述されるであろうか。まずは、「これから漢文学（日本漢学）の路に分け入る人たちの道しるべ」として、問い直してみたいと思う。

五

本講述ノートを通じて随所に講述者一流の見識が発揮されている。その受け止め方は読者に委ねたいが、関心を深める一助として二、三の事例に触れておく。

講述者がとくに評価する学者としては、空海、伊藤仁斎、伊藤東涯、荻生徂徠が目につく。

○空海こそは、ある意味でわが国最初の支那学者と称しても大差ないかと思われる。（17頁20行）

○単に古典を解読して注解を研究するといった態度から一歩を進めて、史学者的批判を打ち立てんとするにいたり、日本人として支那の古典にかかる鋒鋩をむけたのは、実に仁斎を以って嚆矢とする。（43頁13～15行）

○（東涯の学問について）宋儒が新しい時代の感覚によって古典の現代化を試みたその企てを、外国人の研究家としてみごとに打ち破り、古典を個人のものに返換するという、仁斎の大きな方向が、裏打ちを与えられたわけである。（47頁8～10行）

○すべて徂徠の学問は、支那のものをあるがままに研究し、いささかも増減もない立ち場であるから、従来、外行のやるべきでない如く見られた、法学・兵学をはじめ、種々の方面に手をつけたほか、俗語の如き、従来、学者の歯しなかったものをも引きあげて、学者必須の教養とした点、まったく科学的という外はなく、……（58頁12～15行）

この言辞からも評価の軸にある「支那学」が、那辺にあったかが如実にうかがえる。

先に、江戸末期から明治初年への展開に一章を割いていることに言及したが、その捉え方には特記したい点が存している。十章初めに、江戸末期に、日本の支那学が三つの方面に分化して継承された、とする指摘である。

71〜72頁及び71頁欄外注記（五四）参照。

三つの方面のうち、一つは文藝とくに詩文の展開の方面。また一つは学術における、古学—折衷—考証学の展開の方面である。両者ともに明・清の文藝・学術を投射しながらその展開を系譜づけている。清朝の学藝を重視する講述者が、後者においてとくに乾嘉の学の正しい把握として、松崎慊堂と並んで山梨稲川を重要視するのは注目してよい。

さらに興味深い指摘は、もう一つの方面についてである。すなわち、長崎を通じた現代支那に関する興味のひろがりに、異質文化に対するあこがれの傾向が存し、支那のみならずさらに異質なものを求める心を刺戟し、西洋文化を学ぶ動きが潜んでいた、と説く点である。欄外注記（五四）に、「岡嶋（冠山）—木村（兼葭堂）—蘭学」と略記することと併せて、改めて検証を試みたい説であろう。

本講述ノートは、末尾に「参考文献」として先行の著作等の名が付記されており、講述において実際、活用されている。そのなかでも、岡田正之『日本漢文学史』、大江文城『本邦儒学史論攷』、安井小太郎『日本儒学史』、石崎又造『近世日本に於ける支那俗語文学史』、岡井慎吾『日本漢字学史』に依ることが多い（「凡例」参照）。また、本文及び欄外注記には、引用する原典資料とともに、講述者が参照したと思われる論文・著作の名が数多く見えている。その一方で、それらを略記したり、ときにはメモ書き風に記すことが少くない。

加えて、この講義が行なわれた時点から六十年を隔てている現在、文体・用語に一部違和感を覚えるのはやむを得ないこととして、その後の学界の進展もあり、新出の資料も存する。

ついては、このたびの翻刻刊行に当っては、次の基本方針に沿って「補注」を加えることとした。

1、講述者の所論に即して記述事項をより正確にし、引用文献について書名・篇名・巻数等の欠略を補う。
2、講述者が加えた欄外注記を活用し、その意図を明らかにする。
3、講述において参照している先行研究・論著との関係を明確にする。
4、論述のなかで問題にする古典籍や文献資料について、読者がそれを確認し活用できるように配慮する。
5、その後の研究の進展に関して配慮すべきものについては、文献資料の刊行等の情報を中心に、可能な範囲で附記する。

今般、斯学においてかかる類書の刊行を見ない状況を勘案し、まずは本講述ノートを公刊しその活用に資することを優先した。関係者の努力にもかかわらず、時日と紙数の制約もあり、遺漏・不備が残るのは、本講述ノートの有する意義を貶めることなく、諒とされたい。

＊本稿は、二〇〇六年三月三十一日発行時に附した「解説」をもとに、拙稿「漢文学の在り方」（『上智大学国文学科紀要』第二十四号　二〇〇七年一月十三日発行）の所論を加えて、あらためて「解説」としたものである。（二〇〇七年一月二十三日記）

講述者

倉石武四郎（一八九七～一九七五年）東京大学名誉教授・京都大学名誉教授

新潟県高田生まれ。一九二一年 東京帝大文学部卒（支那文学科）、卒論「恒星管窺」。一九二六年 京都帝大専任講師。一九二八～三〇年 中国留学。一九三九年 文学博士（「段懋堂の音学」）・京都帝大教授。一九四〇年 東京帝大教授兼任。一九四九年 東京大学教授専任。一九五八年 同大学を定年退官。一九六四年 日中学院設立。一九七四年 朝日文化賞受賞。著書『目録学』（汲古書院一九七九年）、『倉石武四郎著作集』1・2（くろしお出版一九八一年）等。

「講義ノート」整理・校注担当者（五十音順）

大島 晃 一九四六年生 上智大学名誉教授 東京国際大学教授
二松学舎大学21世紀COEプログラム事業推進担当者

河野貴美子 一九六四年生 早稲田大学文学学術院教授
二松学舎大学21世紀COEプログラム研究協力者

佐藤 進 一九四七年生 二松学舎大学文学部教授
二松学舎大学21世紀COEプログラム事業推進担当者

佐藤 保 一九三四年生 お茶の水女子大学名誉教授 二松学舎大学名誉教授
二松学舎大学21世紀COEプログラム顧問

清水信子 一九七二年生 二松学舎大学21世紀COEプログラム研究協力者

戸川芳郎 一九三一年生 東京大学名誉教授 二松学舎大学名誉教授
二松学舎大学21世紀COEプログラム顧問

長尾直茂 一九六三年生 上智大学文学部教授
二松学舎大学21世紀COEプログラム研究協力者

町 泉寿郎 一九六九年生 二松学舎大学文学部准教授
二松学舎大学21世紀COEプログラム事業推進担当者

※肩書きは二〇一二年九月末日現在、21世紀COEプログラムの役職は当時のものです。

二松学舎大学21世紀COEプログラム
「日本漢文学研究の世界的拠点の構築」

倉石武四郎講義
『本邦における支那学の発達』

二〇〇七年 三月三一日 初版発行
二〇〇七年一〇月三一日 第二版発行
二〇一二年一〇月三一日 第三版発行

発行者 倉石武四郎講義ノート整理刊行会
代表 戸川 芳郎
〒一〇二―八三三六
東京都千代田区三番町六―一六 二松学舎大学気付

印刷所 株式会社 ディグ

発行所 株式会社 汲古書院
〒一〇二―〇〇七二
東京都千代田区飯田橋二―五―四
TEL 〇三―三二六五―九七六四
FAX 〇三―三二二二―一八四五

ISBN978-4-7629-1216—0

『本邦における支那学の発達』

書名・人名索引

凡例

①本索引は、『本邦における支那学の発達』本文に記載する書名・人名について、五十音順に排列したものである。

②書名索引には、論文名等も含めた。書名・論文名に省略・誤記がある場合、適宜、正式名称を補記した。別名も適宜、補記した。

③人名索引については、適宜、姓・名・字・号・法諱等を補記した。

④小字、もしくは頭注に記載されている場合は、各頁数に *47'* のようにカンマ記号を付した。

I　書　名　索　引

あ

亜細亜言語集　支那官話部　96
亜細亜言語集　支那官話部　総訳　96
足利学校書目附考　65
東鑑　38'
安南事略　68'
阿芙蓉彙聞　69
晏子春秋証注　70

い

医家摘要　54
意見十二个条　9', 20
彙刻書目　65
彙刻書目外集　65
遊石山寺詩　20
異称日本伝　2'
伊蘇普喩言　96
一切経　8
一切経音義　19
一切経抜萃　40
佚存叢書　64, 66
伊藤仁斎と戴東原　43
伊藤蘭嵎の経学　47'
伊洛淵源録　78
伊呂波字類抄　20
頤和園詞　86
韻学秘典　56
韻鑑古義標註　57
韻鏡　33, 34, 56, 67
韻鏡開奩　56
韻鏡看抜集　56
韻鏡圭玷集　56
韻鏡考　98'
韻鏡字相伝口授　34, 56
韻鏡至要録　56
韻鏡切要抄　56
韻鏡略抄　34, 56
殷虚書契考釈　86, 87
殷虚書契後編　87
殷卜辞中所見先公先生考　87
因明入正理論義纂要　22
因明入正理論疏　22

う

禹貢　89
雨月物語　61
雲合奇蹤　56

え

叡山講演集　85'
易と中庸の研究　93
淮南子　6, 28
慧琳音義　68
延喜式　10, 38'
燕山楚水　91

お

王亥　87
王子安集　88
欧人の支那研究　93
王年代記　24

欧米における支那研究 93
王勃集 88
大塔宮曦鎧 60
小川博士還暦記念史学地理学論叢 91
(小川博士還暦記念)地学論叢 91
翁能文 66, 90
翁問答 41
音学五書 62

か

諧韻瑚璉 62
外冦問答 69
諧声図 68
海蔵略韻 28
海島(算経) 10
懐風藻 7, 9, 9'
会分類集 18
陔餘叢考 82
華英通語 95'
楽経 43
学術叢刊(編) 87
楽書要録 5'
学則 11, 49
学半楼十干(幹)集 70
画引小説字彙 59
革命勘文 7
学問源流 37', 46, 47'
学庸参辨 62'
学寮了簡書 58
花月新誌 72
華言問答 97
華語跬歩 96, 97
華語詳解 54
華語萃編 97
夏小正校注 62'
活版経籍考 65
月令抄 32
金沢文庫攷 68'
狩野教授還暦記念支那学論叢 91
送狩野博士遊欧洲 86
鎌倉大草子 29'
懐亀山(憶亀山)二首 24
翰苑 88
漢音呉音の研究 14, 98'
漢学 81', 83
漢学紀原 27, 37'
漢学師承記 78
漢学者伝記集成 98
漢紀 6
漢宮秋 81'
元興寺縁起・仏本伝来記 7
漢呉音図 66
漢語跬歩 96
換骨志喜 66
還魂記 60
寒山詩 32
閑散餘録 50'
管子 6, 28
管子(猪飼敬所) 69
管子(冢田大峯) 69
顔氏家訓 18
干支五行説と顓暦 88
漢字三音考 10, 12', 13, 67'
管子纂詁 69
漢字詳解 98
管子補正 66
菅氏本論語集解考異 65
漢書(両漢書) 6, 12, 18, 28, 29, 38, 38', 39, 74, 87, 88
韓昌黎集 28
漢書藝文志より本草衍義に至る本草書目の考察 89
漢書抄 29
漢初長暦考 66
「漢書」楊雄伝 22
漢籍国字解(全書) 63'
漢籍倭人考 2'
韓退之 79
漢代に見えたる諸種の暦法 88
漢代の暦法より見たる左伝の偽作 88
簡牘検署考 86
韓非子 6, 66
(韓非子)挍注 69

（韓非子）纂聞 69
韓非子全書 76
韓非子翼毳 66, 69
韓文 28, 29
漢文学会会報 83'
漢文典 93
官話指南 96
官話談論新編 97
官話篇 97

き

戯曲考源 86
擬刻書目 66
帰舟一百韻 78
「魏書」倭人伝 1
魏晋南北朝通史 93
吉斎漫録 50
疑孟 48
疑問録 63
旧刊影譜 95
九経 32
九経字様 66
九経談 63
九経批評（九経談評） 66
九司（算経） 10
急就章（急就篇） 2
急就篇（官話急就篇） 97
九章（算術） 10
九弄辨 56
教育勅語 76
業間録 92
況斎叢書 69
堯舜禹に就て林氏に答ふ 83
堯舜禹の抹殺論に就て 82
尭典の年代 88
匈奴及び東胡民族の言語論 82'
玉簡斎叢書 86
曲調源流考 86
玉篇 12', 17～19, 95
曲礼抄 32
曲録 86
虚字解 62
虚字詳解 62
虚字続解 62
（御製賜和）徐福熊野祀 29
儀礼 →「三礼」参照 28, 39, 40, 80', 81
儀礼（鄭玄） 10
儀礼逸経伝 61'
儀礼経伝通解 42
儀礼正誤 66
儀礼鄭注補正 81
箕林山房文鈔 65
金翹伝 59
今古奇観 54, 54', 60, 61, 96
錦城文録 63
近世支那外交史 92
近世支那十講 93
近世儒学史 98
近世儒林年表 99
近世儒林編年志 63', 98
近世日本に於ける支那俗語文学史 54', 98
近世日本の儒学 98
近世文学史論 44, 91, 98
欣然悦耳録 65
近代支那史（稲葉） 93
近代支那史（矢野） 92
近代支那論 92
近代蒙古史研究 92
近聞寓筆 65
今文孝経鄭氏解補証 69
近聞雑録 65
金瓶（梅） 59
今本竹書紀年疏証 89

く

虞夏書 83
弘決外典抄 24
弘決輔行記 24
孔雀経（音義） 18
虞書につきて 83'
「旧唐書」経籍志 19
苦悩子 54'

弘明集 *16*
公羊家の三科九旨説 *90*
桑原博士還暦記念東洋史論叢 *91*
群書治要 *18, 39*
群書類従 *7', 19, 22'*
軍政或問 *69*
訓蒙助語辞諺解大成 *63'*
訓訳示蒙 *63'*

け

桂菴和尚家法倭点 *35, 36*
藝苑日抄 *62'*
経学研究序説 *93*
経学史 *80*
経学字義古訓 *69'*
掲奚斯文集 *26'*
経国集 *7, 10, 24'*
経子解題 *80'*
経史荘嶽音 *56*
藝術の支那　科学の支那 *94*
経書の成立 *98'*
警世通言 *59*
経籍考 *65*
経籍答問 *65*
経籍訪古志 *73*
経典釈文 *65, 88*
藝文 *1, 85, 86', 87〜89, 97*
瓊浦佳話 *54*
瓊浦通 *54'*
藝林叢書 *67', 68'*
劇語新(審)訳 *60*
月下清談 *61*
闕特勤碑文考 *82'*
譲園雑話 *49, 51*
譲園随筆 *49*
顕戒論 *17*
研幾小録 *91*
元曲概説 *81'*
元曲金銭記 *98'*
元曲辞典 *98'*
元曲の由来と白仁甫の梧桐雨 *85*
元曲百種 *60*
元亨釈書 *13, 28*
献雑文表 *16*
元史訳文証補 *77*
元人雑劇序説 *93*
現代支那概論 *92*
現代支那研究 *92*
現代支那語学 *97*
現代支那文学全集 *95'*
元代社会の三階級 *83*
元朝秘史 *77*
元白詩筆 *18*
憲法十七条(十七条憲法) *6, 18*
見聞抄 *13*

こ

古逸叢書 *19, 34, 73*
古韵研究 *95*
五韻反重之口訣 *56*
広韻 *67*
航欧集 *91*
康熙帝遺詔 *56*
孝経 *6, 10, 18, 28, 32, 34, 51, 63*
孝経(孔安国) *10*
孝経(鄭玄) *10, 24*
孝経考 *65*
孝経抄 *32*
孝経新義 *24*
孝経両造簡孚 *69*
皇元聖武親征録 *77*
考古学雑誌 *1*
后山集 *29*
孔子及孔子教 *81*
孔子教大義 *81*
孔子家語 *38, 51, 63*
(孔子)家語増注 *50*
孔子祭典会々報 *83'*
講周易疏論家義記 *88*
考史遊記 *92*
好書故事 *68'*
盍簪録 *47*

皇清経解 63, 67'
皇清経解続編 74
考声微 68
廣倉学宭叢書 87
篁村遺稿 74
江談抄 18, 22, 25
皇朝類苑 40
慊堂遺文・慊堂全集 66
江南春 93
孔夫子の話 81
弘法大師の文藝 91
紅楼夢 79
後漢書(両漢書) 18, 28
「後漢書」東夷倭国伝 1, 1'
五紀定本所立意見書 68'
五経(四書五経) 9, 12, 16, 21, 30, 31, 38, 39, 42, 48, 62
古京遺文 67
五経集注 40
五経正義 30, 41, 52, 66
五経大全(四書五経大全) 39, 49
五経注疏 39
五経文字 66
五経文字疏証 68'
五経要語抄 40
国学叢刊 86, 89'
国語 40
国語考 65
胡言漢語考 60
語言自邇集 96
古賢の迹 94
滬語便商 97
古今学変 47
古今雑劇三十種 86
五山文学小史 37'
五山文学全集 37'
語辞解 63'
古事記 2
古事記伝 2
古史徴開題記 47
古詩平仄論 78
五書 38
古序翼 65
古声譜 68
寤生辨 67
胡適之の新著章実斎年譜を読む 90
胡適を中心に渦いてゐる文学革命 90
五曹(算経) 10
梧窓漫筆 63
五代史記 24
古籒篇 98
蝴蝶夢 60
骨董小説 65
古典劇大系 60
古文旧書考 73, 73'
古文孝経 50
古文孝経孔子伝(孔安国古文孝経伝) 50, 52, 65
古文孝経秘抄 32
古文尚書 25, 61
古文尚書勤王師 61
古文尚書孔伝指要 65
古文辞類纂 78
古文真宝 28, 29, 40
古本竹書紀年輯捄 89
語孟字義 43, 45, 46, 49, 62
語由述志 65
こよみと天文 88'
暦の本体とその改良 95'
(金光明)最勝王経(音義) 17
坤斎日抄 67'
今昔物語(集) 22'

さ

西域発見の絵画に見えたる服飾の研究 94
西域文明史概論 92
西国立志編 76
崔東壁遺書 77
済北集 28
西遊記 59, 79
祭略議 65
作詩法講話 78
左氏会箋 75, 77

殺狗勧夫 81'
雑字類編 63'
左伝講義 65
左伝国語の製作年代 88
(左伝国語の製作年代)再論 88
左伝纉考 65, 75
左伝輯釈 69
左伝章句文字 70
左伝助字法 62
左伝杜解補葺 65
左伝の思想史的研究 94'
左伝の製作年代について 89
白湯集 63
桟雲峡雨日記 75
三音正譌 56
三開重差(算経) 10
三皇五帝考 83
三教指帰 16
三国志 1', 28
三国志演義(演義三国志) 47, 54', 79
山谷詩集注 33
山谷詩注 41
山谷集 29
三才子 54'
三史 9, 21, 38
三字経 54, 96
三謝詩 66
三字話 54
三折肱 54, 54'
三体詩 28, 29, 33
参訂漢語問答篇国字解 96
三伝 18, 45
三礼 18, 45, 62, 74
三略(黄石公三略) 22, 38', 39
三略諺解 40

し

字彙荘嶽音 56
(字音)仮字用格(字音かなつかひ) 67, 67'
字音研究史上の太田全斎翁の地位 66
爾雅 10, 12, 16, 18, 28, 40, 66, 67, 90
史学会叢書 77
史学研究 75
史学雑誌 1', 81～83, 83', 89'
史学大系 93'
爾雅の新研究 90
(詩)漢注攷 69
史記 6, 18, 22, 28, 29, 38', 39, 77, 87, 88
職員令 24
史記抄 29
史記助字法 62
史記正義 21
史記点補 66
詩経(毛詩) 6, 10, 16, 18, 22, 25, 27, 28, 30, 32, 45, 47, 48, 50, 54, 61, 62, 69, 73, 74, 88, 95
詩経(鄭玄・毛詩鄭箋) 9, 33
詩経助字法 62
詩語解 63'
四庫全書 52, 86
紫芝園漫筆 50'
自邇集平仄編 96
資治新書 54
資治通鑑 28, 38
(資治)通鑑綱目 42
詩史顰 67
四書(四書五経) 27, 30, 31, 32, 35, 36, 38, 39, 40, 42', 45, 48
四書五経古注与新注之作者并句読之事 35
四書考異総考 52
詩書古訓 51
詩書古伝 50, 51
四書集注 27, 29, 35, 37, 48
四書集注抄 37, 40
(四書)輯釈 27
(四書)章句 27
(四書)精義 27
四書大全(四書五経大全) 41, 49
四書知言 69
四書註釈全書 65'
四書標記 66
四書或問 27
四声猿 60

四声聯珠 *96*
七経雕題略 *62*
七経逢原 *62*
七経孟子攷文 *50, 52, 53, 73, 91*
史通 *78, 82*
実字解 *62*
集註本草(本草経集註) *16*
詩轍 *65'*
詩伝通釈 *32*
支那音韻断 *98'*
支那及支那語 *93', 97*
支那絵画史 *91*
支那開化小史 *78*
支那学 *47', 70', 90, 91', 93*
支那学の問題 *98'*
支那学雑草 *94*
支那学術史綱 *79*
支那学術文藝史 *95'*
支那学文藪 *91*
支那学論攷 *94*
支那教学史略 *79*
支那近世学藝史 *82*
支那近世戯曲史 *93*
支那近世の国粋主義 *85*
支那近代外国関係研究 *92*
支那経学史論 *93*
支那経済史概説 *94*
支那研究 *81*
支那研究(社会学的) *80*
支那古韻史 *98'*
支那語概論 *97*
支那語学文法 *97*
支那語教育の理論と実際 *98*
支那語助字用法 *97*
支那語正音発微 *97*
支那古代家族制度研究 *93*
支那古代史 *77*
支那古代思想 *93*
支那古代史要 *93*
支那古代史論 *89*
支那古代に於ける上帝と五帝 *83*
支那古伝説の研究 *82*
支那古文学略史 *78*
支那古礼と民族生活 *80*
支那山水画史 *95*
支那史 *82*
支那史概説 *93*
支那史研究 *82*
支那史講話 *93*
支那史籍解題 *77*
支那思想史 *93*
支那思想史上における鴻範 *90*
支那思想と日本 *94'*
支那思想の研究 *93*
支那思想の展開 *93*
支那史要 *82*
支那上古史 *91*
支那小説戯曲小史 *79*
支那上代哲学史 *80*
支那上代伝説の批判 *83*
支那上代の研究 *58*
支那書籍解題 *95'*
支那詩論史 *92*
支那人の古典生活 *98'*
支那数学史 *95'*
支那声音字彙 *97*
支那大文学史 *93*
支那地方制度 *85'*
支那通史 *77, 77'*
支那哲学概論 *81'*
支那哲学研究 *81'*
支那哲学史 *79*
支那哲学史講話 *81'*
支那哲学史上の諸問題 *80*
支那天文学の組織及びその起源 *89*
支那について *98'*
支那の建築と藝術 *94*
支那の孝道 *91*
支那の国民性と思想 *81*
支那の天文学 *95'*
支那仏教史蹟 *94*
支那仏教之研究 *94'*

支那文学概説　93
支那文学概論講話　81'
支那文学藝術考　93
支那文学研究　92
支那文学考　93
支那文学史(久保)　79
支那文学史(古城)　78
支那文学史(笹川)　79
支那文学史綱　93
支那文学史稿先秦文学　78
支那文学思想史　93
支那文学大綱　79
支那文化史考　82
支那文化と支那学の起源　94
支那文藝論叢　93
支那文典　96
支那文明記　81'
支那文明史論　78
支那法制史　79
支那法制史研究　95'
支那法制史論叢　91
支那文字学　97'
支那倫理史　78
支那論　91
忍艸　69
指微韻鑑略　56
指微韻鑑略抄　34
指微韻鏡私抄略　34, 56
指微韻鏡抄　34, 56
斯文　33', 43', 83'
詩文国字牘　57
詩文大体(倭注切韻)　20
四分律(音義)　17
四鳴蝉　60
尺準考　66
釈駁論　16
上海語文法　97
周易　9, 12', 18, 27～30, 44, 45, 47, 62, 66, 73, 75, 83
周易(王弼)　10
周易(鄭玄)　10
(周易)漢注攷　69
(周易)啓蒙　27
周易啓蒙抄　32
周易啓蒙翼伝口義　29
周易講義　75
周易古占法　69
(周易)朱義　27
周易述刪訂　75
周易抄(清原)　32
周易抄(柏舟)　29
周易正義　21
周易僭考　65
(周易)程伝　27
周易伝義　29, 39
周易本義　48
周公とその時代　81
十三経　11, 13, 39
十三経注疏　40, 52, 94
十三経注疏挍勘記　53
十三経注疏正字　53
十三世紀東西交渉史序説　94
十七史商榷　52, 74
十七史詳節　38
十七条憲法(憲法十七条)　6, 18
十七代史　28
繡襦記　60
周初の年代　88, 89
周秦漢三代の古紐研究　95
秋声館集　65'
周代古音考　98'
(周代古音考)韻徵　98'
戎狄が漢民族の上に及ぼしたる影響　82
周髀(算経)　10
周髀算経の研究　95
十八史略(首書十八史略)　41
聚分韻略　28, 41
儒学史　81'
儒教と現代思潮　81
儒教の源流　82, 83'
儒教の源流を読む　83'
授業編　11, 12

儒教倫理概論 80, 81
洙泗考信録 77
朱子語録(朱子語類) 28
出定後語 90
周礼(周官) →「三礼」参照 10, 12', 28, 39, 40, 80', 81
周礼(鄭玄) 9
周礼正誤 66
儒林雑纂 99
春在堂随筆 50
荀子 28, 43
荀子(朝川善庵) 69
荀子(猪飼敬所) 69
荀子(冢田大峯) 69
荀子箋釈 62'
荀子増注 62'
荀子増注補遺 66
春秋 28, 45, 47, 62
春秋公羊伝 →「三伝」参照 39, 40
春秋公羊伝(何休) 10
春秋経伝集解 27, 33
春秋穀梁伝 →「三伝」参照 39, 40
春秋穀梁伝(范甯) 10
春秋胡氏伝 39
春秋左氏伝 →「三伝」参照 6, 10, 16, 25, 30, 47, 73, 76, 89, 95
春秋左氏伝(杜預) 9
春秋左氏伝(服虔) 9
春秋左伝抄 32
春秋長暦 88
舜水文集 53
紹衣稿 47
小学生 54'
貞観格式 20
貞観政要 38, 38'
傷寒論文字考 70
上宮聖徳法王帝説 7, 15
(上宮)聖徳法王帝説証注 67
常山紀談 76
小山賦 7
常山文集 65'
小爾雅疏証 62'
章実斎年譜 90
松室釈文と信瑞音義 18'
成実論 22
尚書(書経) 6, 16, 18, 25, 28, 30, 32, 43, 45, 47, 50, 62, 66, 69, 73, 74, 82, 83, 88～90, 94
尚書(孔安国) 10, 33, 65
尚書(鄭玄) 10
尚書寃詞 61
(尚書)漢注攷 69
尚書考 65
尚書抄 32
尚書疏 80'
尚書聴塵 32
尚書の高等批評　特に堯舜に就て 82
尚書編次考 90
照世盃 59
小説奇言 54', 59
小説粋言 59
小説精言 54', 59
正倉院考古記 98'
蕉窓永言 64'
蕉窓文章 64'
浄土三部経音義 18
少年必読日本文庫 99
正平板論語攷 33'
正平本論語箚記 67
正平本論語 67
成唯識論(唯識論) 22, 32
性霊集(遍照発揮性霊集) 14, 16, 17
昌黎先生文集(五百家註音辯昌黎先生文集) 33
諸家点図 22'
諸葛武侯 91
蜀道難 86
続日本紀 9, 14'
助語辞 63'
諸子概説 93
書誌学 95
書誌学論攷 95'
助字考 46, 63'
助字鵠 63'

助字考小解 63'
助字(辞)新訳 69
書集伝(蔡氏書伝) 40
書説摘要 69
女僊(外史) 59
書反正 47
書目答問 67
書劉希夷集献納表 16
白鳥博士還暦記念論文集 89
史林 68', 91', 92'
新楽府 39
慎夏漫筆 67'
人間詞話 86
宸翰楼叢書 86
新華厳経音義(新訳大方広仏華厳経音義) 18
新校語言自邇集 96
清国河南省湯陰県発見の亀甲牛骨に就て 81
清国官話韻鏡 97
清国通考 81
仁斎書誌略 46
仁斎日札 45
清三家絶句 72
新字 16
新支那論 91
新釈華厳音義私記 18
新修本草 16
晋書 18, 28
仁説三書 63
新撰字鏡 18
(新撰)姓氏録 3
新増韻鏡易解大全 56
深草秋 65
清俗紀聞 61, 68'
蜃中楼 60
清朝開国期の史料 86
清朝建国史考 82
清朝史 77
清朝史通論 91
清朝儒学史 77
清朝書画譜 91
清朝衰亡論 91
清朝姓氏考 86
清朝全史 93
清朝創業事略 65
清朝末史研究 92
清廿四家詩 72
神皇正統記 28
新文詩 72
真本古文孝経孔伝 65
真本墨子考 65

す

水滸後伝 78
水滸伝 47, 54, 54', 56, 59, 79, 91
水滸伝解 59
水滸伝と支那戯曲 85
「隋書」経籍志 19
隋唐暦法史の研究 95
(隋煬帝)艶史 59
睡餘漫筆 69
崇程 65'
趨庭所聞 64'
崇文叢書 17, 46, 50', 62', 64', 69', 75
崇孟 64'

せ

声音対 56
靖海問答 69
聖学問答 50
西河折妄 66
静嘉堂秘籍志 84
請客人 54'
誠斎集 33
正斎書籍考 68'
西廂記 54, 60, 79
西廂記注 60
政事要略 13
醒世恒言 59
井田私考 81'
制度通 47
生覇死覇考 89
西洋記(三宝太監西洋記) 59

西洋事情 76
性理字義抄(性理字義諺解) 40
青龍寺三朝国師灌頂阿闍梨恵果和尚碑文 16
清麗集 65’
斉魯封泥集存 86
尺素往来 28
惜分居劄記 62’
世説新書 88
切韻 16, 19
絶句解 50
接鮮瘖語 66
接鮮記事 66
説文 16, 67, 68
説文解字注 68
説文新附攷正 68
説文新附字考 67
説文段注考(補正) 70
世本 87
山海経 87, 89
戦国策補正 69
戦国秦漢の暦法 88
千載佳句 20’
千字文 2, 2’, 12’, 22
千字文西湖柳 60
禅真(逸史) 59
先秦諸子の学 80
洗心洞劄記 64
善身堂詩鈔 61’
先哲叢談 99
先哲の学問 49’, 91, 98
全唐詩 62
全唐詩逸 62
銭幣考遺 67
善本書(室蔵書)志 84
禅林執弊集 56

そ

宋元戯曲史 86
操觚字訣 46, 47’, 63’
荘子 6, 18, 25, 28, 38, 95
荘子休鼓盆成道 60
荘子瑣説 65, 69
宋書 2
宋大曲考 86
宋朝通鑑 28
増訂華英通語 95’
宗法考 81
宋末の提挙市舶西域人蒲寿庚の事蹟 92
滄溟尺牘 50
俗語彙編 54
続狗尾録 86
俗語解 60
俗語訳義 59
続修四庫全書総目提要 94
続破収義 36
楚辞 40, 87, 94
息軒文鈔 69
徂徠学のはなし 50’
徂徠集 49’, 57’
(徂徠先生)答問書 49
孫子 28
孫子(算経) 10
孫子諺解 40
孫子詳解 70

た

大永本論語劄記 67
大衍暦経 5’
太衍暦立成 5’
大海一滴 40
大魁四書集注 36
大学 11, 25, 27, 28, 31, 38, 39, 43, 45, 47, 48, 54, 55, 80’
大学解 49
大学考 65
大学章句 26, 31, 33, 36
大学章句参辨(学庸参辨) 62’
大学是正 47
大学聴塵 31, 32
大学鄭氏義 69
大学定本 45, 49
大学要旨 40

大学要略抄 40
大学或問 26
大漢和辞典 93
台記 21
大疑録 45
大孔雀明王経(仏母大孔雀明王経) 14,32
太甲篇 2
対支一家言 93
太史公律歴天官三書管窺(三書管見) 66
大師の入唐 91
大正詩文 77
大蔵一覧(集) 39
大蔵経 24,40
台大文学 65'
大日本史 53
大般若経(字抄) 17
大風流田能村竹田 65
太平記 56
太平記演義 56
太平御覧 24,67
大明律詳解 58
大明律直引釈義 58
大明律例諺解 58
大明律例釈義 58
大明録 27
台湾諸島志 89
台湾地誌及言語集 97
台湾土語叢誌 97
大戴礼 66
たわれ草 11,13

ち

竹書紀年 87
智嚢捽抄 66
地名字音転用例 67'
籌海私議 69
中国新文学大系 95'
中国文学 95
中国文学叢書 95'
中正子 28
中庸 25,27～29,31,38',43,45,80'
中庸解 49
中庸考 65
中庸抄 32
中庸章句 26,31,36
中庸章句諸説参辨(学庸参辨) 62'
中庸鄭氏義 69
中庸発揮 45,49
中庸或問 26
長安の春 93
長短話 54
朝野群載 25
朝野雑記(抄) 55
朝野新聞 72

つ

通憲入道蔵書目録 19
通志堂経解 75
通俗金翹伝 59
通俗孝粛伝 61
通俗皇明英烈伝 56
通俗隋煬帝外史 59
通俗西湖佳話 61'
通俗醒世恒言 61
通俗赤縄奇縁 59
通俗忠義水滸伝 56
通鑑輯覧 78
通典 67,78

て

鄭王二学の異同 80'
帝国百科全書 79,98'
綴術(算経) 10
綴白裘 60
適従録 46
鉄雲蔵亀 81
伝経廬文抄 69'
天工開物 61'
填詞国字総編 65'
填詞図譜 65'
天台 18
天地瑞祥志 19

転注考 67
殿本十三経注疏 53
点本書目 19', 22'
天民遺言 46
天問天対解 33
篆隷万象名義 16, 17

と

東亜研究 82, 83, 83'
東亜考古学研究 94
東亜古文化史研究 94
東亜史論藪 93
東亜の光 82', 83'
東亜文明の黎明 94
侗庵非詩話 65'
(宕陰)存稿 69
陶淵明集 40, 66
唐音学庸 56
唐音雅俗語類 56
唐音孝経 59
唐音三体詩訳読 56
東海一漚集 28'
唐過所 95
桃花扇 79
東京学士会院雑誌 12', 50'
東宮切韻 18
東宮切韻佚文攷 18'
東宮切韻攷 18'
唐語便用(唐話便用) 54, 56
東西交通史論叢 91
東西の文化流通 94
東西文豪評伝 79
唐詩選 50
唐詩選唐音 61
唐詩選評釈 78
童子問 43, 45
東塾読書記 80'
唐書 24, 28
唐鈔古本尚書釈文考 91
「唐書」藝文志 19
唐石経十二経 66
稲川詩艸 68
唐宋時代における金銀の研究 94
唐代制度考 82
唐代の服飾 94
唐大和上(鑑真)東征伝 7
唐中期の浄土教 94
唐土奇談 60
東坡詩注 39
東坡集 29
東坡先生指掌図 24
同文新字典 97
同文通考 2
東方学報 95, 97
唐本類書考 65
童蒙頌韻 22, 25
唐訳便覧 56
東洋学会雑誌 80'
東洋学界雑誌著作年表 80'
東洋学の話 94
東洋学報 81～83, 83', 88'
(東洋協会調査部)学術報告 83'
東洋史雑考 77
東洋史説苑 91
東洋思想の研究 80'
東洋史大綱 92
東洋史統 82
東洋時報 82', 83, 83'
東洋史要 82
東洋哲学 82, 83, 83'
東洋天文学史大綱 88
東洋天文学史論叢 95'
東洋文化史研究 91
東洋文庫論叢 81', 84', 89'
東洋文明の淵源に関する論争 88
東洋文明史論叢 91
東洋倫理綱要 81
唐六典 10, 82
唐律 67
唐律諺解 58
唐律和字解 58
鬧裏鬧 54', 96

唐柳先生文集(新刊五百家註音辯唐柳先生文集) 33
唐礼 5'
唐令拾遺 94
唐話纂要 54, 56
唐話試音 54'
唐話類纂 56
読易私記 75
読易小言 62'
(読)韓非子 69
読左筆記 62'
読史叢録 1', 91
読朱筆記 69'
読荀子 69
読書指南 61', 67
読書餘適 69
独抱楼詩文稿 75
読孟叢鈔 67'
(読)呂氏春秋 69
読礼肆考 66
杜工部詩(集千家註杜工部詩) 33
杜工部詩(集千家分類杜工部詩) 41
図書館学季刊 2'
敦煌遺書の話 94
燉煌石室遺書 86

な

内藤博士還暦祝賀支那学論叢 91
内藤博士頌寿記念史学論叢 91
那珂東洋小史 77
那珂東洋略史 77
名古屋市史 61, 63
棗賦 7
滑川談 63'
南海に関する支那史料 94
南山俗語考(解) 61, 71
南斉書 2

に

二教論 16
二才子 54, 96
二十八宿の伝来 88
二字話 54
日華語学辞林 97
日漢英語言合璧 96
日支文化交渉 95'
日清役後支那外交史 94
日清字音鑑 96
日台大辞典 97
日知録 82, 85
入唐求法巡礼行記 81
二程子の哲学 81'
日本漢学史 98
日本漢字学史 15, 95, 98
日本漢文学史(岡田) 98
日本漢文学史(芳賀) 99
日本紀略 14'
日本見在書目録証注 67
日本後紀 14'
日本国見在書目について 85
日本国見在書目に就て 85
日本国見在書目録 19
日本国見在書目録解説稿 19'
(日本国見在書目録)索引 19'
日本儒学史 81, 98
日本儒学年表 98
日本儒林叢書 58', 99
日本書紀 2, 4', 6, 9
日本書紀通証 2
送日本正使了庵和尚帰国序 37
日本宋学史 37'
日本程朱学の源流 37'
日本に残存せる支那古韻の研究 98'
日本文化史研究 91
日本訪書志 73
日本満洲交通略説 85'
日本霊異記考証 67
二酉洞 65
二礼諺解 40

ね

廿二史箚記 74

の

野槌 39'

は

売油郎独占花魁 59
白氏長慶集 28
白氏文集 18, 22, 24.28, 39
白川集 98'
白楽天詩解 92
破収義 36
花園院宸記 27
英草紙 61
馬本五経文字九経字様挍譌 68
反音抄 34, 56'
凡将篇 2
翻切伐柯編 56

ひ

非伊 62
非物 62
秘府略 16
卑弥呼考 1, 86
百衲襖 29
廟略議 65
皕宋楼蔵書源流考 84
琵琶(記) 79

ふ

福恵全書 54
賦史大要 92
扶桑略記挍譌 67
再び堯舜禹抹殺論について 83'
再び左伝著作の年代を論ず 88
仏教研究 18'
普門院蔵本目録 26
文緯(説文緯) 68
文戒 50
文学書官話 96
文科大学叢書 86
文家必用 63'
文鏡秘府論 16, 17, 95
文藝志伝 78
文藝類纂 14'
文語解 62', 63'
文章講話 77
文心雕龍 78
文中子 28
文筆眼心抄 17
分類年代記 29'

へ

秉燭談 47
平妖伝 59
碧山日録 31
北京籠城日記 81
砭愚論 36
辨徴録 61
辨道 49, 50'
辨名 49, 50', 62

ほ

放翁集 29
豊鎬考信録 77
宝左盦文 91
豊城賸稿 75
豊城存稿 75
封神(演義) 59
鳳鳴集 63
法隆寺伽藍縁起并流記資材記(帳) 7
墨子 6
墨子研究 80'
墨子考要 66'
北西廂記註釈 60
北潜日抄 69
穆天子伝 89
法華経釈文 18
補春天伝奇 65', 78
補正韻鑑 62
蒲東崔張珠玉詩 60
本朝官制沿革図考 47
本朝儒学史論攷 26'

本朝書籍目録 19
本朝度量権衡考 67
本朝文粋 20
本邦四書訓点並に注解の史的研究 37'
本邦儒学史論攷 98
本邦填詞史話 65'

ま

毎条千金 70'
枕草子 18
磨光韻鏡 56, 57
満洲近代史 92
満洲写真帖 91
満洲発達史 93
満鮮地理歴史研究報告 83'
万葉集 18

み

三宅米吉著述集 1'
妙法蓮華経 32
明七才子詩集 50
明律 58, 59
明律国字解 58
明律訳解 58

む

夢香詞 65'

め

鳴沙石室古佚書 86
名疇 62
明堂図 3
名物六帖 46

も

蒙求(重新点校附音増註蒙求) 33
孟子 6, 25, 27～29, 36, 43, 45, 50, 54, 66, 80'
孟子(趙岐) 27, 31
毛詩会箋 75
毛詩考 65
孟子古義(論孟古義) 45, 46
毛詩詁訓伝 88
孟子字義疏証 43
孟子集注 26, 27
(毛詩)集注 32
(孟子)輯釈 29
毛詩輯疏 69
毛詩抄 25, 32
孟子抄 32
孟子精義 26
毛詩正義 32, 88
(毛詩)大全 32
毛詩聴塵 32
(毛詩)伝箋 32
毛詩補伝 62'
孟荀二子の比較 80'
目録学 80
文字の研究 97'
問学挙要 62
文選 6, 7, 10, 12, 18, 21, 22, 28, 29, 38, 62
文選(五臣注) 24
文選(李善注) 33'
文選集注 73, 73', 88
文徳実録(日本文徳天皇実録) 18

や

訳家必備 54, 54'96
訳官雑学簿 54
役者綱目 60
薬書 3
薬窓誌 89
訳通類略 56'
訳文須知 63'
訳文筌蹄 48, 49, 52, 57, 63'
康富記 25, 31
山崎与次兵衛道行の段 60
倭面土国 1, 86
山井鼎と七経孟子攷文 53', 91
耶律楚材 94

ゆ

維摩経 13

游焉社常談 59
遊仙窟 22
遊豆小記 66
遊東陬録 66
右文故事 68’
喩世明言 59
熊野 60

よ

幼学綱要 76
要緊話 54’
揚子 28
用字格(訓蒙用字格) 46, 63’
楊氏漢語抄 16, 20
養児子 54’
陽明攅眉 37
陽明全書 41
養老令 9, 18
輿地誌略 76
頼政 60

ら

礼記 →「三礼」参照 6, 10, 12, 12’, 25, 27’, 28, 30, 31, 80’
礼記(鄭玄) 9
礼記月令天文考 95
礼記子本疏義 19
礼記疏(礼記単疏) 91, 95
楽我室遺稿 62’
楽我堂集 62’
洛誥箋 86
蘭学事始 71

り

履軒古韻 62
六経 38, 40, 67
六章(算経) 10
六典 67
六韜 38’
離騒 38
立命館文学 18’, 80’
李白集 28
流沙墜簡 86
(流沙墜簡)考釈 86
留真譜 73, 73’
柳宗元 79
留蠹書屋儲蔵志 65
柳文 29
料夷問答 69
両国訳通 54
令義解 12
呂氏春秋 87
呂氏春秋折諸 66’
林氏剃髪受僧位辨 41

る

類聚国史 14’
類聚名義抄 20
涙珠唾珠 91

れ

隷古定尚書 87
詅癡符 70
礼の起原とその発達 93
歴代史略 77
歴代地理沿革図 78
列子 28

ろ

老子 10, 18, 28, 38, 40
老子開元御注 10
老子河上公注 10
老子原始 93
老荘哲学 80’
魯論抄 32
論語 2, 2’, 6, 10, 12, 18, 25, 27～29, 31, 33, 34, 36, 38’, 39, 41, 43, 45, 50, 51, 54, 58, 62, 63, 80’
論語(何晏) 10
論語(鄭玄) 10
論語一得解 66
論語会箋 75
論語漢説発揮 62’

(論語)漢注攷 69
論語義疏(皇侃) 50, 52
論語羣疑考 63
論語諺解 37
論語考 62
論語古義(論孟古義) 45, 46, 49, 63
論語古訓 50, 51, 63
論語古訓外伝 50
論語古伝 62'
論語語由 65
論語集解(何晏) 27, 31, 33, 65
論語集解考異 65
論語集解講義 58
論語集注 39
論語集説 69
論語抄 32
論語詳解 70
(論語)序説私攷 70'
論語正義 50
論語精義 26
論語大疏 63, 69'
論語徴 49, 61, 63
論語聴塵 32
論語徴廃疾 62
論語摘語 40
論語に就いて 58
論語之研究 93
論孟考文 66

わ

和漢年号字抄と東宮切韻佚文 18'
倭注切韻(詩文大体) 20
倭読要領 11, 12, 57
倭名類聚抄(倭名抄) 16, 20, 67
倭名類聚抄箋注 67

英　字

An Australian in China 84
On P'u Shou-keng 92

Ⅱ　人　名　索　引

あ

青木晦蔵　*43*
青木正児　*89, 90, 93, 99*
青柳篤恒　*97*
青山定雄　*94*
赤松滄洲　*62'*
赤松広通　*38*
秋山玉山　*51, 58, 62*
芥川丹丘　*59*
M.C.Haguenauer（アグノエル）　*91*
浅井虎夫　*79*
阿佐井野氏　*33*
朝枝（晁）世美　*59*
安積艮斎　*64, 65', 67', 74*
安積老牛（澹泊）　*53, 53', 61'*
朝川善庵（鼎）　*62, 62', 69, 70*
麻田真浄　*10*
朝野鹿取　*14*
浅見絅斎　*42, 53, 64*
朝比奈玄洲　*56*
足利基氏　*29*
足利義兼　*29*
足利義材　*32*
足利義澄　*37*
足利義晴　*32*
足利義満　*29*
アダムシャール（湯若望）　*88*
阿直岐　*1～3, 9～11, 13*
阿知吉師　*2*
阿知使主　*2, 3, 3', 12*
安部井帽山（安褧）　*64, 65'*
阿部仲磨（阿倍仲麻呂）　*4, 5, 7*
天野曽原　*56*
天日槍　*3*
雨森芳洲　*11, 13, 40, 55, 63*
漢高安茂　*2*
新井白石　*2, 40, 48, 49, 63, 71*
荒川天散　*54*
在原氏　*20*
粟田馬養　*9*
粟田真人　*4*
安貴王　*3*
安秀　*26*
安東省庵　*40, 53, 53', 55*
安藤東野　*48, 50～52, 55, 56*

い

飯島忠夫　*88, 88'*
飯田利行　*98'*
猪飼敬所（彦博）　*66, 69*
惟観　*24*
伊吉博徳　*4*
池田草庵　*64*
伊沢修二　*96, 97*
伊沢蘭軒（信恬）　*67, 71*
石川香山　*54*
石川丈山　*37, 39', 41*
石川貞（金谷・太一）　*59*
石川道益　*5*
石川雅望　*61*
石崎肅之　*96*

石崎又造　*54', 98*
石田幹之助　*84, 93*
石田三成　*38*
石塚崔高　*61*
石附省吾　*97*
石浜純太郎　*90, 93, 94*
石原鼎菴　*55*
石山福治　*97*
石上宅嗣　*5, 7, 19*
伊地知重貞　*33*
伊地知季安　*27, 37*
惟肖(得巌)　*29*
惟正(明貞)　*29, 35*
惟尚双桂　*37*
出石侯　*50*
伊勢専一郎　*95*
磯野員純　*53*
磯野秋渚　*87*
板坂卜斎　*38'*
一翁(玄心)　*36'*
市川鶴鳴　*63*
市河寛斎(世寧)　*62, 65', 70, 71*
市河三亥(米庵)　*62*
一条兼良　*28, 29*
市野迷庵(光彦・三右衛門・迷老)　*61', 66, 67, 68', 73*
市村瓚次郎　*80', 80～83*
膽津　*3*
一圭(遠山荷塘)　*65'*
一山一寧　*26, 28*
一色時棟　*65*
逸然　*55*
一柏　*29*
伊藤介亭(長衡・正蔵)　*46*
伊藤顧也　*47*
伊藤仁斎(維楨)　*42, 43, 45～47, 49, 50, 52, 58, 61, 62, 62', 67, 71*
伊藤孝彦　*47*
伊藤竹里(長準・平蔵)　*46*
伊東忠太　*83', 94*
伊藤東涯(長胤・原蔵)　*44, 46, 47, 50, 62', 63'*
伊藤東所(善韶・忠蔵)　*47, 63*
伊藤東峰(弘済)　*47*
伊藤東里(弘美・延蔵)　*47*
伊藤梅宇(長英・重蔵)　*46, 47*
伊藤博文(春畝)　*72, 78*
伊藤鳳山(馨・子徳)　*70*
伊藤輶斎(重光・徳蔵)　*47*
伊藤蘭嵎(長堅・才蔵)　*46, 47, 54, 68'*
稲葉迂斎　*42'*
稲葉君山(岩吉)　*1, 93*
犬上御田鍬　*4*
井上金峩　*61, 62, 65*
井上毅(梧陰)　*75, 76, 77*
井上四明　*61*
井上準之助　*84*
井上哲次郎　*78*
井上翠　*97*
井上蘭台　*61', 61～63, 71*
今井魯斎　*53'*
新漢人大国　*5*
新漢人広斉　*5*
新漢人日文(旻)　*5*
今関(天彭)　*93*
今関正運　*36*
今村完道　*93*
伊与部家守　*16*
入江若水　*49*
巖垣龍渓　*66*
岩崎久弥　*84*
岩崎蘭室(弥之助)　*83*
岩村成允　*97*
岩村忍　*94*
隠元(隆琦)　*55*

う

上杉憲実　*29, 30*
上杉鷹山　*61*
上田秋成　*61*
上田萬年　*84*
ウェード(トーマス・ウェード)　*96*
上野玄貞(熙・国思靖)　*55, 56*

上村主百済　9
鵜飼称斎　53
鵜飼錬斎　53
宇佐美灊水　51, 52, 62
牛　3
菟道稚郎子　2, 9
有智子内親王　24'
内田正雄　76
内野皎亭　99
宇都宮遯庵（㐧先生）　40
鵜殿士寧（子寧）　51, 62
宇野士朗　62
宇野哲人　81, 91
宇野明霞（士新）　60, 62', 63', 64, 65
馬田昌入　54
梅原末治　95
卜部兼倶　32
卜部家　54
雲章（一慶）　29, 35
海野豫　66

え

詠　9
栄叡　5
栄西（明庵栄西）　24, 25, 27
叡龍（漣窩河野斎通清）　57
恵運　8
恵隠（志賀漢人恵隠）　5
慧苑　18
画部因斯羅我　3
恵蕚　8
穎川官兵衛　54
穎川重寛　96
穎川春漁　60
恵施　4
恵照　4
恵寔　3
恵總　3
慧通　55
恵通　56
悦山（道宗）　55
悦峯（道章）　55
エドキンズ（ジョセフ・エドキンス）　96, 97
恵美押勝　32
江村北海　11, 12
円慧　26
円行　8
遠渓祖雄　26
円載　8
閻若璩　63, 69, 70
袁（清村）晋卿　5, 10, 12〜14, 14'
袁中郎（宏道）　61'
円珍　8
円爾（辯円・聖一国師）　26〜28
円仁（慈覚大師）　8, 81'

お

王引之（高郵二王）　69, 86
王亥　87
王漁洋　79
汪啓淑（飛鴻堂）　52
王元美（世貞）　49〜51
王国維　86, 87, 89, 91
王漆園（治本）　61
王照　97
王庶常　55
王辰爾　3
王錫闡　88
横川　29, 31
汪中　86
王道良　3
王訥　8
王念孫（高郵二王）　69, 86
王半山（安石）　62'
王弼　10'
王冰　87
汪鵬　52
応宝時　69
王（勃）　28
淡海三船（真人元開）　7, 19
王鳴盛　52, 74
欧陽脩　28, 75

王陽明（守仁） 37, 41, 42, 61, 64, 76
王柳貴 2
王龍渓 41
大井松隣 53
大内熊耳 51, 56
大内義隆 41
大内義長 41
大内義弘 41
大江家（江家） 18〜22, 28, 30, 35
大江朝綱（後江相公） 20, 20', 30
大江音人（江相公） 20, 20', 30
大江維時 20, 20', 25, 30
大江千古 20, 20'
大江匡衡 20, 20', 25, 30
大江匡房 20, 20', 24, 25, 30
大江宗光 26
大江以言 25
大江文城 26', 27', 31', 37', 40', 46, 50', 54', 98
意富加牟招君 3
大串雪瀾 53
大久保甲東（利通） 72
大窪詩仏 62, 65', 71
大蔵善行 30
大塩平八郎 64
大島正健 14, 98'
大須賀快庵 42
大高坂芝山 46, 47
大田錦城（元貞） 54, 61, 61', 63, 65, 69, 70, 75
太田全斎（方） 66, 69
大谷（勝真） 93
大槻磐渓 71
大槻文彦 96
大伴古麻呂 5
大伴山守 4
大沼枕山 71, 72
大橋訥庵 64, 65'
大町桂月 79
大村純忠 54
大矢透 14, 96', 98'
岡井黄陵 56
岡井慎吾 15, 66, 69, 74', 95, 98
魚返善雄 97, 98
岡崎文夫 90, 93
小笠原一庵 54
岡三慶 95'
岡嶋冠山 54〜56, 59, 70, 71, 71'
岡千仭（鹿門・振衣） 64, 65', 76
岡田寒泉 63, 64
岡田新川 54
岡（田）白駒 59, 61
岡田正之（剣西） 7, 80, 81, 98
岡田希雄 18'
岡松甕谷（辰） 76
岡本黄石 72
岡本正文 97
岡本保孝（況斎） 61', 69, 84, 89
小川泰山 61
小川琢治 85, 86, 88, 89
小川（環樹） 98
小川尚義 97
荻生叔達（北渓・観・惣七郎） 52, 56
荻生徂徠（惣右衛門・雙松・物茂卿・蘐園） 11, 38', 41, 47〜52, 55〜58, 60〜63, 65, 67, 69〜71
大給乗蘊 63
奥田抱生（一夫） 61
小倉三省 42, 42'
訳語卯安那 3
小島祐馬 67, 89, 90, 93
小田切萬寿之助 84, 96
小長谷恵吉 19'
小野湖山 71, 72
小野妹子 4
小野石根 5
小野滋野 5
小野篁 29
小野道風 19
御幡雅文 96, 97
小柳司気太 80, 91, 94
小山田与清 84
尾張侯 63

か

カールグレン 97
何晏 10', 31, 33', 36
快元 29, 30, 35
快宗 24
貝原益軒 40, 42, 45
海保漁村(元備) 61', 63, 69, 71, 74, 75
可翁宗然 26
何休 10'
覚因 24
覚勝 4
郭頻伽 72
郭務悰 4
蔭山東門 54
陰山豊洲 68
加古宗隆 39
笠諸石 4
何子春 60'
何如璋 72'
上総前司公氏 34
片山兼山(世璠) 62
片山北海(猷) 62', 64, 65
加藤繁 91, 94
加藤常賢 93
加藤弘之 73
金井保三 97
金谷昭 96
掃守小麻呂 4
蟹養斎 53
兼明親王(前中書王) 24
狩野良知 79
狩野直喜 53', 66', 80, 85', 85〜88, 91, 94
鏑木渓庵 60
上村観光 37'
神谷衡平 97
亀井昭陽(昱・元鳳) 65, 71, 75
亀井南冥(道載) 56, 64, 65, 71
亀谷省軒(行・子省) 76
亀田鵬斎(長興) 61〜63, 61', 63', 71
亀田綾瀬 61, 69
亀山天皇 25
狩谷棭斎(望之・津軽屋三右衛門) 61, 61', 66〜69, 68', 70', 71, 73, 73', 84
河北景楨 63'
川瀬一馬 95
川田甕江(剛・毅卿) 64, 65', 72, 76
川田鐵彌 37'
河田羆 84
河内鯨 4
河辺麻呂 4
寛建 19
菅茶山(晋帥) 65, 65', 70〜72
閑室 30
鑑真 5
神田喜一郎 90, 93
神田香巖 87
観中(中諦) 29
菅得庵 38, 39'
韓非子 79
菅政友 2'
韓(愈) 28, 33, 38, 61, 71, 78

き

義翁紹仁 26
祇園南海 40, 54, 65'
其角 47
菊池五山 62, 71
綺玄廓 53
季弘(大叔) 29
木崎好尚 65'
岸上操(質軒) 99
鬼室集斯 9
吉士雄成 4
吉士駒 4
吉士長丹 4
義聖 8'
義真 5
希世(霊彦) 29, 31
北畠親房 27, 28
喜多村氏(直寛) 73
義堂周信 28, 29, 31

木戸松菊(孝允) *72*
木下犀潭(士謹) *64, 65', 76*
木下順庵(貞幹・錦里) *40, 48, 54, 55, 61'*
木下広次 *75*
木下蘭皐 *56*
紀進 *61*
紀斉名 *25*
紀長谷雄 *8, 19, 30*
紀行親 *27*
吉備真備 *4, 5, 5', 9, 11, 13, 14', 38', 57*
木村蒹葭堂 *61, 65, 71'*
木村定良 *67*
木村鳳梧 *54*
九淵(龍睬) *29*
九華 *30*
九天 *30*
岐陽(方秀) *26, 29, 35～37*
恭畏 *36*
龔恩禄 *96, 96'*
業海本浄 *26*
堯空(三条西実隆) *34*
姜菁川(沆) *38*
清原家(清家) *19, 21, 25, 26, 28, 30～32, 35, 36, 58, 75*
清原親賢 *58*
清原直隆 *25*
清原仲隆 *25*
清原業忠(良宣・常忠) *29～31, 35*
清原宣賢(宗尤・環翠軒) *25, 31～35, 36', 75*
清原教隆 *25*
清原教宗 *25*
清原(舟橋)秀賢 *39, 40*
清原広隆 *21*
清原宗賢 *32*
清原守武 *24*
清原良枝 *25*
清原良賢(常宗) *25, 27, 31*
清原善澄 *21*
清原良業 *25*
清原頼隆 *21*
清原頼業 *21, 25, 30, 31, 75*
許魯斎(衡) *42*
吉良宣経 *41*
金嘉穂 *61, 77*
金琴江 *60*
金国璞 *74, 97*
勤子内親王 *20*
金聖嘆 *79*
金礼信 *13*

く

空海 *5, 8, 14, 16, 17, 19', 28*
日下勺水(寛・子栗) *76, 77*
日下部夢香 *65'*
草場佩川 *61, 64, 65'*
瞿氏(瞿紹基・瞿鏞) *84'*
薬師恵日 *4*
楠本碩水(孚嘉・吉甫) *64, 65', 76*
楠本正継 *93*
百済王 *3*
百済吉士善信 *9*
愚中周及 *26*
屈原 *79*
久保筑水(愛) *62*
久保得二(天随) *79, 93, 98*
熊谷活水 *53*
熊沢蕃山 *41, 54, 64*
熊野正平 *97*
孔穎達 *12*
倉石(武四郎) *98*
鞍岡元昌(蘇山) *55*
鞍部堅貴 *3*
鞍作福利 *4*
内蔵全成 *5*
栗山潜鋒 *42, 42', 53'*
グルーベ *80*
呉啓太 *96*
呉大五郎 *96*
黒板(勝美) *91*
黒木安雄(欽堂) *80*
桑原隲蔵 *80, 85, 87, 91, 92*

け

桂庵(玄樹) 29, 31, 33, 35, 36, 36'
恵果 8, 16
桂梧了庵 37
倪士毅(倪氏) 27, 29
景徐(周麟) 29, 31
景召(瑞棠) 29, 35
圭堂 27
桂林(徳昌) 29, 56
月休道皎 26
月舟(寿桂) 29, 31
月渚(英乗) 36'
月心(慶円) 29
元遺山(好問) 62', 79
玄恵(慧) 26～28, 34
玄海 55
元佶 39
阮元 51, 53
元灯 24
玄昉 4, 5
彦明 33
乾隆帝 52

こ

五井持軒 62
小出侗斎 53
五井蘭洲 62
孔安国 10', 51
江芸閣 60, 65'
江永 68'
洪鈞 77
孝謙天皇 9, 11, 13
高元度 5
香国(道蓮) 55, 56
光厳天皇 27'
黄山谷(庭堅) 27, 28, 72
孔子 42, 43, 90
翺之(慧鳳) 29, 35
香洲 55
江西(龍派) 29
高青邱 79
杭世駿 52
高泉(性潡) 55
高第丕 96
河野鉄兜 65
河野通清(漣窩・叡龍) 57
高表仁 4
高峯顕日(仏国禅師) 28
功満王 3
光明天皇 27'
高暘谷 56
呉英 69
顧炎武 62, 63, 69, 70, 86
古賀茶渓 64, 65', 76
古賀精里 61, 64, 65', 76
古賀侗庵(煜) 64, 65', 75, 76
古澗(慈稽) 39
虎関師錬 27', 28
国府種徳(犀東) 79
(古月)宗銀 30
湖月(信鏡) 29, 31
古源邵元 26
古座矯 74
呉士鑑 91
児島献吉郎 93
小島成斎(知足) 68
小島宝素(尚質・学古) 61', 73, 89
小島抱冲(尚真・春沂) 68
顧修 65
古城貞吉(坦堂) 78, 80, 94
胡適 90, 91
巨勢邑治 4
巨勢薬 4
古先印元 26
後醍醐天皇 27, 28
呉澄 43
兀庵普寧 26
呉廷翰 50
後藤朝太郎 97, 97'
後藤芝山(世鈞) 63, 64
後藤末雄 94

後藤俊瑞 93
小中村(義象) 80’
小西甚一 99
後花園天皇 31
孤峯覚明 26
小牧桜泉(昌業) 76
高麗広山 5
後水尾天皇 40
近藤正斎(守重・重蔵) 61’, 67, 68’
コンラーデー 80

さ

西郷南洲(隆盛) 72
西条侯 52
最澄 5, 8, 17
斎藤拙堂 64, 65’, 71, 71’, 76
斎藤竹堂 64
斎藤悳太郎 98
蔡祐良 96
崔霊恩 32
佐伯今毛人 5
佐伯好郎 94
坂合部石布 4
坂合部(境部)石積 4, 16
坂合部大分 4
榊原篁州 40, 54, 58, 61
阪谷朗廬 64
嵯峨天皇 18, 24’
佐賀東周 18’
笹川臨風(種郎) 79
薩弘恪 9, 12’
佐々十竹 53
佐藤一斎(坦) 64～67, 65, ’69, 71, 76
佐藤直方 42, 42’
実藤(恵秀) 95’
澤田一斎(風月堂荘左衛門) 59～61
三慧 8
(三要)元佶 39

し

塩田屯 66
塩谷温 81, 91
塩谷青山(時敏・修卿) 69’, 76
塩谷宕陰(毅侯) 61’, 68, 69, 71, 74, 75
慈覚大師(円仁) 8, 81’
式家 28, 35
竺雲(等連) 29
滋野貞主 16, 24’, 30
重野安繹(成斎・士徳) 12, 64, 65’, 72, 74, 75, 83, 84
篠崎小竹 64, 65’, 69
篠崎東海 55’, 56
信夫恕軒(粲・文則) 69, 74, 76
司馬温公(光) 48
司馬相如 79
司馬遷 79
司馬達等 3
柴野栗山 63, 64
司馬法聡 4
渋井太室 61, 61’, 63
渋江抽斎(道純) 67, 73
渋沢栄一 69
渋谷牀山(啓蔵) 76
島田翰(彦楨) 73, 74, 84
島田鈞一 74, 81
島田重礼(篁村) 50’, 69, 71～74, 77, 80, 84, 89
島田忠臣 19
島津重豪 61, 71
島津忠昌 33
清水浜臣 69’
志村楨幹 55
寂室元光 26
寂照 24
朱彝尊 63
周安泉 60
周興嗣 2
周愈(幼梅) 96
宗叡 8
朱子(朱熹) →「程朱」参照 25, 27, 28, 32, 33, 35～39, 43, 45, 61, 69
朱舜水 53, 55
朱柳橋 60, 65, 65’
荀悦 6

春屋妙葩　33
俊芿　26
徐愛　37
徐渭　60
葉煒(松石)　96
聖一国師(円爾辯円)　26～28
笑雲(清三)　29, 31
性海霊見　26
常暁　8
鍾君傑　27
鄭玄　9', 10'
章実斎(学誠)　90
松室中(仲)算　18
聖秀　24
昌住　18
成尋　24
承兌　39
聖徳太子　6
称徳天皇　32
正法師　13
聖黙　48
鍾繇　2
続守言　9, 12'
如竹散人　35, 36
徐有壬　88
白河次郎(鯉洋)　79
白鳥庫吉　1, 80～84, 82'～84', 88, 91
Sylvain Levi(シルヴァン・レヴィ)　91
沈惟岳　5
任淵　33
心華(元棣)　29, 35
新開宗庵　53
任希古　24
親経　34
新城新蔵　88, 88', 89
心田(清播)　29
真如法親王　8
信範(明了房)　34
森羅子　61

す

瑞岩(龍惺)　29
瑞渓(周鳳)　29, 31
嵩山居中　26
陶部高貴　3
末松謙澄　78
須加精斎　53
菅野真道　30
菅原家(菅家)　18～22, 26, 28～30, 35
菅原淳茂　30
菅原清公　18, 30
菅原公時　27
菅原是善　18, 20, 30
菅原輔昭　30
菅原輔正　30
菅原文時　20, 30
菅原古人　18, 30
菅原道真(菅公)　8, 18, 19, 20', 22, 30, 38'
杉(平)武道　41
勝鳥養　4
鱸松塘　72
鈴木擇郎　97
鈴木虎雄　85, 92
崇徳上皇　34
陶山南濤(陶冕)　59

せ

清韓(文英清韓)　39
西澗士曇　26
清少納言　18
清拙正澄　26
成宗〔元〕　26
清田絢(儋叟・君錦)　59, 61
井伯明　56
正法師　13
盛有　36
関根(正直)　80
関野貞　94
石室善玖　26
絶海中津　28, 29, 31, 34, 56'

薛敬軒(瑄) *42*
雪村友梅 *28*
薛乃良 *96'*
銭泳 *50*
千呆(性侒) *55*
善聡 *3*
銭大昕 *68, 70, 86, 88*
善通 *3*

そ

曽茶山(幾) *62'*
荘子 *79*
曹子建(植) *79*
宗仲 *34*
曽槃 *61*
聡法師 *13*
副島種臣(蒼海) *76*
宗我鞍作(蘇我入鹿) *9*
蘇敬 *16*
祖継大智 *26*
蘇軾(東坡) *28, 72, 79*
村菴(希世霊彦) *29*
孫興進 *5*

た

大岳(周崇) *29, 31*
大休正念 *26, 27*
太極 *29, 31*
醍醐天皇 *18, 20*
大初啓原 *26*
戴震(東原) *17, 43, 68, 76, 86, 88*
大拙祖能 *26*
太祖〔明〕 *29*
太宗〔北宋〕 *24*
大潮(元皓) *55, 56, 65*
大椿(周亨) *29*
大典(顕常) *62', 63'*
平清盛 *24*
田岡嶺雲 *79*
高倉天皇 *18*
高階遠成 *8*
高瀬学山 *58*
高瀬武次郎 *85, 91*
高田真治 *93*
高田竹山 *98'*
高田根麻呂 *4*
高野太隠 *65'*
高野長英 *71*
高野蘭亭 *51, 56*
高橋健自 *1*
高橋笠間 *4*
高畑彦次郎 *95, 97*
高向玄理 *4, 5, 9*
高本紫溟 *65'*
瀧川亀太郎(君山) *80*
瀧川政次郎 *95'*
多紀氏(丹波) *61', 73, 89*
多紀元簡(桂山) *63*
瀧遼一 *94'*
翟灝 *52*
田口卯吉 *78*
武内義雄 *89, 90, 93, 97'*
竹添進一郎(井井・光鴻・漸卿) *69, 74, 75, 77, 84*
竹林貫一 *98*
太宰春台(紫芝園) *11, 12, 40, 48, 49', 50～52, 55～57, 63*
多治比県守 *4*
多治比広成 *5*
田道間守 *3*
難升米 *1*
多須那 *3*
橘家 *19*
橘在列 *20*
橘直幹 *20*
橘逸勢 *5, 8*
橘広相 *19*
龍田公案 *61'*
建部綾足 *61*
田中讃(田文瑟・大観) *59, 60*
田中省吾 *56*
田中光顕(青山) *84*
谷川士清 *2*

谷重遠 54
谷時中 42
谷秦山 42'
谷文晁 62
田能村竹田 24',65,65'
玉井(是博) 93
垂水広信 26
段玉裁 68,70,76,86
段楊爾 2

ち

智演澄円 26
竺僊梵仙 26
智聡 3
中瓘 8
中巌円月 26,28,29
仲蔵主 26
長賀 26
張楷 60
趙岐 27,31,36
重源 24
長三洲(炗) 65',76
張滋昉 74,96
張儒珍 96
趙子昂 28
張船山 72
張廷彦 97
趙陶斎(養) 61,65
奝然 20,24
趙翼 74
張麟之 33
沈惟岳 5
珍賀 8
陳毅 77
陳元贇 53
陳第 62
椿庭海寿 26
陳鱣 51
陳碧城 72

つ

冢田旭嶺 63
冢田大峯(虎) 54,62～64,63',69,71
都賀庭鐘 61
都賀使主 3'
塚本善隆 94,94'
津田左右吉 94'
津田鳳卿 54
土御門天皇 31
土屋鳳洲(弘・伯毅) 76
坪井久馬三 77'
坪井正五郎 82'
津守吉祥 4

て

程伊川(頤) 27,28,37,41,42
鄭永昌 96
鄭永寧 96
鄭永邦 96
程易疇 86
程朱 28,41,42,61,63,66,67,69,75
丁(丙) 84'
程明道(顥) 27,28,37,41～43
帝利 3
天矣 30
天隠(龍沢) 29,31
天産 55,56
天室 41

と

土井聱牙 61',64,65'
道安 16
陶隠居(陶弘景) 16
道恵 34,56
道栄 14'
陶淵明 28,79
桃源(瑞仙) 29,31
道元(希玄) 26
董康 86
道光 4

道恒 16
道厳 4
道慈 4
湯若士 79
湯若望(アダムシャール) 88
竇従周 27
東条一堂(弘・子毅) 69
東井 30
東漸(健易) 29
道璿 5
道通 4
東明慧日 28
東陵永璵 26
湯臨川 79
遠山荷塘(一圭) 60
常盤大定 94
徳川家綱 39, 55
徳川家光 39, 54
徳川家康 38, 39', 54
徳川綱吉 48, 55
徳川秀忠 39, 54
徳川光圀 53, 65'
徳川吉宗 52
戸崎淡園 62, 62', 64, 71
豊島豊洲 63, 64
十時梅厓 61
鳥羽法皇 34
杜甫 28, 38, 78
杜牧(樊川) 62
Paul Demieville(ドミエヴィル) 91
富岡謙蔵 85, 86
富岡鉄斎 87
富永仲基 90
具平親王(後中書王) 24
杜預 9', 25, 35
豊臣秀俊(秋) 38
豊臣秀吉 38, 54
豊臣秀頼 39
鳥居耀蔵 64'
鳥山喜一 93

な

内藤湖南(虎次郎) 1, 44, 67, 70, 80, 83, 85, 85', 86〜88, 90〜93, 98
内藤耻叟 80', 99
中井甃庵 62, 64
中井竹山 62, 64, 65
永井直勝 39
中井履軒(積徳) 62, 75
中内義一 79
中江藤樹 41, 45, 64
中尾万三 89
中川忠英 61, 61'
永坂石埭(周二) 61
長澤規矩也 95, 95'
長澤潜軒 42
中島棕隠 65'
永田格菴 53'
永田順斎 53'
永田善斎 53
中田敬義 96
永田平菴 53'
永田養斎 39'
中臣鷹主 5
中臣名代 5
中西牛郎 78
中根東里 61'
中野市右衛門道伴 36
仲石伴 5
中大兄皇子 9
中野撝謙 55
中原家 19, 21, 25, 28, 31, 35
中原貞清 21
中原重貞 25
中原広忠 21
中原師国 25
中原師重 25
中原師種 25
中原師遠 30
中原師利 25
中原師尚 25

中原師直 21
中原師長 21
中原師夏 25
中原師弘 25
中原師光 30
中原康隆 25
中原康富 25, 30, 35
那珂通世 77, 91
中村久四郎(中山久四郎) 83
中村敬宇(正直) 61, 64, 65', 74, 76, 84
中村篁渓 53
中村厚斎 53
中村浩然窩 53
中村習斎 53
中村惕斎 46, 62'
中村蘭林 61'
中山太郎兵衛 54
那波活所 37, 39, 53
那波木菴 53'
那波魯堂 37', 46
並河自晦 53
並河天民 46, 47
奈良恵明 5
楢原陳政 84
成島柳北 72
南懐仁(フェルビースト) 88
南家 28, 35
南斗 30
南部南山 40, 55
南摩羽峯(綱紀) 64, 64', 74, 76

に

仁井田南陽(好古) 62, 62', 75
仁井田陞 94
西川如見 55
錦部定安那 3
西島元齡 67'
西島蘭渓 67'
西田維則 59
西村時彦(天囚) 33, 37', 80, 85
西山拙斎 63, 65
西依成斎 42', 64
日延 24
(日新)文伯 30
日遍 36
如淵 41
丹羽忠造 74
忍性 41
仁明天皇 18

ぬ

奴理使主 3

ね

Nicholas Nevsky(ネフスキー) 91
根本通明(羽嶽) 74, 75
根本武夷(伯修) 50, 52
念救 24

の

濃宜公水通 10
能田忠亮 94
野田笛浦 64, 65'
野中兼山 42, 42'
野間三竹 40

は

哈同氏(ハードーン) 87
裴璆 20
梅鶯 43
梅心(瑞庸) 39
裴世清 4
梅仙 29
梅文鼎 88
芳賀矢一 99
白居易(香山・楽天) 62, 79
柏舟(宗趙) 29
羽倉簡堂 64, 65', 69, 75
橋川(時雄) 93'
土師玄同 56
橋本増吉 1, 83, 89
秦勝文 63'

秦滄浪(鼎) *54'*
畠中頼母(銅脈先生) *60*
秦朝元 *9*
八文字舎自笑 *60*
服部宇之吉 *80, 93, 94*
服部寛斎(保考) *40*
服部南郭(元喬) *48, 51, 56, 62*
羽田亨 *85, 86, 92*
浜田耕作(青陵) *85, 86, 94*
濱野知三郎 *66*
林鵞峰 *30, 39', 41, 45, 48'*
林錦峯 *63*
林述斎(衡) *63, 64, 66, 71*
林檉宇 *67'*
林泰輔 *58', 80～82, 80', 81', 83', 87*
林長右衛門 *54*
林東舟 *39', 40*
林鳳岡 *40, 41, 48, 61, 63'*
林鳳谷 *63'*
林鳳潭 *63'*
林羅山(道春) *36, 37, 39, 40, 42, 45, 53, 63, 65'*
林榴岡(信充) *63*
原狂斎 *61*
原田淑人 *94*
播磨乙安 *9*
春澄善縄 *18, 30*
萬榭 *65'*
范石湖 *72*
范甯 *10'*
伴信友 *84*
万里(集九) *29*

ひ

日尾荊山 *10*
東沢瀉 *64*
尾藤二洲 *64, 65, 69*
人見懋斎 *37, 53*
人見卜幽 *39', 53*
人見友竹 *63'*
冰老人 *4*
檜隈民使博徳 *3*
卑弥呼 *1*
表信公 *13*
平岩道知 *97*
平岡(武夫) *98*
平賀晋民 *56*
平田篤胤 *47*
平田(東助) *83'*
平野金華 *51*
広瀬旭荘(謙) *65, 70～72*
広瀬淡窓(建) *65, 70, 71*
広瀬林外 *72*
広部精 *96*

ふ

馮桂芬 *70'*
風月堂荘左衛門(澤田一斎) *59～61*
馮承鈞 *2*
馮六 *54*
傅芸子 *98, 98'*
フェルビースト(南懐仁) *88*
深田慎斎 *53'*
深田正室 *53*
深田明峰 *53'*
深見玄岱 *55*
複庵宋己 *26*
福井家(崇蘭館) *87*
福沢諭吉(範・子囲) *76, 95'*
福島九成 *96*
福島安正 *96*
藤井懶斎 *46*
藤沢南岳(恒・君成) *76*
藤田剣峯(豊八) *78, 79, 83, 91*
富士谷成章 *59, 62*
藤塚鄰 *93*
藤森弘庵 *64*
普照 *5*
藤原氏 *19, 27*
藤原惺窩 *36', 36～40, 45, 48, 53, 61*
藤原明衡 *20, 30*
藤原敦基 *30*
藤原宇合 *7*

藤原馬養 4
藤原葛野麻呂 5, 8
藤原鎌足 9, 13
藤原清河 5
藤原定家 38
藤原実連 58
藤原資朝 27
藤原佐世 19
藤原岳守 18
藤原忠平 24
藤原常嗣 8
藤原俊成 38
藤原俊基 27
藤原冬方 27
藤原冬嗣 18
藤原道長 24
藤原通憲 19, 34
藤原武智麻呂 9
藤原頼長 21, 24
布勢清直 5
布勢人主 5
傅増湘 91
淵岡山 41, 64
仏鑑禅師(無準師範) 27
服虔 9'
仏徹 5
不聞契聞 26
文元貞 9
文之(玄昌) 36, 36'
文廷式 77

へ

平群広成 5
別源円旨 26
Paul Pelliot(ペリオ) 2, 91
辨正 4

ほ

帆足萬里 65
法雲(明洞) 55
法定(法照) 3
北条顕時 25
北条鷗所 65'
北条氏 25, 75
北条貞時 25
北条実時 25, 30
北条時頼 27
包象方 97
法明 13
(宝凾)照珍 34
牧仲 29
蒲阪円(青荘) 69
星野恒(豊城) 74, 75, 80, 81, 83
細井平洲 54, 61, 64
細川重賢 58
菩提 5
穂積以貫 59, 63
浦鐘 53
堀杏菴 37, 39, 53
本田成之 90, 93

ま

前田夏蔭 67
牧野謙次郎 37', 98
牧野成貞 55
牧野巽 94
馬島東洲 56
増島蘭園(固) 62, 62', 75
増村氏 69
松浦霞沼 40
松枝茂夫 93
松崎堯臣 55
松崎慊堂(復・明復) 61', 64, 64', 66～71, 67', 68', 71'
松崎白圭 56
松沢老泉 65
松下見林 2'
松平定信(楽翁) 63, 63'
松永昌易 40
松永寸雲 40
松永尺五 37, 39, 40, 42, 45, 48, 54, 61'
松永貞徳 40

松室熙載（秦松峡）　59
松本知慎　63'
松本文三郎　79, 94
真人元開（淡海三船）　7, 19
マルチン　96

み

三浦竹渓　48, 56
三浦梅園　56, 65, 65'
身狭村主青　2, 3, 12
三島中洲（毅）　64, 65', 76, 77
水野清一　95
水野大路（遵）　61
満田新造　98'
皆川淇園　59, 62～64, 69～71
南淵請安　4, 5, 9
南村梅軒　41
源家　19
源順　20, 24, 30, 67
三宅観瀾　40, 53
三宅寄斎　39'
三宅尚斎　42, 53
三宅石庵　61', 62', 90
三宅米吉　1
三善清行　6, 9', 19, 20, 30
三好似山　63'
三善為康　22, 25
宮越健太郎　97
都在中　30
都腹赤　30
都良香　19, 30
宮崎欽斎　53
宮島（誠一郎）　84
宮島大八　74, 96, 97
宮原民平　97
明叟斉哲　26
妙徳　3
明了房（信範）　34
明蓮　24
三輪執斎　41, 64
旻（新漢人日文）　4, 9
明極楚俊　26

む

向井三省　40
向井滄洲　61', 62
無学祖元（子元）　26
無我省吾　26
無関普門　26
無絃　56
向山黄村　72
夢窓疎石　28
無文元選　26
村瀬栲亭　62', 64, 65, 65'
室鳩巣　40, 49, 54, 61

め

目加田誠　93
馬丁安　2
綿谷（周瓞）　31

も

孟栄　33
孟子　42, 79
毛奇齢（西河）　61, 63, 69
毛利貞斎　63'
物外可什　26
本居宣長　2, 10, 13, 67
元田東野（永孚）　76
森槐南（公泰・大来・泰二郎）　61, 65', 76～78, 81
森春濤（魯直）　71', 72, 77
George Ernest Morrison（モリソン）　83, 84
森田士徳　61
森立之（枳園）　67, 72, 73, 89
守大石　4
諸橋（轍次）　93
文雄（無相）　56

や

陽胡真身　9
屋代弘賢　84
安井小太郎　45, 49', 58', 61', 63', 64', 67, 81, 91, 98

安井息軒(衡・仲平) *61', 68～71, 71', 75*
矢田部造 *4*
箭内亙 *83*
梁川星巌 *65, 65', 71*
柳沢淇園(柳里恭) *61*
柳沢吉保 *48, 54*
梁田蛻巌 *51*
矢野仁一 *92, 94*
藪内清 *94, 95'*
藪孤山(慤) *64, 64'*
山鹿素行 *42*
山県周南 *48, 51, 54, 56*
山崎闇斎 *41, 42, 42', 45, 54, 76*
山田永年 *87*
山田翠柳 *56*
山田方谷 *64, 65', 76*
倭漢福因 *5*
大和長岡 *4, 5*
山中天水 *61*
山梨稲川(治憲・玄度) *61', 68, 70, 71*
山井崑崙(鼎) *49～52*
山井重章(清渓・善輔) *76*
山井璞輔 *76*
山上憶良 *4*
山内一豊 *41*
山本北山 *61, 61', 62', 63～65, 70, 71, 71'*

ゆ

宥朔 *56*
友山士偲 *26*
雄略天皇 *2*
兪樾 *50, 68'*
弓月君 *3*
兪良甫 *33, 33'*

よ

楊(烱) *28*
楊氏(楊端勤・楊紹和) *84'*
楊守敬 *34, 67, 72, 73*
楊升庵 *62*
楊万里(誠斎) *33, 72*
吉川幸次郎 *98, 98'*
吉川惟足 *54*
吉澤(義則) *22'*
慶滋保胤 *24, 30*
吉田篁墩(漢宧) *61, 61', 65, 66, 70, 73'*
吉田松陰 *71*
吉田素庵 *39'*
吉田有隣 *48*
良野華陰 *61*
芳野金陵(世育) *69, 71*
善道真貞 *14*
吉村迂斎 *65'*
吉村秋陽 *64, 65'*
依田学海 *64, 65'*
依田利用 *69*

ら

頼縁 *24*
頼杏坪(惟柔) *65, 65'*
頼山陽(襄) *65, 65', 66, 71, 71'*
羅維視 *98*
頼春水(惟寛) *61, 65*
頼春風(惟強) *65*
(頼)三樹三郎 *65*
羅近渓 *42*
洛汭宗甚三 *36*
駱(賓王) *28*
羅士琳 *88*
羅振玉 *81, 86, 87, 88*
蘭渓道隆(大覚禅師) *26, 27*
蘭坡(桂莛) *29, 31*

り

リース *77'*
李于鱗(攀龍・滄溟) *49, 50, 51*
李鋭 *88*
李義山(商隠) *62', 78*
陸象山 *37, 38, 39*
陸心源(陸氏) *83, 84*
陸游(剣南・放翁) *62, 71', 72*
李少白 *60*

李善直 *53*
李善蘭 *88*
李(白) *28, 38, 78*
李密医 *5*
劉瑾 *32*
劉歆 *89*
龍渓(性潜) *55*
劉言興 *3*
龍江(応宣) *26*
龍山徳見 *26*
柳宗元 *28, 33, 38, 61, 71*
劉台拱 *69*
劉鉄雲 *81*
劉徳高 *4*
劉宝楠 *50*
柳里恭(柳沢淇園) *61*
了庵(桂悟) *31*
令威 *3*
令斤 *3*
聆照 *3*
呂祖謙 *38*
李笠翁 *79*
林家 *39, 41, 48, 58, 63, 64*

る

留守友信 *59*

れ

霊雲 *4*
霊山道隠 *26*
黎庶昌 *72, 73, 75*
冷泉為純 *38*

ろ

盧允武 *63'*
盧(照鄰) *28*
盧艸拙 *55*
盧文弨 *53*

わ

倭王(讃・珍・済・興・武) *2*
若林強斎(寛斎) *42', 64*
和気広世 *19*
鷲津毅堂 *77*
和田清 *93*
度会東華 *56*
和仲 *29*
王仁(和邇吉師) *1～3, 2', 9～13, 38'*